La primacía de la sociedad civil

El proceso de formación de la España democrática

Víctor Pérez Díaz

La primacía de la sociedad civil

El proceso de formación de la España democrática

Alianza Editorial

Calle Juan Ignacio Luca de Tena, 15,
28027 Madrid; teléf. 741 66 00
ISBN: 84-206-9678-1
Depósito legal: M. 32.709-1993
Impreso en Lavel. Los Llanos, nave 6.
Humanes (Madrid)
Printed in Spain

INDICE

PROLOGO

Sociedad civil y España democrática son los dos temas entrelazados, uno más general, otro más próximo, del libro que presento al lector. Se trata de un libro basado en otro anterior, que publiqué bajo el título de *El retorno de la sociedad civil,* editado por el Instituto de Estudios Económicos, y que, más tarde, he podido repensar y volver a escribir para su publicación, en inglés, por Harvard University Press y para esta edición. Se trata, pues, de un libro que, aunque construido sobre el anterior, difiere de él en varios aspectos, que creo importantes. Son nuevos, en efecto, el primer capítulo («La emergencia de la España democrática») y buena parte del segundo («El retorno de la sociedad civil»), donde se contienen las discusiones teóricas centrales de mi argumento. Por lo demás, he reagrupado algunos textos que parecían dispersos, y he revisado todos y cada uno de los capítulos que componen el libro, dejándolo acotado en torno a los temas de democracia, iglesia, economía, regiones, obreros, empresas y sindicatos. En cambio, he dejado fuera los textos sobre empresarios, educación y sanidad, y agricultura y campesinos, que ocupaban parte considerable del libro anterior.

El lector juzgará, si quiere compararlos, en qué medida mis argumentos o mis observaciones han cambiado de un libro a otro. Yo entiendo que ha habido un intento de profundizar y perfilar el razonamiento central, dándole mayor amplitud y perspectiva, al tiempo que lo aligeraba de referencias a temas que merecen tratamiento aparte. He intentado, también, un equilibrio entre la reflexión teórica y el análisis empírico, entre la atención a los problemas de España y la consideración de cuestiones más generales, y, en especial, la del destino de las sociedades civiles de tipo occidental.

La experiencia de estos años, y en particular la del colapso de los estados totalitarios de la Europa del este, no ha hecho sino reforzar la plausibilidad de una teoría de la sociedad civil, entendida ésta como un entramado relativamente complejo de instituciones (mercados, asociaciones y esfera pública), y conectado con una tradición histórica de varios siglos. Pienso que esta teoría, y el discurso y la mentalidad asociados a la misma, nos irán obligando, paulatinamente, a reconstruir nuestra lectura de la experiencia pasada, y a modificar nuestra forma de debatir los problemas públicos, y de entender el encaje de nuestras experiencias nacionales dentro del orden, y el desorden, internacional.

Todo ello, previsiblemente, irá reduciendo parte de la atención que absorben todavía los estados nacionales: estados a escribir, cada vez más, con minúscula, es decir, ni con más ni con menos respeto de como tratamos a la sociedad civil. Y no porque el estado no conserve algunas funciones muy importantes, sino porque lo hará como acotado, dentro de un entramado de responsabilidades mucho más amplio. Y porque lo hará en una conversación con ciudadanos algo distintos: gentes que habrán tenido que ir venciendo, quizá, su propia disposición a la obediencia, y venciendo por ello, posiblemente sin entusiasmo, inercias institucionales y culturales que les predisponían a sobrevalorar artefactos institucionales que no eran, y no son, sino productos tanto de su afán como de su fantasía.

Pero nada de lo anterior implica determinación, y menos profecía. El título del libro puede reafirmar enfáticamente (hablando no ya de «retorno», sino de «primacía», para marcar más la diferencia) la importancia del concepto a la hora de entender los procesos de cambio y el orden social de la modernidad, al tiempo que alude a la excelencia y la ventaja normativa de la sociedad civil (en su sentido más amplio: véase el capítulo segundo), sobre sus precedentes históricos, e incluye, implícita o explícitamente, una propuesta de protagonismo de la sociedad civil (en su sentido más limitado) respecto al estado. Pero quiero subrayar que, desde un punto de vista analítico y empírico, los procesos de formación y de transformación de una sociedad civil (en este caso, sobre todo, la sociedad civil española contemporánea) son procesos abiertos y problemáticos. Por esto subrayo, en mi discusión, los temas de emergencia, promesas y límites, metamorfosis, impulsos, ensayos e incertidumbres; por esto también concedo singular atención a la relación entre tradiciones y decisiones críticas; y por la misma razón doy especial importancia a la dimensión moral, cultural y discursiva de los procesos sociales.

Si cuando publiqué el libro anterior hube de expresar mi agradecimiento a muchos amigos, colegas, estudiantes e instituciones, que me ayudaron de distintas maneras, debo reconocer que, durante los años siguientes, mi deuda de gratitud no ha hecho sino aumentar.

Me he beneficiado de las discusiones mantenidas con colegas y estudiantes en el Centro de Estudios Europeos de la Universidad de Harvard, los Departamentos de Ciencia Política del Massachusetts Institute of Technology y de la Universidad de California en San Diego, el Comité de Europa Occidental del Social Science Research Council, y el Centro de Estudios Avanzados en Ciencias Sociales del Instituto Juan March. Esta última institución me dio la oportunidad de reescribir este libro; asimismo el Fondo para la Investigación Económica y Social, y la Fundación del Instituto Nacional de Industria (hoy Fundación Empresa Pública) me proporcionaron el apoyo institucional y financiero preciso para realizar la mayor parte de la investigación empírica sobre la que se basa el capítulo quinto.

Quiero expresar, también, mi agradecimiento más cordial a Daniel Bell, Suzanne Berger y Juan Linz por su afectuoso estímulo. Peter Hall, Peter Gourevitch y Miles Kahler leyeron, y comentaron, diversos capítulos del libro. Ana Buenaventura, Juan Carlos Rodríguez, Jacqueline de la Fuente, y Roberto Garvia me ayudaron, paciente y eficazmente, en la fase última de poner a punto el libro, la inclusión de datos y referencias, y la edición final.

Agradezco, una vez más, a Marina, mi mujer, su confianza y su impulso, sin los cuales este libro no hubiera llegado a ser escrito. También quiero rendir homenaje a la memoria de mi padre, Miguel Pérez Poyo, a su benevolencia un tanto distanciada respecto a un mundo que amó sin sentirse totalmente comprometido con él, o en necesidad alguna de tomarlo demasiado en serio; a la obstinada independencia de su espíritu, su ecuanimidad, y su profunda compasión;

tan cuidadoso de los demás, esperando tan poco, y sin embargo tan lleno de esperanza, siempre dispuesto a que la ligereza de su humor compensara sus desencantos; tan dado a olvidar los agravios, y tan reconocido por el costado inesperado y suave de la vida.

VÍCTOR MIGUEL PÉREZ DÍAZ
Madrid, junio 1993

Capítulo I
LA EMERGENCIA DE LA ESPAÑA DEMOCRATICA

Comenzaré este capítulo con una observación personal relacionada con el argumento que voy a exponer más adelante. Pertenezco a una generación de españoles que asumió sus responsabilidades políticas y profesionales a finales de los años cincuenta y principios de los sesenta, convencidos de que el marco institucional franquista nos era hostil, y era un obstáculo para resolver los problemas del país con un espíritu de libertad, justicia y creatividad. Pensábamos que Europa y, en general, el mundo occidental, con todas sus limitaciones y conflictos internos, y a pesar de nuestras propias reservas, alimentadas por un maximalismo juvenil, ofrecía las claves para entender nuestra situación, y para asegurar un futuro mejor para el país.

La idea de que la solución a los problemas de España se encuentra en Europa es una idea tradicional de la *intelligentsia* liberal española de los últimos dos siglos, y nuestra generación, al hacerla suya, no hizo sino incorporarse a aquella tradición. Ortega y Gasset, uno de sus representantes más significativos, afirmó que «España es el problema, Europa la solución» (1963, 521). Con esta afirmación Ortega se hacía eco de sentimientos semejantes, que habían animado a Joaquín Costa y otros regeneracionistas de finales del siglo XIX y principios del XX[1]. Ortega sugería adoptar un programa de 'regeneración', o

[1] Para la literatura sobre 'el problema de España', ver Laín (1965). Presenté unas versiones previas de este capítulo en una reunión de la Société Tocqueville (patrocina-

transformación de la cultura y de las instituciones españolas, tomando como modelo, o fuente de inspiración, países centro y norteuropeos como Francia, Inglaterra y Alemania: sus universidades, su opinión pública, su economía y sus instituciones políticas. Se refería a un programa que hoy podría llamarse de «modernización» del país.

Sin embargo, ni en los tiempos de Ortega, ni en los nuestros, llegó a pensarse que Europa pudiera ofrecer soluciones definitivas e inequívocas para los muchos y muy distintos problemas de España. Se era consciente de que Europa tampoco carecía de problemas y de que ella misma era, en cierto modo, 'un problema', como dos terribles guerras mundiales se habían encargado de poner de manifiesto. Con todo, Europa, y en particular la Europa que emergió de la segunda gran guerra, ofrecía un ejemplo de cómo podrían abordarse problemas fundamentales de crecimiento económico, convivencia y libertad: problemas que a los españoles nos parecían casi imposibles de resolver, o que parecían exigir un gasto desproporcionado de energías. Europa nos mostraba el marco institucional adecuado para enfrentarnos con ellos, para resolverlos, o para dar lo mejor de nosotros mismos en el proceso de intentarlo. De esta forma, quienes fuimos miembros de la generación de finales de los cincuenta y principios de los sesenta nos consideramos 'inconformistas' respecto a la cultura e instituciones franquistas, pero vivimos animados por la esperanza de anclar nuestro inconformismo en la realidad europea de la época.

Ocurre, con frecuencia, que los sueños de una generación se cumplen sólo con la generación siguiente. Pero nuestra generación ha tenido el privilegio de haber albergado sueños de cambio, haber sido testigo de cómo estos sueños han cobrado realidad, y haber sido protagonista de su realización, de modo que las instituciones que hace veinte o treinta años eran parte de la vida europea son hoy parte de la vida española. Nos sentimos agradecidos por este privilegio, aunque no es fácil identificar el objeto de nuestro agradecimiento, y de nuestro orgullo. Orgullo, sin embargo, atenuado, porque somos conscientes de la fortuna de haber podido experimentar con las instituciones de la democracia liberal y el capitalismo en el contexto de los años se-

da por Young y Rubicam), en París, en 1989; en Nuffield College (Oxford) y en la London School of Economics, en 1990; y en el Departamento de Ciencia Política de la Universidad de California (San Diego), en 1992. Joaquín López Novo, Pedro L. Iriso, Ana M. Guillén y Susana Aguilar me facilitaron información actualizada para la última sección de este capítulo.

tenta de este siglo, y no en el contexto de los años treinta, como hubieron de hacer nuestros padres, con resultados desastrosos. Atenuado, además, porque somos vagamente conscientes de haber sido, más que protagonistas, copartícipes en un proceso histórico muy complejo de acomodación y ajuste entre España y Europa, que ha tenido lugar de forma casi ininterrumpida desde mediados de los cincuenta hasta mediados de los ochenta: la mitad de este período bajo el régimen franquista, y la otra mitad bajo un régimen liberal y democrático.

El argumento central de este capítulo trata de la emergencia de lo que considero una nueva tradición democrática en la España contemporánea. Me propongo mostrar cómo la emergencia gradual de unas tradiciones 'liberal-democráticas' en la sociedad civil precedió y despejó el camino para la transición política. Aquellas tradiciones sociales, combinadas con la 'invención' de una nueva cultura política, hicieron que el nuevo régimen democrático pudiera consolidarse, y favorecieron su curso hacia su eventual institucionalización. El resultado final apunta a la culminación de un proceso de sincronización y homogeneización de la cultura y las instituciones españolas con la cultura y las instituciones de otros países europeos.

Antes de seguir adelante querría aclarar mi uso de ciertos términos. En primer lugar, el término «sociedad civil» (cuyo significado explicaré con más detenimiento en el capítulo segundo) denota un tipo de sociedad que combina mercados, asociaciones voluntarias y una esfera pública. En segundo lugar, distingo entre los procesos de transición, consolidación e institucionalización de la democracia. Se trata de una distinción analítica[2], ya que empíricamente los tres procesos están interrelacionados. Estos procesos no son fases consecutivas en una secuencia, sino fases que se solapan entre sí. En el proceso de 'transición' se establecen las reglas básicas del juego político (es decir, el 'régimen político'), referidas tanto a las relaciones internas de la clase política, como a las relaciones entre ésta y la sociedad. Estas reglas conciernen los límites del poder del estado, los modos de acceso a ese poder (tanto de la clase política como de la sociedad), y las modalidades de su ejercicio. En España, en general, este proceso concluyó con el referéndum constitucional de finales de 1978; en el País Vasco el proceso de transición culminó en 1979, con el referén-

---

[2] Sobre la relación entre 'transición' y 'consolidación', ver también Linz (1990, 143-162).

dum sobre su Estatuto de Autonomía. El proceso de 'consolidación' es aquel al final del cual existe una expectativa generalizada de que aquellas reglas del juego van a ser respetadas. Esta expectativa existe en ausencia de amenaza a la continuidad del régimen (por razón de una agresión exterior, la intervención del propio ejército, una revolución social, o actividades de partidos, o milicias, antisistema). En España ello tuvo lugar a lo largo de la primera legislatura socialista entre 1982 y 1986. El proceso de 'institucionalización' del nuevo régimen es aquel a cuyo término el régimen es considerado legítimo por la mayoría de la población. En otras palabras, el nuevo régimen queda institucionalizado cuando las reglas del juego político no sólo operan *de facto*, sino que, además, han sido interiorizadas por los políticos y por la sociedad. Y respecto a esto último, España tiene aún un camino por recorrer.

En la primera parte de este capítulo examinaré la emergencia de aquellas tradiciones sociales. Mostraré cómo el crecimiento económico, así como determinados cambios sociales y procesos demográficos, que tuvieron lugar en los años sesenta (tales como las migraciones rurales, los cambios en las estructuras agrarias, o el desarrollo de un nuevo proletariado industrial), fueron inseparables de cambios institucionales, en campos tan varios como los de las relaciones sindicales, los medios de comunicación o la iglesia. Estos cambios institucionales fueron el resultado de una combinación de forcejeos, desavenencias, acuerdos y entendimientos en la sociedad civil, y entre la sociedad civil y las autoridades públicas. Empresarios, obreros, clérigos, médicos, profesores y estudiantes universitarios, y otros muchos actores, participaron decisivamente en estos cambios. Pero, a la hora de dar cuenta del origen de los mismos, tampoco hay que desestimar la importancia de ciertas decisiones políticas (con consecuencias, a veces, imprevistas, o indeseadas) de los gobiernos de Franco. Así, por ejemplo, su rechazo, a principios de los años cuarenta, del modelo totalitario concedió a la iglesia, y las organizaciones católicas, un decisivo margen de maniobra; y el giro, a finales de los años cincuenta, de su política económica estrechó los lazos comerciales y económicos de España con el resto del mundo, a la vez que desencadenó las transformaciones económicas y demográficas de los años sesenta. Finalmente, tanto las estrategias de los actores sociales, como las decisiones de los agentes estatales, fueron afectadas sustancialmente por el hecho de que unos y otros operaron en un contexto, el de la Europa occidental, al que decidieron adaptarse.

El resultado final fue la emergencia de unas tradiciones 'democrático-liberales' en la sociedad: (a) el desarrollo de un área institucional 'reservada', o 'privada', libre de la intervención del gobierno; (b) el desarrollo de instituciones de autocoordinación dentro de la sociedad, tales como mercados, asociaciones voluntarias y movimientos sociales, embarcados en un complejo juego de conflictos y alianzas; y (c) el desarrollo de una esfera de debate público. Llamo a estas tradiciones «democrático-liberales», en el sentido de que incorporan creencias, implican compromisos y moldean hábitos, que son consistentes con los principios de un gobierno democrático y liberal. Estos principios incluyen: (a) el respeto de un área suficientemente amplia para el ejercicio de las libertades fundamentales de los individuos (y sus organizaciones), delimitando así la esfera de intervención legítima del estado; (b) el requisito de que el estado sea sensible a, o no se desentienda de, las presiones que los individuos y sus organizaciones hacen en defensa, tanto de sus intereses particulares, como de sus propias versiones del interés general; y (c) la exigencia, por tanto, de una 'esfera pública', es decir, un área donde puedan debatirse las distintas versiones del interés general.

En la segunda parte de este capítulo estudiaré el proceso de 'invención' de una nueva tradición democrática en nuestra cultura política. Se trata de una tradición diferente de las anteriores tradiciones democráticas (del siglo XIX o del primer tercio del siglo XX), por razón del trauma de la guerra civil y la experiencia del franquismo[3]. Señalaré cómo la invención de aquella nueva tradición supuso la elaboración de un nuevo lenguaje cultural, que incluiría, por un lado, una nueva colección de símbolos políticos, tales como textos sagrados (la Constitución), instituciones ejemplares (la Corona), y rituales (las elecciones democráticas, o la firma de los pactos sociales) y, por otro lado, la reconstrucción de la memoria colectiva, con un nuevo entendimiento de la historia de España, y con la elaboración de nuevos mitos edificantes, tales como la reinterpretación de la guerra civil en los términos de una tragedia inevitable.

[3] Las tradiciones pueden ser construidas a propósito, como resultado deliberado de un designio humano (esto es, pueden ser 'inventadas'), pero también pueden ser el resultado de las acciones de multitud de gentes que no saben, o sólo saben a medias, lo que están haciendo. Si ocurre lo primero, hablamos, generalmente, de la «invención» de una tradición; si lo segundo, de la «emergencia» de una tradición. En la vida real la mayoría de las tradiciones surgen como resultado de ambos procesos. Al respecto, ver también Hayek (1978, 58).

En general, el desarrollo de un lenguaje político-cultural, que permita a los políticos y a la sociedad articular y dar significado a nuevas experiencias institucionales, puede ser favorecido por dos factores. En primer lugar, puede ser favorecido por el establecimiento de un vínculo, convincente, entre el pasado y el presente. En el caso español, esto implicó una reevaluación de la guerra civil. En segundo lugar, puede ser favorecido por la forja de un vínculo entre el presente y un futuro que parezca, al tiempo, deseable y realizable. En el caso español, esto supuso el reforzamiento de la aspiración del país a convertirse en un país de tipo europeo occidental, y de su creencia de que esta conversión estaba comenzando a tener lugar. De hecho, esta referencia europea, y la construcción de una identidad europea para España, ha sido uno de los mecanismos más importantes del proceso de transición y consolidación de la democracia. A su vez, para que estos vínculos puedan ser forjados es necesario un trabajo ideológico previo de reconversión, o de olvido. Así, en España, dos clases de ideologías tuvieron que desaparecer previamente: por parte de la derecha, el nacionalcatolicismo y, por parte de la izquierda, el radicalismo social. Ambas habían generado en los años treinta un modo de hacer política, militante y polarizadora, que se puede llamar 'política absoluta', incompatible con el nuevo régimen.

En resumen, mi argumento contiene algunas ideas generales acerca del papel que juegan las tradiciones sociales y el simbolismo político (*sensu lato*) en el proceso de transición, consolidación e institucionalización de una democracia. De hecho, el principal interés de este capítulo consiste en mostrar, basándome en la experiencia española, cómo el éxito de esos procesos de transición política depende, en gran medida, de la emergencia previa de unas tradiciones en la sociedad, y de un lenguaje cultural (que incluye símbolos políticos, y mapas cognitivos y orientaciones morales encarnadas en tales símbolos), los cuales permiten que las élites, y la población en general, den sentido a los acontecimientos, y refuercen su compromiso con el nuevo régimen.

En la tercera parte del capítulo trataré de testar el potencial y los límites de mi explicación, entrando en un debate, de un lado, con argumentos de tipo estructural, que dan preeminencia causal a factores como las condiciones internacionales, la modernización, la cultura política (en sentido estricto), o la crisis de sucesión del régimen, y, de otro lado, con argumentos más orientados hacia los actores, que subrayan la importancia de las negociaciones entre las élites políticas.

En contra, en particular, de este último argumento, sugiero que las opciones críticas tomadas por las élites, y la población en general, fueron opciones intersticiales, configuradas por, y dependientes de: (a) unas determinadas tradiciones sociales y unas meta-reglas del juego (y los significados culturales contenidas en ellas); y (b) de los constreñimientos impuestos por el ejército. Este último punto cualifica, sin duda, mi razonamiento. Pero, a este respecto, es necesario subrayar que el ejército estuvo influido por sus tradiciones propias, y por su modo de entender y evaluar la transición, respondiendo a los acontecimientos, menos como un actor estratégico, que como el portador de unas tradiciones; y ello tanto más cuanto que, si bien dentro del ejército existían distintos grupos con sus propias preferencias acerca de la agenda de la transición, el ejército en su conjunto careció de una agenda propia.

Las transiciones y los procesos de consolidación e institucionalización de los regímenes políticos son generalmente entendidos como la sucesión de determinadas opciones críticas tomadas por las élites, los grupos sociales, o la población en general. Pero el hecho es (y éste es, en todo caso, el supuesto central de mi argumento) que sólo en contadas ocasiones aquellos actores se enfrentan a situaciones problemáticas en tanto que actores que toman decisiones racionales, esto es, ponderando costes, beneficios, riesgos y probabilidades de éxito a corto y medio plazo, en distintos escenarios alternativos. Con frecuencia, lo que hacen es, simplemente, reaccionar ante las situaciones inmediatas y las respuestas de los otros actores, dentro del marco de unas tradiciones preexistentes que moldean sus preferencias y sus definiciones de la situación. Sus decisiones, por tanto, aun siendo, a veces, críticas, tienden a ser intersticiales y dependientes de, e insertas en, tradiciones (ya previamente existentes, ya emergentes).

Por «tradiciones» entiendo aquel repertorio de instituciones (reglas y expectativas), y prácticas culturales (esto es, creencias y enunciados normativos encarnados en rituales, mitos o ideologías), que ha terminado por formar parte, regular, y esperada, de la vida cotidiana (Gray 1986, 34; Shils 1975, 1982). La cultura y las instituciones forman un entramado, ya que las instituciones son portadoras, o vehículos, de cultura, a la vez que funcionan como mecanismos reforzadores de la misma. Las instituciones, por ello, ofrecen una estructura de plausibilidad (Douglas 1988; Berger y Luckmann 1967, 93), o de viabilidad (Thompson, Ellis y Wildavsky 1990), a los valores y las creencias. Este concepto amplio de «tradición» se aproxima a los conceptos clásicos de *ethos* y *mores*, que denotan, tanto un modo de vida, como un repertorio de proposiciones normativas y creencias acerca del mundo y acerca del contenido de lo que es una 'vida buena' (o 'virtuosa'). Autores tan diferentes como Hayek (1960), Shils (1975), o Bourdieu (1972), han subrayado la amplitud, y la importancia, de las actividades orientadas según reglas, o normas, a pesar de que los actores sean poco conscientes de actuar de acuerdo con ellas, o de las consecuencias de actuar según ellas. Esto no quiere decir que las actividades orientadas según reglas, o normas, deban ser consideradas irracionales, o ubicadas en la frontera entre una conducta con sentido y otra sin sentido[4]. Por el contrario, la conducta orientada según una tradición, o unas normas, o reglas, es implícitamente racional, tanto más cuanto que las personas conocen estas tradiciones, entienden, o acaban entendiendo, sus consecuencias y se sitúan en condiciones de someter esas tradiciones a la prueba de su aplicación, en distintas situaciones, a lo largo del tiempo.

Por tanto, aunque los procesos de transición política puedan ser reconstruidos *ex post facto* como una sucesión de decisiones críticas tomadas por las élites, sin embargo, conviene entender que aquellas decisiones son, con frecuencia, reacciones a procesos en marcha que las élites difícilmente pueden entender, y menos pueden controlar. Esto es así porque las élites suelen partir de un conocimiento limitado de sus circunstancias locales, y un entendimiento impreciso de su naturaleza (por no mencionar los límites de su comprensión de la situación internacional). Tampoco resulta fácil que las élites aprendan de su propios errores cuando están sometidas a la presión de acontecimientos múltiples, confusos e inesperados, como ocurre en un proceso de transición. Lo que las élites tienden a hacer en esas circunstancias, con objeto de evitar un estado de incertidumbre, es recurrir a las ideologías y el lenguaje que conocen, y revertir a patrones de conducta que resultaron útiles durante el anterior régimen autoritario (ya para medrar en él, como en el caso de los burócratas, ya para sobrevivir en él, como en el caso de la oposición política). Sólo bajo determinadas presiones externas cabe esperar que las élites aprendan rápidamente a conocer los límites, y el alcance, del apoyo de la sociedad (o

---

[4] Tal como mantendría Weber respecto a la conducta tradicional (1978, 1: 25). Por otro lado, Hayek señala que «esta distinción entre los dos aspectos de la acción, de orientada-hacia-un-objetivo y de gobernada-por-reglas, es, probablemente, la misma a la que Weber se refería al distinguir entre *Zweckrational* y *Wertrational*» (1978, 85).

del ejército), y ello depende, a su vez, de que entiendan las tradiciones sociales y se ejerciten en el manejo de un nuevo idioma cultural.

Finalmente, en la última parte del capítulo exploraré otros temas relativos al problema de la institucionalización de esta democracia que forman un contrapunto al tema del éxito relativo de la transición y consolidación de la democracia en España, y de su europeización. Esto me dará la oportunidad de comentar algunas tensiones entre el proceso de europeización y la persistencia de tradiciones que se orientan en un sentido inverso, tales como el clientelismo y ciertas prácticas inquietantes en la esfera pública.

Tradiciones sociales

En el transcurso de una generación España se ha transformado en un estado democrático y liberal, su economía ha pasado a ser la propia de un país moderno y capitalista, y, como otras sociedades occidentales, la sociedad española se ha convertido en una sociedad plural, tolerante, ampliamente secularizada, y basada en el respeto a la libertad individual y a los derechos humanos. Esto ha sido el resultado de una profunda transformación cultural e institucional, de la cual ha sido sólo un aspecto, si bien destacado, la transición a la democracia. De modo que, hoy en día, los españoles, aunque no puedan equipararse con los ciudadanos de otros muchos países de Europa occidental en el nivel de vida, los niveles de productividad, o el funcionamiento de sus instituciones, políticas o sociales, sí piensan que aquella equiparación, no estando todavía en sus manos, tampoco está fuera de su alcance.

Debe recordarse que, al término de nuestra guerra civil, las cosas parecían, y eran, en realidad, muy diferentes. También en aquella época España estaba tratando de equipararse a Europa, pero una Europa muy distinta. Los modelos europeos que España, al igual que otros muchos países del continente europeo, deseaba imitar eran la Alemania nazi y la Italia fascista. Sabemos que la victoria de las fuerzas aliadas en la II Guerra Mundial decidió el destino de aquellos modelos. Los pueblos de Europa continental consiguieron derrocar, o fueron liberados de, aquellos regímenes gracias, sobre todo, a la invasión de las tropas aliadas. Estas tropas contribuyeron decisivamente a la transición y consolidación de las democracias liberales en la Europa occidental (Herz 1982); y a la implantación de las llamadas democracias populares, o dictaduras comunistas, en la Europa oriental. En el transcurso de pocos años, los países occidentales comenzaron a reconstruir sus economías, extender sus mercados, crear sistemas de bienestar y de protección social, consolidar sus sistemas de partidos y sus instituciones democráticas, y crecer, y prosperar, en todas direcciones.

En contraste con estas democracias europeas de los años cuarenta y cincuenta, la España franquista resultó anacrónica y patética. El estado español estaba organizado de manera estrictamente autoritaria. Un dictador militar detentaba el poder supremo, pretendidamente, según rezaba la fórmula oficial, «por la gracia de Dios». En realidad, el poder del general Franco dependía del apoyo de sus camaradas de armas, la iglesia católica, los empresarios, gran número de pequeños y medianos agricultores, y las clases medias urbanas y semiurbanas, parte de cuyos miembros estaban encuadrados en un partido fascista que, en sus mejores momentos, llegó a tener un millón de afiliados. Los sindicatos fueron suprimidos y los intentos de los anarquistas y de los socialistas por reorganizarlos clandestinamente fueron brutalmente castigados. Se toleró, sin embargo, la existencia de asociaciones profesionales y (en alguna medida) empresariales, formalmente subordinadas al «régimen» (una expresión que, en el lenguaje de la época, hacía referencia al conjunto de organizaciones e individuos implicados en la ocupación y el ejercicio del poder del estado).

El estado franquista pareció dominar la sociedad civil. Ello era congruente con la ideología defendida por Franco y sus seguidores, quienes pretendían dar vida a un 'nuevo estado' opuesto al 'estado liberal'. Se supone que la tarea central de un estado liberal consiste en promover un marco institucional que permita a individuos, familias y organizaciones privadas perseguir sus aspiraciones, se orienten éstas a la satisfacción bien de su propio interés, bien de un sentimiento altruista. El estado liberal tiene pocos objetivos comunes (o generales) de carácter substantivo, no meramente procedimental. Además, los pocos que tiene son articulados como el resultado de un debate continuo entre actores sociales con objetivos distintos. En ese debate se mezclan consideraciones generales con intereses particulares (que, por lo demás, pueden ser considerados legítimos). En cambio, los estados totalitarios y (frecuente, pero no necesariamente) los estados autoritarios tienen, o pretenden tener, objetivos nacionales, muchas veces vinculados a lo que denominan proyectos o misiones históricas. Esto justificaría sus apelaciones a 'la nación' (o a una pluralidad de naciones), para que les secunde en el cumplimiento de su misión. Estos estados pretenden, asimismo, que tales objetivos expresan los sentimientos y los deseos más profundos de la nación; de aquí que pretendan una suerte de identificación mística, o cuasi mística, entre la nación y el estado.

El estado nacional, y nacionalista, que emergió en España tras la guerra civil tuvo, en efecto, ambiciones de esta naturaleza. Muchos de sus líderes soñaron con construir una sociedad católica homogénea, organizar la vida económica y social de forma corporativa, y ser capaces de convertir España en una potencia industrial, e incluso colonial. Tomando prestadas experiencias de otros períodos históricos, el estado y las élites asociadas con él trataron de combinar lo que consideraban una versión actualizada de los parlamentos medievales y de la España imperial del siglo XVI (incluyendo las concesiones a, y los privilegios de, la iglesia de la contrarreforma), con los rasgos y la parafernalia de las potencias coloniales del siglo XIX, y de los regímenes fascistas contemporáneos.

Ocurrió, sin embargo, que el cumplimiento de estos designios grandiosos requería una disposición favorable (o, al menos, neutral) del entorno exterior. Sólo en ese contexto el estado y las clases gobernantes podían concentrarse en la tarea de imponer su voluntad, con éxito, sobre una sociedad dividida entre un número apreciable de seguidores más o menos entusiastas, y un número, mayor, de gentes desmovilizadas y desorganizadas, reducidas al miedo o a la pasividad. Y, así, los éxitos militares nazis, primero, y, más tarde, el relativo aislamiento del país tras la derrota del fascismo, favorecieron aquel empeño del estado franquista.

Durante varios años, por lo tanto, el aislamiento exterior del estado aumentó su probabilidad de éxito en la tarea de dominación interna, y el vínculo entre ambas condiciones, externa e interna, se expresó a través de símbolos complejos, como el mito de Numancia[5], o el ritual de los 'desfiles de la victoria', que conjugaban la separación del

---

[5] Numancia (Numantia), una localidad celtíbera cerca de lo que hoy es Soria, fue centro de la resistencia contra Roma. Escipión Emiliano la sitió en 133 antes de Cristo. Tras un asedio de ocho meses, sus habitantes, vencidos por el hambre, prefirieron morir antes que rendir la ciudad, la cual fue destruida por el fuego. Algo parecido ocurrió en Masada, una ciudad fortificada al sur de Israel, la cual fue asediada por los romanos (72-73 después de Cristo) después de la caída de Jerusalem y la destrucción del Templo, pero cuyos defensores, antes que convertirse en esclavos, prefirieron quitarse la vida.

mundo exterior con la victoria sobre los enemigos internos. Ahora bien, todo cambió, y el estado español se reveló entonces extraordinariamente vulnerable, cuando en 1942 las potencias fascistas comenzaron a perder la guerra. Franco hubo de intentar una aproximación a las democracias occidentales en el terreno común del anticomunismo; y sólo tras algunos años de purgatorio las democracias aceptaron el estado franquista como una suerte de miembro vergonzante, de segundo orden, en el concierto internacional. Aun así, el apoyo occidental al estado franquista, manifestado en los pactos de alianza militar y ayuda económica entre España y Estados Unidos, y en el concordato entre España y la Santa Sede (ambos en 1953), no fue incondicional. De acuerdo con ellos, el estado español se comprometió a abrir sus puertas a la economía internacional, garantizar un pluralismo social limitado, y, en especial, respetar la autonomía de la iglesia y las organizaciones católicas. Esta apertura al mercado, y esta garantía de (limitado) pluralismo fueron, a su vez, decisivos para las transformaciones de las décadas siguientes.

En los años cuarenta España era una sociedad agraria, con la mitad de su mano de obra ocupada en la agricultura. Las pequeñas y medianas propiedades agrícolas dominaban el paisaje rural de la meseta norte, mientras que los latifundios, con sus correspondientes masas de proletariado rural subempleado, caracterizaban gran parte de la meseta sur. En gran parte del territorio las técnicas de producción eran tradicionales; las formas de organización, deficientes; los suelos, semiáridos; y las condiciones climáticas, ásperas. Los rendimientos eran bajos; y sólo podía incrementarse la producción agraria, de forma lenta, en base a un aumento de la superficie cultivada, que afectaba, cada vez más, a tierras marginales con rendimientos decrecientes. Al mismo tiempo, el desarrollo industrial tenía lugar de forma desigual y, en general, lento. Las leyes proteccionistas de la industria nacional, los círculos privilegiados de crédito y la inversión pública dieron un impulso inicial a la industria, que, sin embargo, no pudo llegar muy lejos, dadas la escasez de capital, las dificultades de importación de maquinaria, las deficiencias organizativas de las empresas y la debilidad de la demanda interior. A mediados de los años cincuenta parecía evidente que la economía española no sólo se enfrentaba a una gravísima crisis en su sector exterior, sino que, además, había perdido el rumbo.

La segunda mitad de los cincuenta y primeros años sesenta fueron escenario de un giro crucial en la política económica del franquismo y, como consecuencia, en la relación entre el estado y la sociedad. En último término, el giro fue el resultado de la implicación de España en una red de alianzas geopolíticas e interdependencias económicas (pero también culturales, como se verá un poco más tarde) con las democracias occidentales. El gobierno español, colocado en una situación crítica tras el fracaso de sus políticas económicas y la crisis del sector exterior, tuvo que tomar una decisión. Optó por poner fin a la política de sustitución de las importaciones, y por renunciar a su sueño de una España autárquica (derivado de la ideología fascista inicial y, también, en parte, producto semiobligado del aislamiento internacional subsiguiente. Ver Anderson 1970). Posiblemente, esta opción de cambio estuvo facilitada por la experiencia del fracaso de la política económica del general Perón en Argentina, y su posterior desplazamiento del poder, a finales de los años cincuenta (Waisman 1987).

Tan pronto como fue haciéndose evidente (y la evidencia fue puesta de relieve en los informes del Banco Mundial, y otros organismos internacionales) que el país se encaminaba decididamente en la dirección de una economía abierta, y que pretendía integrarse en los mercados internacionales, flujos masivos de capitales, bienes y personas cruzaron las fronteras españolas. La capacidad del estado de 'montar la guardia' sobre el país y controlar, así, el destino de los españoles llegó a su fin. Aquellos 'designios grandiosos' (a los que me referí un poco más arriba) comenzaron a ser vistos como 'ilusiones de grandeza', reduciéndose a exhortaciones retóricas que, como vestigios de otra época, aún se podían reconocer en los discursos de final de año del jefe del estado, hasta que fueron espaciándose y, a la postre, quedaron silenciadas y olvidadas.

Muchos campesinos y trabajadores del campo se convirtieron en trabajadores de la construcción, y en residentes urbanos. Millones emigraron a las ciudades, dejando atrás un campo cada vez más despoblado. A mediados de los años setenta, el porcentaje de población activa ocupada en el campo era del 15 %. La tecnología, la formación profesional agraria y la escuela rural experimentaron cambios profundos, de tal forma que las instituciones tradicionales de control social en el campo (la autoridad del cabeza de familia, la intervención de maestros, curas y autoridades locales en materias de moral o costumbres, o las pautas de deferencia hacia las élites tradicionales) fueron erosionándose, hasta desaparecer (Pérez Díaz 1973, 1992a). Millones de turistas invadieron las costas de la España mediterránea, y millones de españoles emigraron al norte para trabajar y para vivir, a menudo durante varios años, en Alemania, Francia, Holanda o Suiza. Entretanto, miles de universitarios fueron a estudiar a otros países; los empresarios intensificaron sus importaciones de maquinaria; los inversores extranjeros inundaron con sus propios capitales la economía española y los consumidores se habituaron a comprar bienes extranjeros.

Conforme estos intercambios se fueron haciendo más frecuentes, su significado se hizo evidente para todos. Lo que estaba sucediendo no era otra cosa que una masiva y omnipresente experiencia de aprendizaje. Los españoles estaban entrando en contacto con instituciones, culturas y formas de hacer las cosas en todos los ámbitos de la vida que eran, simplemente, más eficaces que las suyas propias. Esta mayor eficacia podía ser útil para intentar conseguir sus objetivos tradicionales; pero también para intentar conseguir otros objetivos que estaban aprendiendo a valorar, tales como vivir mejor, más cómodamente, y con más dinero y más recursos, pero, también, con mayor libertad de movimientos, con mayores oportunidades para prosperar y salir adelante, con más conocimientos, con menos sujeciones autoritarias, y con modos más libres de relacionarse unos con otros. De esta forma, los españoles imitaron a, y aprendieron de, los europeos, para terminar identificándose con ellos, sus instituciones y su manera de vivir.

Ahora bien, conviene reparar en el hecho de que esta influencia exterior no operó en el vacío, o por sí sola, o por contagio, e interesa observar, por tanto, más de cerca, los mecanismos a través de los cuales los procesos de influencia exterior se combinaron con procesos endógenos para producir aquellos cambios. El mecanismo central fue la activación de los conflictos latentes que existían en el seno de la sociedad española. Y así ocurrió que, tan pronto como el estado perdió su capacidad de guardar las puertas de la sociedad, y tan pronto como, a través de esas puertas, comenzaron a afluir mercancías, mensajes y personas, se activaron conflictos económicos, sociales y culturales antes latentes, que presionaron sobre el marco institucional existente, e incitaron a las gentes a experimentar con instituciones nuevas, inspiradas, en alguna medida, en los modelos europeos.

Así, por ejemplo, los cambios económicos vinieron acompañados de tres cambios institucionales de extraordinaria importancia en el sistema de relaciones industriales, referentes a la negociación colectiva, la huelga y la representación de los trabajadores. Estos cambios comenzaron a ser legalizados, o tolerados de hecho, en torno a los últimos años cincuenta y mediados de los sesenta. A impulsos del desarrollo económico de los sesenta (y en base a la Ley de Convenios Colectivos de 1958) la negociación colectiva se extendió en la industria, y ello generó, a su vez, presiones para reconocer representantes obreros con los que negociar, y para tolerar las huelgas, entendidas como mecanismos de presión en las negociaciones. La Ley de Jurados de Empresa permitió a los trabajadores un margen de libertad en la elección de sus representantes, y de ello hicieron uso inteligente líderes locales de talantes ideológicos diversos y, más tarde, sindicatos clandestinos tales como Comisiones Obreras o la Unión Sindical Obrera. El margen de (semi)tolerancia de los sindicatos por parte de las autoridades no impidió períodos de persecución, pero ésta, en todo caso, nunca alcanzó los extremos represivos que quebraron la continuidad de las organizaciones obreras anarquistas y socialistas durante la primera fase del franquismo. Con el paso del tiempo se modificó la normativa legal que identificaba las huelgas como un delito, estableciendo una distinción, de aplicación dudosa, entre huelgas 'políticas' y huelgas 'profesionales'. Con todo ello, el número de jornadas perdidas por huelgas aumentó progresivamente: 250.000 de media anual en el período 1964/69; 850.000 en el período 1970/72; y millón y medio en 1973/75 (Pérez-Díaz 1979, 19).

El resultado fue que, para la época de la transición a la democracia, las clase trabajadora había acumulado en torno a diez o doce años de experiencia de negociaciones colectivas, huelgas y autorganización. En el curso de esos años los trabajadores usaron, reinventaron y reformularon aquellas instituciones, aprovechando las oportunidades proporcionadas por las propias decisiones, y la tolerancia *de facto*, del estado franquista, y por el crecimiento económico; pero también inspirándose en los modelos de negociación, conflicto y representación sindical que existían en Europa, y que muchos conocían por su experiencia como trabajadores emigrantes.

El cambio afectó no sólo a las instituciones económicas y sociales, sino también a las instituciones de creación y transmisión cultural, y de socialización de las nuevas generaciones. El giro decisivo del país, a mediados de los cincuenta y principios de los sesenta, no se redujo a un cambio de política económica (como el reflejado por el Plan de Estabilización de 1959) que abriera España al exterior, con sus consecuencias, ya señaladas, en la vida económica y social. La nueva política económica fue, a la vez, síntoma y anticipación de un cambio de mentalidad (esto es, un cambio en el paradigma implícito) de las élites del país (políticos, clérigos y dirigentes católicos, profesionales o empresarios), impulsadas por la sensación del fracaso de sus ideales autoritarios, corporativos, contrarreformistas y autárquicos, en otras palabras, el fracaso de su ideal de una 'sociedad bien ordenada', tal como la habían concebido en los años cuarenta. A partir de entonces se hizo cada día más evidente que este ideal no constituía un escenario creíble para el futuro de España.

La iglesia y las experiencias religiosas de los españoles fueron sometidas a un proceso de transformación muy profundo (ver el capítulo 3). La iglesia hubo de enfrentarse con retos implacables, de distintas procedencias. Tras la muerte de Pío XII, la iglesia española establecida comenzó distanciándose, cada vez más, de las otras iglesias de occidente, incluido el propio Vaticano. Sus enseñanzas y, sobre todo, sus actitudes, o su espíritu, desentonaban con el resto. Esto, que se sabía y se decía, de manera más o menos discreta, quedó patente con ocasión del Concilio Vaticano II, lo que supuso un choque traumático para la iglesia española. En aquella ocasión, los obispos españoles, que acudieron imaginando ser el corazón de la ortodoxia, hubieron de resignarse, con alguna confusión, a jugar un papel entre superfluo e irrelevante.

Aprovechando el momento, curas y seglares más a tono con 'el espíritu de los tiempos', o, en su propio lenguaje, con 'el aliento del Espíritu', presionaron a las viejas generaciones de obispos y líderes de órdenes religiosas para que procedieran a cambios intelectuales, morales y organizativos, so pena de enfrentarse con una rebelión abierta. Fueran nacionalistas vascos, demócratas o izquierdistas de una u otra corriente o denominación, aquellas gentes retaron a la iglesia a modificar la estructura de autoridad de sus instituciones, la definición de su papel en el mundo y, a la postre, su alianza con el estado franquista. Como consecuencia de la presión combinada de la iglesia universal y de las nuevas generaciones, la iglesia española llegó, en los primeros años setenta, tan lejos en el proceso de su transformación que, en vez de mantener la que había sido su seña de identidad durante la primera fase del franquismo, a saber, su identificación con el lado victorioso de la guerra civil, no sólo no estaba ya orgullosa de su papel de alentadora de la definición de esta guerra como una 'cruzada', sino que pedía perdón a los españoles por su fracaso en evitarla.

Pero a ello hubo de añadirse el hecho, no menos revelador, de que un gesto semejante, sobrecargado de importancia simbólica, pasara casi inadvertido para el gran público. Porque ocurrió que aquel conflicto entre líderes católicos y clérigos de diferentes generaciones y convicciones tuvo lugar contra el telón de fondo de un país que se había ido desentendiendo de una religión vivida y practicada con tanto dramatismo, y que comenzaba a desinteresarse, si no de la religión, sí de los asuntos eclesiásticos, prolongando así, probablemente, una actitud de resistencia y hostilidad que es relativamente tradicional en un país que, por otro lado, se considera católico. Los españoles, en otras palabras, habían experimentado un proceso de distanciamiento de la iglesia, e incluso de suave o moderada secularización, en su sentido más amplio. De este modo, aunque mantuvieran una mínima vinculación con la iglesia para recibir los sacramentos, su interés por las enseñanzas dogmáticas y morales había declinado considerablemente, con el resultado de que su interpretación de las normas morales relevantes para sus decisiones prácticas se había ido convirtiendo, en casi todos los órdenes y, en particular, en el de la moral privada, en un asunto personal[6].

Por su parte, las instituciones seculares de creación y difusión de cultura también experimentaron cambios extraordinarios. Los círculos de artistas y de intelectuales ya estaban muy distanciados del estado y de la iglesia a comienzos de los cincuenta, y los intentos de los católicos integristas, ligados al Opus Dei, por reducir esta distancia y conseguir el control de la vida universitaria fracasaron, precisamente porque encontraron una resistencia decidida por parte de una *intelligentsia* católica liberal (representada por figuras como Ruiz Giménez, Laín, o Aranguren), que se había vinculado deliberadamente a la antigua tradición liberal de Ortega, Unamuno y la generación del 98. A mediados de los cincuenta, influidos en parte por esta corriente intelectual, muchos de los universitarios más brillantes, o más ambiciosos, se consideraban ajenos (o 'alienados'), no sólo al estado franquista, sino también a la cultura religiosa y social dominante. Su orientación intelectual se dirigió, cada vez con más intensidad, hacia fuera de las fronteras de España; de modo que, si se apoyaron en la tradición liberal española, esto fue, sobre todo, porque ello reforzaba su impulso de mirar a Europa. Lo que leyeron con avidez fueron libros de orientación existencialista, marxista y analítica (o de católicos simpatizantes de estas orientaciones): una literatura, en su mayor parte,

---

[6] Ver datos sobre los cambios en las actitudes religiosas en Orizo (1983); y en Toharia (1989).

inspirada en la obra de autores como Heidegger, Sartre, Camus, Nietzsche, Hegel, Marx, o Popper. Y cuando estos jóvenes universitarios se decidieron a actuar y aplicar sus creencias y sus sentimientos en el terreno político, 'inventaron una tradición' de movimientos estudiantiles de signo, o resonancia, antifranquista, inspirándose en modelos de la izquierda europea (como, por ejemplo, en el sindicalismo universitario francés). De hecho, esta nueva generación encontró sus señas de identidad precisamente en la oposición al franquismo, y en el compromiso con un movimiento universitario que consiguió el desmantelamiento de las organizaciones falangistas universitarias a finales de los cincuenta, y la consolidación de nuevas organizaciones estudiantiles democráticas a lo largo de los sesenta.

A la muerte de Franco, por tanto, la universidad española había desarrollado una cultura política hostil al régimen político vigente, en la que se iban socializando las nuevas generaciones de estudiantes, uno de cuyos ritos de iniciación era, justamente, la participación en actos de protesta y agitación contra las autoridades políticas y académicas. Los efectos de esta cultura de la protesta no se limitaron a la universidad. En los años siguientes, nuevas promociones de abogados, periodistas, médicos, ingenieros y economistas salieron de la universidad con nuevos valores, demandas e inquietudes. Estos nuevos profesionales pusieron en cuestión las pautas establecidas y la cultura predominante de las organizaciones donde hubieron de insertarse, tales como los colegios profesionales, los periódicos, los hospitales, o las empresas. Esto supuso una alteración paulatina de la estructura de autoridad en tales organizaciones, y una renegociación continua de las definiciones de situación vigentes en las mismas.

La consecuencia de todo ello fue que, a mediados de los años setenta, las instituciones económicas, sociales, y culturales de España eran bastante semejantes a las de Europa occidental, y las creencias, orientaciones normativas y actitudes, que acompañaban al funcionamiento de tales instituciones, eran parecidas a las de los europeos. Esta es una de las razones principales que explican por qué el cambio hacia la democracia pudo ocurrir de la manera tan rápida y tan profunda como ocurrió, a pesar de los enormes problemas que hubieron de afrontarse, ante la mirada llena de perplejidad de los observadores extranjeros, empeñados en mirar a España a través del prisma de su memoria de los años treinta, la guerra civil, y la primera década del franquismo.

Si nos colocamos al *final* del proceso esbozado, a mediados de los años setenta (y antes de la transición), es preciso reconocer que la economía española de aquellos años era ya una economía moderna (la décima en el *ranking* mundial de las economías capitalistas), con un amplio sector industrial, un sector de servicios en auge, y una agricultura y unas relaciones industriales en rápido proceso de transformación. El desarrollo económico había creado una clase obrera que se iba desarraigando de sus orígenes rurales, todavía muy próximos, y que estaba deseosa de cosechar los beneficios del continuo crecimiento de sus salarios reales y de un incipiente estado de bienestar, el cual había comenzado a desarrollarse a partir de los años sesenta. Para finales de los años setenta, el nivel de vida del trabajador medio estaba en torno a un tercio por debajo del nivel de vida del obrero francés, y bastante próximo al del obrero italiano. De hecho, cuando los obreros españoles se movilizaron en los últimos años del franquismo, sus reivindicaciones principales fueron de orden económico y organizativo, buscando conseguir mayores salarios, pero, también, unos sindicatos libres y plenamente legalizados, es decir, libres de las trabas impuestas por la semitolerancia de los sesenta, y los contragolpes represivos de los setenta. Tanto por su conducta como por sus actitudes durante aquellos años, y aún más durante la etapa de la transición democrática, los trabajadores mostraron una aceptación limitada y reticente, pero muy significativa, de la estructura de autoridad de la empresa capitalista y de los rasgos fundamentales de la economía de mercado: una actitud no muy diferente, por lo demás, de la que prevalecía entre los obreros de Europa occidental. De ahí que, en los años posteriores, a pesar de la intensidad de los conflictos de interés, de la frecuencia de las huelgas, de su apoyo explícito a los llamados sindicatos de clase, comunistas o socialistas, y a pesar de su inquietud por la crisis económica y por la elevada tasa de paro, los trabajadores españoles no variaran su actitud. Por esto, la dosis de legitimidad y de confianza que habían ido depositando en el sistema económico capitalista fue suficiente para hacer inviable cualquier alternativa radical a este sistema, al tiempo que el recuerdo de la prosperidad económica de los años recientes alimentaba sus expectativas de que la economía terminaría recuperándose (algo que no ocurrió, sin embargo, hasta mediados de los años ochenta). Y a medida que se fue haciendo evidente que los trabajadores apoyaban la economía de mercado, los sindicatos tuvieron que reorientarse en la misma dirección (ver los capítulos 5 y 6).

Por otra parte, es preciso reconocer, también, que, para mediados de los años setenta, los intensos conflictos ideológicos de la España contemporánea se habían debilitado considerablemente. Las fuentes ideológicas de la derecha y de la izquierda se encontraban en crisis, y las gentes afectas a una u otra orientación parecían dispuestas a aceptar un compromiso pacífico con sus oponentes, como resultado de un proceso largo y complejo. Falangistas, anarquistas, comunistas, socialistas e intelectuales anticlericales habían suavizado sus posiciones, y habían adoptado una actitud de moderación, como consecuencia de una evolución ideológica, de una reflexión sobre las razones de la guerra civil, y de la observación de la evolución del escenario internacional, los acontecimientos en el interior de España y la evolución de su opinión pública[7]. Por su parte, la iglesia católica, como ya he señalado antes, no soñaba con predicar la cruzada, ni apoyar el franquismo, sino que buscaba su sitio y su acomodo dentro de un país ampliamente secularizado.

Pero quizá lo más importante sea reconocer las implicaciones del hecho de que, durante la década de los sesenta y la primera mitad de los setenta, la gran mayoría de los españoles habían adquirido un mayor nivel de instrucción que el de los españoles de anteriores generaciones, habían estado alejados de una política ideológica, y, sobre todo, habían estado implicados en el funcionamiento de una diversidad de instituciones sociales, económicas y educativas de la sociedad civil. Estas instituciones habían podido ofrecerles múltiples experiencias de negociación, habían reforzado su confianza en sus propios juicios y sus habilidades, y habían recompensado sus actuaciones pragmáticas y de compromiso. Al final de este período, esta mayoría sentía poca inclinación por participar en batallas ideológicas, y su visión del mundo estaba enraizada, y encarnada, en incontables ritos sociales de negociación y de diálogo, construidos en torno a valores de racionalidad, libertad de elección, tolerancia, prosperidad, felicidad individual y ciudadanía. Como resultado de todo ello, a mediados de los setenta, parecía evidente que las diferencias económicas, sociales y culturales entre España y Europa occidental eran sólo cuestión de grado.

Esta semejanza con Europa acabó extendiéndose a la esfera política con la transición democrática de mediados de los setenta. A partir de entonces, España ha dispuesto de una clase política compuesta de

[7] Ejemplos arquetípicos de esta evolución fueron, entre los falangistas, Dionisio Ridruejo (1964, 1977), y entre los comunistas, Jorge Semprún (1977).

personas de diferente origen y orientación, procedentes, unas, de las varias familias del franquismo y, otras, de los distintos sectores de la oposición, incluyendo comunistas, socialistas, liberales, o nacionalistas vascos y catalanes. Todos ellos, a pesar de sus diferencias, han convivido de forma civilizada, competido en las urnas y aprendido su oficio en el ejercicio del poder estatal, regional y local. Políticos y burócratas han despachado los asuntos públicos año tras año, pareciendo capaces de alcanzar consensos razonables sobre aspectos básicos de la política exterior, autonómica y económica. La democracia se ha convertido en una experiencia habitual, una parte importante, esperada y aceptada, de la vida cotidiana de los españoles.

Ahora bien, conviene señalar que si bien las tradiciones sociales desarrolladas a lo largo de los últimos veinte años del franquismo jugaron un papel fundamental en la preparación del camino a la democracia, el éxito de la consolidación democrática ha dependido del hecho de que tales tradiciones se han combinado con la emergencia, y desarrollo, antes y durante el proceso de la transición, de una nueva tradición de *cultura política.*

La 'invención' de la España democrática

La cultura de una sociedad está constituida no por un conjunto estable y consistente de creencias, orientaciones normativas y sus correspondientes instituciones, sino por un *repertorio* de culturas o tradiciones culturales que se han ido acumulando a lo largo de la historia, como respuestas a problemas diversos. La cultura de una sociedad es un repertorio complejo, puesto que estas tradiciones pueden relacionarse y coexistir pacíficamente, pero pueden, también, entrar en conflicto; y esta articulación de unas con otras puede hacerse en torno a los elementos que comparten, o en torno a los temas en disputa (Laitin 1988). Pero si el repertorio es complejo, ocurre que, además, el uso que la sociedad haga de él es indeterminado y múltiple. En cada nueva fase de la evolución de una sociedad, una nueva generación se enfrenta con nuevos problemas, y encuentra en aquel repertorio de tradiciones un repertorio de instrumentos, o herramientas, con los que interpretar aquellos problemas y resolverlos (Swidler 1986). La nueva generación ha de elegir una interpretación de su historia, remota o reciente, entre varias interpretaciones posibles. Pero, en realidad, no se trata de una decisión, sino de varias. Porque los diferentes sectores de esa generación pueden elegir una tradición diferente, y participar en los debates culturales de su tiempo desde distintos puntos de vista. Además, la manera y la intensidad de su adhesión a una u otra tradición puede variar. El compromiso con una tradición puede ser superficial, o profundo, en el caso de que las gentes enraícen sus vidas, y sus trayectorias, en esa tradición. Pueden, también, aceptar unos elementos de una tradición y rechazar otros, sacar elementos fuera de su contexto e introducirlos en otro distinto, combinar los elementos e, incluso, inventar nuevas tradiciones (Shils 1975, Hobsbawm y Ranger 1983).

En la España contemporánea hemos asistido a la emergencia y, en cierto modo, a la invención de una nueva tradición y de una nueva identidad: la de una España 'democrática', contrapuesta a una España 'franquista', y conectada problemáticamente con la historia anterior al franquismo, de la que la separa el trauma de la guerra civil. Ligadas a este núcleo denotativo de una España democrática encontramos connotaciones de 'modernidad' (una 'España moderna' opuesta a una 'España tradicional' o, tal vez, a una 'España atrasada'), y de 'pertenencia a Europa' (una 'España europea' frente a la 'España diferente', o a la 'España aislada' del pasado). Esta nueva tradición es, hasta cierto punto, una construcción institucional y cultural deliberada, resultado del esfuerzo de los españoles por combinar una imitación de los modelos occidentales, con la aplicación de las lecciones, duramente aprendidas, de nuestra propia experiencia.

Los españoles hemos construido un sistema de textos cuasi sagrados, discursos, mitos, rituales e iconos que impregnan la política cotidiana. Para construir esta nueva tradición hemos tomado como referencia elementos positivos y negativos del pasado: de la monarquía liberal de la Restauración, de la tradición republicana, de ambos bandos de la guerra civil, y también del franquismo. Hemos edificado nuestro sistema de instituciones sobre la piedra angular de la Constitución de 1978, diseñada para evitar los problemas asociados a la anterior Constitución de 1931. El contraste entre ambas constituciones queda atenuado, sin embargo, por el hecho de que ambas son experimentos liberaldemocráticos basados en principios políticos similares. A pesar de que se han eludido los símbolos más visibles de la tradición republicana, gran parte de la sustancia de aquella tradición se ha incorporado a través de la aceptación incondicional del principio de la soberanía popular. Incluso si se ha conservado la bandera monárquica, el escudo de los Habsburgo, asociado a la España tradicional y franquista, ha sido reemplazado, en el centro de la bandera, por el escudo de los Borbones, asociados, aunque de forma vaga, con la Ilustración del XVIII y la monarquía constitucional del XIX. Monumentos polémicos, como la Cruz del Valle de los Caídos, han sido relegados al margen, como si formaran parte de un pasado cercano y sin embargo exótico (y no por exótico más interesante), faltos de atención pública. Otros temas conflictivos también han sido deflactados, o sus efectos amortiguados, por otros medios. De esta forma, los españoles han combinado símbolos que antes se oponían entre sí, y los han hecho coexistir unos al lado de otros. Se pueden así encontrar calles con nombres de generales franquistas victoriosos, o con nombres de figuras de la izquierda de la época republicana. Y, como expresión más elocuente de esta política simbólica de coexistencia pacífica, a menos de cien metros de una estatua ecuestre de Franco situada frente a unos edificios oficiales en el centro de Madrid, se levantan otras dos estatuas de dos prominentes socialistas de la II República, Indalecio Prieto y Largo Caballero, muertos en el exilio.

A lo largo de estos años, de modo ininterrumpido, se ha ido acentuando el papel integrador de la política, tanto en lo que corresponde al diseño y funcionamiento de las instituciones, como al discurso político. Así, la Constitución de 1978 simboliza la convivencia y la reconciliación nacional entre las derechas y las izquierdas, entre la iglesia y el anticlericalismo, entre el capitalismo y los movimientos sociales de reforma, y entre el centro y los nacionalismos periféricos. La monarquía ha ido emergiendo gradualmente como un símbolo unificador de la nación, aparentemente de manera cada vez más importante. Las elecciones nacionales (y, en menor medida, las autonómicas y locales) han sido, y son, utilizadas de manera rutinaria como foros donde pronunciar discursos rituales acerca de las virtudes de un sistema democrático que aborrece la violencia política; y, por su parte, las campañas políticas basadas en imágenes de moderación han demostrado, reiteradamente, su éxito en las urnas.

Además, durante los años de la transición y posteriores, una parte crucial de la vida política ha consistido justamente en la consecución de pactos y entendimientos entre las diferentes fuerzas políticas y sociales. La Constitución fue el resultado de un pacto semejante entre la izquierda y la derecha, y entendimientos semejantes, más o menos formalizados, fueron alcanzados entre la clase política y el ejército o la iglesia. Los pactos autonómicos entre élites políticas centrales y regionales han reducido la intensidad de muchos conflictos regionales y nacionalistas, gracias a la institucionalización de un sistema de 'mesogobiernos', o comunidades autónomas (ver el capítulo 4). Los pactos sociales entre políticos, sindicatos y empresarios han contribuido a legitimar el sistema económico, y a llevar adelante políticas económicas anti-inflacionistas de los gobiernos centristas y socialistas, reduciendo posiblemente el nivel de los conflictos sociales (ver los capítulos 4 y 5).

Este esfuerzo institucional ha sido acompañado de un esfuerzo cultural paralelo, en parte consciente, en parte inconsciente, por olvidar algunos fragmentos de nuestra historia, y por mantener vivos, o reinterpretar, otros fragmentos. Así, el pasado franquista ha sido más silenciado que denunciado. Se han evitado las referencias a las implicaciones personales en la guerra civil. Los símbolos, tanto de los vencedores como de los vencidos, han sido ignorados, o han perdido su intensidad evocativa. La iglesia se ha olvidado de su cruzada; los comunistas y los anarquistas, de su revolución social. La pena de muerte ha sido abolida; y el país se ha entretenido en presentarse a sí mismo como un país pacífico, ansioso de diálogo, reconciliación y tolerancia mutua. Podría decirse, incluso, que una de las razones por las que los españoles hemos tardado tanto en reaccionar, y reaccionado de manera tan dubitativa a la violencia en el País Vasco tiene su origen en la dificultad de conciliar esta imagen pacífica de nosotros y nuestras instituciones con los hechos desnudos de la violencia política. Para dar cuenta de nuestra propia dificultad de reacción hemos buscado refugio en el expediente de la denuncia ritual de la violencia en el País Vasco, calificándola como 'irracional', 'absurda' o 'inútil', cuando, desde la perspectiva de los terroristas vascos, y de algunos sectores nacionalistas, la violencia política ha sido, desde hace mucho tiempo, un instrumento muy 'racional' para la consecución de sus objetivos.

Como ya he dicho antes, a la hora de construir esta nueva tradición de instituciones y cultura democrática, los españoles hemos combinado la imitación de los modelos occidentales que han tenido éxito con las lecciones de nuestra propia experiencia. En la memoria colectiva de esta experiencia ha pesado, muy particularmente, el recuerdo de aquel experimento crucial, y fallido, de la II República, que desembocó en la guerra civil. Precisamente el éxito del experimento democrático actual ha dependido, y todavía depende, del *ajuste* de los modelos europeos, de nuestras actuales circunstancias, y de la memoria de la guerra. A este respecto, cabe argumentar que una de las razones por las que ha habido tantos malentendidos entre vascos y otros españoles durante la transición política ha sido la experiencia, tan diferente, que unos y otros tuvieron de la guerra.

Durante la mayor parte de su historia moderna, España ha vivido un debate intenso entre dos grandes agregados de tradiciones culturales. Este debate ha sido tan intenso que muchos se han referido a él como el debate entre las 'dos Españas', la 'moderna' frente a la 'tradicional', la 'secular' frente a la 'católica', pero, también, la 'liberal' frente a la 'autoritaria'. El conflicto afectaba a todas las esferas de la vida: la religión, las relaciones sociales, la economía, las instituciones políticas. Pero también afectaba al sentido de la historia del país, y a su identidad colectiva. Este conflicto culminó en el siglo XX en la guerra civil: una contienda que fue, esencialmente, la última de una serie de guerras y levantamientos iniciados en el siglo XIX. La guerra civil, sin embargo, marcó un punto de inflexión en el curso de aquel debate secular, y pudo servir, así, como punto de referencia para la invención de una nueva tradición para la España democrática.

La guerra civil aún está abierta a interpretaciones dispares. Las interpretaciones más favorecidas tradicionalmente, tanto desde la derecha como desde la izquierda, han sido las de un maniqueísmo simple, como si la guerra hubiera sido una lucha entre las fuerzas del bien y del mal. Sin embargo, siempre hubo lugar para argumentos más ambiguos y matizados. Por ejemplo, se podría argüir que, si bien la rebelión de los fascistas y los militares fue 'ilegítima', aquéllos se rebelaron contando con el apoyo de campesinos, católicos y clases medias, gentes que se consideraban 'justificadamente' alarmadas por las amenazas radicales de la extrema izquierda. Se podría seguir argumentando que la rebelión se produjo, también, debido a la indecisión e incompetencia de la izquierda moderada; para añadir que el proceso de enfrentamiento entre los españoles fue impulsado decisivamente por las tensiones entre los fascismos alemán e italiano, el comunismo soviético y los países democráticos, los cuales, como dioses olímpicos, presenciaron y jugaron con las agonías de la política interna de los españoles. El hecho es que este tipo de argumento complejo, en sus distintas variantes, fue objeto de debate y comentario creciente en España durante los quince o veinte años que *precedieron* la transición democrática. Y conviene subrayar que éste vino a ser el argumento que, a la postre, terminó prevaleciendo, probablemente estimulado por el propio proceso de la transición. En cualquier caso, buena parte de las jóvenes generaciones de la última etapa del franquismo acabaron interpretando aquella pieza de la memoria colectiva a la luz de este argumento, distanciándose, así, de las interpretaciones tradicionales de los contendientes, y rehusando, de esta manera, tomar partido por uno u otro bando. Como resultado de ello, la guerra comenzó a ser vista como el desarrollo y desenlace de una tragedia griega, adquiriendo un aura de 'tragedia inevitable'. Esta caracterización puede tener una validez dudosa para un observador independiente, por lo que, seguramente, será revisada por generaciones futuras; sin embargo, esta interpretación ha tenido una enorme importancia para aquellos que han participado en la transición.

La cuestión crucial consiste en comprender que, si se llega a la conclusión de que la guerra civil fue una 'tragedia', esto tiene implicaciones morales muy importantes para el discurso político. Las dosis de culpa y responsabilidad deben, en tal caso, repartirse, más o menos, a partes iguales entre los contendientes, ya que ni unos ni otros están libres de reproche. Por otra parte, la carga total de culpa y responsabilidad también debe reducirse, ya que, en definitiva, los propios contendientes tampoco resultarían ser tan culpables, habida cuenta de que cada uno respondía a las amenazas de los otros, y todos eran como peones en el juego, que les desbordaba, de la política internacional. Finalmente, si la lectura trágica de la guerra se prolonga a los años posteriores, cabría añadir que la culpa que unos y otros tuvieran, en todo caso, que asumir, habría sido ya parcialmente expiada con el sufrimiento: los derrotados en la guerra, obviamente, fueron reprimidos durante una generación, pero incluso los vencedores, aunque de forma más mitigada, terminaron por 'perder' cuando, una generación más tarde, sus hijos y herederos tuvieron que renunciar al monopolio del poder, y perdieron el control del estado.

La guerra civil de 1936 a 1939 ha sido el punto de referencia moral y emocional decisivo de la transición española a la democracia, de la misma manera que lo fue la guerra civil inglesa del siglo XVII para los equilibrios sociopolíticos que habrían de despejar el camino al liberalismo moderno. Nuestra guerra ha sido un drama nacional siempre presente en la conciencia pública, y la política democrática nos ha ofrecido un sinnúmero de oportunidades para ceremonias simbólicas que compensaran, y anularan, aquella experiencia. Las instituciones democráticas han requerido la puesta en escena de tales ceremonias de reconciliación nacional. La arena política ha proporcionado el escenario; la clase política y las élites económicas, sociales y culturales han sido los actores principales y los oficiantes en estas ceremonias;

mientras que el país ha actuado, por lo general, como espectador, coro o acompañante.

La sociología y la ciencia política convencionales sólo consideran al estado en términos de su dimensión práctica o instrumental, como un agente de dominación sobre la sociedad (que monopoliza el uso legítimo de la violencia) y un agente para la solución de problemas colectivos. Adoptando este punto de vista, la sociología política puede explicar varios fenómenos, pero difícilmente puede explicar la intensidad de los sentimientos de atracción y rechazo que la vida política suscita entre muchas gentes. Y tampoco puede explicar los lazos afectivos que vinculan a las gentes con el estado y con los símbolos personales, institucionales y materiales del patriotismo y de las lealtades partidistas; ni la confianza en los líderes, ni las pasiones políticas, que movilizan las energías necesarias para la participación popular en la vida pública. De hecho, reducida a un mero 'juego de intereses', la vida política pierde interés, y significado, tanto para quien la practica como para el público en general.

En realidad, el estado tiene una doble dimensión: es un agente de dominación de (y de negociación con) la sociedad, que trata (en ocasiones) de resolver problemas colectivos; pero es también un foco (supuestamente) ejemplar de la sociedad. La atención sistemática a esta segunda dimensión dramática, simbólica y afectiva del estado es crucial para entender no sólo la transición a la democracia en España, sino también el funcionamiento posterior de la misma. Tanto más cuanto que, en ella, la ceremonia de la pacificación de la comunidad ha sido casi continuamente interrumpida por la violencia, lo que ha acentuado la necesidad y la urgencia de ritos estatales, que exorcizaran las fuerzas destructivas, o demoníacas, que amenazaban nuestra vida cívica.

La explicación del éxito de la transición a la democracia

Suelen adelantarse dos tipos de explicaciones para dar cuenta del éxito de las transiciones a (y consolidaciones de) las democracias liberales: las explicaciones estructurales y las explicaciones basadas en los actores[8]. Las explicaciones estructurales hacen hincapié en las

[8] En esta sección uso indistintamente los términos «consolidación» y «transición», considerando que la consolidación es la prueba final del éxito de la transición.

condiciones culturales o económicas, domésticas o internacionales, mientras que las explicaciones basadas en los actores se centran en las decisiones críticas de actores estratégicos que, si bien están constreñidos por aquellas condiciones, son capaces, también, de alterarlas. Consideradas con frecuencia como explicaciones que se oponen unas a otras, es fácil ver, sin embargo, que son complementarias (Lipset, Seong y Torres 1991). Si se dejan a un lado los extremos de cada uno de los dos enfoques (el 'determinismo' económico, cultural o de otra naturaleza; y el 'decisionismo', según el cual las decisiones apenas estarían constreñidas), nos encontramos con variaciones de un tipo dc argumentación tradicional, expresada, una y otra vez, en lenguajes distintos, según la cual, los factores estructurales constriñentes y las decisiones limitadas o condicionadas de los actores (o tomadas con un cierto grado de libertad) son elementos interrelacionados, y se requieren mutuamente como piezas de un solo proceso y una misma explicación. Conviene, por tanto, dejar atrás el dilema, más bien poco iluminador, de las explicaciones estructurales *versus* las explicaciones basadas en actores, y explorar los modos de encaje entre estructuras y decisiones. La clave de ese encaje reside en considerar las tradiciones, reglas e instituciones que forman el núcleo de estos factores estructurales, y en considerar a los actores, menos como agentes que toman decisiones y más como agentes que siguen, se desvían o rompen unas reglas.

Las teorías de la modernización pueden ser entendidas como una variante de explicaciones estructurales de la emergencia de los regímenes democráticos. Estas teorías estuvieron en boga en los años cincuenta (Lerner 1958, Lipset 1959), pero se resintieron del hecho de que, a lo largo de los sesenta y principios de los setenta, no pocos países en vías de modernización presenciaron el surgimiento de regímenes autoritarios. La ola más reciente de democratización de la segunda mitad de los setenta y los ochenta ha parecido corroborar, sin embargo, aquella teoría, o una nueva versión de ella. Sus defensores mantienen que existe una correlación positiva (o una relación en una curva normal) entre crecimiento económico y democracia (Lipset, Seong y Torres 1991, 14 y ss.). Sin embargo, para pasar de esta observación a una explicación causal, y para hacerlo sin caer en un determinismo económico, los autores deben atender a los mecanismos que median entre las dos variables. Al hacerlo, presentan un argumento según el cual el crecimiento económico produce (de alguna forma) un aumento de las expectativas y las demandas de las masas, acompañado por una mayor capacidad de las élites para satisfacer estas demandas. Sin embargo, este argumento no contesta los interrogantes de si, en qué medida y por qué aquellas demandas incluyen demandas por libertades políticas e instituciones democráticas; y si, en qué medida y por qué el ajuste entre las demandas de las masas por mayor bienestar material (y mayores oportunidades educativas y laborales), y la capacidad y la voluntad de las élites para satisfacerlas, ha de hacerse dentro del marco de un régimen democrático, y no de otro tipo de régimen. Estos interrogantes sólo pueden contestarse si otros factores culturales o históricos entran en escena (Lipset, Seong y Torres 1991, 26 y ss.). Pero si lo hacen, lo hacen a costa de mermar el poder explicativo de la variable independiente (esto es, el crecimiento económico), la cual se convierte en una condición ni suficiente, ni necesaria, quedando reducida a una 'condición facilitante' de, o un 'aspecto importante' en, el proceso de transición a la democracia (*versus* Lipset, Seong y Torres 1991, 31).

El problema de las explicaciones de tipo estructural radica en la debilidad de su examen de las variables intermedias. El problema de las teorías basadas en actores es su tendencia a perder de vista los factores constrictivos, y a poner excesivo énfasis en la incertidumbre de la situación, y en la naturaleza contingente de las decisiones de los actores. Estas decisiones parecen estar limitadas sólo, o principalmente, por la interacción entre las estrategias de los actores y por sus decisiones previas (y por los senderos abiertos por la caída de los regímenes autoritarios y los primeros pasos de la transición; ver Karl 1990). Si se lleva esta argumentación al extremo, tal como lo hacen O'Donnell y Schmitter (1986), los acontecimientos de una transición democrática quedan 'explicados', o, más bien, descritos, como el resultado de combinaciones improbables de *fortuna* y *virtù* (aunque *virtù* es poco más que un término vacío, ya que con él se hace referencia a actores, caracteres y objetivos definidos tan vagamente que parecen ser el producto de los acontecimientos mismos). Así, estos autores, que no parecen interesados en explicaciones (prescindiendo de lo que ellos llaman 'el enfoque científico normal', a la hora de dar cuenta de procesos sociales de cierta complejidad), se contentan con ofrecernos una descripción típico-ideal, construida sobre la base de piezas aisladas de evidencia tomadas de unos pocos ejemplos de transiciones a la democracia.

Hay, sin embargo, implícita en las 'conclusiones provisionales' de O'Donnell y Schmitter, una serie de enunciados teóricos que pueden servir como punto inicial de contraste para exponer mi posición. Estos autores mantienen, en primer lugar, que las transiciones democráticas deben entenderse, sobre todo, como el resultado de decisiones críticas tomadas por actores políticos estratégicos (tanto por los intransigentes y los aperturistas del régimen autoritario como por las fuerzas de la oposición), con algún *input* por parte de élites sociales y movimientos sociales (guiados por sus líderes correspondientes). En segundo lugar, estas decisiones se toman en un clima caracterizado por un grado considerable de incertidumbre en lo que concierne a las reglas del juego que se apliquen a la transición, tanto durante su proceso como al término de la misma. En tercer lugar, estas reglas, y la constitución en las que quedan formalmente consagradas, son inventadas por, y negociadas entre, aquellas élites políticas. Finalmente, todo ello implica que los actores políticos son los protagonistas de un proceso que está configurado por sus decisiones críticas (por llevar a la práctica unos programas políticos y unos diseños institucionales).

En contraste con ello, parto del supuesto, en primer lugar, de que sólo ocasionalmente las personas, políticos incluidos, se enfrentan a las situaciones como agentes que toman decisiones eligiendo entre alternativas. Por lo general, lo hacen siguiendo reglas, en el contexto de tradiciones e instituciones que conforman sus preferencias y su sentido de lo posible. Por supuesto que decisiones entre las alternativas tienen lugar, y tienen consecuencias a veces extraordinarias; pero estas decisiones suelen ser intersticiales, y dependen, en gran medida, de las tradiciones antes mencionadas, incluso cuando se apartan de ellas. Ello suele ser así aunque los actores sean poco conscientes de esta influencia de reglas y tradiciones, ya que su manera de entender su vida cotidiana está condicionada por su uso habitual de un lenguaje 'finalista'. Esto se aplica de modo especial a los políticos, cuyo único modo de articular su experiencia parece ser el de emplear un lenguaje de objetivos, proyectos o programas. En segundo lugar, en el momento de una transición política, es decir, un cambio en las reglas del juego político, la incertidumbre con la que se enfrentan los políticos es sólo una incertidumbre relativa. Porque los políticos obtienen la mayor parte de sus definiciones de la situación y de sus preferencias, de supuestos y de 'meta-reglas' del juego que existen previamente y operan, no en la arena política, pero sí en otros ámbitos de la actividad social, esto es, en la sociedad civil. En tercer lugar, las nuevas reglas políticas no son tanto inventadas *ex novo* como traducidas, por así decirlo, de aquellas meta-reglas de la vida social, económica y cultural.

La viabilidad del nuevo régimen, su posibilidad de éxito depende, precisamente, de lo apropiada que resulte aquella traducción. El nuevo régimen será viable si, y sólo si, existe un alto nivel de adecuación entre las reglas de la política y las meta-reglas de la sociedad civil. En cuarto lugar, la sociedad civil juega, así, un papel central antes de, y durante, los procesos de transición y consolidación. Es desde este ámbito de la sociedad civil desde donde emergen las meta-reglas del juego político, los supuestos básicos, las predisposiciones sociales y los criterios de lo que se considera una conducta apropiada: esto es, los criterios conforme a los cuales se define lo que es 'normal', y se espera que funcionen las cosas. La implicación de todo ello es que la sociedad civil *ya está allí*, y no tiene por qué ser 'resucitada' como resultado de las movilizaciones sociopolíticas que pueden tener lugar durante el proceso de la transición[9].

De aquí en adelante me propongo ofrecer una interpretación del caso español que combina el papel jugado por la sociedad civil con el desarrollo de un lenguaje político-cultural; la voluntad del ejército para limitar el grado de violencia y ofrecer, así, a la política un margen de maniobra donde desenvolverse; y, finalmente, las decisiones críticas de la clase política. Antes, sin embargo, me propongo examinar algunas explicaciones alternativas y explorar algunos factores a los que se ha solido atribuir el éxito de la transición española: un contexto internacional favorable (España, al ser un país semiperiférico dentro del bloque occidental, debería ajustar sus instituciones políticas a las de los países nucleares de ese mundo); un conjunto de cambios socioeconómicos y culturales (que algunos autores agrupan bajo la etiqueta de «modernización»), y las tensiones estructurales que

---

[9] Los movimientos sociales son solamente una de las muchas manifestaciones de la sociedad civil. O'Donnell y Schmitter parecen equiparar los movimientos sociales con la sociedad civil, y este puede ser el motivo por el que hablan de una «resurrección» de la sociedad civil en conexión con huelgas o movimientos sociales en alguna fase del proceso de transición (1986, 26 y 48). Así, del hecho de que tales fenómenos ocurren con relativa poca frecuencia en los regímenes autoritarios, concluyen que las sociedades de estos regímenes son sociedades pasivas y atomizadas (1986, 48 y ss.). Con ello subestiman la capacidad que tienen, en aquellas sociedades, grandes segmentos de la población para resistir la coerción política, la explotación económica y el adoctrinamiento cultural ejercido por el estado en connivencia con diversas élites sociales. El hecho es que pueden resistir, y hacerlo con relativo éxito, por medio de una variedad de mecanismos, especialmente mecanismos de mercado de varios tipos. Gracias a esta resistencia, las meta-reglas del juego político pueden estar ya establecidas antes de que comience el juego propiamente dicho.

aquellos cambios provocarían en el régimen autoritario; la difusión de nuevas actitudes y opiniones políticas entre la población, concernientes a las instituciones políticas y a la participación política (lo que sugeriría la existencia de una cultura política democrática anterior a la transición); una crisis de sucesión del régimen autoritario (debida a la falta de un líder capaz de sustituir a Franco a su muerte); y, sobre todo, la habilidad de las élites políticas para resolver sus diferencias y ponerse de acuerdo sobre el nuevo régimen democrático, guiando al país por la senda de una transición negociada: una 'reforma pactada/ruptura pactada'.

Me ocuparé, en primer lugar, brevemente, de los cuatro primeros factores (el contexto internacional, la modernización, la cultura democrática y la crisis de sucesión), para centrarme, más tarde, en el de la negociación de las élites. Defenderé la idea de que considerar este último factor como el más importante supone sobreestimar la capacidad de las élites políticas para influir en los acontecimientos. Por último, propondré una explicación alternativa, según la cual los líderes políticos españoles mostraron una notable habilidad no tanto para guiar los acontecimientos cuanto para aprender de ellos, adaptándose a las presiones del ejército y de las tradiciones sociales. Aquellas presiones constriñieron y, a la vez, proporcionaron oportunidades a las élites, empujándolas por un camino de negociación y compromiso, y obligándolas a encontrar un nuevo lenguaje político.

Para empezar, el contexto internacional, aunque favorable al cambio democrático (y, ciertamente, mucho más favorable que lo fuera el de los años treinta), sólo pudo ejercer una influencia limitada, y ello sólo a través de factores domésticos. Los muchos ejemplos de coexistencia pacífica entre regímenes autoritarios y las democracias occidentales muestran los límites de este factor explicativo. Es obvio que un entorno capitalista y democrático puede ser hostil, y sin embargo, al mismo tiempo, comprensivo y compatible con un régimen autoritario; como lo fue con el estado franquista durante más de veinte años.

Por lo que respecta a la influencia de cambios asociados con la modernización (crecimiento económico, niveles más altos de alfabetización y educación, difusión de los medios de comunicación de masas, urbanización, etc.), merece la pena recordar que estos cambios no se traducen en cambios políticos de una forma determinada, y son perfectamente compatibles con regímenes autoritarios o totalitarios. De hecho, muchos países fascistas y comunistas nacieron con la creencia de que ellos eran el epítome de la modernidad, y, desde luego, más modernos que las 'decadentes' democracias occidentales de su época. El propio estado franquista combinó una cultura y una política tradicionales con una economía moderna, e intentó basar parte de su legitimidad en el desarrollo económico de los sesenta. De hecho, muchos franquistas interpretaron el resultado del referéndum de 1966 y las manifestaciones de masas de diciembre de 1970 como una corroboración de la teoría de que la modernización estaba ayudando, y no erosionado, al régimen autoritario (Preston 1986, 34). En todo caso, lo que me importa es subrayar que, para que aquellos cambios tengan un efecto político específico, deben venir acompañados de otros cambios institucionales, organizativos y culturales, y deben ser incorporados en las tradiciones sociales.

La evidencia disponible sobre la cultura democrática de los españoles anterior a la transición es insuficiente, pero parece mostrar que esta cultura era débil[10]. No quiere esto decir que las orientaciones culturales básicas de los españoles respecto a la sociedad, sus problemas colectivos, su historia reciente y su futuro inmediato no hubieran cambiado a lo largo de las varias décadas del franquismo. Todo lo contrario: sufrieron un profundo cambio, como indiqué en páginas anteriores. Sin embargo, estos cambios culturales básicos fueron, en gran medida, implícitos, habiendo quedado insertos en las tradiciones sociales aludidas y, en cambio, se tradujeron muy limitadamente en las opiniones y las actitudes explícitas de los españoles respecto a las instituciones políticas, los políticos y la política. A este respecto las encuestas de opinión de los años setenta, antes de la transición, reflejan falta de interés general por la política, y una actitud más bien aquiescente hacia el régimen franquista. Los españoles deseaban tener alguna mayor voz en la elección de los líderes políticos, pero mostraban escasa simpatía por los partidos políticos, querían que un líder enérgico resolviera la mayoría de sus problemas colectivos, mostraban indiferencia hacia la figura del futuro rey y albergaban un sentimiento de respeto hacia Franco.

Por lo que se refiere a la crisis de sucesión del régimen, es cierto que la muerte de Franco fue, por sí misma, un hecho crucial, tanto más cuanto que el dictador carecía de un sucesor dispuesto y capaz de continuar su trayectoria. En sus últimos años, y habiendo iniciado el

---

[10] Ver López Pina y López-Aranguren (1976); López Pintor y Wert Ortega (1982); y Gunther (1988).

descenso a la senilidad (y en medio de febriles expectativas de su muerte inminente, que nadie intentó acelerar), Franco sólo pudo confiar en dos políticos de segunda fila (Carrero Blanco y Arias Navarro), capaces, quizá, de presidir gobiernos provisionales, pero no de liderazgo político, y en un heredero del trono, cuya lealtad al franquismo había sido siempre un interrogante. Ahora bien, lo que hay que señalar es que no existía el entorno político de donde pudiera surgir, y donde pudiera encontrar apoyo, un hipotético sucesor, dispuesto y capaz de mantener el franquismo. Sólo había una clase política franquista en el fondo del escenario, dispuesta a abandonar la política para sumergirse en sus intereses privados[11]; y un ejército, con un poder de veto limitado, y acostumbrado a obedecer, y a permanecer al margen de la política.

Muchos observadores han subrayado las negociaciones entre las élites como el factor explicativo más importante a la hora de dar cuenta de las transiciones democráticas en general, y de la española en particular. Sin lugar a dudas, es mucho lo que parece estar a favor de esta hipótesis. Cualesquiera que sean las condiciones estructurales, las transiciones son secuencias únicas de acontecimientos, y la dirección que tomen depende no poco, en momentos críticos, de la visión, voluntad y capacidad de acción de un pequeño número de personas que ocupan posiciones estratégicas (Linz 1987). Ciertamente, la historia de la transición española no puede escribirse sin reconocer, ante todo, la astucia con la que el rey y, sobre todo, Adolfo Suárez llevaron adelante sus planes de reforma política a través de las turbias aguas de las leyes y los intereses creados del franquismo, y la habilidad con la que persuadieron a la opinión pública y la oposición política para que les secundaran; y sin reconocer, por otro lado, el modo como esta oposición, la iglesia, y las élites económicas comprendieron y apoyaron aquellos planes. Todo esto se hizo en un tiempo récord. En el intervalo de casi un año, entre junio de 1976 (cuando el rey nombró a Suárez presidente del gobierno) y junio de 1977 (cuando se celebraron las primeras elecciones), Suárez fue capaz de persuadir a las Cortes franquistas y al ejército, en el otoño de 1976, para que aceptaran la convocatoria de un referéndum sobre la Ley de Reforma Política; capaz de celebrarlo, en diciembre de 1976, lo que le dio el respaldo ne-

[11] O dispuesta a adaptarse al nuevo régimen político. Esta disposición se hizo patente en el otoño de 1977, cuando la mayoría de la clase política franquista cedió ante las presiones y los argumentos de Suárez.

cesario para convocar elecciones libres; y capaz de legalizar los partidos políticos, incluido el partido comunista en la primavera de 1977, y de celebrar las elecciones, en junio de 1977. Una vez que las nuevas Cortes se reunieron, se redactó una nueva constitución, aprobada en el referéndum de diciembre de 1978. Mientras tanto, ya se había alcanzado un amplio consenso entre los partidos políticos acerca de una serie de medidas socioeconómicas, incluidos los Pactos de la Moncloa, del otoño de 1977, y los estatutos autonómicos, entre 1977 y 1979.

A la luz de esta serie de actos cruciales, podría pensarse que la transición española debe ser entendida como el resultado de las negociaciones entre las élites políticas: de la reforma pactada/ruptura pactada entre el gobierno y la oposición (Maravall y Santamaría 1986). Esta caracterización, sin embargo, sobreestima el papel de las élites políticas, y les atribuye recursos de conocimientos, voluntad y capacidad de movilización que, de hecho, nunca tuvieron.

Para empezar, las expectativas iniciales del público respecto al rey eran mezcladas e imprecisas. El rey era un símbolo ambiguo del cambio político, y podía ser visto como el garante alternativamente de la continuidad del régimen o de su reforma. Juan Carlos debía su propia posición a Franco, quien lo eligió, entre varios candidatos, porque parecía combinar dos fuentes de legitimidad: la de la monarquía tradicional y la del régimen franquista. Juan Carlos fue educado bajo la supervisión de Franco y, en 1969, se convirtió en su heredero oficial en una ceremonia solemne (y televisada), en la que, arrodillado y con la mano sobre la Biblia, juró fidelidad a los principios del régimen. Al mismo tiempo, sin embargo, se suponía que Juan Carlos era un hijo obediente de Don Juan, quien parecía ser, en cambio, un hombre de convicción liberal, que pensaba que la mejor garantía de una restauración monárquica estribaba no en comprometerse con el franquismo, sino en hacer que el nuevo rey fuera 'el rey de todos los españoles'. Esta idea podía implicar una política de reconciliación nacional entre los dos bandos de la guerra civil, y tal vez el designio de instaurar un régimen político liberal.

Si el rey podía ser visto, inicialmente, como el depositario de dos lealtades contradictorias, lo mismo se podía decir de los políticos y los burócratas que alimentaban la corriente (semi)reformista del franquismo y llegaron al poder con el gobierno de Suárez. Todos ellos habían hecho carrera en el franquismo, tenían detrás un historial abundante de aquiescencia y oportunismo, con alguna experiencia en la administración pública y los aparatos de propaganda y represión política, y un historial breve, irregular y poco impresionante de compromiso con proyectos de reforma dentro de las instituciones franquistas. Algunos pensaban que la muerte de Franco ofrecía la oportunidad de romper con el pasado, mientras que otros creían que los años de crecimiento económico, ley y orden, desarrollo de las clases medias y extensión de la cultura consumista, harían posible una continuación del pasado.

Por su parte, la mayoría de los abogados, periodistas, funcionarios, profesores universitarios y profesionales con puestos de responsabilidad política en los partidos de la oposición, no estaban en mejor posición que los políticos originarios del franquismo para entender la situación. Los partidos liberales, poco organizados, contaban con pocos miembros y líderes apenas conocidos (el más importante, Dionisio Ridruejo, había muerto en 1975, unos meses antes que Franco), inciertos y preocupados sobre cuáles serían las preferencias políticas del público después de cuarenta años de franquismo.

Los socialistas, los comunistas, y, en general, los militantes de izquierda, tampoco estaban preparados para enfrentarse con la situación. Se habían habituado a una retórica de confrontación radical y tenían un entendimiento muy superficial de las circunstancias de la sociedad española. Los comunistas, por ejemplo, se negaron durante mucho tiempo a reconocer el crecimiento económico y las transformaciones sociales correspondientes de los años sesenta y setenta, hasta el punto de expulsar de sus filas a aquellos dirigentes que recomendaban tomar en cuenta estos cambios para revisar la estrategia del partido[12]. Por el mismo motivo, tampoco le resultó fácil a la izquierda reconocer que el tipo de reforma agraria de los años treinta no podía ser aplicada a las condiciones de treinta o cuarenta años más tarde. Por su parte, los socialistas, que parecían tener menos fijaciones ideológicas, esperaron, sin embargo, hasta mediados de los setenta para adoptar una postura radical y maximalista, haciendo del marxismo el credo oficial del partido[13]. En general, la experiencia de la opo-

---

[12] Esta es la razón por la que Fernando Claudín y Jorge Semprún perdieron sus cargos en el comité central del partido comunista en 1964.

[13] Esto es algo que los socialistas no habían hecho a lo largo de sus casi cien años de agitada historia, y de lo que se arrepintieron muy pronto. En 1979, los mismos líderes que tres años antes, en diciembre de 1976, con ocasión del vigésimo séptimo congreso, habían introducido el marxismo como una seña de identidad del partido, lo redujeron a una de las varias influencias ideológicas a las que los miembros del partido debían ser

sición fue útil para hacer que los líderes y los militantes aprendieran el arte de las maniobras políticas intrapartidistas (Gillespie 1988, 212 y ss., y 267 y ss.), de la redacción de manifiestos, o de las relaciones con la prensa, pero no lo fue para que entendieran mejor los problemas del país.

En resumen, dado este historial de la clase política, lo razonable era esperar que ésta entrara en el proceso de transición con un conocimiento limitado y distorsionado de la escena, e incapaz de prever los acontecimientos. Todo dependía, más bien, de su instinto de supervivencia y su capacidad de aprender de, y ajustarse a, las reacciones del público.

De hecho, en momentos críticos como la primavera y el invierno de 1976, y el verano de 1977, la respuesta del público demostró ser el factor fundamental. Entre noviembre de 1975 y junio de 1976, la clase política franquista estuvo dividida e indecisa. Lo que decidió la situación, demostró la impotencia del gobierno de Arias y despejó al rey el camino para nombrar a Suárez presidente del gobierno, fue la agitación popular de la primavera de 1976, a propósito de unas negociaciones colectivas particularmente tensas, dado el clima de crisis económica (generada por el alza de precios del petróleo de 1973). Durante el otoño y el invierno de 1976, Suárez tomó la iniciativa de la reforma, sólo para que los partidos de la oposición comenzaran a debatirse entre dudas e indecisiones y terminaran recomendando la abstención en el referéndum sobre la Ley de Reforma Política. De nuevo, fue el público quien dejó muy claro, mediante su masiva participación en el referéndum de diciembre, que confiaba en las intenciones y en la sensatez política de Suárez. Asimismo, el público intervino en el momento crítico de las elecciones de junio de 1977, demostrando sus preferencias por opciones políticas relativamente moderadas, a expensas de las extremas, y deshaciendo así los fantasmas que poblaban la imaginación de los políticos, sus temores y sus esperanzas sobre las posibilidades de un cambio radical o una continuidad con el pasado. Los resultados de aquellas elecciones dejaron establecido el talante con el que se redactaría la Constitución, y se elaborarían otros compromisos en la política económica, en las relaciones con la iglesia y en la cuestión regional. De esta forma, las élites políticas acertaron,

---

receptivos y sensibles. También recomendaron el marxismo a sus militantes como el método más apropiado de análisis científico.

no tanto porque dirigieran el público cuanto porque supieron aprender de él.

En realidad, las fuentes del aprendizaje de los políticos fueron dos: la sociedad y el ejército. Las tradiciones sociales favorecieron las políticas moderadas; y del ejército pareció desprenderse siempre una amenaza de penalizar las políticas inmoderadas. Estos refuerzos positivos y negativos fueron como 'la zanahoria' y el 'palo', que intensificaron el grado de atención de los alumnos para aprender lecciones que, de otra manera, quizá nunca habrían aprendido, o habrían olvidado fácilmente. Alumnos meritorios, los políticos no sólo aprendieron las lecciones, sino que las tradujeron en políticas y diseños institucionales.

Como ya he mencionado en la segunda sección, las tradiciones sociales que despejaron el camino de la transición política se desarrollaron, casi sin interrupción, durante los quince o veinte años anteriores a la muerte de Franco. Estas tradiciones nacieron en el seno de grupos sociales, con los incentivos y las oportunidades apropiadas. A medida que las migraciones, las innovaciones tecnológicas y el crecimiento económico alteraron el marco de vida rural y urbana, muchos individuos de estos grupos (campesinos, obreros, profesionales, estudiantes, etc.) se enfrentaron con situaciones que les exigían nuevos modos o estilos de vida. Al mismo tiempo, estas personas tuvieron acceso a nuevos instrumentos culturales, que permitieron redefinir su situación y ofrecieron un sentido nuevo a sus actos (por ejemplo, los modelos del sindicalismo contemporáneo, las tradiciones de la *intelligentsia* europea, el *aggiornamento* de la iglesia o las nuevas pautas de consumo). Al tiempo que estos grupos iniciaban tales nuevas tradiciones, se fueron desplazando al centro del sistema social, de tal forma que el impacto de sus innovaciones se hizo cada vez mayor, y este impacto fue reforzado por los medios de comunicación de masas (la televisión, desde los años sesenta, y las publicaciones periódicas, sobre todo después de la Ley de Prensa de 1966). Como resultado de ello, a mediados de los setenta, los estilos de vida de la sociedad civil eran, en gran medida, liberales y democráticos. La tolerancia mutua y la negociación, aplicando reglas de juego convenidas, eran la norma. También, y de forma ya rutinaria, se exigía de quienes ocupaban posiciones de autoridad en la vida social, cultural, y económica, que respetaran ciertos límites en el ejercicio del poder; y se esperaba de ellos que atendieran las demandas, continuas y crecientes, por un mayor grado de libertad. La articulación de todo tipo de intereses y de ideas en la arena pública se había convertido en fenómeno cotidiano. Con el paso del tiempo, todo esto fue considerado perfectamente normal, y adquirió un aura de naturalidad.

Como contraste, lo que pareció cada vez más anormal, exótico o diferente fue el estado y el régimen franquista. La inversión de la normalidad y la anormalidad entre el primer período del franquismo y el segundo fue total. Dado que la calle es uno de los espacios simbólicos fundamentales de la interacción social, la capacidad del estado para controlar la calle es una indicación crucial de su capacidad para influir en la vida cotidiana de sus súbditos. En los años cuarenta y cincuenta, el estado franquista había logrado conformar una parte importante de la vida cotidiana de los españoles, y desde luego de sus espacios públicos, a través de una variedad de instrumentos que iban desde la intimidación física a la complicidad con la iglesia. En los años setenta, por el contrario, las tradiciones sociales emergentes, de cambio, negociación y disidencia, dieron un nuevo tono a la calle, mientras que los franquistas intransigentes, conocidos como 'el bunker', fueron vistos como personas que buscaban refugio en un espacio amurallado, atrincheradas contra la realidad circundante. De aquí el éxito de la apelación retórica contenida en los discursos de Suárez de otoño de 1976, recomendando a los españoles la Ley de Reforma Política. Sus intervenciones fueron construidas en torno a la oposición entre la 'normalidad' de la vida social, o de la vida de la calle, y la 'anormalidad' de la vida política. Y Suárez basó su mensaje político sobre la promesa de que la nueva ley establecería un puente entre esas dos vidas, trasladando las reglas de la vida cotidiana al ámbito de la política, y sobre el supuesto de que en esto consistiría, fundamentalmente, el cambio a un sistema democrático[14].

Pero aun cuando las tradiciones sociales ancladas en la experiencia de cerca de dos décadas explican la disposición del público en el momento de la transición, y aun cuando algunos líderes estuvieran preparados para extraer de ello las conclusiones pertinentes a la hora de iniciar una operación política, de aquí no se deduce que la *mayoría* de los políticos fueran capaces de entender, y de aprender del proceso en curso. Su capacidad de aprendizaje podía estar mermada por prejuicios y concepciones previas, arraigadas en las peculiaridades de su experiencia pasada y en su posición presente. Podían ser 'irrealistas',

---

[14] Ver, en particular, el discurso por televisión de Suárez del 10 de septiembre de 1976 (*ABC*, 11 se septiembre de 1976, pp. 6-8).

sobre todo en tanto no se enfrentaran con «experiencias recalcitrantes» (para usar una expresión de Quine 1953, también White 1981), cuyas consecuencias no se pudieran eludir. Y justamente una de estas experiencias recalcitrantes estuvo constituida por la presencia del ejército[15].

De hecho, sabemos que muchos políticos procedentes del franquismo habían creído durante mucho tiempo en su propia propaganda, corroborada por éxitos tales como el crecimiento económico, el mantenimiento de la ley y el orden, o el reconocimiento diplomático internacional. Franco mismo había sido considerado un observador realista y astuto de situaciones y de hombres, capaz de orientarse a través del complicado escenario internacional de los cuarenta y cincuenta, abandonando su simpatía por la causa fascista para convertirse en un miembro (marginal) de la alianza occidental. Sin embargo, su capacidad de aprender de los cambios de los sesenta y de los primeros setenta había sido mucho más limitada. Se convenció de que el crecimiento de la economía y de las clases medias reforzaban la legitimidad del régimen. En realidad, hubo de vivir, y enfrentarse, con una serie de complicaciones como resultado de aquellos desarrollos, que nunca acabó de comprender. Franco entendía poco de economía, y no supo ponderar la importancia del descontento de los estudiantes, la movilización de los trabajadores y el renacimiento de los sentimientos regionalistas y nacionalistas. Reaccionó frente a todo ello aferrándose a la visión simplista de que la unidad de España estaba amenazada, una vez más, por conflictos sociales y territoriales. De esta forma, recurrió, de nuevo, a las ideas que le habían ayudado a justificar su rebelión de los años treinta. Pero la pérdida gradual del apoyo de la iglesia le desconcertó. En consecuencia, procrastinó, permitiendo sólo reformas institucionales menores y entreteniendo la ilusión de que todo estaba bajo control: 'atado y bien atado'. Los errores de juicio de Franco se reflejaron en otros muchos errores de los políticos que le sucedieron. Como ya hemos visto, no pocos políticos de la derecha acariciaron la esperanza de que la población apoyaría la continuación de las instituciones franquistas, como muchos políticos de la oposición albergaron expectativas no menos irrealistas acerca del radicalismo de las masas. Las esperanzas de unos y de otros fueron sometidas a dura prueba, tanto por las tradiciones sociales ya mencio-

[15] Otra, de un carácter algo diferente, fue la crisis económica: ver el capítulo 5.

nadas como por la presencia del ejército: un tema sobre el que ahora merece la pena detenernos.

El ejército español del comienzo de la transición democrática no fue un ejército dividido y derrotado como lo fueron los ejércitos de Portugal, Grecia y Argentina al iniciarse las transiciones democráticas de estos países. Todo lo contrario: aquel ejército fue percibido por los demás, y se percibió a sí mismo, como un ejército unido y victorioso. Había ganado una guerra civil, y este recuerdo constituía la clave de la imagen que tenía de sí mismo, y que proyectaba hacia el mundo exterior: la imagen de la ceremonia solemne en la que el ejército desfilaba por las principales avenidas de Madrid y las capitales de provincia, en cada aniversario de aquella victoria. Prudentemente, Franco evitó implicar al ejército en guerras o aventuras exteriores. Rehusó entrar en la II Guerra Mundial, a pesar de la presión nazi, y trató de evitar enredarse en confrontaciones militares en el norte de Africa. Una vez que Francia concedió la independencia a Marruecos, Franco decidió seguir su ejemplo. Tampoco se empeñó en una guerra colonial en Guinea o en el Sahara occidental, y prefirió abandonar ambos territorios sin conflictos armados. De esta forma, la fuerza y la unidad del ejército quedaron intactas. Esta unidad fue siempre un objetivo de la mayor importancia. Tanto más cuanto que el ejército estaba obsesionado por una historia de divisiones internas: durante la guerra de Marruecos, más tarde con ocasión de la organización de las Juntas de Defensa, durante la dictadura de Primo de Rivera y la II República, y finalmente durante la propia guerra civil, cuando una parte del cuerpo de oficiales y generales permaneció fiel a la República (Payne 1967). Franco puso siempre especial cuidado en prevenir posibles disensiones entre los militares. A principios de los setenta, ante el ejemplo de la revolución portuguesa, ello se convirtió en una necesidad todavía más urgente e imperiosa. De aquí la prontitud y la firmeza con que en 1974 se hizo frente a la amenaza representada por un grupo de oficiales democráticos en vías de organizarse.

Pero, por unido y preparado para la acción que el ejército español estuviera al principio de la transición, no estaba claro cuál fuera a ser su actitud ante la misma. En realidad, esta actitud dependía de las tradiciones específicas que el ejército había desarrollado durante el largo período del franquismo. Primero, una tradición de autopercepción y autojustificación del ejército como garante de la unidad y continuidad del país, tanto frente a una potencial invasión extranjera como frente a las amenazas surgidas de factores internos, tales como el regionalismo, las divisiones partidistas o los conflictos sociales, que desembocaran en un colapso de la ley y el orden. Esta había sido, justamente, ante sus propios ojos, la razón, y la justificación, de su intervención en 1936. Segundo, una tradición de permanecer en un segundo plano en la vida política, jugando un papel marginal tanto en las instituciones como en la formulación y la ejecución de políticas públicas. Sólo en raras ocasiones los militares formaron parte del círculo en torno a Franco donde se tomaron las decisiones más importantes. Sobre todo, el ejército español jamás hizo suyo el papel de agente modernizador del país, en claro contraste con los ejércitos brasileño y peruano de los años sesenta, y los oficiales portugueses de los setenta. Este papel fue asumido, bien por el propio Franco, bien por elementos civiles, no militares, de la clase política franquista. Tercero, una tradición de conformismo y legalismo. En ausencia de la excitación y las oportunidades que procuran la guerra y la política, la experiencia cotidiana de los militares se desarrolló dentro de los limitados horizontes de la vida cuartelaria, centrada en las rutinas y en las ansiedades generadas por los ascensos semiautomáticos en el escalafón militar. De esta forma, el ejército se convirtió en una organización evasora de riesgos, legalista, apegada al *statu quo*, que permitió el desarrollo en su seno de una tendencia moderada, semiprofesional y apolítica. De este modo podemos comprender por qué, a la muerte de Franco, el ejército tuvo pocos incentivos para intervenir durante el proceso de la transición, siempre sobre el supuesto de que los políticos entendieran que la transición debía ser compatible con sus tradiciones, y muy en particular, que no amenazara los fundamentos de la unidad y continuidad del país. Esto pareció asegurado, además, por la circunstancia de que se respetara el marco legal existente y de que el rey, que había cultivado cuidadosamente sus lazos con el ejército, permaneciera como un símbolo de la continuidad del estado a través de los cambios de las instituciones.

Resumiré mi argumento señalando que, para explicar el éxito de las transiciones a la democracia es necesario tener en cuenta cuatro factores causales principales: las tradiciones de la sociedad civil, mediante las cuales las gentes se habitúan a órdenes policéntricos tales como los mercados, el pluralismo social y el debate público; un idioma o lenguaje de cultura política que subraya el papel integrador de la política y distancia a las gentes de la política absoluta; la aquiescencia de los militares en aceptar un papel limitado para ellos mismos; y la habilidad de los políticos para aprender de, y ajustarse a, los factores anteriores, como condición previa para jugar un papel constructivo durante la transición, diseñando las instituciones, llevando adelante las políticas públicas y representando adecuadamente su papel simbólico.

De este modo, la sociedad civil prepara el camino de la transición democrática mediante una variedad de mecanismos. La sociedad interviene en circunstancias críticas y configura los acontecimientos *cruciales*, creando experiencias que refutan las expectativas de los políticos (por ejemplo, acerca del carácter radical o conservador de las masas) y, quizá también, sus ilusiones acerca de la viabilidad de una 'política absoluta'. Las tradiciones sociales influyen en los *diseños institucionales* del nuevo régimen al establecer las meta-reglas del juego, que ponen límites y proveen de orientación a la Constitución y otras instituciones políticas. Estas tradiciones configuran también las *políticas públicas*, al sugerir los contornos de lo que el pueblo puede aceptar a la hora de iniciar experimentos en las distintas áreas de la política económica, regional, educativa o de otra índole. Las tradiciones sociales, de esta manera, *educan a la clase política*, obligándola a someterse a un período de entrenamiento, breve pero intenso, en política pragmática. Más concretamente, las tradiciones sociales enseñan a los políticos a no tomar demasiado literalmente su condición de representantes, y a comprender, por tanto, que el consentimiento de las gentes a sus funciones de gobierno, y de representación, depende, a largo plazo, de su eficacia y de su comportamiento. Tales tradiciones, asimismo, *educan al ejército*, en cuanto que dan forma a las percepciones del ejército de la medida en la que las nuevas instituciones son compatibles con lo que el ejército entiende que son sus tareas fundamentales, de mantener la sustancia del tejido social, la unidad de la nación y su defensa frente a una agresión exterior. Contribuyen, igualmente, a la creación, enriquecimiento y difusión de *símbolos políticos*, que ofrecen nuevos modos de expresión a la vida política. Finalmente, estas tradiciones conforman *los juicios, los entendimientos y las disposiciones básicas, y a menudo tácitas, de la política democrática*. Desarrollan, en efecto, expectativas acerca de un orden policéntrico y un gobierno limitado; crean hábitos de negociación, tolerancia mutua y compromiso; marcan la línea divisoria entre lo que es 'normal' y 'anormal', 'realista' e 'irrealista'; y fundan las bases para el autoentendimiento del sujeto colectivo (sea la 'nación', sea una identidad colectiva 'plurinacional') que se compromete con la política democrática, en tanto que constituye una suerte de comunidad moral implicada en una conversación consigo misma, en torno a sus problemas, sus metas e, incluso, su propia identidad.

Del énfasis puesto en este análisis sobre la sociedad civil no debe extraerse la conclusión de que, a menos que exista una sociedad civil plenamente desarrollada, las posibilidades de una transición democrática son mínimas o nulas. Lo que quiero decir es que el *éxito* de esa transición dependerá de, y sólo tendrá lugar en la medida en que, previamente a la transición, exista una tal sociedad civil en un grado significativo de desarrollo y sea capaz de desarrollarse aún más durante el propio proceso de transición. Esto plantea interrogantes acerca de aquellas situaciones donde la transición comienza con una sociedad civil poco, o muy poco, desarrollada. Puede ocurrir que, en estos casos, líderes carismáticos, diseños institucionales especialmente inteligentes y factores exógenos jueguen un papel importante. Pero este papel consistiría no en suplir una sociedad civil inexistente, sino en estimular los procesos que la pueden desarrollar. Este papel requeriría, por lo tanto, que las élites prestaran especial atención, no sólo al diseño de las instituciones políticas, sino también, y principalmente, al diseño de instituciones sociales tales como el mercado, el pluralismo social y la esfera pública. Porque si mi argumento es correcto, la transición sólo tendrá éxito, si, y cuando, estas instituciones hayan adquirido un grado suficiente de desarrollo.

La institucionalización incierta de la democracia liberal

La transición con éxito a la democracia en España y su consolidación se lograron con la aprobación de la Constitución y con la creación de una expectativa generalizada y estable en el país de que la democracia liberal no estaba amenazada por el uso de la violencia, o por la victoria en las urnas de partidos antisistema. La plena institucionalización del régimen, sin embargo, implica algo más. Supone que las reglas del juego han sido 'interiorizadas', esto es, aceptadas como reglas legítimas y razonables, aplicadas por la mayoría de la población, y convertidas, así, en pautas predecibles de conducta como hábitos o costumbres de las personas. En España, este proceso aún está en curso. Y a este respecto, el balance, hasta la fecha (1993), es mixto, con grandes realizaciones acompañadas por insuficiencias y limitaciones muy significativas.

Del lado de los logros la lista es impresionante y, en cierta medida, este libro es testigo de varios de ellos. Las instituciones políticas de una democracia liberal han sido establecidas y han sobrevivido varias pruebas difíciles durante un período ya prolongado. Los profundos conflictos entre la iglesia católica y la sociedad secular han ido superándose como resultado de un proceso histórico, un tanto barroco, del estado, la iglesia y la sociedad civil, completado por la experiencia de la década y media siguiente a la transición (ver capítulo 3). Los conflictos entre centro y periferia, y las tensiones entre autoridades civiles y militares activadas por aquello, han sido en buena medida resueltos, gracias en parte a la institución de los 'mesogobiernos regionales' (ver capítulo 4). Ello ha ido ocurriendo dejando a salvo tanto el sistema político como las bases de una identidad colectiva que puede servir de referencia a la mayoría de los españoles.

En particular, dos conjuntos de instituciones fundamentales de la sociedad civil, los mercados y las asociaciones voluntarias, se han fortalecido y desarrollado. Como se verá en el capítulo cuarto, la economía española atravesó un período difícil de ajuste interno entre mediados de los setenta y mediados de los ochenta, cuando el desempleo llegó a afectar al 20 % de la población activa. Pero como consecuencia de la combinación de fuertes inversiones extranjeras, la aplicación de políticas económicas relativamente cautas y las estrategias adaptativas de empresas y sindicatos (ver el capítulo 5), los equilibrios macroeconómicos básicos pudieron mantenerse y la inflación pudo ser contenida (bajando desde 1977 a 1990 del 24 % a un 6 % de incremento anual). Al mismo tiempo tuvo lugar una transformación del sector agrario (Pérez Díaz 1987, 353-389), una desigual reestructuración industrial (aún en curso durante los años noventa) y alteraciones básicas en los modos de funcionamiento de los mercados financieros del país. A pesar de todos sus problemas, la economía española ha sido notablemente dinámica, siendo muestra de este dinamismo el número de empresas de nueva creación inscritas cada año en el Registro Oficial de Comercio: 10.294 en 1979; 70.164 en 1988[16].

Al mismo tiempo, como he mencionado antes, los empresarios y los trabajadores experimentaron un desarrollo de sus capacidades organizativas. La posición de los empresarios al comienzo de la transición fue una posición de debilidad. No tenían vínculos sólidos con

---

16 Sobre la reconversión industrial, Navarro (1990). Sobre el sistema financiero, ver los trabajos de *Papeles de Economía Española, 43* y *44*. Sobre la creación de nuevas empresas, ver el *Anuario El País* (1990, 405).

los principales partidos políticos, y hubieron de enfrentarse, en unos momentos en los que carecían de una organización matriz que pudiera representarles y defender sus intereses, con lo que en aquellos años parecía ser una ola de radicalismo obrero. Sin embargo, en cuestión de poco tiempo, los empresarios vieron reflejados en la Constitución los principios de la economía de mercado, se organizaron a través de la CEOE (Confederación Española de Organizaciones Empresariales) y otras asociaciones, y negociaron los pactos sociales con los sindicatos (ver el capítulo 4). Los empresarios aprendieron a convivir y relacionarse, tanto con los sindicatos como con la nueva clase política, desarrollando lazos, siempre un tanto problemáticos, con los partidos del centro y la derecha, y consiguiendo alcanzar arreglos mutuamente benéficos con el gobierno socialista[17]. Por su parte, los trabajadores (de la industria y, en menor medida, los servicios) quedaron representados por dos grandes sindicatos rivales: CCOO (Comisiones Obreras), dirigido por los comunistas, y UGT (Unión General de Trabajadores), controlado por los socialistas. Estos sindicatos hubieron de enfrentarse con el doble reto de la transición y de una grave crisis económica. Lo hicieron con sentimientos encontrados y un conocimiento limitado de sus objetivos y de la estrategia a seguir. Aun así, y a pesar de que en ocasiones mantuvieran su tradicional retórica radical, han sido capaces de adaptarse en buena medida a las demandas y las expectativas de sus bases (ver el capítulo 5). Por esto, los sindicatos han mantenido su capacidad de representación y de influencia sobre los trabajadores, a pesar de no haber conseguido altas tasas de afiliación, y a pesar de que, debido a sus propias incertidumbres, no han sido capaces de jugar un papel fundamental en el impulso y la configuración de las tendencias en curso (ver los capítulos 5 y 6). Por lo demás, la evolución de estas organizaciones de empresarios y trabajadores es parte de una tendencia general al aumento de las asociaciones voluntarias en todas las áreas de la vida social, económica y cultural. Así, el número total de asociaciones inscritas en el Ministerio del Interior creció de 9.629 en 1970 a 35.589 en 1980, para alcanzar la cifra de 74.884 en 1989[18].

---

[17] Ver Pérez Díaz (1987, cap. 4), Martínez (1984), y González Olivares (1985). También otros trabajos incluidos en *Papeles de Economía Española, 22*, pp. 38-201.

[18] Datos aportados por el Registro de Asociaciones (creado tras la aprobación de la Ley 161/1964), del Ministerio del Interior. Sobre activismo social en áreas de salud y educación, ver Pérez Díaz (1987, 261-351).

Sin embargo, es preciso situar estos logros, por muy impresionantes que sean, sobre un trasfondo de ambigüedad, y en la compañía de tendencias opuestas. Así, durante los años de gobierno democrático se han desarrollado cuatro tradiciones, o tendencias, que, salvo que encuentren obstáculo, tienen potencial suficiente para conducir al país en una dirección clientelística y para distorsionar sistemáticamente la esfera pública. Se trata de las tendencias de los partidos, primero, a su progresiva oligarquización; segundo, a articular un discurso público que no se corresponde con su conducta real; tercero, a aislarse de la opinión pública, corriendo un velo, al mismo tiempo, sobre sus relaciones con los grupos de interés, en particular, los grupos económicos; y, cuarto, a comprometerse en políticas referidas a la situación de las clases menos favorecidas, que favorecen pautas de dualismo, clientelismo y deferencia en la vida pública. Al desdibujar las fronteras entre el estado y la sociedad civil, estas tendencias acrecientan el peligro de que disminuya la visibilidad y la responsabilidad de las autoridades públicas por sus actos; y el peligro de que se establezcan pautas de connivencia y colusión entre actores estratégicamente situados a ambos lados de la barrera que separa el sector privado del sector público, en detrimento del interés general.

Para empezar, los principales partidos del país tienen pocos afiliados si se les compara con sus homónimos europeos[19], hacen escaso esfuerzo en atraer más miembros; y, aparentemente, aún menos esfuerzo en atraer gentes con independencia de juicio. No porque cuiden su pureza ideológica (dado que, siendo partidos pragmáticos, se dirigen sobre todo al electorado del centro político), sino porque, careciendo de ella, lo que sí tienen es un cuidado extremo en preservar el partido como una maquinaria de acceso al poder y conservación del mismo, y para ello creen que necesitan gentes fieles y atentas a una oligarquía que les discipline: cuidado y creencia que los líderes entienden como expresión de su preocupación por la unidad del partido. Ciertamente, no es que carezcan de razones al procurar esa unidad. Los socialistas tienen una larga tradición de divisiones que les llevaron al desastre (particularmente antes y durante la guerra civil); y una historia de

---

[19] Así, el PSOE tenía en 1988 alrededor de 215.000 afiliados (Share 1989, 28), mientras que el PSI italiano tenía en 1980 unos 510.000 (Di Scala 1988, 317), el austríaco SPÖ unos 713.000 en 1981 (Sully 1986, 165), el alemán SPD unos 954.000 en 1981 (Braunthal 1983, 79), y el PASOK griego unos 200.000 en 1987 (Guillespie y Gallagher 1988, 181).

deslealtades y luchas internas condujo al derrumbamiento de la UCD (Unión de Centro Democrático). Pero es obvio que, en su exceso de celo por salvaguardar su unidad, los partidos (tanto sus líderes, como sus miembros) revelan una filosofía íntima de pesimismo y de temor a su propia libertad.

Este control oligárquico se ha visto favorecido por varias instituciones. Me referiré sólo a dos de ellas (dejando al margen otras, tales como el sistema electoral de representación proporcional con listas cerradas de candidatos). Un techo alto para los gastos electorales *combinado* con la regla, no escrita, de que este techo sea sumamente elástico (quizá con la excepción del País Vasco), eleva el umbral de acceso al mercado electoral de los nuevos partidos políticos. Esto favorece, en consecuencia, la posición de los líderes incumbentes frente a los opositores, cuya amenaza de escisión apenas resulta creíble, dado que el nuevo partido difícilmente sería capaz de entrar en el mercado electoral. Por su parte, el reglamento del Congreso (y el modo de su aplicación por sucesivos presidentes) reduce drásticamente las oportunidades de la mayor parte de los parlamentarios de hacer uso de la palabra, a favor de los portavoces de los partidos. Esto tiende a degradar la condición de parlamentario a la de soporte psicosomático de la mano que gira la llave del voto electrónico en el momento indicado por el portavoz parlamentario. Gesto audaz, y en cierto modo milagroso, donde el verbo parlamentario, ya que no se hace carne, se hace llave. Y gesto que espera recompensa, a la hora crítica de la confección de las próximas listas electorales.

La confusión en el discurso público de los partidos tiene varias causas. Para empezar, al sobredramatizar sus diferencias, los partidos han intentado ocultar el hecho de que, en la vida real, existe gran continuidad y semejanza en los contenidos de la política exterior, económica y de bienestar, del gobierno del centroderecha (1976-1982) y del gobierno socialista (a partir de 1982). Nada más lógico, puesto que estas políticas son variantes en torno a una trayectoria histórica de progresiva implicación en el mundo occidental (una trayectoria que, como se vio anteriormente, recibió un impulso decisivo en los últimos años de la década de los cincuenta). Pero reconocer esta semejanza es, al parecer, tabú. De manera que hay que disfrazarlo retóricamente. El primer disfraz consiste en distraer la atención de estas semejanzas mediante la apelación enfática a los signos de identidad de los diferentes partidos. Esto se hace cuando la ocasión es propicia y, en especial, a medida que se aproxima la fecha de la próxima contienda electoral. Entonces se agitan las banderas, se excitan los ánimos, se intenta estimular los instintos tribales del electorado, y con ello, y en la mejor tradición del verso machadiano («ora o embiste cuando se digna usar de la cabeza»), se le sugiere que use la cabeza para embestir. Ejercicio edificante de educación democrática. El segundo disfraz estriba en entretener la ambigüedad retórica que consiste en defender políticas que los líderes de los partidos no tienen intención de poner en práctica. Estos políticos imaginan que, en momentos de incertidumbre, de elecciones o crisis políticas, la opinión pública, inexperta, ingenua, poco articulada y fácilmente impresionable, solicita de ellos expresiones valientes, decididas, con un punto de indignación moral, 'porque ya está bien y hasta aquí podíamos llegar' y 'hay que hacer algo drástico: cambiar, cambiar las cosas'[20].

La tentación de emplear esta retórica vaga y altisonante se hace, al parecer, irresistible cuando los partidos están en la oposición. Así, desde la oposición, los socialistas crearon la impresión de haber diseñado una nueva política económica (con hincapié en políticas redistributivas y de intervención estatal) que olvidaron después (como olvidaron sus alegatos electoralistas en defensa de la autodeterminación vasca)[21]. En política exterior, los socialistas quisieron complacer a todos los públicos. Con ocasión de la campaña electoral de 1982 acuñaron la frase maravillosa de «OTAN, de entrada no» (que podía significar, «no entraremos en la OTAN», o «por el momento, no entramos») que luego fueron desenhebrando año tras año hasta dejarla en jirones de sí misma, y convertida en «OTAN, de entrada sí» durante el debate precedente al referéndum de marzo de 1986. Por su parte, el Partido Popular adoptó también en la oposición posiciones impecablemente electoralistas: baste recordar su recomendación de abstención en el referéndum de la OTAN, tan inconsecuente con sus propios principios como sintomática. Obsérvese, sin embargo, que si los políticos han hecho uso, una y otra vez, de estos trucos retóricos, es porque han tenido éxito; y la sociedad les ha dejado hacer, aplaudido o votado más tarde.

A esta tradición emergente de ambigüedad retórica, cuando no de

---

[20] «Por el cambio», fue, efectivamente, el slogan que el PSOE utilizó durante la campaña electoral de 1982, y que, en cierto modo, terminó dándole la victoria.

[21] Estos alegatos formaban parte del programa electoral que el partido socialista presentó en las primeras elecciones autonómicas vascas en 1980, y, desde entonces, no han hecho más que atormentarle. Ver *El País,* 11 de diciembre de 1990, p. 22.8.

abierta duplicidad, añádase otra de banalización e imprecisión en los debates sobre los temas más importantes del país. Ya la discusión sobre la entrada en la OTAN estuvo a punto de quedar reducida a si dar, o no dar, un voto de confianza al gobierno, entrándose apenas en el fondo del asunto. De modo semejante, la entrada en la Comunidad Europea en enero de 1986, a pesar de la importancia de sus consecuencias, tampoco fue objeto de mucha reflexión. También las discusiones sobre cuestiones económicas y de bienestar han solido ser alicortas, salpicadas de estereotipos y subterfugios. La clase política parece haber tenido escaso interés en impulsar debates sobre los grandes problemas del país: cómo mejorar la competitividad de la economía; o cómo fomentar la experimentación en el diseño de las empresas económicas y las instituciones sanitarias y educativas, de investigación y formación; o cómo proteger el medio ambiente. La pobreza del debate en torno a los presupuestos del estado (una materia que tampoco suele despertar demasiada expectación en otros países democráticos) es un síntoma más de este desinterés. Y un síntoma muy revelador, dadas las tradiciones bien establecidas de grandes diferencias entre el presupuesto aprobado y el gasto público real, y de la falta de un control jurisdiccional posterior efectivo de este gasto público.

Cabe sospechar que, detrás de estas tradiciones de ambigüedad retórica, existe un temor de muchos políticos a perder su legitimidad para gobernar si llegan a admitir que no saben muy bien cómo resolver los problemas públicos. Si esto fuera así, sería un indicio de la dificultad que tienen los políticos en entender que, en sociedades complejas, gobernar suele ser poco más que tres cosas: cumplir funciones rituales de integración en una sociedad que, por medio de sus mercados y sus asociaciones, ya se coordina a sí misma en gran medida; remover de vez en cuando, con algunas decisiones cruciales, los obstáculos que se han ido acumulando en la economía y otras áreas; y proponer temas para el debate público que puedan reforzar la implicación de las gentes en las instituciones de la democracia liberal. Por el contrario, aquella imagen que los políticos tienen a veces de sí mismos, como quienes resuelven los grandes problemas de la sociedad (o cumplen alguna grandiosa misión histórica), son, no siempre, pero sí con mucha frecuencia, poco más que un reflejo compensatorio de su inseguridad al enfrentarse con problemas que ni entienden, ni pueden controlar. La verdad es que, dados los límites del conocimiento humano y la creciente complejidad de los problemas, nadie sabe, ni puede saber, cómo resolver tales problemas, y es ésa, precisamente, la razón para dejarlos abiertos a un debate y una experimentación incesantes.

El aislamiento de los partidos y la clase política respecto a la opinión pública se manifiesta de varias maneras. Una es el tráfico de influencias que es, en parte, consecuencia de la falta de transparencia de los tratos de los políticos (individuos o grupos) con el sector privado. Recordemos la práctica del *inside training*, esto el, el trasiego de información privilegiada entre individuos situados en el sector público y en el privado, para su recíproco beneficio. Institución venerable que, en España, ha crecido a la sombra de todos los regímenes políticos, y sigue floreciendo (quizá particularmente en años de bonanza económica, como los mediados ochenta). Arropada, además, por la práctica de lo que los franceses llaman *pantouflage*, o el trasiego de personas entre el sector público y privado, haciendo negocio hoy en el sector privado que regularon ayer como funcionarios públicos. Comisiones, tribunales y parlamentarios han rivalizado en su trato discreto sobre estas materias; discreto y aún discretísimo, porque cuando alguien gritó quedó pronto afónico: como quedó de manifiesto en los debates parlamentarios de 1988, y en los trabajos de la comisión parlamentaria encargada de investigar el tráfico de influencias. De hecho, *inside training* y *pantouflage* (nombres extranjeros que denotan realidades cada vez más arraigadas en el país) son algunas de las instituciones que han reforzado y refuerzan la renovación y la consolidación del *establishment* español, anclado en sectores clave del empresariado, los círculos dirigentes de los partidos en el poder y los altos funcionarios. Al desdibujarse la línea entre el sector privado y el sector público se ha despejado el camino para una nueva metamorfosis del *establishment* gracias a la creación y el mantenimiento de redes y canales de contactos personales, evitando los mercados abiertos, las competiciones meritocráticas y el escrutinio público. Cierto que ello ha tenido como contrapunto el estallido ocasional de escándalos y rumores, pero tan insustanciados y poco concluyentes que a la postre parecen reforzar lo que denuncian, y cuya propia reiteración parece demostrar hasta qué punto el proceso sería inevitable[22].

---

[22] Sobre la sociología de los escándalos políticos, ver Markovits y Silverstein (1988), y Philp y Pinto-Duschinsky (1989). En general, la práctica del tráfico de influencias en España se ha hecho mediante el uso abundante de varias moralinas: las de la salvación de las almas, o de la patria; la solidaridad, o la justicia; la modernización, o el progreso.

De la misma forma, la opacidad de los mecanismos de financiación de los partidos políticos puede poner en peligro la credibilidad a largo plazo del sistema político. La falta de información veraz, combinada con la revelación de escándalos políticos, produce la sensación generalizada de que los partidos no pueden hacer frente a sus gastos electorales si no recurren a procedimientos ilegales (que incluyen violaciones masivas de las leyes fiscales). Este problema se agrava cuando los políticos, en vez de ser claros y prontos al respecto, lo convierten en ocasión para hacer gala de su capacidad de desdén o disimulo, responden a las preguntas con sospechas, y alimentan así expectativas de impunidad y actitudes de tolerancia, si no de complacencia[23].

Aquellas prácticas de relaciones clientelísticas entre los partidos y las élites socioeconómicas, junto con su correspondiente ambigüedad retórica, encuentran su reflejo correspondiente en prácticas y retóricas similares en las relaciones entre la clase política y segmentos significativos de las clases menos favorecidas, particularmente en conexión con determinadas políticas socioeconómicas que han intentado aliviar las consecuencias de una alta tasa de desempleo (entre el 15 y el 20 % durante la mayor parte de la década de los ochenta). El hecho es que se ha creado un núcleo central de trabajadores relativamente bien protegidos, rodeado, sin embargo, de un sector periférico de trabajadores en paro (la mayoría jóvenes, pero también mujeres y trabajadores de más edad), que intentan sobrevivir dentro de una 'red de seguridad' constituida por el apoyo de familias (extensas) y de dos instituciones peculiares, toleradas o estimuladas por el gobierno: la economía sumergida, y lo que en las zonas rurales se ha solido llamar «empleo comunitario».

---

[23] No quiere esto decir que los aspectos turbios en la financiación de los partidos políticos sean una característica exclusiva de la política española. Ver los recientes escándalos en Francia (cfr. los debates de la Asamblea Nacional que concluyeron con la aprobación de una 'ley de amnistía' el 7 de diciembre de 1989), Grecia (el caso Koskotas), Japón, Italia, y otros países. Para España, ver, por ejemplo: los debates alrededor del caso Juan Guerra (en enero y febrero de 1990); las vacilaciones del Tribunal de Cuentas a la hora de ejercer un control sobre la financiación de los partidos (*El País*, 13 de febrero de 1990 y fechas posteriores); la cobertura periodística del caso FILESA (de abril de 1991) y del caso IBERCORP (durante los meses de febrero y marzo de 1992: por ejemplo, *The Economist*, 29 de febrero de 1992, pp. 90 y 95, y *Financial Times*, 20 de febrero de 1992, p. 15). Por otra parte, la evolución de los escándalos depende, de manera decisiva, de la actitud de la judicatura, como se ha demostrado con el caso FILESA, a lo largo de 1993.

A pesar de que, por definición, la economía sumergida está oculta a la mirada del público y no existen datos concluyentes sobre su tamaño, suele entenderse que zonas industriales enteras (como las del calzado en Levante) y buena parte de sectores como el textil, el metal, los servicios profesionales y la construcción recurren a ella para prosperar o para sobrevivir (Martínez Estévez y García Menéndez 1985; Casals y Vidal Villa 1985; Benton 1990)[24]. Aparentemente, muchas empresas de aquellas zonas y sectores no podrían seguir adelante si tuvieran que pagar impuestos, contribuciones a la seguridad social y salarios mínimos legales; y las autoridades locales, frecuentemente socialistas y comunistas, parecen abundar en la misma opinión.

De esta forma, asistimos a un curioso experimento de coexistencia pacífica entre un microcorporatismo local ilegal, que tolera la economía sumergida, y un macrocorporatismo nacional de pactos sociales respaldados por la ley (ver capítulo IV), que aumenta precisamente los impuestos, las contribuciones a la seguridad social y los salarios mínimos, que, al parecer, hacen tan difícil que los empresarios locales mantengan a flote sus negocios. Aparentemente contradictorios, estos dos tipos de corporatismo disfrutan de un alto nivel de legitimidad a los ojos de las autoridades y las fuerzas del orden, los empresarios y los sindicatos, y, en general, las élites locales (incluido el clero local), y tampoco son puestos en cuestión realmente por las autoridades regionales y nacionales. Su legitimidad es arropada por razones tanto de moralidad como de prudencia: se invocan tanto las privaciones de las clases menos favorecidas como las necesidades de los empresarios, se apela tanto a los intereses privados como al bien común. Su justificación se formula en términos de un compromiso realista y razonable, que es sumamente persuasivo desde la perspectiva local. Al fin y al cabo, desde esta perspectiva, los perjuicios derivados de este microcorporatismo ilegal afectan a gentes que parecen estar fuera o muy lejos de, y no pertenecen a, la comunidad moral de la localidad: son los empresarios o los trabajadores afectados por esta competencia desleal, o los contribuyentes de impuestos y exacciones de la seguridad social agobiados por las sobrecargas correspondientes.

---

[24] En 1992 la tasa oficial de desempleo era del 16 %. Sin embargo, según el informe de la OECD sobre la economía española, la tasa real de desempleo, una vez contabilizado el empleo en la economía sumergida, se situaría entre el 10 y el 12 % (OECD 1992, 20).

Este tipo de razonamiento moral, juzgado por quienes lo practican como casuístico y flexible, se acomoda bien con la circunstancia de que los ingresos de esta economía sumergida sean completados, además, por los ingresos derivados del subsidio de desempleo.

En este terreno del diseño y la implementación de las políticas públicas tenemos algún otro ejemplo significativo de cómo combinar argumentos político-morales con una burla sistemática de la ley. En muchas poblaciones del sur de España, con un numeroso proletariado rural, ha sido práctica frecuente que quien pueda acreditar haber trabajado en una finca durante sesenta días disfrute durante todo el año del subsidio de 'empleo comunitario', y que esta acreditación sea fácil de obtener, sin estar justificada, mediante la colaboración de los funcionarios locales. Estos subsidios han ayudado, sin duda, a un sector muy vulnerable de la población a resistir durante tiempos difíciles, pero no cabe subestimar sus otras consecuencias sociales y políticas, dado que la concesión de estos subsidios ha ido acompañada de la expectativa de un voto deferente[25]. Todo esto ha contribuido probablemente al apoyo electoral masivo a los socialistas en Andalucía y Extremadura, dándoles una oportunidad para consolidar su red clientelística, fortaleciendo, de paso, a los socialistas andaluces y extremeños dentro del partido[26]. A este respecto, es necesario señalar que no cabe explicar la proliferación de prácticas clientelísticas por las características del campesinado, del sur o del norte. Antes de la época franquista encontramos en Andalucía tanto una poderosa tradición anarquista opuesta al caciquismo y al clientelismo conservador, como huellas de otra tradición socialista que intenta valerse del estado para crear redes clientelares (Gillespie 1988, 202); y en Castilla, ya en los años veinte de este siglo son visibles tanto las formas de clientelismo fomentadas por la derecha tradicional, como las tendencias opuestas al mismo (Pérez Díaz 1992a).

---

[25] Esto ha podido hacerse con la complicidad tácita de las élites y asociaciones locales, tales como el clero y los sindicatos. En ocasiones, sin embargo, esta alianza puede romperse. Véase, por ejemplo, el caso de los líderes sindicales que denunciaron un fraude de 1,6 millones de pesetas cometido por los ayuntamientos de varias localidades sevillanas durante los dos primeros trimestres de 1991 (*El País*, 29 de octubre de 1991, p. 42).

[26] El apoyo de los delegados andaluces y extremeños, que suman alrededor del 40 % de los votos en los congresos del partido, al tándem González-Guerra, ha favorecido, sin duda, su control del partido durante cerca de dos décadas (aunque algunos estiman que el entendimiento entre estos dos líderes se quebró, o se enturbió, en los finales de los años ochenta, y se ha tensado aún más en los primeros noventa).

Por otra parte, si cambiamos nuestra perspectiva, y desviamos el foco de nuestra atención de los partidos a la sociedad civil, es evidente que esta última tiene también una parte de responsabilidad por todos estos fenómenos. Las instituciones de la democracia liberal, el mercado, el pluralismo social y la esfera pública ofrecen amplísimas oportunidades a la sociedad para que articule sus valores y sus intereses, dé forma y contenido al debate público, resista las eventuales tendencias oligárquicas de los partidos, y contenga el desarrollo de redes clientelísticas y mecanismos de colusión entre los diversos sectores del estado y de la sociedad. Sólo queda concluir, quizá provisionalmente, que, en la medida en que aquellas tendencias se han tolerado, ello indica que tanto los políticos como la sociedad han sido reacios a interiorizar algunas de las orientaciones normativas básicas de la sociedad 'abierta', que requieren ahora un breve examen.

Promesas y límites

Una tradición cultural incluye una cultura propiamente dicha (un conjunto de creencias, reglas y valores) y un soporte institucional. La cultura y las instituciones están interrelacionadas, ya que las instituciones son, al tiempo, portadoras de cultura (sus 'vehículos expresivos') y mecanismos reforzadores de la misma (mediante el establecimiento de sanciones, positivas o negativas, a las conductas, según éstas se ajusten, o no, a las reglas instituidas). Pero las instituciones, por su parte, deben ser debidamente diseñadas, realmente establecidas, puestas a funcionar durante un período de tiempo, y probadas en una variedad de situaciones, donde las gentes hayan de demostrar, una y otra vez, su compromiso con las reglas básicas del juego y con las orientaciones cognitivas y valorativas correspondientes. En el caso de la reciente historia de España, es cierto que los españoles hemos incorporado las principales orientaciones culturales de la democracia liberal y la sociedad civil, pero también es cierto que, por ahora, la experiencia muestra tanto las promesas como los límites de nuestra capacidad para traducir aquellas tradiciones en instituciones razonablemente operativas.

Podemos suponer que, entre las instituciones fundamentales de las sociedades 'libres', 'abiertas' o 'civilizadas' de tipo occidental (Popper 1966, Hayek 1960), se incluyen el imperio de la ley, los mercados abiertos, el pluralismo social y una esfera pública, así como una constitución democrática y una burocracia moderna, presumiblemente racional y responsable ante el público. Sin embargo, para que estas instituciones funcionen adecuadamente es necesario que las gentes (ya dentro del estado, ya dentro de la sociedad) interioricen un conjunto de ideales normativos, y de reglas formales y universalistas que sirven de base a aquellas instituciones. Deben adquirir una suerte de 'sabiduría tácita' (por analogía al «conocimiento tácito» al que se refiere Michael Polanyi: Polanyi 1967). Y esto requiere, a su vez, un período de autodisciplina y esfuerzo moral, durante el cual las orientaciones normativas apropiadas y las instituciones emergentes pueden encontrar las oportunidades que necesitan para reforzarse mutuamente.

Tres conjuntos básicos de reglas formales y universalistas laten implícitas en aquellas instituciones, y su grado de interiorización define la medida en que las sociedades correspondientes puedan ser definidas, justamente, como sociedades 'civilizadas' o 'incivilizadas' (según los criterios de la sociedades abiertas). Estas son las reglas que requieren que el trabajo sea realizado con honestidad profesional, evitando el fraude, la chapuza y el disimulo de la incompetencia técnica; las reglas que requieren el respeto a la verdad y, por tanto, a la lógica formal y al argumento racional en la discusión intelectual y el debate moral; las reglas que requieren el respeto a la dignidad y la libertad de los individuos, así como a su propiedad e integridad física, independientemente de su poder, riqueza, *status*, género, religión o ideología. Estos tres conjuntos de reglas de producción, cognición y sociabilidad implican, a su vez, un respeto al espacio privado de los individuos, en el cual puedan tomar decisiones profesionales, cognitivas o sociales, de las que, a su vez, quepa imputarles responsabilidad. Entre estas decisiones destacan, precisamente, aquellas relativas a la elección de los grupos e individuos con los que desean construir un compromiso moral y afectivo; en otras palabras, aquellas decisiones relativas a las comunidades morales a las que quieren pertenecer. Finalmente, estos conjuntos de reglas requieren de las gentes no sólo su disposición a someterse a las sanciones que se seguirían de su incumplimiento, sino, sobre todo, su convicción íntima, en primer lugar, de que tales reglas, y el espacio privado correspondiente, son, por decirlo así, 'sagradas', y, en segundo lugar, de que estas reglas, y su adhesión a las mismas, constituyen las señas de identidad de su pertenencia a una 'sociedad civilizada'. Sólo si esta convicción íntima está suficientemente difundida podemos hablar, en verdad, de una sociedad civilizada; si esto no sucede, sólo cabe hablar de una 'promesa' de civilización, aún por cumplir.

En la medida en que estas reglas formales y universalistas no impregnan, ni se aplican de modo suficiente a las instituciones de un estado y una sociedad, cabe observar una sistemática distorsión de las reglas del juego del pluralismo democrático, del respeto a la ley, de los mercados abiertos o de la competición meritocrática. En este caso, estas últimas han de coexistir dificultosamente con, y acaban siendo, en una u otra medida, corrompidas por otras reglas muy diferentes, como las que suelen regir las relaciones entre patrones y clientes. Los arreglos de carácter clientelístico aíslan a los miembros de una red clientelar de los efectos de su posible incompetencia profesional, o de la calidad deficiente de los bienes o servicios que puedan producir; limitan o, en todo caso, condicionan el acceso de los ciudadanos al mercado, a una aplicación imparcial de la ley, a la burocracia y al poder político; y determinan así, decisivamente, la calidad de su pertenencia a la comunidad social y política, definiendo a unos como ciudadanos de primera clase, y a otros, de segunda clase. Estos arreglos favorecen, en definitiva, a quienes pertenecen a la clientela en cuestión, dejando en manos de los patronos el poder de proteger, o de dejar al descubierto, a sus clientes, de distribuir un sinnúmero de recursos entre ellos, y de definir su carácter de miembros de la sociedad. Por supuesto que estas distorsiones existen en todas las sociedades modernas. Pero la cuestión está en si estas reglas clientelísticas se aplican sólo en determinadas esferas de la vida, de manera más o menos precaria, y tienen, por tanto, una importancia marginal, o si impregnan toda, o una parte sustantiva de, la vida social. En general, suele admitirse que, dentro de Europa, tales arreglos clientelísticos son más visibles, y están más arraigados, en los países mediterráneos, que en los países centro y norteuropeos (Eisenstadt y Roniger 1984).

Estos arreglos clientelísticos necesitan ser *disfrazados* en aquellas sociedades cuyas declaraciones de principio implican una aceptación de las reglas formales y universalistas, y de las instituciones típicas de las sociedades libres o abiertas. Estos disfraces pueden adoptar formas muy diversas, incluyendo tanto aserciones dogmáticas de una ideología política, un patriotismo local, regional o nacional, unas creencias religiosas o una ética profesional, como expresiones de ambigüedad y de eclecticismo ideológico[27]. Pero, cualquiera que pueda ser este dis-

[27] Por ejemplo, el llamamiento para un pacto social entre una clase política y una

fraz, lo importante es que, en la práctica, los individuos y las organizaciones de la red clientelística puedan escudarse contra las consecuencias de la competencia de otras tradiciones culturales, otras políticas, otros servicios profesionales, otros productos, etc.; puedan colocarse bajo la protección de patronos, líderes políticos, burócratas o amigos influyentes; y puedan beneficiarse de las coaliciones entre las distintas redes[28].

La existencia de importantes arreglos clientelísticos repercute en el tipo de discurso político, en las orientaciones motivacionales de los individuos y en la estructura de reputaciones de una sociedad. De esta forma, puede surgir y desarrollarse una pauta de ambigüedad retórica, o incluso duplicidad, como el modo menos costoso de reducir la disonancia cognitiva y moral entre los ideales de una sociedad abierta y las realidades de una sociedad clientelística. Esta ambigüedad ofrece la oportunidad para que los políticos hagan declaraciones enfáticas y reiteradas sobre la bondad de los principios democráticos, y reiteren su fidelidad a los principios de los mercados abiertos, mientras que al mismo tiempo, son tolerantes con, y participan en la práctica de una política oligárquica. La tolerancia con este tipo de ambigüedad puede ser tanto mayor cuanto más habituadas estén las gentes a declaraciones políticas confusas, a un periodismo disperso y desenfocado, a la falta de precisión en el lenguaje legal, administrativo o académico, y a otras tradiciones retóricas semejantes.

Estos arreglos clientelísticos implican la compatibilidad entre el respeto exterior por las formalidades legales y las reglas del juego enunciadas oficialmente, y el convencimiento de que no cabe aplicar esas reglas a la realidad (por ejemplo, en lo que se refiere a la economía sumergida, el *inside training* o la financiación de los partidos). Parece obvio que en tales condiciones el respeto íntimo de la ley está condenado a amortiguarse, si no a perecer, antes o después; y que un contexto de usos y prácticas semejantes favorece orientaciones moti-

---

clase trabajadora o/y una comunidad de negocios, en defensa de un sistema político o económico u otro interés nacional, puede servir finalmente de justificación para cubrir arreglos de este tipo.

[28] A veces sucede, incluso, que tales arreglos sean vistos con ambivalencia por extranjeros condescendientes, que no los aceptarían en sus lugares de origen, pero que, en un arranque de simpatía superficial, y en parte de autocomplaciencia, dan en estimarlos, si no admirarlos, en sociedades donde desde luego no van a vivir, como indicadores de un 'arte de vivir', del que sus compatriotas, aunque no necesariamente ellos mismos, al parecer, carecen (Enzensberger 1989).

vacionales de un tipo más bien particular. Las orientaciones motivacionales de los individuos son en gran medida resultado de instituciones y tradiciones morales, que ofrecen a los individuos definiciones aceptables de cuáles son sus intereses, y cuáles sus deberes sociales en una comunidad determinada. En ausencia de tradiciones arraigadas de lealtades grupales o colectivas, por no hablar de tradiciones de respeto a reglas formales universalistas, parece probable que muchos individuos se decidan a usar de forma meramente instrumental las reglas existentes, las organizaciones y las redes clientelísticas, y a jugar el juego de los intercambios entre unos y otros, y con las autoridades públicas, en el espíritu del hiperindividualismo exacerbado de quienes se enorgullecen en ser más 'listos' que todos los demás; y si algún día llegan a ser políticos o funcionarios públicos, usarán sus conocimientos particulares del funcionamiento de la administración pública en su propio beneficio.

La estructura reputacional resultante puede ser desconcertante y contribuir así a la confusión del debate público. Por un lado, cabe esperar que, dadas estas condiciones, se desarrolle una jerarquía de estimaciones sociales donde se concedan los mayores honores (el 'triunfo') a quienes adquieren el poder de repartir mercedes entre sus clientes, actuales y potenciales. Por otro lado, la aplicación de otras varias éticas tradicionales, así como de los criterios universalistas de una sociedad abierta, podrían socavar aquella ética del triunfo en la búsqueda del interés personal.

En suma, estos arreglos clientelísticos, más o menos fragmentarios, y estas pautas de ambigüedad retórica representan obstáculos y límites para la institucionalización plena de una democracia liberal en España. Pero es hora ya de volver al núcleo central de mi argumento, y de ubicar, y entender, la evolución española en el contexto del proceso histórico más general, que abordaré a continuación caracterizándolo como el retorno de la sociedad civil.

Capítulo II
EL RETORNO DE LA SOCIEDAD CIVIL

Aunque las transiciones democráticas dependen de la existencia previa de determinadas tradiciones sociales y la emergencia de una nueva cultura política, el test crucial para la consolidación y la institucionalización de la democracia radica en el éxito relativo del nuevo estado democrático al enfrentarse con los problemas básicos del país. Este test crucial fue particularmente difícil para España, ya que tuvo lugar en un período de profundas transformaciones (económicas, sociales y culturales) en aquel conjunto de países europeos occidentales del que España deseaba, tan fervientemente, formar parte.

Este capítulo trata de los desarrollos políticos y socioeconómicos de los países occidentales, particularmente en el período posterior a la II Guerra Mundial, y en él arguyo que, como respuesta a aquellos desarrollos, tuvo lugar un proceso de experimentación institucional, cuyo resultado fue una ampliación considerable de las operaciones y las responsabilidades de la sociedad civil. Con este objeto, primero, examino el problema general de las relaciones entre el estado y la sociedad civil en los tiempos modernos, proponiendo una definición de los términos y un esquema conceptual. Más tarde, adelanto una lectura de las pautas generales de las relaciones entre estado y sociedad, y de las razones de los ciclos de expansión y contracción del protagonismo del estado. Esto nos conducirá al tema del ascenso y la caída del estado como portador de un proyecto moral, y a un breve excursus sobre la tradición 'estatista' (o centrada-en-el-estado) de las teorías de la sociedad civil.

La segunda parte del capítulo se centra en las relaciones entre estado y sociedad civil en la Europa contemporánea. Analizo la estabilidad relativa de los años cincuenta y sesenta; las turbulencias sociales y políticas de los últimos años sesenta y primeros setenta; la crisis económica de mediados de los setenta, y sus consecuencias sobre el crecimiento económico, la integración social y la política; y los procesos de adaptación y experimentación institucional llevados a cabo en una dirección, bien neocorporatista, bien neoliberal, en los años siguientes. Señalo asimismo que temas culturales tales como la definición de las solidaridades y comunidades morales han sido centrales en todo este proceso, particularmente durante el último período de incertidumbre y experimentación. El capítulo termina haciendo referencia a los acontecimientos recientes en los países del este europeo, que indican una reemergencia de la sociedad civil y sugieren una corroboración de algunos de los puntos más importantes de la discusión anterior.

El concepto de sociedad civil

Algunos de los problemas con los que nos enfrentamos a la hora de aplicar, en la situación presente, el concepto de «sociedad civil», radican en la ambigüedad del mismo. En parte, esta ambigüedad es el resultado de una complicada historia intelectual[1]. En un primer momento, el término «sociedad civil» fue usado en su acepción más amplia, como sinónimo de «sociedad política». Más tarde, su significado cambió, y comenzó a ser utilizado en oposición al concepto de «estado». Este parece ser su uso más extendido hoy día. Más adelante me referiré a algunos aspectos de esta historia. Por ahora sólo quiero comenzar distinguiendo claramente entre los dos significados diferentes que aparecen ligados al uso del término, y aplicando diferentes términos para cada unos de estos significados: sociedad civil *sensu lato* o en

---

[1] Para una historia de la distinción entre sociedad civil y estado durante el período 1750-1850, ver Keane (1988b). También, Pérez Díaz (1978), y Poggi (1978, 77 y ss.). En el invierno de 1991/92 presenté una versión de este capítulo en el Minda de Gunzburg Center for European Studies de la Universidad de Harvard.

sentido amplio (o «sociedad civil uno») y sociedad civil en sentido restringido («sociedad civil dos»).

«Sociedad civil *sensu lato* («sociedad civil uno») denota un entramado de instituciones sociopolíticas que incluye: un gobierno (o estado) limitado, que opera bajo el imperio de la ley; un conjunto de instituciones sociales tales como mercados (u otros órdenes espontáneos extensos)[2] y asociaciones basadas en acuerdos voluntarios entre agentes autónomos, y una esfera pública, en la que estos agentes debaten entre sí, y con el estado, acerca de asuntos de interés público, y se comprometen en actividades públicas. Este es el tipo de sociedad civil al que se refieren los filósofos escoceses del siglo XVIII, tales como Ferguson (1980 [1769]). Este concepto corresponde aproximadamente a los sistemas sociopolíticos o configuraciones históricas de Gran Bretaña y Estados Unidos durante la mayor parte del siglo XIX, y también, para algunos autores, a lo fundamental de la combinación de democracia liberal y economía de mercado típica de las sociedades occidentales contemporáneas (Okun 1979). La idea de sociedad civil como un entramado de instituciones sociopolíticas ha demostrado ser compatible, desde un principio, con un abanico de tradiciones intelectuales, incluyendo el liberalismo 'clásico' y 'moderno', la tradición 'cívica' o 'republicana', y otras[3].

Esta construcción conceptual de sociedad civil en sentido lato, tiene una consistencia interna. La sociedad es 'civil' en tanto sus agentes son 'ciudadanos' (y no meros súbditos de un déspota o una casta dominante), y por tanto miembros de una sociedad 'civilizada' (y no de una sociedad bárbara o atrasada). Pero la cuestión es que pueden ser ciudadanos *sólo* porque son agentes *autónomos*, y pueden ser au-

---

[2] Sobre los órdenes espontáneos ver Polanyi (1951), Hayek (1960, 160; 1978, 72 y 90), Gray (1986, 34 y ss.).

[3] Ver, por ejemplo, Bailyn (1967), para un balance de las diferentes tradiciones intelectuales que convergieron en la revolución americana: una tradición clásica, el racionalismo ilustrado, la tradición de la *common law*, la teología *covenant* del puritanismo, y el pensamiento radical del período de la Commonwealth (ver también Ball y Pocock 1988, White 1978). En términos generales, estas tradiciones, compatibles con las instituciones de la sociedad civil, han competido entre sí, y se han influenciado mutuamente durante varios siglos en diferentes países a ambos lados del Atlántico. Sin embargo, y a pesar de que el contenido de cada una de ellas ha cambiado a lo largo del tiempo, sus etiquetas seguirán siendo objeto de disputa académica e ideológica. Estas disputas son parte del problema, pero también un acicate para el desarrollo de la esfera pública en este tipo de sociedades.

tónomos frente al estado *sólo* porque éste tiene un poder limitado para entrar dentro del dominio reservado de estos agentes.

De esto de deduce que, dentro de la sociedad civil en sentido amplio («sociedad civil uno»), hay una importantísima línea divisoria entre el estado y los ciudadanos. Esta línea divisoria ofrece un punto de partida para el desarrollo de un segundo concepto de sociedad civil en sentido restringido («sociedad civil dos»), la cual se reduce a las instituciones sociales, tales como mercados y asociaciones, y a la esfera pública, excluyendo las instituciones estatales. En oposición a éstas últimas, aquéllas son áreas de vida social generalmente consideradas fuera del control directo por parte del estado (Held 1989, 6).

Sin embargo, esta autonomía de la «sociedad civil dos» puede existir de una manera más o menos mitigada. Sólo será plena cuando el estado forme parte de una sociedad civil en sentido amplio («sociedad civil uno»), esto es, cuando sea un estado limitado operando bajo el imperio de la ley. Si esto no es así, las instituciones de la «sociedad civil dos» (mercados, asociaciones, y esfera pública) existirán de manera mitigada, o precaria, en el marco de configuraciones históricas tales como aquellas que han estado dominadas por regímenes políticos autoritarios, o totalitarios (por ejemplo, la España franquista y las sociedades socialistas de Europa oriental).

Por ello, cabe argüir que el desarrollo, o la emergencia, de una sociedad civil en sentido restringido dentro de un régimen autoritario o totalitario, prepara el camino para su transición a una democracia liberal y, en consecuencia, para el completo establecimiento de una sociedad civil en sentido amplio (y este es el tema que desarrollé en el capítulo anterior con referencia a España). A su vez, puede también argumentarse que, una vez que la sociedad civil en sentido lato ha sido así establecida, ello implica el reforzamiento de las instituciones de la «sociedad civil dos»: los mercados, las asociaciones voluntarias y la esfera pública. Existe, pues, una estrecha relación entre «sociedad civil uno» y «sociedad civil dos», pero ésta no supone una total implicación recíproca: aunque la «sociedad civil uno» es inconcebible sin una sociedad civil en sentido restringido, que sea parte de ella, en cambio, esta «sociedad civil dos» puede existir con, o sin, un régimen político de democracia liberal, o su equivalente, y, por tanto, puede existir dentro, o no, de una sociedad civil en sentido amplio (como lo demostró España bajo el franquismo).

Para mayor claridad, de aquí en adelante usaré el término «sociedad civil» para referirme a la sociedad civil en sentido restringido: es decir, a instituciones sociales tales como los mercados y las asociaciones voluntarias, y a la esfera pública, que están fuera (de forma plena o mitigada) del control directo por parte del estado[4]. He decidido hacer tal uso del término porque pienso que la elección de los términos no puede ser siempre meramente un asunto de definiciones estipulativas. Al menos en algunos casos (y a menos que el uso corriente del término lo haya hecho irremisiblemente confuso), debemos tener en cuenta que las palabras son «portadoras de experiencia histórica»[5]. Mi uso del término corresponde en líneas generales a lo que se ha convertido en el uso aceptado del mismo en el discurso sociopolítico actual. Me parece que en los años ochenta, y en países tan distintos como los del centro y sur de Europa (y probablemente Latinoamérica), cada vez más la gente entiende la sociedad civil como algo diferente del estado, y usa el término en el contexto de debates centrados en el problema de cómo definir las fronteras apropiadas y las relaciones adecuadas entre ambos[6]. En realidad, ha sido precisamente la necesidad urgente de entender mejor estas relaciones la que ha empujado a tantos actores sociopolíticos a reinventar, o aplicar de nuevo, el concepto de sociedad civil. La *distinción* entre estado y sociedad civil parece ser así una previa condición lógica, e histórica, para poder analizar (y juzgar) las relaciones entre ambos, mientras que, en cambio, del empeño en desdibujar aquella distinción sólo podrían esperarse confusiones analíticas, y normativas[7].

---

[4] Este es el uso que hice del término en el capítulo anterior.

[5] Ver Sartori (1987, vol 2, 265 y ss.). Sin embargo, de esto no se desprende, como sugiere Sartori, que el significado de las palabras pueda estabilizarse por medio de un proceso indefinido de ensayo y error. De hecho, si el proceso es indefinido, no hay motivo para esperar que el significado de las palabras pueda estabilizarse nunca. Por el contrario, cabe esperar que la discusión sobre los términos sea parte de un continuo debate acerca de la naturaleza de las instituciones a las que nos referimos con aquellos términos (*pace* Popper). Hayek ya ha señalado que problemas importantes pueden quedar oscurecidos por nuestro uso de términos que implican una explicación de la institución en cuestión, y que pertenecen a modelos pretéritos de pensamiento, o anteriores experiencias históricas (1978, 72).

[6] Que éste sea el uso más extendido del término se debe, en buena medida, a comentaristas y, hasta cierto punto, a políticos que se han ido apoderando, por así decirlo, de un término confinado durante mucho tiempo al uso académico.

[7] Al mismo tiempo, de la afirmación de que debemos tener en cuenta los diferentes usos lingüísticos del concepto en diferentes contextos históricos, no se desprende que el concepto esté 'históricamente limitado', en el sentido de que sólo correspondería a (o sólo podría ser aplicado dentro de) un único proceso histórico (por ejemplo, la historia europea de los últimos siglos, como sugiere Habermas 1992), o a un estadio de aquel pro-

Asimismo, por mor de la claridad, quiero hacer explícitas las diferencias entre el uso que hago del término y el que otros han hecho, y explicar someramente algunas de mis razones, puntualizando que lo hago en el marco de un esquema conceptual y modelo analítico cuyo grado de correspondencia con la realidad es materia de investigación empírica. En primer lugar, incluyo la esfera pública, o del debate público, dentro del área de la sociedad civil. La razón es que entiendo que la sociedad civil está compuesta de agentes implicados tanto en actuaciones privadas como en debatir y actualizar diferentes versiones del interés público (y ello incluye tanto agentes individuales como colectivos, tales como grupos de interés y movimientos sociales). Con ello quiero hacer hincapié en la relación, y la compatibilidad, entre estas dos dimensiones, privada y pública, de la actuación de los agentes, y expresar mi desacuerdo con quienes entienden que la sociedad civil sólo hace referencia a la actuación de los agentes en tanto que portadores de intereses particulares o privados. Por ello, también difiero de los autores que sugieren un término diferente, el de «sociedad política», para referirse a aquellos agentes sociales en tanto que involucrados en el debate público y la actividad pública[8].

En segundo lugar, en mi esquema conceptual, o modelo analítico, las instituciones sociales de la sociedad civil incluyen tanto los mercados como las asociaciones voluntarias. Esto explica la complejidad interna de la sociedad civil (Keane 1988b, 64), y su peculiar combinación de cooperación y competencia entre sus unidades constituyentes. Por el contrario, otros autores mantienen que la sociedad civil se compone solamente, ya de mercados[9], ya de asociaciones voluntarias

---

ceso. Antes bien, empleo el concepto de sociedad civil como una herramienta analítica, que puede servirnos para establecer el mapa de dónde están y cuáles son los problemas importantes, para acumular la evidencia empírica de una forma ordenada, para formular preguntas relevantes, y, eventualmente, para responderlas, con respecto a una variedad de contextos históricos. Además, la expresión «sociedad civil» tiene también una dimensión normativa, sobre la cual, sin embargo, no me voy a extender aquí (ver, no obstante, las secciones 4 y 5 del primer capítulo).

[8] Véase la interpretación de Zbigniew Pelczynski de los recientes acontecimientos polacos, a la luz de la lectura que Jeffrey Weintraub hace de Tocqueville (Pelczynski 1988, 361-380; especialmente las pp. 368 y 379).

[9] Tal como cabría deducir del estudio, por otro lado brillante, de Antony Black (1984), que ofrece una interpretación de la sociedad civil centrada-en-el-mercado; o, en términos de John Keane (1988b, 64), centrada-en-la-propiedad.

(grupos de interés, movimientos sociales, o cuerpos intermedios)[10]. Jürgen Habermas, por ejemplo, considera que el núcleo de la sociedad civil estaría compuesto por las asociaciones voluntarias, situadas de algún modo fuera del estado y de la economía (entendidos estos últimos como campos de actuación sistemáticamente integrados, que operarían con arreglo a su propia lógica)[11]. En tercer lugar, desde mi punto de vista, los mercados, las asociaciones voluntarias, y la esfera pública, constituyen un sistema de cooperación y de competencia que, afectando a gran número de agentes autónomos, abarca una amplia variedad de áreas de la vida (económica, social, política y cultural), y dispone de un alto nivel de autocoordinación. Estas premisas contradicen dos postulados de las teorías sobre la sociedad civil dentro de la tradición marxista. Primero, los escritores marxistas suelen usar el término para denotar un lugar o territorio particular de la sociedad. Marx tiende a reducir la sociedad civil al mercado[12], y Gramsci, a las instituciones socioculturales. Segundo, los pensadores marxistas consideran que ese lugar o territorio tiene una significación estratégica extraordinaria, y relacionan su teoría de la sociedad civil con una teoría de la lucha de clases (o, en Gramsci, de una lucha por la hegemonía; ver Bobbio 1988), que abocaría a una transformación radical, y eventualmente la desaparición, de la sociedad civil. Pero, por otra parte, obsérvese que aquellas premisas de mi modelo analítico son compatibles con la incorporación de grados diversos de conflictividad y mecanismos de control autoritario en el interior de la sociedad civil (lo que cabe llamar los límites internos de la sociedad civil), lo que debería ser tematizado adecuadamente, y objeto de la averiguación empírica correspondiente.

---

[10] Ver, por ejemplo, la interpretación de Andrew Arato de la sociedad civil (realizada sobre el trasfondo de la experiencia polaca de 1980-82) como organizada en torno a asociaciones independientes, o movimientos sociales (1981, 23-47; 1982, 19-48). Ver también Tismaneanu (1990).

[11] Y opuesta al «mundo-de-la-vida» (Habermas 1992). Al explicar qué entiende por asociaciones voluntarias, Habermas entra en contradicciones. Entre las asociaciones voluntarias, situadas fuera de la esfera de la economía y del estado, menciona las iglesias y las asociaciones culturales, pero también las asociaciones profesionales, e incluso los partidos políticos. Unas y otros, sin embargo, son partícipes centrales de, y como tales pertenecen a, la esfera del estado y la economía.

[12] O, antes bien, al mercado como un escenario de la lucha de clases. Ver Gouldner (1980, 357) y Pérez Díaz (1978).

El estado y la sociedad civil

El estado y la sociedad se sitúan uno frente a otro, en este modelo, como dos conjuntos diferenciados de actores e instituciones, implicados en una serie de intercambios. Para poder entender estos intercambios hemos de tener en cuenta que el estado se presenta ante la sociedad civil en un papel o una capacidad plural. En primer lugar, el estado se presenta en su capacidad 'real' de ser, al mismo tiempo, un aparato coercitivo y un proveedor de servicios[13]. Pero, en segundo lugar, el estado se presenta, también, en su capacidad «simbólica» de ser actor prominente en la esfera pública.

En tanto que aparato coercitivo, el estado reclama el monopolio del uso de la fuerza como una condición previa para mantener la paz, interna y externa, mientras que, como proveedor de una variedad de servicios, el estado ayudaría a la sociedad a obtener prosperidad económica, integración social y un sentimiento de identidad colectiva. De esta forma, se espera que el estado refuerce la capacidad de supervivencia de la sociedad (Mann 1986b, 119), en un entorno de confrontaciones geopolíticas, intercambios económicos internacionales y diversidad cultural. Como contrapartida, el estado demanda de la sociedad su consentimiento a la autoridad del estado; esto es, su aceptación de la pretensión del estado de supervisar sus intercambios domésticos, y sus relaciones con el resto del mundo, lo que implica el control de sus fronteras y sus puertas, de entrada y de salida.

Dado que el estado es, al mismo tiempo, un aparato coercitivo y un proveedor de servicios, una expresión tal como la de «el gobierno, o la gobernación, por parte del estado», está llena de ambigüedad. Puede referirse tanto al dominio del estado *sobre* la sociedad como a la contribución del estado a la tarea de la regulación o la coordinación de la sociedad. Sugiere tanto un sistema de intercambios desiguales, donde el estado se sitúa por encima de la sociedad, como un sistema de intercambios equivalentes, donde el estado y la sociedad de sitúan al mismo nivel y negocian entre sí.

La estabilidad a largo plazo de todos estos intercambios depende,

---

[13] Esta es la distinción que propone Hayek (1960, 222 y 258). Siguiendo a Hayek, otros han distinguido entre poderes «despóticos» e «infraestructurales» (Mann 1986a, 144-175; 1986b, 109-136), o entre la «dimensión vertical» y la «dimensión horizontal» de la política (Sartori 1987, 131). Desde una perspectiva diferente, ver también Oakeshott (1990, 185-326).

tal como Weber sugirió, de la percepción que tenga la sociedad civil de la legitimidad de la autoridad del estado, ya que ni el temor a la coerción, ni la costumbre, ni la mera conveniencia del momento son suficientes para garantizar tal estabilidad (1978, 31 y ss.). Sin embargo, dado que el estado es, no sólo un aparato coercitivo, sino también un proveedor de servicios, la atribución de legitimidad por parte de los agentes sociales a la autoridad del estado dependerá no sólo del carácter formal de su autoridad, sino también del contenido de su actuación. Por esto, debemos distinguir entre una legitimidad formal y una legitimidad substantiva de la autoridad estatal. Los agentes sociales atribuirán 'legitimidad formal' a las disposiciones del estado en virtud de una tradición, una conformidad afectiva, o una de tipo racional formal (resultado de una consideración de que la ordenación positiva del estado es legal)[14]. Al mismo tiempo, estos agentes atribuyen 'legitimidad substantiva' a las disposiciones del estado en virtud de la relación que ellos perciben entre tales disposiciones y la capacidad del estado para resolver problemas fundamentales de la sociedad, tales como la defensa contra los enemigos externos, la seguridad interior, el bienestar económico, la integración social, o la identidad colectiva.

El estado (o, más bien, quienes ocupan los cargos u oficios del estado) intenta persuadir a los agentes sociales para que atribuyan legitimidad substantiva a sus disposiciones por medios, unos 'instrumentales', y otros 'expresivos'; esto es, por medio de acciones prácticas efectivas, o de representaciones simbólicas (Pérez Díaz 1992b). De este modo, quienes rigen el estado intentan, bien resolver efectivamente los problemas de la sociedad, bien mantener la esperanza de que, eventualmente, serán resueltos en el futuro, convenciendo así a las gentes para que convivan con problemas no resueltos, sin recurrir por ello a otros gobernantes. En todo caso, dada la limitada capacidad de todo tipo de gobernantes para resolver los problemas básicos de una comunidad, durante poco más que un breve período de tiempo, las acciones simbólicas juegan un papel crucial para conseguir el consentimiento de la sociedad.

De esto se sigue que, para llevar adelante tanto sus acciones concretas de provisión de servicios como sus acciones simbólicas de persuasión, los dirigentes estatales deben comprometerse en negociacio-

---

[14] A pesar de que Weber se refería a la legitimidad en general, sólo trató el tema de la legitimidad formal (1978, 36).

nes de todo tipo con la sociedad civil. Por esto, quienes gobiernan, concretamente, sociedades capitalistas liberales, necesitan la cooperación de élites socioeconómicas, tales como los empresarios y los líderes sindicales, si quieren conseguir el nivel de prosperidad (crecimiento económico e integración social) del que depende su legitimidad substantiva; necesitan la cooperación de élites territoriales para articular un sentimiento de identidad colectiva para toda la nación y necesitan la cooperación de élites para persuadir a las gentes de la legitimidad, formal y substantiva, de su dominación.

Cuál sea la forma y la intensidad de las relaciones de dependencia mutua entre políticos, de un lado, y élites socioeconómicas, territoriales y culturales, de otro, es un problema empírico a determinar en cada situación concreta. Pero, en general, hay tres conjuntos de circunstancias que contribuyen a configurar esa relación. Primero, quienes controlan el poder estatal forman un cuerpo heterogéneo, compuesto por varios grupos y organizaciones: gobierno, órganos legislativos, jueces, funcionarios civiles de distintos organismos y departamentos, y militares. Todos ellos suelen tener un interés en mostrarse, y ser vistos desde el exterior, como partes de un estado unitario, y de hecho, a veces, incluso trabajan y colaboran como si fueran un actor unitario[15], si bien, a menudo, las acciones del estado son, en realidad, el resultado de un proceso negociador entre coaliciones constituidas por distintos agentes estatales (Allison 1971).

Segundo, estos agentes estatales son sólo una parte, si bien la más importante, de un grupo más amplio y heterogéneo, al que cabe denominar 'clase política', formada, no sólo por aquellos que controlan el poder estatal, y constituyen el partido en el poder, sino también por los partidos políticos de oposición, y por una periferia de profesionales implicados en las actividades de gobierno y en la política de manera más o menos permanente. Tercero, no sólo la sociedad civil está compuesta por una variedad considerable de grupos y organizaciones, sino que además las élites al frente de tales grupos los controlan sólo hasta cierto punto; y en consecuencia, no cabe dar por supuesto que puedan garantizar el consentimiento de sus bases sociales con los compromisos a los que eventualmente lleguen en sus tratos con las élites del estado.

El resultado es que las relaciones entre el estado (y la clase políti-

---

[15] Este es un punto argüido con vigor, y a mi juicio excesivo énfasis, por Skocpol (1985a, 3-37).

ca), en un momento dado, y la sociedad civil pueden descomponerse en juegos entre, y constelaciones de, coaliciones de agentes estatales, políticos y sociales que cruzan constantemente las fronteras entre el uno y la otra[16]. Con el tiempo, estas constelaciones suelen adquirir cierto grado de estabilidad, como resultado de factores institucionales y culturales, de tal forma que se puede entender que se suceden en una determinada pauta secuencial. Pero antes de referirme a las líneas generales de esta secuencia en la Europa moderna, querría hacer tres breves comentarios.

Primero, ha habido largos períodos en la historia occidental, caracterizados por la alternancia de fases de protagonismo del estado y protagonismo de la sociedad, en las que el estado jugaría un papel más o menos importante. Aplicaré a este proceso la metáfora de flujo y reflujo de la marea del estado. Segundo, algunas coaliciones sociopolíticas favorecen el incremento del poder y las actividades del estado, mientras que otras lo frenan; y hay 'momentos críticos' (Lehmbruch 1991, 131 y ss.) en que tales coaliciones toman decisiones que conducen a senderos, bien de crecimiento del estado, bien de su contención o disminución. A veces, en algunas de esas coyunturas, la estructura de oportunidades parece empujar en una dirección u otra. Así, por ejemplo, las guerras y las revoluciones son seguidas, frecuentemente, por períodos de crecimiento del estado, mientras que la emergencia de gobiernos representativos y economías de mercado parece conducir, aunque no necesariamente, a su contención. Tercero, detrás de aquellas decisiones críticas, y los desarrollos consiguientes, hay profundos cambios culturales que afectan a la definición del papel del estado en la sociedad moderna. En este sentido, creo que la tendencia general hacia el crecimiento del estado en estos dos últimos siglos ha estado acompañada, y sustentada, por la idea de que el estado era portador de un proyecto moral que ha recibido diversos nombres, como los de nacionalismo, modernización o reforma social, entre otros. Hoy día, tanto en Europa occidental como en Europa oriental, estaríamos asistiendo a una crisis generalizada de esta visión del estado, y la vigencia del tema del 'retorno de la sociedad civil' sería una expresión de esta crisis.

---

[16] Sobre coaliciones sociopolíticas, redes de políticas (*policy networks*), pautas de intermediación e interacción entre las burocracias públicas (y partidos), y las organizaciones de interés, ver Gourevitch (1986), Katzenstein (1978), y Lehmbruch (1991).

Flujo y reflujo de la marea del estado

Si abarcáramos con una mirada las relaciones entre el estado y la sociedad a lo largo de la historia europea, podríamos imaginar que aquellas relaciones han seguido una pauta similar a la del flujo y reflujo de las mareas, el juego alternado de avances y retrocesos del mar y de la tierra. El mar, pensaba Hegel, es una metáfora, un símbolo de infinitud y de inquietud[17]: siempre, aun cuando calmo, el mar está en un estado de agitación y de zozobra. El mar es el escenario por excelencia para la acción de las gentes que viven en sus orillas, empeñadas en el descubrimiento y la explotación del mundo, la piratería y el comercio, los intercambios culturales, tal vez la investigación, y la experimentación. El mar es, por tanto, un símbolo apropiado para la sociedad civil, inflamada por las pasiones y los intereses de miles y millones de individuos, constantemente trocando y negociando, y coordinando sus actividades a través de extensos órdenes espontáneos. Sobre la tierra compacta encontramos, en cambio, formas de organización muy diferentes, y personas e instituciones distintas en control de la situación. En lugar de barcos intrépidos observamos edificios majestuosos y asentados firmemente. Sobre esa tierra se proyectan los sueños de dominación y de estabilidad de hombres de estado, funcionarios, y militares, que se imponen sobre súbditos aquiescentes, con fronteras definidas, y grandes monumentos que simbolizan una fantasía de permanencia irrevocable.

La metáfora sugiere algunas de las diferencias estructurales entre el estado y la sociedad civil, su pertenencia a un escenario común, y una alternancia de fases, con el supuesto implícito de que siempre habrá una 'próxima fase' en que, bien la sociedad civil, bien el estado, prevalezcan. Asimismo, la metáfora sugiere que hay algo equivocado en la presunción, tan generalizada, de que el estado moderno sea un desarrollo racional, del que quepa esperar su crecimiento en el futuro[18].

A lo largo de la historia occidental, la importancia relativa del es-

---

[17] Ver Hegel (1956, 90). También (1967, 151), donde se refiere al mar como la sociedad civil, y a la tierra como la familia.

[18] No es necesario decir que, aunque la metáfora pueda ser hegeliana, su substancia no lo es. El estado hegeliano incorpora y subsume a la sociedad civil, pero no se relaciona con ella a través de un juego de protagonismos alternados. La metáfora hegeliana del orden social es la del «edificio de la sociedad humana» (Hegel 1956, 27).

tado *vis-à-vis* la sociedad civil ha sufrido enormes cambios. La *polis* griega combinó estado y sociedad civil de un modo que suscitó una ilusión de ausencia, o casi ausencia, de una esfera privada. Esto, desde luego, sólo podía ser aplicable a una *polis* griega del tipo de Esparta, pero no a Atenas, donde, según la oración fúnebre de Pericles[19], se había conseguido un equilibrio entre la esfera pública y los intereses privados. En cualquier caso, la *polis* griega tenía un ámbito territorial muy limitado, y las ciudades pertenecían a la Hélade, un sistema de relaciones inter-ciudades, que era a su vez parte de un sistema de estados aún más amplio. En momentos críticos, la mayor parte de la Hélade podía unirse contra los invasores extranjeros. Lo hizo con éxito frente a los persas, pero no los macedonios, ni los romanos.

La república romana, y el imperio romano, presenciaron el desarrollo gradual de un estado relativamente fuerte, capaz de mantener unidas grandes extensiones de territorio costero e interior, y de defenderlas victoriosamente, durante un considerable período de tiempo. Al mismo tiempo, el derecho romano favoreció la consolidación de las instituciones básicas de la sociedad civil, como la propiedad privada, las reglas de los contratos, las entidades corporativas, etc. A partir de un punto, sin embargo, el estado se demostró incapaz de mantener y defender su sociedad. Fue así reemplazado, al menos en occidente, por una miríada de fuentes descentralizadas de poder político. Tras un prolongado período de confusión, que duró hasta comienzos del segundo milenio después de Cristo, fue emergiendo, de modo gradual, un nuevo orden sociopolítico (Mann 1986a, 373-415), caracterizado por tres conjuntos de redes o entramados culturales, socioeconómicos y políticos que mantenían una relación flexible, de relativa compatibilidad, entre sí: una red extensa de instituciones eclesiásticas, que más tarde coexistirían con las universidades y otros círculos de instrucción y erudición; un espacio económico fragmentado, donde los sistemas agrarios locales (generalmente organizados a través de ciudades, comunidades rurales, y dominios señoriales) coexistían con mercados regionales y con rutas comerciales internacionales; y un orden político policéntrico, que era el campo de batalla para la lucha por la preeminencia entre los reyes, la nobleza feudal, las ciudades, y la iglesia.

Requirió todavía el paso de otros quinientos o seiscientos años

[19] Ver Tucídides (Thucydides 1972, 34-46 y 143-151). Al respecto, ver también los comentarios de Hayek (1960, 64 y 459; 1988, 43 y ss.)

para que, en los siglos XVI y XVII, aparecieran los estados europeos modernos, organizados en torno a la supremacía política, si no la soberanía absoluta, de los reyes. Si entendemos aquella situación como la de un 'mercado' de instituciones políticas, el desarrollo de las instituciones de los estados europeos fue el resultado de una combinación de factores, algunos del lado de la oferta, y otros del lado de la demanda. Desde el lado de la oferta, era obvio que los reyes y sus administradores patrimoniales deseaban aumentar sus poderes, coercitivo y administrativo. Pero tales deseos se vieron cumplidos, sin embargo, sólo porque coincidieron con dos desarrollos que tuvieron lugar por el lado de la demanda.

Primero, demandas domésticas dentro de la sociedad estimularon el crecimiento del estado. La iglesia, los campesinos, la nobleza urbana, la burguesía emergente y la nobleza rural apoyaron en varios momentos críticos las pretensiones reales, porque percibieron al rey como dispuesto y capaz de ofrecer una solución a sus propios problemas, ya defendiendo prácticas consuetudinarias, ya estableciendo privilegios, ya garantizando la aplicación de la *common law*, ya promulgando nuevas y extraordinarias provisiones. Segundo, distintas presiones sistémicas a favor del crecimiento del estado resultaron del hecho de que cada estado existía dentro de una red de alianzas y enemistades con otros estados en competencia con ellos por riquezas (tierras, poblaciones y mercados), prestigio e influencia política; competencia que habría de desembocar en guerra abierta. Las guerras, a su vez, generaron presiones domésticas en demanda de protección contra los ataques extranjeros. De este modo, los estados pudieron iniciar y beneficiarse del 'círculo vicioso' por el que se recaudaban nuevos impuestos para crear y mantener un ejército que, a su vez, garantizaba el cobro de los impuestos y permitía aumentar la imposición[20]. Y así se fue construyendo la maquinaria fiscal-militar de las monarquías absolutas del Antiguo Régimen (Tilly 1975, 23). Así, como una institución bifronte[21], situada entre un entramado de agentes nacionales y otro de estados extranjeros, el estado trató de aprovechar cualquier oportunidad favorable que pudiera surgir de la combinación de las presiones internas y externas, con la intención tanto de aumentar su base económica y demográfica como de asegurarse la lealtad de su población, ya que ambos objetivos eran importantes para ampliar sus

[20] Sobre el ciclo extracción/coerción, Finer (1975, 97).

[21] Ver Skocpol (1979) y Mann (1986b), siguiendo a Hintze (1975).

ingresos fiscales y mantener su ejército. De esta forma, paulatinamente, los estados hubieron de prestar cada vez mayor atención, tanto a su papel de proveedores de servicios como a los aspectos culturales y simbólicos de su dominación.

Al mismo tiempo, los estados europeos, relativamente fuertes, del Antiguo Régimen, fueron testigos de un desarrollo paralelo de sus sociedades civiles; y aunque intentaron coordinar este desarrollo, y emplearlo en su propio beneficio, no siempre tuvieron éxito en su intento. Algunas sociedades civiles desbordaron las capacidades de control por parte del estado, y esto abrió el camino para que pudieran surgir estados de naturaleza diferente. Cuando esto no ocurrió, no sólo las sociedades civiles permanecieron subdesarrolladas, sino que, a largo plazo, los estados correspondientes entraron en decadencia.

Así, en la Gran Bretaña[22], varios procesos socioeconómicos y culturales crearon las condiciones para una situación, entre 1640 y 1690, en la que se tomaron decisiones críticas que contuvieron el desarrollo de la monarquía absoluta. Se ensayó, así, una primera versión de una combinación de gobierno representativo y economía de mercado. Este experimento institucional facilitó el desarrollo espectacular de la sociedad civil, lo que, a su vez, estimuló experimentos análogos en Norteamérica y Francia, a finales del siglo XVIII. Por el contrario, aquellos estados que consiguieron mantener sus sociedades civiles bajo control, impidieron el desarrollo de éstas, y, como consecuencia, los propios estados declinaron. El estado español construyó una maquinaria fiscal y militar relativamente eficiente, por lo que pudo obtener algunos éxitos impresionantes en los siglos XVI y XVII. Pero los obtuvo entorpeciendo, o impidiendo, el desarrollo rural y urbano de Castilla (Pérez Díaz 1992a), y descuidando, asimismo, el bienestar de otras regiones. Por todo ello hubo de pagar un precio: el de una lenta y continuada decadencia, interrumpida por una modesta recuperación a finales de siglo XVIII, con la consecuencia de conseguir una base demasiado limitada para las transformaciones institucionales del siglo XIX. Prusia hizo algo semejante, a menor escala, pero de forma más sistemática. El precio que pagó por ello fue el de quedar convertido en un país belicoso y atrasado, con una maquinaria fiscal y militar hipertrofiada: un estado-cuartel, con una empequeñecida sociedad civil (Carsten 1954), que fue plenamente derrotado por Napo-

22 Y, anteriormente, en Holanda, en torno a 1570.

león. Esta derrota, a su vez, condujo a las reformas que prepararon el terreno para una distribución de poder diferente entre el estado y la sociedad en el siglo XIX.

Durante los siglos XIX y XX los países occidentales experimentaron con distintas variaciones de estados liberales, regímenes autoritarios y sistemas totalitarios. Estos distintos regímenes políticos ofrecieron diferentes marcos institucionales para continuas negociaciones entre estados y sociedades civiles, acerca de las fronteras entre ambos, el reparto de los recursos, y las reglas del juego. El juego resultó ser muy complejo, con fases alternas de protagonismo del estado y de la sociedad civil. En cierto sentido, no se trató de un juego de suma cero, ya que ambos, estado y sociedad, aumentaron el ámbito y el volumen de sus actividades. Los estados extendieron su aparato coercitivo, su presupuesto, su estructura administrativa, sus recursos intelectuales, y el personal a su servicio. Por su parte, las sociedades civiles crecieron también, en sus varias dimensiones (económica, social, política y cultural), tal como lo refleja el desarrollo de asociaciones de todo tipo (empresas, sindicatos, iglesias, medios de comunicación, universidades, asociaciones deportivas, etc.). Pero, respecto a la importancia *relativa* de los estados y las sociedades civiles, se pueden observar tres fases diferentes: una primera fase, liberal (o semiliberal); una segunda protagonizada por, o centrada en, el estado; y la fase actual, de incertidumbre y búsqueda de un nuevo equilibrio.

En términos muy generales, podemos considerar al siglo XIX como un 'siglo liberal', al menos respecto a la mayoría de los países de Europa occidental (y los Estados Unidos), en cuanto que, en estos países, la sociedad civil jugaba un papel protagonista, y el estado, si bien tenía un papel importante en materias sociales, económicas, y culturales, lo ejercía dentro de una esfera de acción relativamente limitada. A mediados de siglo, sin embargo, esta situación tendió a cambiar, debido a los ataques de católicos y conservadores, de un lado, y de socialistas, de otro, y debido a la intensificación de los sentimientos nacionalistas. Para el tiempo del estallido de la I Guerra Mundial, los estados liberales estaban experimentando grandes dificultades (Dangerfield 1961).

La Gran Guerra tuvo consecuencias dramáticas sobre la forma en que se habría de hacer política durante el resto del siglo, sobre la capacidad y voluntad de los estados para intervenir, y sobre las ideas y las expectativas de las gentes acerca del papel del estado. Después de la guerra, la tradición liberal pareció estar, más y más, fuera de lugar.

La propia experiencia de una guerra total entre 1914 y 1918, las incertidumbres socioeconómicas y culturales de los quince años posteriores, la emergencia de dos regímenes totalitarios, y de muchos otros autoritarios, que se extendieron por todo el continente, y, de nuevo, la experiencia de otra guerra total entre 1939 y 1945, fueron factores que se combinaron para producir tres tendencias: en primer lugar, la tendencia de muchos a considerar la política como 'política absoluta', consistente en el establecimiento de los fines últimos de las sociedades en su conjunto[23]; en segundo lugar, el aumento de la capacidad de los estados, y de su deseo de intervención: y por último, la habituación de las gentes a este crecimiento del estado, dando por supuesto que continuaría en el futuro. Como indicaré más tarde en este capítulo, el período de postguerra no alteró radicalmente el curso de estas tendencias históricas, de tal forma que la creencia general de que el estado es la institución clave del orden social ha sido parte del *Zeitgeist* del conjunto del siglo XX. Sólo a partir de los primeros años ochenta ha comenzado un nuevo cambio de fase, que implica una reconsideración crítica del papel del estado.

La ascensión y la caída del estado como portador de un proyecto moral

Subyacente al proceso de formación de los estados nacionales de Europa occidental, y a las diferentes fases de protagonismo estatal y social de los últimos dos siglos[24], ha estado operando un proceso cultural. Los estados aparecieron, y crecieron, no sólo porque ocuparan un espacio vacío entre el orden internacional y la esfera doméstica; o porque una serie de gobernantes afortunados, audaces y sin escrúpulos, fueran capaces de aprovechar la oportunidad brindada por la competencia entre los estados extranjeros, y por las demandas enfrentadas, unas con otras, de diferentes grupos de su población. Los estados aparecieron y crecieron, también, porque (y en la medida en que) todas aquellas inercias institucionales y estrategias de grupos estuvieron inmersas en una cultura política, en cuyo núcleo encontramos un

---

23 La 'política absoluta' intentaría rehacer la sociedad entera por medio de una operación de ingeniería utópica. Al respecto Popper (1966), y Pizzorno (1987).

24 Y también al proceso de difusión de la institución estatal en todo el mundo. Al respecto, Thomas y Meyer (1984).

argumento que presenta al estado como el portador de un proyecto moral extraordinario. Por el contrario, la pérdida gradual de la plausibilidad de este argumento se encuentra en el corazón del cambio de fase que tiene lugar hoy (en la relativa preeminencia del estado o la sociedad), y de la resistencia cada vez mayor de la sociedad de hoy al crecimiento del estado.

El surgimiento de la noción de este proyecto moral requirió la cooperación entre élites políticas y élites culturales. Al tiempo que los monarcas y sus aliados se afanaban en la tarea de derrotar a sus rivales, redondear sus territorios, y poner en pie ejércitos y sistemas fiscales (y otras instituciones), se desarrolló una tradición intelectual que ofrecía una visión relativamente consistente del estado moderno, y trataba de dar un sentido y una justificación moral a aquellos empeños prácticos. Para hacer esto, estos teóricos del estado hubieron de construir una ficción metafísica, una teoría de la soberanía del estado y un argumento moral.

Como resultado de la ficción metafísica, el estado adquirió una existencia autónoma. Aunque el término «estado» comenzó a usarse en el siglo XVI con una denotación próxima a la de su uso moderno, sólo más tarde, y desde luego en el XVIII, el estado vino a ser considerado como un actor colectivo, o corporativo, que transcendía a los individuos de los que estaba compuesto, incluyendo a sus príncipes, o sus líderes (los cuales comenzaron a identificarse a sí mismos como 'los primeros servidores del estado'), y sus familias, o sus dinastías (Skinner 1978, 349-358). Este actor corporativo se vio atribuir una voluntad, una visión y una capacidad para actuar por sí mismo.

Al mismo tiempo, el término «estado» adquirió una suerte de 'aura' que inspiraba temor y respeto (y que requería, por ejemplo, en las lenguas europeas del continente, el uso de mayúsculas para referirse a él). Después de prolongado adoctrinamiento, por parte de las élites seculares y religiosas, esta aura fue cobrando gradualmente fuerza, y acabó siendo aceptada, con toda naturalidad, por la población. La invención del concepto de «soberanía» jugó un papel crucial en este proceso. Este concepto permitió al gobernante ser más que un mero señor *'suzerain'*, que ejercía un poder superior, o supremo, en cuyo caso tenía que reconocer el poder correspondiente a otros poderes, que disponían de sus propias fuentes autónomas de poder, seculares o religiosas. En cambio, ahora, por el hecho de ser portador de un poder soberano, el estado podía pretender ser la fuente de todos los otros poderes. De esta manera, el estado permitiría (y garantizaría incluso) la existencia de aquellos otros poderes, pero sólo en tanto que subordinados al poder del estado y dependientes de su reconocimiento, ya que, al menos en principio, los poderes del estado no podían ser limitados, o resistidos, por institución alguna.

Estas eran unas pretensiones extraordinarias, que contradecían la complejidad institucional y la fragmentación política de la mayor parte de la experiencia histórica europea. Por ello, hubo que fundamentarlas con un elaborado argumento moral, reforzado por una combinación de adoctrinamiento, inercia institucional, y la 'terapia de choque' de varias guerras catastróficas. Las guerras religiosas de los siglos XVI y XVII proporcionaron el estímulo decisivo, y la estructura de plausibilidad inicial (Berger 1971), para que aquel argumento moral pudiese afianzarse. Los reyes basaron sus pretensiones de poder soberano, o absoluto, en la necesidad de garantizar la paz doméstica y evitar las guerras civiles, algo que hicieron, bien tratando de conseguir la unanimidad religiosa de sus súbditos, bien estableciendo, en algún grado, la tolerancia religiosa. Pensadores de distintas persuasiones, como Pascal o Hobbes, coincidieron en afirmar que la guerra civil, fuera por cuestiones religiosas, o constitucionales, debía ser considerada como el mayor de los males posibles; que la justicia, o el bien público, debía ser definido, ante todo, por su referencia a un tipo de orden social que hiciera esa guerra imposible; y que la autoridad pública debía garantizar ese orden, y asegurarse la sumisión de sus súbditos, con este fin.

Generaciones sucesivas de intelectuales extendieron este argumento moral en distintas direcciones. Estas abocaron a tres teorías, que dieron cuerpo y contenido a las tareas morales del estado moderno: las teorías del nacionalismo, de la ciudadanía y de la modernización. En primer lugar, estos intelectuales hicieron al estado responsable de la defensa de un nuevo principio de identidad colectiva (el nacionalismo) en un mundo de naciones-estado en competencia. En segundo lugar, hicieron al estado responsable de la creación de una comunidad de ciudadanos, y de una esfera pública donde éstos pudieran encontrarse (casi) en pie de igualdad con sus gobernantes. En tercer lugar, hicieron al estado responsable de la prosperidad económica y de la integración de la sociedad; o, para emplear un término del siglo XX, le hicieron responsable de la 'modernización' del país.

Una vez que estas tareas fueron realizadas, el paso siguiente fue el de convencer a las gentes de que el mundo debía ser entendido como si estuviera parcelado en un cierto número de estados soberanos, todos ellos, en principio, iguales; y convencerlas, también, de que la historia del mundo debía ser leída como una suerte de poema épico, donde se representaba el drama de los procesos de formación de los estados, y de los desafíos por medio de los cuales unos y otros habían testado sus pretensiones de soberanía. Efectos dramáticos adicionales pudieron conseguirse por el procedimiento de diferenciar, primero, las varias configuraciones históricas (o combinaciones de tipos de crecimiento económico, integración social y régimen político) de los estados-naciones; de afirmar, a continuación, que algunas de estas configuraciones tenían un nivel de moralidad más alto que las otras; y a las gentes, finalmente, de que debían tomar sumamente en serio tales narrativas históricas y tales presunciones morales, hasta el punto de estar dispuestas a luchar, y a morir, por los intereses nacionales y los valores patrios.

Así se desarrolló una *fiction master* o 'narrativa matriz' o 'historia de ficción básica' (Geertz 1983), que combinaba un mapa cognitivo (que apelaba a la necesidad que tienen las gentes de orientarse en un mundo confuso) y un guión dramático[25] (que apelaba a su necesidad emocional por expresar sus impulsos altruistas, agresivos y autodestructivos)[26]. Esta narrativa básica fue lo bastante persuasiva como para que varias generaciones sucesivas de europeos de los siglos XIX y XX acabaran aceptándola como el orden natural de las cosas. En consecuencia, las gentes cultivaron sentimientos de tener una obligación moral, incluso un deber sagrado, respecto al estado, hasta el punto de justificar el sacrificio de su propiedad, su libertad y sus vidas por su país. Esta disposición moral fue sometida a una prueba muy dura, sin embargo, en una serie de guerras que los europeos hubieron de padecer.

Al decir, ahora, que estamos asistiendo a la caída del estado como el portador de un proyecto moral, lo que quiero decir es que aquella narrativa o ficción básica ha perdido su plausibilidad. En el mundo

---

[25] Con la nueva política del nacionalismo, este argumento dramático se desarrolló de forma más notoria desde el inicio del siglo XIX, por medio de una liturgia y de mitos y símbolos nacionales (Mosse 1975, 2).

[26] Tal como dijo Nietzsche (1974, 270), «en cuanto estalla una guerra (...) estalla también un deleite (...) mantenido en secreto: [los hombres] se lanzan gozosos al encuentro del nuevo peligro de *muerte*, porque el sacrificio en aras de la patria les parece deparar al fin la largamente ansiada autorización para *eludir su meta*; la guerra es para ellos un rodeo que conduce al suicidio.» [Traducción de Pablo Simón. Obras Completas, vol 3, pp. 220-221. Editorial Prestigio: Buenos Aires, 1970.]

de hoy, es cada vez más dudoso que el estado sea, o deba ser, el soporte de una identidad nacional, el foco central de la vida pública y el principal protagonista de un proceso de modernización, esto es, la clave del crecimiento económico y de la integración social de un país. Esta es la posición que servirá de base a mi discusión, en la segunda parte de este capítulo, del escenario europeo occidental durante el período posterior a la II Guerra Mundial.

Las tradiciones intelectuales sobre la sociedad civil

Durante mucho tiempo, *civitas* y *polis*, sociedad civil y sociedad política, fueron términos intercambiables; y, en este sentido, cabe decir que sociedad civil era sinónimo de estado (Keane 1988b, 35 y ss.). En los siglos XVII y XVIII, sin embargo, el término «sociedad civil» comenzó a usarse en el contexto de un debate particular, histórico e intelectual, dentro de una encrucijada en la historia occidental, donde un camino había de conducir a la consolidación de los gobiernos constitucionales, y el otro, a la consolidación de las monarquías absolutas[27].

Por esto, en esa época, sociedad civil fue sinónimo, o cotérmino, no del estado como tal, sino de un tipo específico de estado (o asociación política), caracterizado por el imperio de la ley, el gobierno limitado y una ciudadanía activa. Este es el tipo de estado que se fue construyendo en Inglaterra a lo largo del siglo XVII en contraste con el tipo de estado todavía prevalente en la mayor parte de Europa continental. Así, encontramos en el fondo de las varias teorías sobre la sociedad civil que van de John Locke (1970, 154 y ss.) a Adam Ferguson, una combinación de ideas, instituciones, y grupos sociales, que se refuerzan unas a otras: un gobierno limitado, una tradición de contención de los poderes del rey, y un núcleo amplio de individuos y grupos capaces de combinar su implicación en el mercado, con su participación en la esfera pública. Adam Smith, Edward Gibson, David Hume y Adam Ferguson fueron conscientes de la necesidad de reunir todos estos elementos, para que la sociedad civil (en el sentido

---

[27] O, en otras palabras, un camino conducía a una situación en la que la sociedad civil desafiaría la dominación del estado, y el otro a una situación donde la sociedad civil sería, exclusivamente, un objeto de dominación (Poggi 1978, 77 y ss.).

amplio del término, antes mencionado) pudiera emerger y persistir, evitando la corrupción y la decadencia. Esta fue una tradición intelectual de teorías de la sociedad civil 'societal', es decir, centrada-en-la-sociedad, en el sentido de que ponía el énfasis en los límites del estado y en la capacidad de la sociedad para gobernarse a sí misma. Durante el siglo XIX, Tom Paine, Benjamin Constant y Alexis de Tocqueville desarrollaron esta tradición, proponiendo una distinción más nítida entre estado y sociedad (la sociedad civil en su sentido restringido), y tratando de encontrar la manera de enfrentarse a las nuevas formas de despotismo estatal del siglo XIX, incluido el despotismo de un estado democrático (Keane 1988b, 39ss. y 55ss.).

En cambio, la tradición intelectual sobre la sociedad civil 'estatista', centrada-en-el-estado, se ha basado en proposiciones analíticas y normativas muy distintas, de tal forma que la mezcla en la discusión de las dos tradiciones no puede sino crear una gran confusión. Hegel está en el centro de esta confusión, dada la ambigüedad de su pensamiento, pero, en última instancia, pertenece a la tradición estatista. Y aunque en el pensamiento de Marx existe una ambigüedad semejante, también él pertenece, en definitiva, a esta tradición centrada-en-el-estado. En ella, la sociedad civil (en su sentido amplio) carece de la capacidad para organizarse a sí misma y de crecer de manera sostenida. Por ello, la sociedad civil debe ser articulada mediante un diseño, consciente y deliberado, realizado sea por el estado (en Hegel), sea por un grupo revolucionario que controle el estado (en Marx). A pesar de sus diferencias obvias, Hegel y Marx comparten una profunda desconfianza hacia la sociedad civil, y defienden la primacía de (diferentes versiones de) un estado fuerte, que sería el portador de un exaltado proyecto moral.

El pensamiento de Hegel sobre la sociedad civil fue ambiguo en un doble sentido: por razón de una ambigüedad terminológica, y por razón de su ambivalencia respecto a la sociedad civil. Para empezar, Hegel usó el término «sociedad civil» con dos significados. Por un lado, ese término se refiere a una etapa en una secuencia de comunidades éticas (desde la familia, pasando por la sociedad civil, hasta el estado). Se refería, pues, a lo que aquí he llamado sociedad civil en sentido amplio (incluyendo la autoridad pública), correspondiendo, aproximadamente, a la configuración sociopolítica inglesa de principios del siglo XIX. Por otro lado, el término denota lo que he llamado sociedad civil en sentido restringido, esto es, un componente del tipo de comunidad ética más avanzada que Hegel denomina 'estado' (moderno), el cual correspondería, aproximadamente, al estado prusiano de la época[28].

Pero, incluso dentro de los límites de este sentido restrictivo del término, la concepción de Hegel de la sociedad civil sigue siendo indecisa. Aparentemente, el término se refiere a mercados (o 'sistema de necesidades') y corporaciones (o asociaciones profesionales). Pero, dado que en el sistema hegeliano las corporaciones son sumamente dependientes de la autoridad pública, hay una tendencia en Hegel (y aún más en sus intérpretes) a situar las corporaciones entre la sociedad civil y el estado, quedando así reducida la sociedad civil al mercado[29].

Pero ocurre, además, que la visión de Hegel de la sociedad civil en tanto que mercado fue profundamente ambivalente. Por un lado, Hegel mantuvo una postura muy crítica hacia la sociedad civil, y muy benigna hacia el estado. Pensó que la sociedad civil era incapaz de garantizar un crecimiento económico sostenido y la integración social; y que tenía tendencia a generar crisis económicas, desigualdades extremas y una extrema pobreza, creándose así una clase de desposeídos, dejados fuera del sistema de propiedad, convirtiéndose de esta forma la sociedad civil en el campo de batalla de una guerra de todos contra todos[30]. De ahí, la necesidad de la acción correctiva del estado, el cual compensaría los fallos del mercado y lograría la integración social.

Además, la sociedad civil tampoco podía crear un sentimiento de identidad colectiva. Sólo el estado podía conseguirlo, reconciliando una variedad de intereses particulares en torno a un interés común, o

---

[28] La ambigüedad con que Hegel habla de la sociedad civil es comparable a la ambigüedad con que usa el término «estado». Ver Pérez Díaz (1978, 7) y Pelczynski (1984, 1). Hegel intenta reducir el impacto de su ambigüedad refiriéndose al «estado estrictamente político» (1967, parágrafos 163, 267, 273, y 276). Sin embargo, el pensamiento de Hegel respecto a la correspondencia entre el desarrollo especulativo y el desarrollo histórico es, una vez más, deliberadamente confuso. Ver, por ejemplo, Hegel (1967, parágrafo 32 y su añadido), y Pérez Díaz (1978, 7). Todas estas ambigüedades justifican sobradamente la exasperación de Popper con la forma de expresarse de Hegel (Popper 1972).

[29] Sobre su empeño en que las autoridades públicas ejercieran una estrecha vigilancia sobre las corporaciones, ver Hegel (1967, parágrafo 252, y su *addenda* al parágrafo 255); sobre el nombramiento de los funcionarios de las corporaciones por parte del gobierno y, simultáneamente, por medio de elecciones locales, ver parágrafo 288. Una evaluación del pensamiento de Hegel acerca de las corporaciones en Black (1984, 202 y ss.).

[30] Ver Hegel (1956, parágrafos 189, 244, 245, 255, 289, y 301).

público. Y, finalmente, dependía del estado educar a las gentes en los sentimientos morales, o *ethos*, del patriotismo y la virtud cívica. Lógicamente, la visión que tenía Hegel, muy positiva, del estado, se extendió a sus funcionarios. En ellos confió la mayor responsabilidad en el cumplimiento de las tareas del estado antes mencionadas (consecución de prosperidad económica, integración social, sentido de comunidad y educación moral), incluida la de defender los intereses y los valores de la nación en la palestra internacional. Pensó, en efecto, que los funcionarios disponían del enfoque correcto para entender lo que era el interés público, al tiempo que tenían el compromiso moral (o voluntad ética) de realizar ese interés común, y la capacidad para ejecutar aquel compromiso. Es por todo esto por lo que Hegel se refirió a ellos como una 'clase universal'.

Pero, por otra parte, Hegel quedó fascinado por la descripción de Adam Smith del mercado como un sistema autorregulado, y por su metáfora de la mano invisible. Tradujo esta metáfora a sus propios términos como la 'astucia de la razón', o 'universalidad implícita' de los intereses particulares; en otras palabras, como el resultado no intencionado de un bien colectivo, producido por los individuos cuando éstos coordinan sus actividades a través del mercado, aun cuando su principal (o única) finalidad al hacerlo, sea alcanzar un objetivo particular[31]. Pero una traducción o un cambio de etiqueta no puede compensar un entendimiento confuso. El hecho es que el argumento de Hegel sobre el mercado (o sistema de necesidades) como un sistema de universalidad implícita era inconsistente. Según la lógica del argumento de Hegel, lo que es implícito terminaría por ser explícito, o «autoconsciente»[32]. El tiempo y el aprendizaje de la experiencia harían esto posible. Por tanto, cabría esperar que las personas serían cada vez más conscientes de la universalidad del sistema de necesidades. Deberían ir aprendiendo que el sistema de mercado, en cuanto tal, era un bien colectivo, que debería ser protegido, y que debería funcionar adecuadamente, en beneficio del interés general. Ahora bien, si esto es así, entonces debería esperarse que el papel educativo de los funcionarios quedaría muy mermado, o, incluso, desaparecería a largo plazo. Puesto que las gentes aprenderían y, en la medida en la

31 En términos de Hegel, la universalidad sería el principio básico de la sociedad civil, incluso si éste solamente fuera un principio interno o implícito. Ver Hegel (1967, parágrafos 157, 181, 181-88, 249-55).

32 Ver Hegel (1956, parágrafos 12, 18-9).

que lo fueran haciendo, la tarea de sus educadores sería cada vez menos relevante.

Claro que cabría argüir que, con todo, los burócratas tendrían, durante un período de tiempo, un papel educativo muy importante, aunque transitorio, que cumplir. Sucede, sin embargo, que incluso la atribución de este papel transitorio sería inconsistente con el razonamiento de Hegel. Porque, si el mercado fuera un bien colectivo, y la *raison d'être* de los burócratas estribara en su conocimiento superior de los bienes colectivos, de ahí se sigue que una de las grandes tareas educativas de los burócratas consistiría en educar al público en las virtudes del mercado. Pero ¿cómo podrían hacer esto si apenas había nada en la experiencia cotidiana de los funcionarios que les permitiera adquirir las bases cognitivas y morales necesarias para entender y valorar los mercados, y, por consiguiente, para realizar esta tarea educativa?

Es necesario recordar que, en el modo de entender la realidad de Hegel, ideas e instituciones estaban imbricadas. Según Hegel, la ética no era un asunto de buenas intenciones y decisiones aisladas, sino del curso real de las acciones de los individuos, operando en el contexto de unas *mores*, o tradiciones, sociales (Hegel 1967, parágrafos 141-152). Y, por tanto, que si Hegel tenía en tan alta estima a los funcionarios era porque les veía operando en el marco de instituciones burocráticas, que configuraban su *ethos*, y les predisponían a entender correctamente el interés público, y actuar en consecuencia[33].

Pero el problema es que, precisamente porque están inmersos en tales instituciones, y comparten un *ethos* semejante, es por lo que los funcionarios no están en situación de comprender, y motivarse para asegurar, el funcionamiento correcto del mercado. Dado el conjunto de su experiencia burocrática real, es irrealista y, por tanto, 'irracional', esperar que tengan la visión, la voluntad y la capacidad necesarias para ello. Lo más probable es que su experiencia del mercado sea ajena, o marginal, a su experiencia burocrática cotidiana. El cumplimiento ordinario de sus tareas no les predispone a entender el mercado. El tipo de orden creado por el mercado es justo lo opuesto al producido por las organizaciones jerárquicas en las que

[33] Sobre el *ethos* burocrático, ver Hegel (1967, 133), y sobre la burocracia como una clase universal, ver p. 205. Lehmbruch ha sugerido que el pensamiento de Hegel fue el principal exponente de la idea de la autonomía de la burocracia, tal como se había desarrollado en la tradición administrativa prusiana (1991, 149).

ellos están inmersos. Su formación, y su adiestramiento, profesional, les hace difícil no intentar una interferencia en los mercados, donde quiera que los encuentren. Ese adiestramiento les induce a sospechar de todo aquello que no pueden controlar. Y, por definición, los mercados tienden a escapar a su control.

En conclusión, lejos de haber hecho una contribución sustancial a la teoría de la sociedad civil, la contribución de Hegel fue dudosa e inconsistente[34]. Hegel dio pábulo a una confusión terminológica y conceptual, y animó una concepción estatista de la sociedad civil, que implicaba una visión fundamentalmente hipercrítica de la sociedad moderna, y otra, extravagantemente benigna, del estado moderno. Con todo, hay que decir en su descargo, que Hegel reservó, al menos, un punto de su estima para los mecanismos autorreguladores de la sociedad, tales como los mercados, y (en menor medida, y siempre bajo la atenta vigilancia de las autoridades públicas) las corporaciones. Justo la estima suficiente como para ofrecer alguna débil plausibilidad a una interpretación liberal de Hegel[35].

Marx llevó aún más lejos la ambivalencia de Hegel sobre la sociedad civil, y terminó con una visión todavía más negativa de la misma. Para empezar, Marx ignoró completamente la sociedad civil en su sentido amplio, y centró su atención exclusivamente en la sociedad civil en sentido restringido[36]. A continuación, redujo la sociedad civil al mercado, y a un campo de batalla en la lucha de clases. Marx rechazó cualquier imputación de universalidad implícita al sistema del mercado, que caracterizó como un sistema desgarrado por sus contradicciones internas, incapaz de proporcionar un crecimiento económico sostenido, y en camino hacia una (inminente) crisis terminal. El mercado, además, era incapaz de procurar la integración social y las bases para una comunidad moral. Por el contrario, las empresas capitalistas, en tanto que unidades productivas básicas del mercado, y el mercado mismo, en tanto que anatomía de la sociedad civil, eran

[34] Para una visión bastante más positiva de la contribución de Hegel a la teoría de la sociedad civil, ver los ensayos recogidos en Pelczynski (1984) y Riedel (1962).

[35] Una de las primeras se debe a Eduardo Gans, quien, además, fue profesor de Marx. Ver, al respecto, Cornu (1955, 85).

[36] La tesis de Marx de la separación entre el estado y la sociedad civil se puede seguir a lo largo de todo su pensamiento, desde sus análisis de principios de la década de 1840 sobre los regímenes políticos prusiano y norteamericano, y su examen de la Segunda República francesa y del bonapartismo, hasta su análisis de la Comuna de París (ver Pérez Díaz 1978, 55 y ss.)

instituciones hostiles a cualquier tipo de comunidad moral. Las clases sociales eran agregados de individuos, que jugaban distintos papeles en las empresas y en el mercado, y tales clases estaban enfrentadas en una lucha a muerte.

Así, una vez más, la sociedad civil parecía incapaz de proporcionar crecimiento económico, integración social y un sentimiento de comunidad. Pero esta vez, ni el estado hegeliano, con sus burócratas como protagonistas, ni tipo alguno de estado burgués, podían compensar las deficiencias de la sociedad civil. Sin embargo, a pesar de que Marx rechazó la defensa de Hegel de la burocracia estatal, no rechazó su idea de 'una clase universal', que buscó en otro terreno. Se trataba de una idea basada en el error, que Marx compartía con Hegel, según el cual la estabilidad de un orden social es imposible sin la presencia de un sujeto, o agente, colectivo, en situación de acumular toda la información relevante, diseñar aquel orden y mantenerlo de forma deliberada. La clase universal es, supuestamente, ese agente colectivo. Y, dentro de la sociedad civil, Marx creyó haber descubierto una clase social potencialmente equipada con los atributos de la clase universal, que disponía de la visión, voluntad, y capacidad para proporcionar los bienes colectivos del crecimiento económico, la integración social, una identidad colectiva y un sentimiento de pertenencia a la comunidad. Todos estos bienes se conseguirían por medio de una lucha de clases, una revolución social y una transformación radical de los sistemas económico, social y político. Aquella clase universal no era otra que la clase trabajadora[37].

El problema, sin embargo, es que la hostilidad de Marx hacia la sociedad civil como un todo se tradujo en una profunda (e inconfesada) ambivalencia incluso hacia aquella parte de la sociedad civil sobre la que él mismo había puesto tantas esperanzas (Pérez-Díaz 1984). En última instancia, ni Marx, ni la mayoría de los pensadores marxistas pudieron encontrar argumentos, ni evidencia empírica, suficientemente persuasivos, que justificaran aquella representación de la clase trabajadora como una clase universal. La clase trabajadora realmente existente parecía ser un cimiento muy frágil para el nuevo orden. De hecho, de los textos canónicos de la tradición marxista se deduce claramente la impresión de que no se podía confiar a las únicas fuerzas de la clase trabajadora toda la responsabilidad para llevar a cabo la ta-

[37] Al menos en la terminología que usó Marx en la década de los cuarenta. Ver Marx (1967, 249-264).

rea que estaba llamada a cumplir. Lo que había que hacer sólo podría hacerse si la clase trabajadora estaba encuadrada en organizaciones tales como, primero, el partido revolucionario y, después, el estado socialista: organizaciones cuyos líderes, y cuadros, podían, o no, ser miembros de aquella clase. Y sólo podría hacerse, además, en el marco de coaliciones con otras clases; con la circunstancia de que la responsabilidad de decidir aquellas coaliciones era asignada al partido, o al estado socialista. Finalmente, dado que las tareas de llevar adelante la lucha de clases, la revolución social, y el socialismo, habían de realizarse contra la oposición de enemigos poderosos, el partido revolucionario y el estado socialista deberían ser considerados como ejércitos en pie de guerra. Por tanto, la autoridad de los líderes de estas organizaciones debía ser reforzada. De esta forma, se reafirmaba *de facto* la posición subordinada de la clase trabajadora (respecto no sólo a sus supuestos explotadores, sino también a sus supuestos liberadores), mientras que, al mismo tiempo, y a modo de compensación, se desorbitaban los elogios retóricos destinados a destacar el valor simbólico de la misma.

Europa después de la Segunda Guerra Mundial

En las décadas posteriores a la II Guerra Mundial, el papel del estado como proveedor de servicios aumentó considerablemente, abarcando cada vez más servicios, y ocupando una posición cada vez más destacada en la vida económica y social de la mayoría de los países occidentales. Esto ocurrió de forma más notable en Europa que en los Estados Unidos, a pesar del aumento espectacular de los gastos en seguridad social y subsidios familiares de este país desde los años treinta (Feldstein 1985, Skocpol 1985b), y del desarrollo paralelo de servicios públicos y agencias reguladoras. En el contexto europeo, los estados norte y centroeuropeos tendieron a crecer más que los estados del sur de Europa (OECD 1981, Flora y Heidenheimer 1981).

El incremento de las responsabilidades de los estados en la esfera socioeconómica parecía exigir que al término «estado» se le añadiera una etiqueta. Se le llamó estado «intervencionista» («desarrollista», o «keynesiano») para dar cuenta del elevado nivel de intervención del estado en la economía (fijando el nivel de la demanda agregada, regulando las actividades económicas, redistribuyendo recursos, etc.). Pero este nombre no hacía justicia a la complejidad institucional del estado. Recibió, también, a veces, el nombre de estado «social democrático», o estado basado en un «compromiso social democrático», haciendo referencia a la combinación, por una parte, de una economía mixta (con mercados e intervención estatal), transferencias sociales masivas, sindicatos que jugaban un papel importante, y, por otra parte, de las instituciones políticas de una democracia liberal. Pero el nombre se prestaba a equívoco, dado que, en realidad, estos estados habían sido diseñados, y gobernados, tanto por conservadores, cristianodemócratas, y liberales, como por socialdemócratas. Se le llamó, finalmente, «estado del bienestar», porque parecía que, al estar inmerso en todas aquellas actividades, el estado liberal y democrático estaba aumentando sustancialmente el ámbito de sus actividades de provisión de servicios, y aceptando la responsabilidad principal por el bienestar del país, incluyendo su crecimiento económico y su integración social.

La construcción del estado de bienestar tenía raíces históricas e ideológicas en las tradiciones del estado del Antiguo Régimen. Durante el siglo XIX, no pocos políticos liberales y conservadores pensaron que el estado tenía la misión de evitar la división del país, integrando a las clases más desfavorecidas en el tejido social, y el deber moral de procurar el bienestar de esas clases. En Inglaterra, los *tories* reaccionaron contra el peligro de la división del país en dos naciones, como consecuencia de la revolución industrial, del espíritu comercial y del maquinismo (Smith 1967). En Alemania, los liberales nacionalistas, como Friedich Neumann (Mommsen 1981), los socialdemócratas, como Ferdinand Lasalle, y los conservadores, como Bismarck (Taylor 1955), creyeron en la posibilidad de llegar a un entendimiento con las clases trabajadoras, basado en los principios del nacionalismo y de la responsabilidad del estado por el bienestar social de la población. Estas consideraciones fueron reforzadas por tradiciones cristianas tan diferentes como el metodismo wesleyano y el corporativismo católico, y fueron influidas, también, por la política electoral. A menudo, fueron políticos conservadores quienes tomaron la iniciativa. Fue un conservador, Bismarck, el primero en establecer las instituciones básicas de los estados de bienestar europeos, de la misma forma que fue otro conservador, Disraeli, el primero en extender el derecho de sufragio a un sector importante de la clases trabajadoras en Europa.

A este estímulo inicial hay que añadir otras dos causas: las demandas sociales y las presiones procedentes del interior del aparato del estado, y de la clase política. Las demandas sociales en favor de una intervención del estado procedían de distintos sectores: de las organizaciones socialistas de los trabajadores (partidos y sindicatos), aunque no tanto de las organizaciones anarcosindicalistas; de la clase empresarial, que quería contratos con el estado y su protección frente a la competencia extranjera; de los segmentos profesionales y administrativos de las clases medias, interesados por ocupar puestos de trabajo en el sector público (incluyendo escuelas, hospitales y otros servicios); y de los campesinos, ansiosos por recibir subsidios estatales y tarifas proteccionistas. Respecto a las presiones internas provenientes del estado y la clase política, cabe señalar el interés de políticos, funcionarios y mandos del ejército por extender su área de influencia y el ámbito de su clientela, así como su deseo de justificar su papel añadiendo nuevas tareas, que requerirían, a su vez, más recursos y más personal. De esta forma, surgieron diversas coaliciones sociopolíticas a favor de políticas reguladoras y de incrementos del gasto público, cuyo desarrollo se vio favorecido, a su vez, por una combinación de factores culturales, mecanismos institucionales y presiones sistémicas.

Dentro de la tradición liberal, se creó un consenso normativo alrededor de las ideas de que los gobiernos modernos deberían atender a las necesidades de los indigentes y de los menos capacitados; de que deberían interesarse por cuestiones de sanidad, y por la extensión de la educación a todas las capas sociales; y de que no había razón para que el volumen de todos estos servicios no aumentara junto con el incremento general de riqueza del país. Mientras tanto, en el seno de las tradiciones socialistas y social conservadoras, se desarrolló la consideración normativa de que el estado debería intervenir en la economía y redistribuir los ingresos de acuerdo con una determinada concepción de la justicia social (Hayek 1978, 256-257). Por su parte, el nacionalismo, desarrollado también plenamente durante el siglo XIX, suministró la estructura ideológica básica para articular las distintas presiones de aquellas coaliciones, y para combinar, hasta cierto punto (con la ayuda del keynesianismo: Hall 1989), todas estas tradiciones. Al mismo tiempo, aquellas ideas y consideraciones normativas pudieron ir saliendo a la luz pública e ir tomando forma a través de una variedad de mecanismos institucionales (regulaciones presupuestarias, procedimientos parlamentarios, redes de intermediación y otros mecanismos) que facilitaron la aplicación de aquellas consideraciones normativas, contribuyendo al éxito de las coaliciones a favor del gasto público y del ámbito de regulación estatal[38]. Por último, dado que las naciones-estado vivían en un entorno de competición con otras naciones-estado, presiones sistémicas obligaron a todas ellas a aumentar su potencial bélico y, como complemento y contrapunto, a aumentar la provisión de servicios de bienestar a sus poblaciones.

Todas estas condiciones estuvieron reunidas a principios del siglo XX. A partir de aquí, entre 1914 y 1945, Europa vivió una serie de experiencias dramáticas y desmoralizadoras. Dos guerras de destrucción total diezmaron la población, y regímenes totalitarios y autoritarios se extendieron por todo el continente. Estas crisis intensificaron el sentimiento de dependencia de las gentes respecto a su estado, reforzaron su aquiescencia con el aumento drástico del poder estatal y dieron forma a sus expectativas de que el nivel alcanzado por este poder ya no iba a disminuir, y sólo podía aumentar[39].

Ocurrió, así, que en las sociedades occidentales donde se restauraron las instituciones liberales y democráticas, los efectos de aquellas expectativas, de las memorias de solidaridad contra el invasor extranjero, y de la necesidad de reconstruir la economía, se combinaron para hacer aceptables unos niveles de poder e intervención estatal mucho más altos que los existentes antes de 1914, aunque, por supuesto, mucho más bajos que los propios de los regímenes fascistas.

Sin embargo, cualesquiera que fueran las causas (coaliciones sociopolíticas, y factores institucionales y culturales) de la emergencia de los estados europeos de bienestar, la razón principal de su supervivencia en las décadas posteriores a la II Guerra Mundial se encuentra en el éxito aparente de estos experimentos. Las gentes se convencieron de que la extensión de las actividades del estado estaba contribuyendo a resolver los problemas del crecimiento económico, y de hecho, durante los años cincuenta y sesenta, las economías de los países de la OCDE (Organización para la Cooperación y el Desarrollo Económico) mejoraron constantemente. Al mismo tiempo, pareció que

---

[38] Ver Laskey, Stolp y Weiner (1984), Niskanen (1971), y Borcherding (1977). Un examen crítico de estas ideas, realizado a finales de los años setenta, y a partir de un análisis comparado del tamaño del sector público en dieciocho países relativamente desarrollados, en Cameron (1978).

[39] Esto parece ser consistente con la teoría de Peacock y Wiseman (1961), basada en el análisis del crecimiento del gasto público en Gran Bretaña entre 1890 y 1955, y que subraya cómo cambian los niveles de tolerancia de la presión fiscal debido al impacto de acontecimientos extraordinarios.

los conflictos sociales eran problemas cada vez más manejables. El mayor nivel de integración social que experimentaron estos países fue el resultado de cuatro tipos de factores que actuaron de forma combinada. En primer lugar, el crecimiento económico se combinó con una política social, con el resultado de una mejora del bienestar material y las oportunidades de vida de la población trabajadora. El crecimiento económico permitió, además de aumentos sustanciales de los salarios reales, alcanzar niveles próximos al pleno empleo. Al mismo tiempo, aumentaron las tasas de actividad, al incorporarse cada vez más mujeres, campesinos e inmigrantes al mercado de trabajo urbano. La prosperidad económica se tradujo en salarios no sólo más altos, sino también estables, para los trabajadores, con lo que se suavizaron sus conflictos de intereses con los empresarios. Aquellos trabajadores tenían ahora la oportunidad de comprar sus viviendas y adquirir bienes de consumo duraderos, como coches o electrodomésticos, y pólizas de seguros. Pero, además, las políticas sociales se diseñaron de tal modo que los trabajadores recibieron la protección del estado en dos áreas clave, la de las transferencias sociales (en forma de subsidios de desempleo, ayudas para la adquisición de viviendas, enseñanza, sanidad y seguridad social) y la de la regulación del mercado de trabajo (con el propósito de proteger la estabilidad en el puesto de trabajo).

En segundo lugar, factores socioeconómicos y demográficos se combinaron con otros culturales, con el resultado de una reducción de la distancia cultural entre las clases trabajadoras y las clases medias. Una mayor movilidad geográfica y los cambios ocupacionales producidos por el desarrollo del sector de servicios redujeron las diferencias de *status* entre las clases sociales (Goldthorpe 1978), y erosionaron aquel tipo de comunidades de clase obrera, caracterizadas por la presencia de lazos muy estrechos entre sus miembros y por una cultura de lucha de clases, que había enraizado en un período anterior, pero que, ahora, parecía un fenómeno cada vez más marginal. Al mismo tiempo, la extensión de la educación pública y de la difusión de una cultura de consumo de masas tendió a homogeneizar el habla y los estilos de vida de los trabajadores y de las clases medias. A pesar de que, a corto plazo, todos estos procesos no hicieron desaparecer por completo las diferencias entre las clases, sí enfriaron los apasionamientos de los conflictos de intereses, e hicieron cada vez menos plausibles las opciones políticas radicales.

En tercer lugar, se desarrollaron varias disposiciones culturales e instituciones sociopolíticas que favorecieron el compromiso entre las clases. Una cultura y unas instituciones democráticas en el ámbito político contribuyeron al entendimiento generalizado de que, cualquiera que fuese la naturaleza e intensidad de los conflictos sociales, las clases subordinadas deberían disponer de mecanismos para que su voz se hiciera audible, y para que pudieran defender sus intereses; y, por tanto, el estado de bienestar debería proteger la libertad individual de afiliarse (o no) a los sindicatos, y debería permitir la representación de los trabajadores en las empresas. De hecho, en este período postbélico se institucionalizaron dos tipos de mecanismos de negociación a nivel macrosocial, que facilitaron un clima de compromiso social y político, y reforzaron el consenso alrededor de algunas políticas socioeconómicas clave: por un lado, los acuerdos consociacionales entre poblaciones definidas según criterios religiosos, lingüísticos, o étnicos, en países como Holanda, Bélgica y Suiza; y, por otro, los acuerdos neocorporatistas entre organizaciones sindicales y patronales, con la frecuente participación del gobierno (Schmitter y Lehmbruch 1979).

A su vez, estos acuerdos neocorporatistas pudieron llevarse adelante gracias a tres tipos de condiciones culturales e institucionales referentes a la conducta de los sindicatos. En primer lugar, los sindicatos fueron haciéndose cada vez más sensibles a los beneficios de la economía de mercado, y más dispuestos a defender la posición relativa de su país en la economía internacional, como en el caso de los sindicatos suecos, o a aceptar las consecuencias de las políticas antiinflacionistas, como en el caso de los sindicatos alemanes. En segundo lugar, los sindicatos aprendieron a evaluar los efectos a largo plazo de sus actuaciones en la economía (y, posiblemente, el sistema de negociación colectiva centralizada fue un incentivo para que los sindicatos se iniciaran en este aprendizaje). Y, en tercer lugar, los sindicatos fueron lo suficientemente fuertes como para persuadir a sus miembros de que acataran sus instrucciones, o para reforzar decisivamente la predisposición de éstos a un compromiso. Allí donde se dieron estas tres condiciones, y los sindicatos fueron, por tanto, estratégicamente moderados y organizativamente fuertes, pudieron alcanzarse acuerdos neocorporatistas; y éste fue el caso de muchos países centro y norteuropeos. Por el contrario, allí donde los sindicatos siguieron estrategias radicales (esto es, donde no mostraron interés en evaluar las consecuencias a largo plazo de sus acciones en la esfera económica, o se declararon decididamente hostiles a la economía de mercado) y fueron, además, débiles, no pudieron alcanzarse acuerdos similares; y este fue el caso de los países del sur de Europa.

Pero conviene atender al hecho de que, incluso en aquellos países donde un segmento significativo de las organizaciones de trabajadores adoptó una postura radical en política y en economía, los trabajadores mismos (esto es, las bases de esas organizaciones) tendieron a no adoptar esa misma postura. De esta forma, pudo alcanzarse un equivalente funcional a los acuerdos neocorporatistas, bajo la forma de un pacto social implícito entre los trabajadores de base y las élites sociopolíticas y económicas, responsables del estado del bienestar. Como resultado de este pacto, los trabajadores podían esperar beneficiarse del crecimiento económico, los servicios sociales y las libertades políticas, a cambio de lo cual aceptaban, e incluso apoyaban, las instituciones económicas y políticas existentes. Este contrato social implícito estuvo presente en el fondo de los compromisos aceptados por las propias organizaciones laborales (lo que podemos llamar el compromiso social y democrático con el capitalismo), y limitó los márgenes de un disentimiento radical.

Finalmente, la alternancia de gobiernos de derechas y de izquierdas en estos países, comprometidos unos y otros con los principios del estado del bienestar, desdibujó aún más la división ideológica tradicional de la política europea, y redujo la probabilidad de que los conflictos sociales, políticos e ideológicos pudieran combinarse, tal como había ocurrido en los años treinta, cuando una espiral de conflictos enlazados entre sí crearon un escenario político extremadamente dramático. Aunque todavía empleados eventualmente como recipientes simbólicos de intensas emociones políticas, los referentes de «derecha» e «izquierda» fueron perdiendo la mayor parte del aura y atractivo que habían tenido en el pasado. A pesar de que estas etiquetas mantuvieron algunos vestigios de sus antiguos significados, particularmente para los militantes de los partidos políticos, derecha e izquierda se transformaron, gradualmente, en abreviaturas y mecanismos heurísticos que simplificaban la complejidad de la vida pública y facilitaban, en ocasiones, las opciones electorales, por el procedimiento de reducir, aparentemente, la confusión de los electores, a la hora de enfrentarse con problemas siempre a medio entender y con el lenguaje lleno de evasivas de los políticos.

Las turbulencias de los últimos años sesenta, y de los setenta

Al equilibrio relativo de los años cincuenta y sesenta le siguió un período turbulento, caracterizado por conflictos industriales intensos, la aparición de nuevos movimientos sociales, una grave crisis económica, e incertidumbres políticas. En aquellos años, además, algunos críticos radicales del compromiso social democrático mantuvieron que estas turbulencias eran el síntoma de una crisis fundamental del sistema político y económico existente. Según ellos, el capitalismo había sufrido una crisis de legitimidad en los años sesenta y primeros de los setenta, agravada, a lo largo de los años setenta, por lo que se llamó una crisis de acumulación[40].

El hecho es, sin embargo, que las turbulencias de aquellas décadas dejaron intactas las bases fundamentales de las sociedades occidentales. No hubo una crisis radical del estado liberal y democrático ni en Estados Unidos ni en Europa occidental, donde la 'democracia difícil' italiana fue difícil, sí, pero se mantuvo (La Palombara 1987), mientras que España, Portugal y Grecia se unieron a las filas de las democracias, como también lo hicieron otros países en América del Sur, el sureste de Asia, y la Europa central y oriental. Tampoco hubo una crisis radical de la típica combinación occidental de estado del bienestar y economía de mercado. El estado de bienestar sobrevivió e incluso prosperó durante los años setenta, como demostró el incremento sostenido de los gastos del estado, a pesar de algunas retóricas partidistas que anunciaban, o denunciaban, su desmantelamiento (Wilensky 1981). Sólo posteriormente, ya en los años ochenta, tuvo lugar un proceso de experimentación, que incluyó un cambio cultural en el modo de entender el papel del estado y un tibio esfuerzo para contener su crecimiento. Lo cierto es que una auténtica crisis radical, de modelo de sociedad, sí tuvo lugar, pero fue más tarde, en la segunda mitad de los años ochenta; y no en las sociedades liberales, sino en las sociedades socialistas. Esta crisis fue, efectivamente, la combinación de una crisis de legitimidad y una crisis de acumulación del socialismo. Y fue una crisis terminal, que destruyó el orden socialista, creando de paso una situación embarazosa a la *intelligentsia* crítica occidental, y a muchos científicos sociales, incapaces de haberla previsto. Pero no es menos cierto que las turbulencias de los años sesenta y setenta en los países occidentales se rodearon de una aureola dramática,

[40] Ver Habermas (1962 y 1975). También O'Connor (1973) y Offe (1984).

consiguieron captar la imaginación de las gentes, y produjeron efectos culturales duraderos.

Empecemos examinando los conflictos socioeconómicos de finales de los años sesenta y principios de los setenta. Estos conflictos aumentaron como consecuencia de una contracción de la oferta de trabajo en una época de expansión económica, posterior a un período en el que los aumentos en los salarios reales ya habían sido inferiores a los aumentos en la productividad (Adam y Reynaud 1978). Estos conflictos se hicieron más virulentos en aquellos países donde la negociación colectiva estaba descentralizada y escasamente institucionalizada, y donde los sindicatos, o bien eran débiles y radicales, manteniendo unos vínculos muy estrechos con los partidos comunistas, como ocurría en Francia e Italia, o bien no mostraban interés en evaluar las consecuencias a largo plazo de su conducta sobre el rendimiento económico de su país, tal como fue el caso de los sindicatos británicos.

A pesar de que las reivindicaciones básicas de los trabajadores fueron de tipo tradicional (aumentos salariales, y reducción de las diferencias salariales en favor de los trabajadores semiespecializados), aparecieron junto a ellas otras reivindicaciones cualitativas, que afectaban a las condiciones de trabajo, la representación de los trabajadores en la fábricas, y su voz en el proceso de la toma de decisiones. Algunas de estas demandas ya habían sido aceptadas en países como Alemania, donde los comités de empresa y la codeterminación en las grandes empresas eran instituciones consolidadas. Pero en otros, como Francia e Italia, donde estas demandas parecieron radicales, el aumento del nivel de los conflictos socioeconómicos se interpretó como síntoma de un malestar general con el sistema industrial.

Esta interpretación pareció ser corroborada por el hecho de que aquellos conflictos coincidieran con otros de distinta naturaleza, pero de orientación aparentemente convergente, iniciados por movimientos sociales de ecologistas, feministas, minorías étnicas, regionalistas, y universitarios. Estos movimientos eran, al mismo tiempo, instrumentales y expresivos. Lo que las gentes perseguían con ellos era proteger sus intereses y, a la vez, expresar sus valores y su identidad colectiva.

Los ecologistas se proponían la defensa de entornos medioambientales específicos, pero también protestaban contra la orientación productivista y consumista presente tanto en la esfera pública como en la esfera privada, que, según ellos, amenazaba la calidad de la vida en general. Los grupos feministas estaban interesados en aumentar las posibilidades de acceso de las mujeres a empleos más cualificados, y solicitaban para ellas mayores responsabilidades en el campo económico y político. Pero también protestaban contra lo que consideraban una sociedad machista, y sugerían la conveniencia de reajustar las relaciones entre los sexos en todos los órdenes de la vida. Las minorías étnicas y los movimientos regionalistas deseaban una redistribución de recursos reales y simbólicos entre los grupos étnicos y regionales, pero también desafiaban la preeminencia tradicional de las etnias, regiones y naciones nucleares, y los principios, mitos y rituales que, en el pasado, habían aglutinado tantos grupos diferentes dentro de una misma sociedad más amplia. En países como Francia e Italia, los estudiantes pedían una reducción de las tasas académicas, mejores condiciones para el trabajo intelectual, y mayores presupuestos para la educación y, eventualmente, protección para sus diplomas contra la competencia externa (defendiendo el monopolio, o cuasi monopolio, del estado en materia de educación superior); pero, al mismo tiempo, redactaban apasionados comunicados de los que se desprendía su anhelo por una sociedad supuestamente más humana, más cooperativa, menos jerarquizada y menos competitiva.

Todos estos movimientos señalaron, sin duda, la presencia de elementos importantes de malestar en el cuerpo social, revelaron la existencia de problemas importantes, y tuvieron considerable influencia a la hora de determinar la agenda del debate público. Al mismo tiempo, todos ellos tendieron a articular el debate público de tal forma que las soluciones a aquellos problemas parecía que debían buscarse en primer lugar, y sobre todo, a través de la acción estatal. El estado fue el foco hacia el que todos estos movimientos dirigieron sus reivindicaciones. En este sentido, no hubo ruptura alguna de continuidad entre estos movimientos sociales y las élites que habían inventado y gestionado, hasta entonces, el compromiso sociopolítico sobre el que se basaba el estado del bienestar de los años cincuenta y sesenta, contra el que aquellos movimientos se dirigían aparentemente. La afinidad cultural entre unos y otros, el sistema y sus contestatarios, era profunda. Esto permite explicar dos rasgos importantes del drama de finales de los sesenta y los setenta. En primer lugar, explica la ambivalencia de las élites al enfrentarse a los ataques de los líderes de aquellos movimientos, puesto que ambos procedían del mismo entorno cultural, y compartían un lenguaje común. En segundo lugar, explica la relativa facilidad con que muchos líderes de aquellos movimientos sociales, después de un período de entrenamiento en la política del enfrentamiento (o en la llamada política de confrontación), se hicieron funcionarios públicos, políticos partidistas, o profesionales empleados por, o dependientes de, el sector público[41].

La ambigüedad latente en aquellos conflictos económicos y estos movimientos sociales pudo ser percibida desde el principio, en los acontecimientos de mayo de 1968 en Francia, celebrados como la expresión por excelencia de la crisis de las sociedades capitalistas y liberales. Mecidos en el flujo inagotable de sus propias palabras, y embriagados por el sentimiento del poder de sus ideas, todo ello mezclado con fuertes dosis de indignación moral y algunas gotas de autocomplacencia, los estudiantes parisinos, y los intelectuales que acudieron en su apoyo, proclamaron el inicio de una nueva era. El movimiento pretendió ser reminiscente de 1789, pero resultó más parecido a 1848[42]. Al cabo de unas pocas semanas, la clase trabajadora pactó con el gobierno un incremento significativo (aunque no extraordinario) de los salarios reales[43], la mayor parte de los parisinos se prepararon para sus vacaciones, y la mayoría de los franceses se dispuso a dar un voto de confianza a De Gaulle.

Lo que derrotó la revolución estudiantil no fue la violencia estatal, sino la fatiga, o, peor aún, el aburrimiento con una fiesta que ya se había prolongado demasiado tiempo. Unas dosis moderadas de simbolismo transformador habían sido un alivio bien venido contra las rutinas de la vida cotidiana. Pero, al cabo de un tiempo, las gentes advirtieron que, considerando bien las cosas, la mayoría de aquellas rutinas eran bastante aceptables, y que las instituciones básicas del capitalismo liberal eran relativamente válidas. Todo lo que querían realmente era introducir algunas reformas, añadir algunas mejoras, hacer que las instituciones fueran más abiertas y más flexibles, y encontrar nuevos modos de convivir con ellas. En cualquier caso, no deseaban, en modo alguno, una ruptura radical con el orden político y socioeconómico. El descubrimiento tácito, y en cierto modo inesperado, de estos sentimientos fue el final elocuente y un tanto irónico (el anticlí-

---

[41] Como profesores de enseñanza media y de universidad, médicos, y artistas o intelectuales retribuidos por el estado.

[42] Ver Aron (1968), y, desde el punto de vista de un testigo y simpatizante de los acontecimientos, Epistémon (1968).

[43] Los acuerdos de Grenelle, a los que siguió un ajuste favorable de la economía y del sistema político francés. Ver Salvati (1981).

max) de un drama que había sido representado con tan grandes alardes de exuberancia retórica.

En cambio, la crisis económica de mediados de los setenta sí pareció ser un reto mucho más serio para el orden establecido. En lugar de una crisis de legitimidad del capitalismo, ésta fue una crisis de acumulación, en la que el sistema capitalista, desbordado por las circunstancias, parecía incapaz de garantizar el crecimiento económico. Sin embargo, una vez más, lo irónico del caso fue que, pasado cierto tiempo, lo que surgió fue un consenso, que atravesó todo el espectro político y social, según el cual era necesario depositar de nuevo la confianza en la economía de mercado, incluso, si era preciso, a costa del sistema del bienestar.

La crisis fue el resultado de la combinación de varios factores. Fue preparada por una crisis financiera, impulsada por la forma en que los Estados Unidos financiaron la guerra del Vietnam. Se precipitó con las fuertes elevaciones de los precios de las materias primas (fundamentalmente del petróleo, en 1973 y 1979, después de la guerra en Oriente Medio y la revolución iraní); y se agravó debido a una mayor competencia en los mercados mundiales, debida al ascenso de la economía japonesa y de los nuevos países industrializados, en el marco de una internacionalización creciente de la economía.

Los países de la OCDE reaccionaron con una serie de políticas que, aunque diversas, tuvieron algunos factores en común (Schmidt 1983). Al principio, se enfrentaron con la crisis del petróleo de 1973 con la esperanza de que ésta fuera un incidente temporal, y trataron, así, de amortiguar sus efectos. Los gobiernos ofrecieron subsidios a los empresarios para compensarles por el aumento de los precios energéticos, mantuvieron las ya tradicionales, y extensas, regulaciones del mercado de trabajo, aumentaron el volumen de las transferencias sociales con el fin de aliviar el problema del aumento del desempleo, y accedieron a la escalada de las demandas de los trabajadores de aumentos salariales en compensación por la inflación. Este fue el tipo de políticas que aplicaron tanto los gobiernos de derechas, como los de izquierdas (por ejemplo, los partidos socialdemócrata y burgués en Suecia, y los partidos laborista y conservador en Gran Bretaña). El resultado fue la 'estanflación': un estancamiento o descenso de la tasa de crecimiento (y empleo), acompañado por un aumento de la tasa de inflación.

Con ocasión de la crisis del petróleo de 1979, los gobiernos, habiendo aprendido de la crisis anterior, adoptaron una actitud muy diferente. Entendieron, ahora, que la situación podía prolongarse, por lo que se propusieron llevar a cabo ajustes 'estructurales', llamados 'positivos', en sus economías (OECD 1981). La mayoría de los gobiernos, los bancos centrales, los economistas, e, incluso, la clase política y el público llegaron gradualmente a un diagnóstico similar de la situación. Según él, el proceso de internacionalización de la economía (relativo a la circulación de capitales, recursos energéticos, productos industriales, y servicios) era tan irreversible como deseable. Era preciso que los países mantuvieran abiertas sus economías lo más posible, y trataran de mejorar su competitividad en los mercados mundiales. Era de esperar que los cambios en la demanda, en la estructura de los precios relativos de los factores de producción, y en la naturaleza y el ritmo de las innovaciones tecnológicas, fueran cada vez más difíciles de predecir, y, por lo tanto, que la conducta de los mercados fuera cada vez más incierta. En estas circunstancias, los gobiernos y los bancos centrales poco más podían hacer que intentar crear las condiciones más favorables para que las empresas se pudieran adaptar a un entorno en continua mutación y extremadamente impredecible.

Como mínimo, era precisa una política monetaria rigurosa para controlar la inflación, y deseable una coordinación entre las políticas monetarias de los distintos países con este fin. La combinación de las otras políticas (no monetarias) se dejó a un proceso de experimentación. Se daba por supuesto que el estado intentaría amortiguar algunos de los efectos sociales de las políticas antiinflacionistas. Se esperaba, también, que el estado invertiría en distintos tipos de infraestructuras. Dada la tradición de intervención estatal, también se contaba con que, al menos en algunos países, el estado se implicaría en políticas industriales, favoreciendo aquellos sectores y empresas con un futuro aparentemente más prometedor, confiando de paso en la disposición de los contribuyentes para pagar el precio de los errores de elección de los gobernantes sin pasarles la cuenta: confiando, en definitiva, tanto en la benevolencia de los electores como en la debilidad de su memoria. Se esperaba, también, de hecho, un cierto margen de inconsistencia en la política fiscal. Pero, al menos en principio, existía el consenso de que debía ser uno de los objetivos fundamentales de la política económica el de reducir los desequilibrios externos de sus economías, y mejorar su competitividad en los mercados internacionales. Estas eran las normas o convenciones establecidas acerca de lo que se consideraba una política económica apropiada, según las cuales se juzgaría el funcionamiento concreto de las economías y las políticas económicas de cada país.

Ahora bien, la ejecución de políticas consistentes con esta diagnosis puso en grandes dificultades el compromiso social y democrático de los años cincuenta y sesenta, particularmente, en tres áreas de políticas públicas: las políticas de salarios, de transferencias sociales, y de mercado de trabajo. En primer lugar, dadas la prioridad asignada a la política antiinflacionista y el énfasis en la competitividad de las empresas en los mercados mundiales, era necesario que se contuvieran los costes de trabajo, tanto más cuanto que los costes energéticos estaban aumentando. Se debería, pues, persuadir a trabajadores y sindicatos para que aceptaran límites en los incrementos salariales. Esto se consiguió de manera casi inmediata en Japón. Tomó más tiempo en los países europeos, aunque aquí el ajuste fue más sencillo donde los sindicatos eran fuertes y moderados (cualidades frecuentemente asociadas, entonces, a la existencia de instituciones neocorporatistas: Scharpf 1984)[44].

En segundo lugar, las políticas antiinflacionistas, junto con la necesidad de impulsar las inversiones productivas, parecían requerir la reducción del déficit público, e, incluso, la contención del crecimiento del gasto público. Sin embargo, esto se oponía a una tendencia histórica, resultado de la presión de aquellas coaliciones sociopolíticas que habían promovido durante mucho tiempo, con éxito, unas políticas de crecimiento del gasto público, y resultado, también, de la inercia combinada de instituciones bien asentadas y de expectativas sociales que, en muchos países, habían adquirido el carácter de derechos adquiridos. Además, la necesidad de contener el gasto público entraba en conflicto con la urgencia inmediata de realizar enormes transferencias sociales para compensar la contención de los salarios, y los problemas originados por el desempleo. Por todas estas razones, no es de extrañar que se generalizara una resistencia contra las políticas de reducción del gasto público, y que esta resistencia tuviera relativo éxito, incluso en países como Estados Unidos y Gran Bretaña.

En tercer lugar, existía cierto desacuerdo sobre la necesidad de hacer más flexible el mercado de trabajo. En realidad, la expresión

---

[44] En países como España, el intento de convencer a los sindicatos para que aceptaran la contención salarial fue la razón principal para que se crearan instituciones neocorporatistas (ver capítulo 4).

«flexibilidad de los mercados de trabajo» cubría dos fenómenos diferentes, pudiendo referirse a los mercados externos o internos de trabajo. Respecto a los mercados externos de trabajo, la mayoría de las economías europeas se habían ido haciendo cada vez menos flexibles durante los años cincuenta y sesenta. Esto fue así porque se admitía, de modo general, que, como parte del compromiso social y democrático, el empleo debía ser estable, y los costes por despido, a pagar por los empresarios, relativamente importantes, en términos de tiempo, procedimientos legales y dinero. Para algunos observadores había una clara tendencia a que el componente *status* de la posición del trabajador en la empresa predominara cada vez más respecto al componente 'contractual' de esta posición (Dore 1973, Streeck 1985 y 1986). Pero ocurrió que, a consecuencia de la crisis económica, muchas empresas se vieron en la necesidad de reducir sus plantillas, con el fin de sobrevivir y ser competitivas. Además, debieron articularse las medidas necesarias para un ajuste continuo de las plantillas a un entorno económico en mutación permanente. De aquí, surgieron dos preguntas. Primero, cómo se iban a redistribuir los costes económicos de los despidos masivos, entre las empresas, los trabajadores despedidos y sus familias, los trabajadores ocupados, el resto de la sociedad y el estado, por no mencionar los países extranjeros de donde procedía buena parte de la mano de obra que ahora se despedía. Segundo, qué tipos de empleo cabía esperar que gozarían de mayor estabilidad en el futuro, y cuáles otros no serían tan estables.

En la mayoría de los países, la respuesta a estas preguntas consistió en aplicar, *de facto*, una fórmula dualista, generalmente semioculta bajo una nube de retórica social. Según esta fórmula, un núcleo protegido de trabajadores conservaría ciertas garantías de estabilidad en el empleo (y los beneficios correspondientes de la seguridad social), mientras que una periferia de trabajadores infraprotegidos y desprotegidos carecería de tales garantías. Entre los trabajadores infraprotegidos se encontrarían quienes se incorporaban al mercado de trabajo, que prácticamente sólo accederían a contratos temporales, y los trabajadores semiespecializados (sobre todo jóvenes, mujeres, gentes mayores e inmigrantes), que solían ser los primeros en ser despedidos en caso de ajuste de plantillas, y para quienes no era fácil volver al mercado de trabajo. Entre los trabajadores desprotegidos se incluían los parados, una vez que hubieran dejado de percibir el subsidio de desempleo, y aquellos trabajadores ocupados en la economía sumergida.

Esta fórmula dualista resultó ser, por lo demás, compatible con las instituciones neocorporatistas[45], porque los sindicatos usaron aquellas instituciones como un instrumento para garantizar el empleo del núcleo protegido de los trabajadores, intentando conseguir, quizá, mejoras menores para los trabajadores desprotegidos y subprotegidos, y como un foro, o tribuna pública, desde donde hacer declaraciones retóricas, mostrando su preocupación por estos trabajadores periféricos. Todo esto lo hicieron los sindicatos aun sabiendo que, como consecuencia de este dualismo, multitud de trabajadores inmigrantes serían devueltos a sus países de origen; multitud de trabajadores mayores y mujeres tendrían pocos incentivos para incorporarse al mercado de trabajo; y multitud de trabajadores despedidos y jóvenes recién incorporados no encontrarían ocupación, o la encontrarían sólo en la economía sumergida, donde deberían trabajar con salarios más bajos, peores condiciones, y sin seguridad social.

La flexibilidad del mercado interno de trabajo, por otro lado, se refería a las reglas de movilidad interna, y las formas de definir las tareas y organizar la interacción social y profesional dentro de la empresa. A este respecto, la cultura corporativa de la empresa y su diseño institucional eran factores extremadamente importantes, y solían estar interrelacionados. Dondequiera existía una cultura de empresa de 'confianza' entre empleados y empresarios, como era el caso de muchas empresas japonesas y alemanas, cabía esperar un alto grado de flexibilidad en las reglas de la organización y en la definición de las tareas. Lo contrario ocurría en aquellas otras empresas con culturas de 'falta de confianza', como lo eran, tradicionalmente, las empresas anglosajonas y de la Europa latina. A su vez, una condición institucional previa para esta cultura de la confianza, y la flexibilidad organizacional correspondiente, parecía ser la existencia de un alto grado de estabilidad en el empleo, o, en otras palabras, una falta de flexibilidad externa en el mercado de trabajo.

Puede haber ocurrido que esta combinación de flexibilidad interna y falta de flexibilidad externa del mercado de trabajo haya aumentado la capacidad de supervivencia de las empresas japonesas y alemanas, particularmente en la medida en que los efectos de aquella combinación hayan sido reforzados por efectos propios de otros cambios en la tecnología, y en la composición de la demanda. Al menos éste ha sido el argumento de algunos teóricos de lo que se ha llamado el

---

[45] En contra de lo que opina Goldthorpe (1984b), para quien las estrategias corporatistas y dualistas son incompatibles.

neoindustrialismo, la especialización flexible, o los nuevos sistemas productivos[46]. Pero también se puede entender el proceso de otra forma, como la progresiva aplicación de la fórmula dualista a dos ámbitos: primero, el ámbito interno de la empresa, donde coexistirían un núcleo de trabajadores fijos (al que se aplicaría la cultura de la confianza y las reglas de flexibilidad organizativa), y una periferia de trabajadores temporales y menos integrados; segundo, al ámbito más amplio de unas redes de empresas, donde coexistirían un núcleo de empresas con plantillas estables, y una periferia de subcontratistas o empresas clientes, cuyas plantillas serían sustancialmente menos estables.

En cualquier caso, merece la pena señalar que esta combinación de flexibilidad interna y falta de flexibilidad externa apuntaba en una dirección inquietante, desde el punto de vista de las tradiciones de las relaciones laborales, tal como estas tradiciones se habían ido formando durante las décadas de los cincuenta y los sesenta, como consecuencia del compromiso social democrático. Por la razón de que, incluso una cultura de confianza en la empresa implicaría que los trabajadores compartían con los empresarios el objetivo de mejorar la competitividad de la empresa; y ello podía fácilmente abocar a una suerte de 'microcorporatismo' (Streeck 1986), incongruente con las instituciones básicas, las estrategias a largo plazo y las tradiciones ideológicas del sindicalismo de clase europeo. Este microcorporatismo exigiría una descentralización creciente de los ámbitos de negociación colectiva (reduciendo la importancia del papel institucional de los sindicatos o de las confederaciones sindicales a nivel nacional), y antes o después demostraría su falta de ajuste con una ideología de solidaridad de clase, que era justamente algo que los sindicatos trataban de mantener, como seña de identidad y como justificación de su papel de liderazgo. (A este punto me referiré más extensamente en los capítulos 5 y 6.)

[46] Ver Streeck (1989), Dore (1987), y Piore y Sabel (1984). Streeck, por ejemplo, defiende la existencia de lo que él llama «patrones de producción», que son configuraciones coherentes, y recíprocamente inducidas, de demanda, estrategias de ventas, modos de formación de capital, ofertas de productos, tecnología de producción, organización del trabajo, utilización de las técnicas profesionales, estructuras del mercado de trabajo, y niveles salariales absolutos y relativos (1989, 26).

El nuevo diseño del estado del bienestar: los experimentos institucionales del neocorporatismo y el neoliberalismo

Como resultado de aquellas presiones a favor de cambios en las políticas públicas y las instituciones en las áreas antes mencionadas, el equilibrio del estado del bienestar de los años cincuenta y sesenta comenzó a tambalearse. Pero las respuestas a tales presiones variaron considerablemente de unos países a otros en función de una variedad de circunstancias económicas, políticas y culturales. Tuvieron así lugar dos tipos de experimentos con el diseño institucional del estado del bienestar durante los años siguientes: el desarrollo de un experimento ya existente, el del neocorporatismo, que parecía acomodarse mejor a las tradiciones socialdemócratas y conservadoras; y el experimento de la privatización y expansión de los mercados abiertos, asociado a una filosofía política neoliberal[47]. A pesar de las diferencias entre ellos, estos dos experimentos compartieron un rasgo común en cuanto que ambos pretendían la ampliación de la esfera de intervención de la sociedad civil en la organización de las actividades económicas.

Este rasgo común debe ser resaltado tanto más cuanto que, de hecho, a pesar de la incompatibilidad declarada en cuestión de principios entre los neocorporatistas (esto es, socialdemócratas y otros defensores del estado del bienestar) y los neoliberales, lo cierto es que, en la vida real, sus argumentos retóricos, sus instituciones y sus políticas públicas se han mezclado y confundido con frecuencia. Durante todo este período, en muchos casos, las retóricas, las instituciones, y las políticas de unos y otros han encajado difícilmente entre sí. Así, gobiernos liberales han mantenido el crecimiento del estado del bienestar, y gobiernos socialistas han privatizado y desregulado las economías, mientras que los electores han enviado señales confusas acerca de sus propias preferencias. Por ello, mi discusión se referirá a tendencias generales u orientaciones pero no a decisiones cruciales entre un experimento y otro, que hubieran sido tomadas de forma inequívoca y ejecutadas consecuentemente por los gobiernos. De hecho, a pesar de una retórica de 'opciones' y 'decisiones', lo que se observa es una pauta prevalente de indecisión por parte de gobiernos y electorados, que trataron de evitar tomar tales decisiones, salir del paso y for-

---

47 Sobre los términos «(neo)conservador» y «(neo)liberal» ver Hayek (1978, 397 y ss.)

cejear con, más que resolver, los problemas de los años setenta y ochenta.

El núcleo del neocorporatismo consistió en una pauta institucional de consulta entre empresarios y trabajadores, con la intervención, explícita o tácita, del gobierno, en orden a preparar, formular y ejecutar algunas políticas socioeconómicas clave, como las políticas salariales, sociales, y de mercado de trabajo. Puesto que empresarios y trabajadores estaban representados por sus asociaciones profesionales, organizaciones empresariales y sindicatos, se esperaba que estas asociaciones, bien dispusieran de los suficientes recursos organizativos como para controlar a sus miembros, y que éstos respetaran los acuerdos alcanzados[48], bien reflejaran adecuadamente los sentimientos básicos de estos miembros, de modo que el rechazo de éstos a última hora fuera poco menos que impensable. Se esperaba también que el propio establecimiento de una tradición de pactos sociales (o políticas concertadas) fortalecería la posición de tales asociaciones frente a sus miembros, haciendo así, con el tiempo, cada vez más predecibles las actitudes de los empresarios y los trabajadores. Al mismo tiempo, cabía esperar que los representantes del estado, y los líderes (y cuadros) de aquellas organizaciones de interés, se habituarían a trabajar los unos con los otros, desarrollarían relaciones de cierta confianza mutua, compartirían un lenguaje, una perspectiva y unos intereses comunes, e introducirían en su juego la anticipación de las consecuencias a largo plazo de los mismos sobre la economía, la política, y la sociedad.

En los problemáticos años setenta, el estado encontró nuevas razones para reforzar (o, en su caso, por ejemplo en España, para inventar: ver el capítulo 4) esta tradición de pactos sociales, y de neocorporatismo. El estado estaba interesado en compartir los riesgos y los costes de las decisiones políticas difíciles, trasladando, así, parte de la responsabilidad, del mérito y del fracaso, sobre las organizaciones empresariales y sindicales (Berger 1985a). Por otra parte, el mero hecho de entrar en conversaciones y firmar pactos sociales, independientemente de sus efectos reales, pareció interesante como una experiencia educativa y un acto simbólico, que podía aumentar, al menos

[48] Esta idea aparece en Schmitter (1979). Sin embargo, este autor ensancha su concepto de neocorporatismo, para incluir dos componentes: una política concertada (resultado de una pauta de consultas y negociaciones), y el monopolio de la representación de los intereses de los trabajadores por parte de los sindicatos.

durante un período, la autoridad moral de los gobernantes. Al mismo tiempo, el ofrecimiento de tales 'concertaciones' por parte del estado constituía un reto y una oportunidad para que los líderes empresariales y sindicales influyeran en los acontecimientos y compartieran el mérito por haber contribuido a la creación de un clima social de cooperación, e, incluso, a la recuperación económica, si ésta llegara a ocurrir. También era una oportunidad para que tales líderes fortalecieran sus posiciones dentro de sus organizaciones, y aprendieran mejor su oficio, y cómo desenvolverse en la esfera pública.

Estando colocados a la defensiva, los líderes sindicales intentaron distintos compromisos, como, por ejemplo, el de aceptar la contención de los salarios y la introducción de alguna flexibilidad en el mercado de trabajo, a cambio de aumentos en las transferencias sociales (subsidios a empresas o sectores en crisis, y al desempleo, y pensiones) y beneficios selectivos para sus sindicatos (monopolio de representación, o privilegios asociados a un *status* de sindicato más representativo, y puestos para los líderes sindicales en organismos públicos). El abanico de arreglos podía ampliarse hasta incluir la intervención política de los sindicatos a favor de unos partidos, o un gobierno de izquierdas. De hecho, aun en el caso de que los líderes sindicales no obtuvieran concesiones importantes de un gobierno semejante, aquéllos podían moderar sus reivindicaciones para favorecer las posibilidades de que un partido de izquierdas conservara el poder. A este respecto cabe recordar cómo, al endurecer sus reivindicaciones, los sindicatos británicos contribuyeron a la derrota laborista, y al éxito electoral de Margaret Thatcher, a finales de los setenta[49]. Por el contrario, al aceptar tibiamente las políticas de austeridad de un gobierno de izquierdas, los sindicatos españoles aumentaron la dosis de credibilidad que el gobierno socialista podía tener a los ojos de las clases medias, lo que permite explicar el apoyo de estas clases a los candidatos socialistas durante la década de los ochenta.

No cabe duda que los empresarios podían identificarse, más fácilmente que los sindicalistas, con el tipo de políticas requeridas por el diagnóstico de situación y las presiones, antes mencionadas. Desde que, a principios de los ochenta, la derecha y la izquierda coincidieron en las líneas maestras de las políticas económicas deseables, el dilema

[49] A su vez, el partido conservador introdujo unos límites muy estrictos sobre algunas prácticas tradicionales de los sindicatos; límites que, ya a principios de los noventa, el partido laborista terminó aceptando.

de los empresarios se redujo a decidir qué tipo de gobierno estaría en mejores condiciones de ejecutar esas políticas. No existía ninguna razón apremiante para restringir esa decisión en favor de las derechas o del centro derecha, ya que cualquier partido de izquierdas que deseara conservar el poder estaría igualmente dispuesto a hacer el trabajo, y a solicitar el apoyo de los empresarios. La ventaja comparativa de la izquierda residía, precisamente, en sus relaciones privilegiadas con los sindicatos, a los que podría persuadir, quizá, más fácilmente, para que aceptaran esas políticas. Cierto que hubo que esperar a los años noventa para ver los primeros signos de un comienzo de persuasión de los sindicatos por parte de los socialistas británicos. Pero los socialistas alemanes, bajo el liderazgo de Helmut Schmidt, los españoles, bajo el de Felipe González, y los franceses después de 1983, bajo el de Laurent Fabius y Michel Rocard, demostraron, hasta cierto punto, esa capacidad de persuasión mucho antes.

El problema, sin embargo, era que la coincidencia en las líneas básicas de las políticas económicas no implicaba, necesariamente, una coincidencia semejante a la hora de ejecutar esas políticas y de transformarlas en acciones específicas tomadas en el momento oportuno. Y las diferencias, a este respecto, podían ser muy importantes. No sólo las capacidades de los estados eran limitadas, sino que, además, los gobiernos tenían que ponderar las ventajas y desventajas de seguir la política económica adecuada a la luz de sus consideraciones electorales a corto plazo. Estas consideraciones podían inducir políticas inconsistentes, y/o una pauta de procrastinación (ver capítulo 4). Por tanto, las instituciones neocorporatistas, diseñadas, al parecer, para facilitar la aceptación por parte del público de unas políticas socioeconómicas, podían terminar funcionando como mecanismos obstaculizadores de esas políticas, si los líderes sindicales decidían utilizarlas para bloquear, o difuminar, los efectos de tales políticas, y si los gobiernos se sentían incapaces, o no deseosos, de prevalecer realmente (y no retóricamente) sobre los sindicatos.

El experimento neoliberal de rediseño del estado de bienestar, en parte, intentó aprender de todas estas experiencias, pero también, en parte, partió de una postura filosófica previa, según la cual la tendencia histórica al crecimiento del estado debía ser contenida y, en lo posible, invertida; y esto debía ser hecho con, o sin, acuerdos con los grupos de interés[50]. Aquella tendencia, se dijo, no beneficiaba el inte-

---

[50] Sin embargo, el experimento neoliberal no partió, por regla general, de la premi-

rés público, ni el interés privado. Era necesario resistir a las coaliciones que favorecían los aumentos del gasto público. Así, se identificó a los sindicatos como uno de los principales obstáculos al tipo de ajuste requerido por la nueva coyuntura económica, junto con la propensión del empresariado a solicitar la protección estatal, y la proclividad del estado a concederla, a cambio de mayores poderes reguladores, y mayor participación pública en la riqueza nacional.

Desde una perspectiva neoliberal, la tarea del estado era, no la de compartir su responsabilidad con los grupos de interés en la organización de la actividad económica y social (como se suponía desde una perspectiva neocorporatista), sino la de salirse de ese ámbito de actividad lo más posible, y reducir, así, su responsabilidad (y la de los propios grupos de interés). La responsabilidad del estado debía quedar reducida, en favor de los mercados; esto es, de las capacidades autorreguladoras de empresas, familias, e individuos, a quienes se debería permitir interrelacionarse unos con otros con las menores trabas posibles, siempre, por supuesto, bajo el amparo, y el imperio, de la ley. Ciertamente, seguiría siendo necesario crear ciertos bienes colectivos, y el estado tendría un papel importante en su provisión. Pero el estado no tendría derecho a reclamar el monopolio de esta provisión: se limitaría a ser un agente económico más, uno entre muchos, en un mercado abierto de servicios sociales.

Una filosofía neoliberal conformó la agenda de los gobiernos británico y estadounidense de los años ochenta, que se tradujo en una serie de políticas públicas relativamente acordes con esta tendencia. Algunas de estas políticas tuvieron como objetivo el establecimiento de un marco de leyes e instituciones que permitieran a los mercados abiertos y libres desenvolverse adecuadamente y sin obstáculos (sobre derechos de propiedad, o derechos de las asociaciones voluntarias) (Starr 1990). Otras fueron políticas de 'liberalización' (algunas veces llamadas de 'desregulación', a pesar de que, de hecho, suponían frecuentemente reformar las agencias reguladoras existentes, o crear otras nuevas), cuyo objetivo era reducir la supervisión estatal de distintas actividades económicas. Y otras fueron políticas de 'privatización', cuyo objetivo era buscar un nuevo equilibrio entre el sector privado y el público a favor del primero, una vez que el segundo se desprendiera de parte de sus recursos. A este repertorio de políticas cabe

---

sa de que la esfera pública no es más que un mero mercado político en el que los individuos persiguen sus propios intereses. Una posición distinta en Starr (1987, 127).

añadir la política de contratación de servicios públicos a empresas privadas, que se encargarían de la provisión de ciertos bienes colectivos, haciendo uso de fondos públicos, y bajo unas directrices públicas (Starr 1990, 41-45). Existía la esperanza de que estos varios tipos de políticas permitieran aumentar el grado de competitividad de la economía[51].

Las políticas de los gobiernos de Thatcher y Reagan tuvieron como objetivo, y de hecho consiguieron, la expansión de los mercados libres en una variedad de campos: mercados de trabajo y de capitales, comercio, servicios financieros, y producción manufacturera. Por otro lado, estos gobiernos fueron bastante cautos a la hora de ensayar políticas de privatización y desregulación en sectores sociales clave del estado de bienestar, como la sanidad y la educación. En estos casos, el papel tradicional del estado como proveedor de servicios (y, por implicación, su papel como expresión institucional de la solidaridad social, y nacional) fue respetado, en la práctica al menos, si no en teoría. Sin embargo, al menos en el campo de la educación se avanzó una argumentación plausible (y no tanto una política consecuente) a favor de una política de *vouchers*, o bonos. Según ella, la responsabilidad del estado se limitaría a ofrecer a las familias dinero para la educación de los hijos. Sería responsabilidad de los padres buscar y elegir la escuela que mejor se ajustara a sus preferencias, entre una multitud de escuelas, públicas y privadas, en mutua competencia, ninguna de las cuales recibiría directamente subsidios estatales adicionales. Esta política se propuso desde distintas perspectivas ideológicas[52] en la esperanza de que podría resultar en un proceso de aprendizaje social, y, en definitiva, una mejora de la calidad de la enseñanza. Implícita en el experimento latía la expectativa de que las gentes aprenderían de sus propios errores: los padres aprenderían a ser sensatos en sus elecciones, y los gerentes de las escuelas, públicas y privadas, aprenderían cómo ofrecer una buena educación y cómo vender

---

51 Ver, por ejemplo, los comentarios de Starr sobre la capacidad, comprobada, de las empresas privadas (en sectores, por ejemplo, de defensa o de servicios sanitarios, en los Estados Unidos), para beneficiarse de regulaciones del estado que pretendían aumentar el nivel de competencia en el mercado, sin que este nivel aumentara en realidad (1987, 128 y ss.)

52 Ver Friedman (1980), Jencks (1972), Cazes (1981), y Glazer (1981). Ver también el respaldo que ofrecieron tanto los sindicatos como las organizaciones empresariales británicas a la idea de utilizar bonos para la formación profesional (Rose y Wignanek 1990, 112).

sus servicios en un mercado de consumidores razonables. La esperanza era la de que emergiera, antes o después, en efecto, esta sociedad de consumidores razonables. Detrás de otros experimentos en el área de la sanidad pública, operó un principio y una esperanza similares. Se trataba en este caso de permitir que los consumidores, presuntamente sensatos y selectivos, pudieran comparar y elegir, según sus preferencias, entre diferentes doctores y hospitales. De esta forma, doctores y hospitales habrían de competir unos con otros por los pacientes, con lo que, a largo plazo, terminaría estableciéndose una jerarquía de reputaciones que, probablemente, reflejaría el buen hacer profesional de cada uno de ellos[53].

La plausibilidad de estos programas quedaba reforzada por el hecho de que, en las sociedades capitalistas y liberales, sus principios eran homólogos a los principios de funcionamiento de los campos de la economía y de la política. En el área económica, el estímulo a la competitividad de las empresas y el aumento de la confianza en los mercados eran las máximas normativas más importantes que podían deducirse del diagnóstico prevalente sobre la situación económica. Al mismo tiempo, en el área de la política, la democracia política está basada en la premisa de que los votantes toman decisiones razonables a la hora de votar entre partidos (y, eventualmente, entre políticas públicas e instituciones) que compiten entre sí, aprenden de sus errores, e intentan rectificarlos votando por otros partidos (o políticas) la vez siguiente. Esta capacidad de aprendizaje, y las instituciones correspondientes, son premisas básicas de la democracia liberal, por las que puede ser distinguida del reino de la demagogia y la manipulación política (premisas atacadas tradicionalmente por los críticos totalitarios a la democracia, fascistas y comunistas).

Bien debido al éxito aparente de algunas de las políticas económicas aplicadas en los Estados Unidos y en el Reino Unido en los años ochenta, bien debido a la relativa coherencia cognitiva y moral del neoliberalismo con el diagnóstico más extendido de la situación económica y con las premisas básicas de la democracia política, el hecho es que las ideas, las políticas, y las instituciones neoliberales se extendieron por toda Europa, incluyendo los países gobernados por partidos socialistas. De este modo, en Francia, en España, e, incluso, hasta

---

53 Sobre la aplicación de este argumento al caso de las universidades y de los hospitales españoles de los años setenta y ochenta, ver Pérez Díaz (1987, caps. 10, 11, y 12).

cierto punto, en Suecia (Immergut 1990), se fueron adoptando, gradualmente, políticas de desregulación, y de privatización, a la vez que comenzaron a aplicarse tímidamente los principios del mercado dentro del sector público.

Es necesario señalar, sin embargo, que en estos casos, la adopción de fragmentos de políticas e instituciones neoliberales fue resultado, no de un afán de emulación, o una conversión ideológica, sino de la disposición pragmática de aquellos gobiernos a adaptarse a unas presiones sistémicas que no estaban en situación de resistir, y mucho menos de controlar. En efecto, la internacionalización de la economía había creado las condiciones para una competencia entre los distintos regímenes reguladores de las economías, y, en esta competencia, algunas instituciones y políticas neoliberales mostraron sus ventajas y prevalecieron. En particular, el proceso europeo de integración económica, que ya había sido un factor importante en el cambio de rumbo de Mitterrand en 1983, empujó a los gobiernos europeos aún más lejos en una dirección neoliberal a partir de la segunda mitad de los ochenta[54]. Al mismo tiempo, estas presiones externas convergieron con otras internas. El crecimiento del mercado de trabajo sumergido erosionó gran parte de la razón de ser de las regulaciones del mercado de trabajo, del mismo modo que muchas regulaciones de los mercados financieros corrieron el peligro de quedar obsoletas ante el desarrollo de los mercados de dinero negro. A pesar de que, a corto plazo, estos dos tipos de mercado, legal e ilegal, podían coexistir pacíficamente, e incluso complementarse, a largo plazo, en cambio, esta coexistencia no podía sino erosionar la base moral que resulta, en última instancia, imprescindible para que la economía funcione adecuadamente, lo cual incluye un mínimo de confianza en el sistema legal, y en la honestidad y espíritu cívico de las autoridades públicas.

---

[54] Sobre las presiones generadas por la economía internacional sobre la política francesa, ver Hall (1990b). Esto parece contradecir la generalización de Cameron (1978), según la cual la internacionalización de la economía contribuye a fortalecer el estado del bienestar, que sería necesario para amortiguar los efectos de las crisis internacionales.

La redefinición de solidaridades

Estos experimentos de diversos diseños institucionales, de tipo neocorporatista o neoliberal, compartieron un rasgo común: el de ofrecer mayor poder a la sociedad civil. Además, al hacer esto (y tal como se sugiere en la sección anterior), estos experimentos permitieron que una parte cada vez mayor de responsabilidad fuera asumida por las unidades últimas de la sociedad, esto es, por los individuos. Estos individuos podían ser miembros de organizaciones. Ocurre, sin embargo, que, en términos generales, en el mundo de organizaciones en que vivimos, los lazos entre los individuos y sus organizaciones han ido haciéndose cada vez más flojos, u holgados, y menos constriñentes.

Para empezar, el hecho mismo de que el proceso de experimentación institucional se llevara a cabo en una época de turbulencia y desconcierto, estimuló una mentalidad de ensayo y error, que tendía a excluir la aserción dogmática de ideologías y programas, y requería de los individuos que tomaran decisiones propias, deliberadas y explícitas. El público hubo de ser convencido de la deseabilidad de determinados objetivos, y de los medios para conseguirlos. Aquellos tiempos cuando los líderes sociales y políticos podían decidir sobre todo tipo de cuestiones contando de antemano con el consentimiento tácito del público fueron quedando atrás. El público tenía ahora más confianza en sí mismo; además, la turbulencia de los años setenta y ochenta había mellado la confianza que políticos, burócratas, expertos, sindicalistas y líderes empresariales tenían en sí mismos. El mundo parecía ahora menos predecible que en el pasado, y las élites sociales y políticas no estaban ya seguras de entender la situación, ni los objetivos a perseguir, ni los medios para alcanzarlos.

Durante los últimos veinte o treinta años, las iglesias, por ejemplo, tuvieron que adaptarse a las demandas, cambiantes y contradictorias, de los fieles, pues, de no hacerlo así, no les quedaba sino resignarse ante una indiferencia y un desdén cada vez más extendidos (ver el capítulo 3). Los partidos políticos tuvieron que reconocer que el voto electoral era cada vez más volátil, después de sucesivos intentos de consolarse y engañarse a sí mismos con ilusiones sobre la estabilidad de los bloques electorales (Nie, Verba y Petrocik 1979). Por su parte, tanto los sindicatos como las empresas tuvieron que aceptar el hecho de que la lealtad de 'sus' trabajadores no era algo que podían dar por supuesto; que los trabajadores repartían su lealtad entre las empresas y los sindicatos; y que ninguna de las dos lealtades, por lo demás, era muy firme, ya que la mayoría de los trabajadores rehusaban identificarse plenamente con un lado u otro, en parte porque su compromiso prioritario era el compromiso con sus familias (Goldthorpe *et al.* 1968a).

En términos generales, puede decirse que el grado de libertad que tienen los individuos frente a las condiciones que constituyen el marco de sus experiencias varía considerablemente, y depende de muchos factores. Pero, en todo caso, esta libertad parece ser mayor en épocas de crisis y de graves turbulencias, como las que tuvieron lugar durante los sesenta y setenta; y en épocas cuando parece estar surgiendo un orden social resultado de una autocoordinación cuasiespontánea, entre numerosos agentes autónomos, cada uno de ellos persiguiendo sus propios objetivos, y este era, precisamente, el tipo de orden social al que las sociedades occidentales parecían estarse acercando en los ochenta.

En estas circunstancias, la integración social sería el resultado, no del hecho de que las gentes vivieran juntas bajo condiciones similares, ni del hecho de trabajar en las mismas organizaciones y compartir objetivos comunes, sino, más bien, el resultado de las decisiones de los individuos por observar las reglas que hacían viable aquel orden extenso (constituido por múltiples y multifacéticas interacciones), y por respetar las tradiciones, y las comunidades, correspondientes. De aquí, la importancia crucial de explicar la emergencia, y el desarrollo, en los individuos de los sentimientos morales de solidaridad. En tanto que sentimiento moral, la solidaridad implica un compromiso por parte de un agente moralmente responsable. Estados, sociedades, naciones, clases, incluso organizaciones, no son agentes moralmente responsables. Sólo los individuos lo son. Por tanto, es sólo en los individuos, y en sus decisiones, donde podemos encontrar la clave a los problemas de integración social, particularmente en épocas de crisis o turbulencia aguda, o en épocas que parecen acercarse a las condiciones de una generalización del tipo de orden extenso y espontáneo.

La cuestión es que, como resultado de haber vivido tiempos difíciles, y, más tarde, tiempos de órdenes extensos y espontáneos, las decisiones morales de los individuos se han tornado cada vez más problemáticas. Sus grados de libertad han aumentado. Los lazos entre los individuos y sus organizaciones (y las instituciones en las que están inmersos) se han hecho cada vez más flojos. Los individuos siguen perteneciendo a organizaciones, pero con más reservas, incluso con mayor ambigüedad, tal vez porque pertenecen a varias organizaciones que pueden estar en conflicto entre sí. Sus identidades colectivas se convierten, así, en identidades blandas.

Consideremos el caso de las actitudes morales de los trabajadores *vis-à-vis* la economía de mercado, las empresas, y los sindicatos (sobre este tema, ver capítulos 5 y 6). En los años cincuenta y sesenta, el consentimiento de los trabajadores con el funcionamiento de una economía de mercado era tácito e instrumental. Este consentimiento estaba acompañado, sin embargo, de una denuncia ritual del capitalismo por parte de líderes sindicales y políticos de izquierda: los mismos que, al tiempo, negociaban acuerdos con empresarios y gobiernos para que la economía siguiera funcionando. Las turbulencias de los años sesenta y setenta pusieron en evidencia este tipo de moderada esquizofrenia. Y, en el momento de la verdad, las gentes apostaron a favor de las instituciones capitalistas y liberales, y mantuvieron su apuesta a lo largo de toda la crisis económica.

Parece razonable suponer que, si la mayoría de la personas piensa que el sistema económico de su país es totalmente injusto y, por tanto, inaceptable desde un punto de vista moral (porque permita, bien la explotación de una mayoría de desposeídos por una minoría, bien, con explotación o sin ella, el aumento injustificado de la desigualdad económica), estas gentes tendrán enormes dificultades para persuadirse de que un discurso de obligación cívica, respeto a la ley, y patriotismo, es un discurso con sentido; y para persuadirse de que, a la postre, pertenecen a la misma nación a la que pertenece aquella minoría de explotadores, o gentes desmesuradamente ricas y poderosas, y posiblemente por encima de la ley. La tradición marxista articuló una versión extrema de este punto de vista al describir al capitalismo como un sistema de explotación, y a la nación, como un campo de batalla en la lucha de clases. Según esta doctrina, no había comunidad moral alguna entre las clases, de modo que cualquier comunidad moral que pudiera existir estaría contenida dentro de los límites de una, u otra, clase. El hecho, sin embargo, es que los obreros de la Europa de posguerra rechazaron esta versión extremadamente negativa del capitalismo; y, sobre todo, así lo demostraron con su conducta.

Pero, al mismo tiempo que la conducta efectiva de los obreros consolidaba el capitalismo, sus afirmaciones explícitas eran, frecuentemente, vacilantes, confusas, o ambivalentes, incluyendo declaraciones expresas sobre el carácter 'injusto' del capitalismo. A la vista de su conducta real en favor del capitalismo, tanto en momentos normales como en momentos críticos, estas declaraciones requieren interpretación. Pudiera ocurrir que los trabajadores juzgaran el capitalismo desde la perspectiva del ideal de una sociedad perfecta, o cuasi perfecta, configurada según el ideal de una familia, una Arcadia rural, u otro tipo de *Gemeinschaft*; esto es, según el ideal de una comunidad libre de conflictos internos, donde las personas cooperan unas con otras, las decisiones se toman casi unánimemente, y los recursos se distribuyen según los méritos, o las necesidades, de cada uno, estando estos méritos y estas necesidades jerarquizadas con arreglo a una escala uniforme de preferencias. En esta utopía se pueden encontrar reminiscencias de siglos de enseñanza moral cristiana, de tradiciones gremiales y rurales, y, en general, de las muchas tradiciones 'tribales' de las 'sociedades cerradas' a las que se refieren Popper (1966) y Hayek (1988). De hecho, todas estas tradiciones morales han sido, de alguna forma, reactivadas por el sindicalismo contemporáneo.

Con el tiempo, sin embargo, estos sentimientos morales hacia el capitalismo se entrelazaron con otros sentimientos, originados a partir de una perspectiva distinta: aquélla que consistía en valorar el capitalismo, no tomando como punto de referencia un hermoso sueño, sino comparándolo con las alternativas históricas disponibles, en un mundo real donde no cabía esperar, dada la complejidad de las sociedades humanas, consenso alguno en torno a una escala uniforme de preferencias. De esta forma, se podía comprobar que, cuando los trabajadores hacían juicios morales de tipo preferencial entre alternativas disponibles (Klein 1981), el valor o la deseabilidad del capitalismo aumentaba dramáticamente. La economía de mercado se justificaba, entonces, porque proporcionaba acceso a bienes que eran valiosos por sí mismos, como el bienestar material, la libertad individual, o la sociabilidad en pequeñas o grandes comunidades (entre las que, posiblemente, cabría incluir las empresas y los sindicatos: ver el capítulo 6); y porque lo hacía en mejores condiciones que otros sistemas alternativos[55]. Así es cómo los trabajadores terminaron creyendo que la economía de mercado podía ser moralmente aceptable, moralmente tolerable, o suficientemente justa.

Una vez que las masas de los trabajadores europeos acabaron

[55] Aun cuando no parece ser que se pueda establecer fácilmente un vínculo moral entre los méritos de una economía de mercado y sus resultados concretos, tal como sugiere Hayek (1978, 85 y ss.). Goldthorpe recoge esta idea para hablar del desgaste moral del capitalismo (1987, 363 y ss.)

adoptando esta posición, y la pusieron en práctica en los años críticos de los sesenta y setenta, los líderes, los cuadros, y los militantes de los sindicatos y los partidos de izquierda, con sus intensos compromisos ideológicos y sus sentimientos de indignación moral contra el capitalismo, se encontraron en una situación límite. Si se aferraban a su ideal del socialismo como un sueño al que no podían renunciar, debían admitir su derrota en términos históricos reales, es decir, en los términos que, desde una perspectiva marxista, eran los únicos verdaderamente relevantes. Pero si aceptaban los hechos, no les era posible seguir negando por más tiempo que, para la mayoría de sus seguidores (y quizá para ellos mismos), el socialismo no era ya una alternativa plausible al capitalismo. De esta forma, los dos procesos, el de la aceptabilidad moral del capitalismo y el de la crisis de plausibilidad del socialismo, terminaron por converger, reforzándose mutuamente, hasta que esta influencia recíproca alcanzó su punto culminante en los mediados y finales años ochenta.

A nivel microsocial, los trabajadores aceptaron moralmente, aunque sin mucho entusiasmo, la empresa, del mismo modo que habían aceptado, tampoco de forma entusiasta, la economía de mercado. En la empresa, los trabajadores se vieron expuestos a requerimientos de lealtad contrapuestos, por parte de los sindicatos y las empresas. Porque, aunque la mayoría de la empresas se relacionaban con sus empleados en términos puramente instrumentales, sin embargo, en ocasiones, también apelaban a alguna forma de solidaridad, especialmente cuando, por una razón u otra, se deseaba crear en la empresa una cultura de confianza. Una cultura de este tipo se basa en la percepción de que existe un cierto equilibrio entre las contribuciones de los trabajadores y sus retribuciones (en términos de salarios, condiciones de trabajo, mecanismos de voz, etc.), y de que existe un interés, u objetivo, común. De esto se desprende que se considera legítima la autoridad del empresario, de tal forma que sus directrices se respetan por razones no meramente instrumentales; y que la empresa se convierte en un foco significativo de sentimientos de solidaridad, orgullo, y lealtad, y se percibe, de algún modo, o en algún grado, como una comunidad moral.

Por su parte, los sindicatos impugnaron las solicitudes de lealtad que las empresas hacían a sus trabajadores. Esto lo hicieron desde tres perspectivas distintas. En primer lugar, desde una perspectiva radical (acorde con una teoría de lucha de clases), los sindicatos reclamaron el total compromiso moral y emocional de los trabajadores con su causa. Se insistía en que el sindicato era la única comunidad moral a la que los trabajadores podían pertenecer, de la que empresarios (y gerentes o directivos) estaban, por definición, excluidos. Esta estrategia se orientaba a fomentar una solidaridad intensa intrasindical; a subrayar la diferencia radical dentro de la empresa entre 'ellos' (la empresa, los empresarios) y 'nosotros' (el sindicato, identificado con los trabajadores); y a enfatizar la hostilidad hacia 'ellos'. En segundo lugar, desde una perspectiva reformista tradicional, los sindicatos mantuvieron sus distancias con la dirección; rechazaron la idea, que no era según ellos sino un engaño, de que la empresa fuera una comunidad moral; y mantuvieron una estrategia a largo plazo cuyo objetivo era introducir reformas radicales, que ponían en cuestión los principios de la economía de mercado. Sin embargo, fue también característica del reformismo tradicional la disposición de los sindicatos a convivir con las empresas, tal como eran; a llegar a compromisos tácticos; a esperar tiempos mejores; a establecer intercambios instrumentales, como si se tratara entre gentes de negocios, con la dirección; y a animar a los trabajadores a que hicieran lo mismo. En tercer lugar, desde una perspectiva microcorporatista, los sindicatos emprendieron la tarea de cooperar con la empresa en asuntos de interés común, sin dejar de presionar para conseguir reformas específicas. En este caso, los sindicatos daban por supuesto que los trabajadores compartirían su lealtad entre ellos y la empresa, y, consecuentemente, vivirían con esta ambigüedad. Esto implicaba aceptar la pretensión de la empresa de ser, en parte al menos, una comunidad moral, y la pretensión del empresario de que su autoridad era legítima.

Bajo las condiciones existentes, sin embargo, dependió cada vez más de los trabajadores que éstos definieran la dirección y la intensidad de sus sentimientos de solidaridad, y dieran forma y contenido a las comunidades morales a las que quisieran adherirse (ver capítulo 6). De hecho, en su mayor parte, los trabajadores occidentales adoptaron una actitud de cierta distancia ante los requerimientos de lealtad por parte de empresas y sindicatos, y combinaron una actitud moral y una actitud instrumental frente a unas y a otros, en parte porque estaban más interesados en el bienestar de sus familias (Goldthorpe *et al.* 1968), y en parte por razones que tenían que ver con el clima general de la época. Este clima, en efecto, favorece que los individuos se hagan más prudentes a la hora de invertir los recursos morales y emocionales, siempre limitados, de los que disponen para sus compromisos morales. Por lo que, siendo más prudentes, tienden a diversificar y dosificar sus inversiones, con el fin de reducir riesgos, procurando conservar unas reservas de recursos, que se niegan a invertir totalmente en una organización, cualquiera que ésta sea.

En resumen, las relaciones entre el estado y la sociedad civil en Europa entre 1945 y 1990 atravesaron tres fases distintas. La primera, desde 1945 hasta los años sesenta, fue una fase de equilibrio relativo del estado del bienestar. Este fue un período de crecimiento económico y de aparente integración social, resultado de varios factores. Por un lado, la prosperidad económica de aquellos años, favorecida por el mantenimiento de un clima económico internacional relativamente estable, permitió que se aplicaran políticas socioeconómicas que propiciaron el aumento de los salarios reales y los gastos sociales, y la estabilidad en el empleo, con lo que pudo satisfacerse una variedad de necesidades económicas y sociales de la mayoría de la población. Al mismo tiempo, las diferencias de *status* disminuyeron; se institucionalizaron mecanismos de negociación a varios niveles, consolidándose así una pauta de adaptación y compromiso entre los intereses en conflicto; y la división ideológica tradicional entre la derecha y la izquierda se redujo y desdramatizó. La premisa cultural implícita de todos estos desarrollos fue la de que el estado debería adquirir cada vez más responsabilidades respecto al bienestar general de la población.

En una segunda fase, entre mediados de los años sesenta y principios de los setenta, el sistema pareció atravesar una crisis profunda y encaminarse, en una suerte de *fuite en avant*, hacia un nuevo diseño institucional en el que el estado tendría aún un mayor protagonismo. En esta dirección empujaban los conflictos socioeconómicos, los movimientos sociales, y, posiblemente también, el diagnóstico dominante de la situación política y cultural por parte de la *intelligentsia* tradicional, todos los cuales convergieron en la idea de que el estado debería responder a nuevas demandas y asumir nuevas responsabilidades. Sin embargo, este *élan* de políticas transformadoras resultó ser un espejismo histórico. Los acontecimientos de finales de los años sesenta fueron el canto de cisne de la política radical, pronto olvidada cuando, a finales de los setenta y principios de los ochenta, el escenario cambió de forma imprevista.

Por último, en una tercera fase, hacia finales de los setenta, la marea cambió. Las gentes tardaron en darse cuenta de la profundidad y de la magnitud del cambio, pero el hecho es que el estado estaba cada vez en peor situación para asumir responsabilidades sobre acontecimientos que no podía controlar. Esto dio lugar a que se ensayaran dos experimentos institucionales. La reacción defensiva lógica, y conservadora, de quienes deseaban mantener el compromiso social y democrático del pasado fue la de intentar renovar la tradición neocorporatista. Sin embargo, aun dentro de esta tradición, los contenidos de las políticas socioeconómicas diseñadas y aplicadas en el contexto de las instituciones neocorporatistas se parecieron cada vez más a lo que se estaba proponiendo desde una perspectiva neoliberal. El neoliberalismo fue una apuesta más arriesgada por detener, e incluso invertir, la tendencia histórica del crecimiento del estado. Sin embargo, estos dos experimentos típico-ideales se entremezclaron en el mundo real de las políticas de los gobiernos y en el funcionamiento efectivo de las instituciones, y el resultado fue un *mix* o un compromiso, con frecuencia inestable, entre ambos. En el fondo, los dos experimentos respondieron a un sentimiento general favorable a un retorno de la sociedad civil, que se manifestaba en forma de nuevas y diversas combinaciones y arreglos entre las autoridades públicas, los mercados, y las asociaciones voluntarias.

En conexión con todos estos fenómenos, tuvo lugar también el desarrollo de un nuevo sentimiento de relativa indeterminación cultural, que impregnó la esfera pública. Antes, y hasta un pasado reciente, las creencias y las tradiciones morales habían estado asociadas, de forma relativamente clara y estable, a organizaciones e instituciones que funcionaban de manera ordenada y efectiva, como las iglesias, las organizaciones cristianodemócratas o conservadoras, los sindicatos y los partidos de izquierda, las empresas, y los mercados, incluso, los estados. Bajo las condiciones de turbulencia y de experimentación institucional de los años sesenta a ochenta, las gentes tuvieron que volver a mirar, desde una nueva perspectiva, las instituciones básicas de la democracia liberal y la economía de mercado, y decidir de nuevo sus compromisos con ellas. Al mismo tiempo, tuvieron que redefinir el contenido de esos compromisos, y las identidades colectivas, y solidaridades, con ellos asociados. Y debieron, asimismo, encontrar nuevos modos de anclar sus sentimientos morales en un conjunto de instituciones en el preciso instante en que éstas estaban sufriendo una mutación constante.

A modo de advertencia y de cautela, querría insistir en que mi argumento, hasta ahora, no ha sido, y ciertamente no es, el de enfrentar la sociedad civil contra el estado. Lejos de ello, una teoría de la sociedad civil incorpora ambos ámbitos institucionales, y centra su atención en las relaciones que tienen lugar entre ellos. Sin duda, el estado puede jugar, o no, papeles importantes como proveedor de servicios, como aparato coercitivo, o como actor simbólico. Es obvio, por ejemplo, que el estado puede cooperar a la hora de establecer, o, incluso, puede iniciar, el tipo de experimentos institucionales a los que me he referido antes; como lo es, igualmente, que la defensa del país es una precondición necesaria para llevar a cabo cualquier tipo de experimentos. Incluso si se pone en cuestión la pretensión tradicional del estado de ser el portador de un elevado proyecto moral, el estado aún conserva la mínima misión moral de ayudar a mantener unida la sociedad, y de permitir a las gentes que definan y persigan sus propios proyectos morales. Lo importante, sin embargo, es ser conscientes de que tal misión tiene límites, y de que existen unas fronteras, que hay que observar cuidadosamente, entre el estado y la sociedad.

Estas fronteras son traspasadas continuamente en ambas direcciones, pero el hecho de que esto ocurra no es argumento para desdibujarlas. Por el contrario, se debe hacer el esfuerzo de hacerlas lo más nítidas y precisas posible, ya que esto es una condición previa para establecer la responsabilidad de la autoridad pública, y para mejorar la calidad del debate público. Es, también, una condición previa para reconocer la plena capacidad de la sociedad a la hora de resolver, o tomar la iniciativa para resolver, la mayoría de sus problemas colectivos, incluyendo los de su autocoordinación y su enriquecimiento, material y espiritual.

La implicación del acto de señalar los límites del estado es, por tanto, mostrar el potencial de la sociedad civil. Esto, como ya se ha dicho, no es un problema de 'redescubrimiento' ideológico (como si el estado actual de los debates académicos requiriera hoy una vuelta a las teorías de la sociedad civil), sino una cuestión histórica. La evidencia parece demostrar que la nueva ola de instauración de democracias liberales en todas partes del mundo, la experimentación institucional con los mercados abiertos y las asociaciones voluntarias, e incluso los términos en los que se discute hoy la lógica de las regulaciones estatales y del estado del bienestar, son fenómenos todos que apuntan en la dirección de un retorno, o reemergencia de la sociedad civil. Una sociedad civil que está, ciertamente, muy lejos de la caricatura que se hace de ella como una sociedad mercantil, compuesta por individuos egoístas, de horizontes estrechos, indiferentes al interés general.

El retorno problemático de la sociedad civil en los países de Europa central y oriental

Cabe discernir una corroboración adicional de mi argumento en el colapso de los regímenes totalitarios en los países de Europa central y oriental[56], el cual se debió a la combinación de una profunda crisis de los estados marxistas y los partidos comunistas, por un lado, y a una reafirmación de la sociedad civil por otro.

Consideremos, en primer lugar, la crisis de las ideas y de las instituciones políticas. Contrariamente a lo que han afirmado la mayoría de los intelectuales marxistas occidentales (especialmente cuando intentaban distanciarse de los partidos comunistas de sus propios países), las ideas y las instituciones marxistas (en especial, pero no sólo, en el caso de los estados socialistas y los partidos comunistas de Europa central y oriental) han caminado hermanadas, siguiendo una misma tradición, larga e ininterrumpida, que ha durado, en el caso de los partidos, siglo y medio, y, en el caso de los estados socialistas, entre cuarenta y setenta años.

Así pues, estas instituciones, y las organizaciones correspondientes, han tenido amplísimas oportunidades para probar la veracidad de sus pretensiones de ser las portadoras de un exaltado proyecto moral. Aunque todavía en fecha reciente ha habido intelectuales occidentales que imaginaban que el sistema sociopolítico de la Unión Soviética podía ser reconocido internacionalmente como un sistema eficaz[57], sin embargo, para muchas de las gentes que han vivido dentro de la Unión Soviética y otros países socialistas, una afirmación semejante, era, desde hacía tiempo, una afirmación inconcebible. Los estados socialistas habían fracasado en casi todos los aspectos de la esfera doméstica, incapaces de proporcionar a sus habitantes una economía dinámica, una sociedad integrada, una esfera pública auténtica, e, incluso, un sentimiento relativamente sólido de identidad colectiva. Además, en los años ochenta era ya obvio que, también en el escenario internacional, la Unión Soviética se estaba quedando rezagada,

---

56 Sobre el debate actual acerca de la relevancia del uso del término «totalitarismo», ver Rupnick (1988, 264-289), y «Z» (1990, 298 y ss.).

57 Por ejemplo: «La Unión Soviética estrenó una forma de industrialización basada en una planificación centralizada, de cuya gestión se ocupó una élite monopolista armada con una ideología redentora. La eficacia de este modelo ha sido reconocida por distintos regímenes en todo el mundo» (Hall 1986b: 170).

militar y económicamente, respecto a los países occidentales. De manera que, a la postre, el propio liderazgo, y el estado, soviéticos terminaron renunciando a sus pretensiones de dirigir, o constituir una superpotencia, y tuvieron que reconocer su incapacidad tanto para suministrar los bienes esenciales del crecimiento y el sentimiento de identidad, como para mantener la competición con los países occidentales.

La operación de Mijail Gorbachov de desmantelar las instituciones totalitarias de la Unión Soviética desde dentro (inicialmente una estrategia barroca para conseguir la recuperación económica y la equiparación con Occidente) fue asombrosa. Al mismo tiempo, sus titubeos, su procrastinación, sus actos meramente simbólicos en materias sustantivas, dieron la impresión de que los estados y los partidos totalitarios eran incapaces de entender una situación tan compleja y cambiante como la que estaba atravesando la Unión Soviética[58]. Los funcionarios del estado y del partido estaban obsesionados con un esquema conceptual que les hacía muy difícil la tarea de entender, simplemente, las reglas elementales de una economía de mercado, si bien hay que añadir que esta dificultad cognitiva se combinó con su repugnancia a perder el control de la situación.

En términos generales, el largo proceso de reforma de Gorbachov puso de manifiesto la irrelevancia de las teorías marxistas a la hora de definir y resolver los problemas del momento, y de la ética marxista a la hora de motivar a las gentes para que cumplieran sus deberes como ciudadanos, trabajadores, o miembros de una comunidad nacional. Esta manifestación de irrelevancia se extendió a los símbolos marxistas, que se devaluaron drásticamente. Las imágenes que encarnaban y daban expresión sensible a la tradición marxista (iconos como la bandera roja, estatuas de Lenin, la hoz y el martillo; los slogans de la lucha de clases, los partidos de vanguardia o la construcción del socialismo; los relatos míticos de la revolución de Octubre; los santuarios como la tumba de Lenin; etc.), ya no evocaron por más tiempo sentimientos de respeto o de miedo, y se convirtieron en motivos embarazosos, esperando el momento de ser desacralizados y olvidados.

---

[58] Y, dicho sea de paso, tales titubeos demostraban que la caracterización de Carl Schmitt de la democracia liberal como el escenario en el que tiene lugar un debate del que no cabe esperar que se tomen decisiones reales y últimas, es errónea, ya que los estados totalitarios pueden ser, obviamente, más retóricos e ineficientes que las democracias parlamentarias (Schmitt 1985).

De esta forma, la situación en la Unión Soviética fue tal que, después de setenta años de dominación comunista (que, al menos, en principio, podía argumentar en su defensa haber promovido un proceso de industrialización y defendido al país contra la invasión del ejército de Hitler), las instituciones, las ideas, y los símbolos marxistas dejaron de tener credibilidad y vigencia. Por su parte, en la Europa central, pareció que ni siquiera era ya necesario discutir acerca de la pérdida masiva de legitimidad de los estados socialistas y los partidos comunistas, puesto que esta pérdida ya se había demostrado, de forma repetida, desde los años cincuenta, como consecuencia de revueltas armadas, resistencia popular, y otras muchas manifestaciones de descontento, que habían sido sofocadas por los partidos comunistas nacionales con la ayuda de la Unión Soviética.

En contraste con este colapso de las instituciones y la cultura política, pudo advertirse, un poco en todas partes, tanto en la Europa central como en la oriental, la reemergencia de instituciones y organizaciones societales, y de una esfera pública, que prepararon el camino a las transiciones políticas y económicas de los años ochenta. Esta reemergencia fue el resultado de la combinación de cuatro factores: la emergencia de tradiciones sociales conectadas con una variedad de cambios socioeconómicos, demográficos, y culturales; el uso que las gentes hicieron de tradiciones culturales, algunas endógenas, y otras externas a esos países; la presencia de organizaciones y redes capaces de crear las condiciones para el desarrollo de una nueva esfera pública; y, por último, aunque no menos importante, la cristalización de algunos de estos desarrollos en torno a la búsqueda de una nueva identidad, que, en algunos casos, adoptó la forma de un llamamiento explícito a un renacimiento o retorno de la sociedad civil.

Para empezar, los cambios económicos y sociales asociados a la industrialización y la urbanización, en los que cabe incluir una revolución tecnológica en el campo de las comunicaciones, y un avance en los niveles educativos de la población, aumentaron la capacidad de las gentes para elegir entre distintas opciones, y para implicarse en comunicaciones horizontales y en toda suerte de órdenes abiertos, mercados o redes (Starr 1988 y 1990). De todo ello se dedujeron, a su vez, presiones en favor de la ampliación de los dominios reservados de los individuos, que deberían ser protegidos por la ley y los tribunales de justicia.

Al mismo tiempo, las nuevas oportunidades de elección, y las presiones en favor de unos dominios reservados más amplios, fueron percibidas, y valoradas, por gentes cuyo marco cultural de referencia estaba cambiando gradualmente; y, a su vez, este nuevo marco dio forma a nuevas expectativas y nuevas aspiraciones. Una vez que la ideología marxista fue perdiendo vigencia, fueron cada vez menos los que articularon sus experiencias en el lenguaje del marxismo, en cualquiera de sus variantes, ortodoxas o revisionistas. La mayoría de las gentes se volvió hacia otros lenguajes culturales para entender los problemas del crecimiento económico, la vida social y la nacionalidad, y para argumentar sus decisiones personales. Recurrieron, así, a lo que sabían de sus tradiciones endógenas, que habían conseguido sobrevivir los regímenes marxistas, y a la información de que disponían acerca de las tradiciones occidentales.

El nacionalismo, la religión, las memorias de una cultura secular burguesa, o de una tradición liberal[59], anteriores a la revolución de 1917, o a la invasión del ejército rojo después de la II Guerra Mundial, ofrecieron algunos puntos de referencia. A éstos hay que añadir las memorias más recientes de resistencia y disidencia (Budapest en 1956, Praga en 1968, la tradición de desafío de la iglesia y de los trabajadores polacos, los disidentes rusos). Por su parte, Occidente ofrecía modelos institucionales, establecidos y probados, de democracias liberales y de mercados, junto con las pautas de conducta del consumo de masas, y una variedad de estilos de vida[60]. Finalmente, al tiempo que se desarrollaban aquellas tradiciones sociales, y se hacía inventario de estas influencias culturales, se crearon nuevas organizaciones, y nacieron nuevos movimientos sociales (Starr 1988).

Todo esto convergió alrededor de una nueva identidad, primero, buscada, y luego, efectivamente forjada. El camino para ello fue preparado por un debate sobre el tema de la sociedad civil. En un momento determinado, las poblaciones subordinadas de la mayoría de estos países comenzaron a definirse como distintas de, y opuestas a, la clase política: la *nomenklatura*. Este acto de desafío fue un paso crítico en el proceso de emancipación de la sociedad respecto de los regímenes totalitarios. Este desafío se simbolizó con un nombre: el nombre

---

59 En la que cabe incluir la tradición de las reformas liberales en Rusia, que menciona Starr (1989), y Solzhenitsyn (1991, 107 y ss.).

60 Y ya en los años ochenta, Occidente podía ofrecer además ejemplos de experimentos sugestivos de políticas socioeconómicas (desde las políticas socialdemócratas al modo sueco, a las políticas de liberalización y privatización), y de transiciones a la democracia (de aquí el interés tan intenso en aquellos países de la Europa oriental por la transición española). Ver Geremeck (1990), y Michnik (1990).

de «la sociedad civil». De ésta se dijo que había renacido (Rupnick 1988). El término se usó como parte de un argumento específico en el contexto de un debate público. La expresión de 'renacimiento' o 'retorno' de la sociedad civil fue utilizada, en cierto modo, como una metáfora de este debate.

El argumento fue, a grandes líneas, el siguiente. La sociedad civil, entendida como un entramado de actores sociales e instituciones, se diferenció claramente del estado y de la clase política. Estos actores sociales, e instituciones, pretendieron tener una entidad y existencia propias, negándose a ser considerados como el resultado de las actuaciones del estado, y probando precisamente su existencia mediante su capacidad para resistir al estado. Rechazaron la pretensión del estado de monopolizar la esfera pública, y retaron la definición propuesta por éste del interés público, en términos tanto de crecimiento económico como de consenso social. También rechazaron la pretensión del estado de ser el máximo responsable en la provisión de los bienes públicos, manteniendo, por el contrario, que la sociedad civil era responsable, y capaz, de esta provisión, y estaba en mejor situación que el estado para resolver los problemas del crecimiento, la integración social, e, incluso, la identidad nacional. Por esto, reclamaron cambios institucionales en el sistema político que alteraran la relación de fuerzas existente entre el estado y la sociedad, en perjuicio del primero y a favor de la segunda; y esto supuso reivindicar una democracia liberal, una economía de mercado, un sistema pluralista de representación de intereses, y un pluralismo cultural. Es decir, traducido a los términos utilizados al principio de este capítulo, el argumento mantuvo que, incluso bajo la dominación comunista, ya existía, en un grado significativo, una sociedad civil en sentido restringido, a la que había que dar la oportunidad de ejercer presión, y de avanzar, hacia el establecimiento de una sociedad civil en su sentido más amplio.

Estas ideas se propusieron y defendieron de formas diferentes y en diferentes ámbitos de la sociedad civil, de acuerdo con las distintas circunstancias nacionales. En Polonia fueron la iglesia y los sindicatos los que defendieron estas propuestas (así pues, sobre todo, en el campo del pluralismo asociativo); en Hungría éstas surgieron inicialmente por medio del desarrollo de lo que se llamó la segunda economía (en el campo, por tanto, del mercado); y en Checoslovaquia se defendieron principalmente en el ámbito del debate público y de la disidencia cultural (es decir, sobre todo, en el campo de la esfera pública).

En Polonia, la iglesia católica y *Solidarsnoc* desafiaron al estado y al partido. Durante muchas décadas la iglesia fue una fuente independiente de integración social, tradiciones culturales, e identidad nacional. En parte como fruto de ello, no fue posible adoctrinar completamente a los estudiantes polacos en el marxismo-leninismo[61]. Por su parte, los campesinos polacos consiguieron sobrevivir y evitar la suerte de los campesinos rusos en los años treinta, cuando entre 6 y 11 millones de campesinos murieron durante el proceso de colectivización de la tierra, y otros 30 millones se vieron obligados a emigrar a las ciudades. Sobre la base de estas experiencias, y aprovechando las divisiones internas en el partido y en la *intelligentsia* marxista, nació Solidaridad. En un principio no fue más que una organización autónoma que defendía los intereses de los trabajadores, y, más tarde, de los campesinos, los estudiantes, y distintos grupos profesionales. Pero pronto se convirtió en un movimiento social, esto es, un tipo de asociación voluntaria con una masa difusa de seguidores, y con la capacidad para participar en, y conformar, el debate público, emitiendo juicios y diagnósticos acerca de los problemas generales de la sociedad (Arato 1981, 82). Esto, a su vez, creó un campo de entrenamiento para la formación de una nueva clase política. Solidaridad llegó tan lejos en la afirmación de su capacidad para encontrar soluciones a los problemas de la sociedad, que estableció una red de organizaciones coordinando miles de centros, encargados de la producción y la distribución de bienes y servicios. Y esto se hizo en abierto desafío a los canales oficiales de la economía controlada por el estado, con el fin de poner en evidencia la casi total irrelevancia de las instituciones estatales.

En Hungría, las políticas de János Kadar permitieron el desarrollo de una 'segunda economía' durante los años sesenta. Con esto, Kadar intentó ahuyentar, o conjurar, las memorias de la revuelta de 1956, y de la represión posterior. Su objetivo fue legitimar el régimen comunista, mostrando que era compatible con un mínimo de prosperidad económica y de libertad individual en la vida privada, supuesto que las gentes fueran capaces de trabajar en dos empleos, uno en la economía oficial y otro en la segunda economía (Stark 1990, Rona-

[61] Pelczynski (1982) señala cómo ya en 1955 los intelectuales polacos cuestionaban abiertamente el valor teórico y práctico del marxismo-leninismo; y alude a una encuesta de opinión dirigida a los estudiantes de Varsovia, y realizada en 1958, donde el 60 % de éstos se declaró creyente.

Tás 1990), y supuesto que renunciaran a la libertad política. *Pari passu*, algunos segmentos de la *intelligentsia* aprovecharon el relajamiento de los controles culturales por el régimen de Kadar para distanciarse del marxismo y para acercarse a los círculos y debates académicos e ideológicos occidentales. El resultado fue una sociedad que algunos testigos calificaron como híbrida y confusa (Hankiss 1990, 190). Sin embargo, el hecho es que las gentes perdieron aparentemente algunas de sus confusiones básicas, y comenzaron a emitir juicios bastante lúcidos respecto a tres cuestiones: que el crecimiento económico sólo podría tener lugar si las reformas avanzaban en la dirección de una economía de mercado (y no se retrocedía en la dirección de una economía dirigida); que las esperanzas de un futuro mejor, tanto en términos económicos como culturales, debían ponerse en el reforzamiento de los lazos con Occidente (y no con el Este); y que el intento de Kadar de aumentar la legitimidad del estado comunista había fracasado.

A su vez, la Primavera de Praga de 1968 fue el símbolo de una devolución del poder del estado a la sociedad, que, una vez hecha, se consideró que era justa, y que debería haberse hecho hacía ya mucho tiempo. El liderazgo blando y afable de Alexander Dubcek fue fundamentalmente de tipo expresivo, y resultó ser una pieza clave, y apropiada, en aquel proceso simbólico de devolución del poder. La mayoría de las iniciativas sociopolíticas, económicas, y culturales de aquel breve período caminaron, de modo vacilante, en la dirección de una democracia liberal, una economía de mercado, y un pluralismo cultural. Sin embargo, después de la intervención armada soviética, el partido, en torno a Gustav Husak, trató de invertir aquella orientación inicial, en todos los frentes. Su política encontró resistencia, organizada alrededor de un núcleo de disidentes culturales. Estos consiguieron crear un foro o espacio reservado para el debate público, donde terminaron arraigando principios morales e intelectuales opuestos a los del estado marxista. Los principios de veracidad, investigación libre, crítica racional, y tolerancia mutua, pudieron sustentarse frente a principios de dogmatismo ideológico, defensa de los intereses del partido o del estado, propaganda, y mero oportunismo (Havel 1988). De esta forma, y de nuevo mediante un proceso de creación de redes, la influencia de este régimen cultural (en el sentido de un conjunto de reglas de intercambio cultural) pudo extenderse más allá de las fronteras de aquel espacio reservado, y de esta forma aquel foro se transformó, finalmente, en un foro público.

Todas estas experiencias, vividas en diferentes países, demostraron la viabilidad de instituciones alternativas (como las negociaciones colectivas y las huelgas, los mercados, las reglas del debate público, etc.), organizaciones, redes, y movimientos sociales alternativos (como las iglesias, los sindicatos, las redes de disidentes, etc), y lenguajes culturales alternativos (como las filosofías del mercado, la religión, el nacionalismo, los vestigios del liberalismo burgués, o las tradiciones rurales), a la hora de enfrentarse con problemas de crecimiento económico, de integración social, o de identidad nacional: alternativas a las instituciones, las organizaciones y la cultura marxista. Estas demostraciones prácticas se llevaron a cabo durante un período prolongado de tiempo, a lo largo de los setenta y de los ochenta, y prepararon el camino para el colapso final de los estados comunistas, que terminó sucediendo a finales de los ochenta, cuando se abrió un respiradero, o ventana de oportunidad, a causa de la incapacidad, o la falta de voluntad, de los dirigentes de los estados y los partidos marxistas para emplear la violencia contra sus propias poblaciones, al menos en la medida en que tantas veces lo habían hecho, y tan intensamente, sus predecesores.

Capítulo III

IGLESIA Y RELIGION EN LA ESPAÑA CONTEMPORANEA: UNA METAMORFOSIS INSTITUCIONAL

En los años treinta, la iglesia católica era perseguida en media España, y exaltada en la otra media. Se moría y se mataba entonces, al parecer, por razones, en buena medida, religiosas. Diez años más tarde encontramos establecida, sólidamente, una alianza entre la iglesia y el estado. Y, sin embargo, a lo largo de los veinte años siguientes, entre mediados de los años cincuenta y mediados de los setenta, tiene lugar un nuevo 'avatar' (ver *infra*), o transformación, de la iglesia española: esta vez distanciándose de sus aliados históricos, aproximándose al tipo de régimen liberal y democrático que antes había condenado, y aceptando el pluralismo religioso. Este drama de persecución, exaltación, distanciamiento y acomodación de la iglesia con el poder temporal sólo puede entenderse si estudiamos las relaciones entre la iglesia, el estado y la sociedad en el contexto institucional y cultural que configuró aquellas relaciones. En este capítulo exploraré esta evolución en general, y en particular la emergencia y erosión de la alianza entre la iglesia católica y el estado franquista, así como las formas y experiencias religiosas asociadas a aquella alianza.

No se trata aquí de hacer el relato de la decadencia, o el colapso, de la iglesia y la religión católica en el mundo moderno[1]. De hecho,

[1] Como tampoco lo hace Suzanne Berger (1985b) cuando estudia desarrollos similares en Francia.

nuestro drama termina con una acomodación que significa una aventura por la que la iglesia se embarca en un intenso ejercicio de examen de conciencia, asunción de riesgos, e innovación. Ello no hace sino confirmar la capacidad de adaptación y de resistencia de la iglesia, y la fuerza del compromiso religioso de sus gentes. La clave de esta acomodación se encuentra en una serie de negociaciones simbólicas e institucionales que tuvieron lugar entre la iglesia, el estado, y la sociedad civil durante los años cincuenta y sesenta. La sustancia de tales negociaciones fue proporcionada por nuevas demandas religiosas, provenientes de grupos sociales situados estratégicamente. Estas demandas se originaron en torno a nuevos problemas, y a la búsqueda de nuevas soluciones a problemas antiguos. Las gentes que plantearon aquellas demandas desafiaron la estructura de plausibilidad de la oferta religiosa del momento, y presionaron a favor de su reformulación, y de los cambios institucionales y organizativos consiguientes. En las próximas páginas exploraré las relaciones entre la nueva cultura religiosa y su marco institucional, examinando los mecanismos que hicieron posible aquellas negociaciones, y, a la postre, aquella acomodación.

En términos generales hay que decir que no suele haber un ajuste perfecto entre la oferta (u ofertas) religiosa(s) de la iglesia y las demandas religiosas del estado y de la sociedad. Incluso bajo las circunstancias más favorables el ajuste será sólo limitado. Porque la religión puede tener no sólo un efecto de «consagración» del orden económico y político existente (Bourdieu 1971b, 310), sino también un efecto de «denuncia profética» de tal orden; e incluso, frecuentemente, suele tener *los dos efectos,* para audiencias diferentes, o en épocas diferentes.

Conviene hacer tres observaciones acerca de este 'ajuste limitado'. En primer lugar, la limitación del ajuste *no* tiene que ser interpretada como un obstáculo para la supervivencia de las instituciones eclesiásticas y de las experiencias religiosas. Por el contrario, puede suponer una oportunidad para llevar a cabo experimentos institucionales, e innovaciones morales y cognitivas, que pueden tener éxito y ser compatibles con la tradición original, aumentando así la capacidad de adaptación y de supervivencia de la iglesia, y de la religión. En segundo lugar, la limitación del ajuste implica la posibilidad de continuas adaptaciones e influencias recíprocas entre religión y sociedad. La iglesia y la religión pueden ceder ante las presiones de la modernidad, al tiempo que la modernidad (entendida, por ejemplo, como democracia liberal y economía de mercado) puede ser influida por la religión, y las experiencias religiosas de las gentes. Finalmente, el contexto internacional influye sobre las oportunidades y los constreñimientos que los estados y las sociedades nacionales experimentan a la hora de definir sus demandas religiosas, y sobre la iglesia nacional a la hora de responder a estas demandas.

En esta discusión entiendo por religión un conjunto de orientaciones culturales (cognitivas y valorativas, más o menos codificadas en forma doctrinal) y de conductas prácticas, expresadas (parcialmente) a través de instituciones y rituales, y caracterizadas por una atenta consideración (de ahí el término «religión», de «relegere»: Jung 1967) de seres sagrados, o sobrenaturales, que se suponen autónomos, o independientes de la voluntad del creyente. Al menos en la tradición occidental (Berger 1971), tales seres, o entidades, sagrados o sobrenaturales están claramente diferenciados, habiéndose convertido en dioses u otros agentes espirituales, con quienes los creyentes entran en distintos tipos de interacción. Dentro de esta tradición, se considera, generalmente, que una experiencia es religiosa si, y cuando, tales interacciones tienen lugar (o se espera, o se aspira a, que tengan lugar); y no, simplemente, cuando los humanos experimentan un sentimiento de respeto y temor ante una fuerza desconocida, o indeterminada (un 'sentimiento oceánico', en palabras de Freud, 1962), o cuando se enfrentan con enigmas existenciales básicos (Bell 1980).

Estas interacciones entre hombres y dioses pueden estar mediadas (o no) por las iglesias, es decir, por conjuntos de actores e instituciones que participan del carácter sagrado de las entidades sobrenaturales. En lugar de seguir a Durkheim, y definir la iglesia como el conjunto formado por los agentes mediadores y la masa de los creyentes, emplearé la distinción de Weber entre la iglesia, entendida como productora (o coproductora) de ofertas religiosas, y los creyentes, entendidos como quienes formulan demandas religiosas (Weber 1978, Bourdieu 1971a). Distinguiré, así, entre: la iglesia propiamente dicha, compuesta por su liderazgo y su aparato administrativo (en el caso de la iglesia católica, por papado, episcopado, clero secular y regular, a quienes se hace referencia como 'jerarquía', 'cuerpo eclesial', 'estamento eclesiástico', etc.); y el laicado, o las bases sociales de la iglesia ('el pueblo de Dios', 'la comunidad de creyentes', 'los fieles', etc.). La comunidad formada por los dos sectores constituye la iglesia en su sentido más amplio (y, quizá, desde el punto de vista de la iglesia, su sentido teológicamente más correcto), pero, a mi juicio, no cabe explicar las transformaciones del *conjunto* sin analizar sus dos elementos, distinguiendo las estrategias del aparato eclesiástico (que produce la oferta religiosa), de las mentalidades y los comportamientos de los fieles (que sustentan la demanda religiosa). Por tanto, en este capítulo reservaré el término «iglesia» para referirme exclusivamente al aparato eclesiástico.

Típicamente, una iglesia ofrece a sus fieles (actuales o virtuales), un mensaje que combina tres elementos: un mensaje de 'sentido', un mensaje de 'salvación', y un mensaje de 'comunidad moral'. Estos tres mensajes toman como elemento central de referencia (al menos dentro de las tradiciones monoteístas y politeístas occidentales) a dioses o figuras sobrenaturales[2], a quienes la iglesia representa y de quienes recibe sus recursos espirituales. Por ello, en aquellos mensajes está implícito otro que la iglesia emite sobre sí misma, como fuente de sentido, de salvación, y de comunidad.

El mensaje de 'sentido' se refiere al hecho de que, frente al caos aparente de la realidad, la fragmentación incoherente de la vida cotidiana, los cataclismos naturales o históricos, los misterios de la muerte o del futuro, y la ignorancia del pasado, la iglesia ofrece (o pretende ofrecer) un orden mental y una explicación de causas y propósitos (Geertz 1973, Berger, 1971). La creación del mundo, el pecado original, la redención por la encarnación y el sacrificio de Dios, la comunidad espiritual entre las generaciones, vivas y difuntas, la esperanza del más allá, la tarea de la reconstrucción del reino de Dios sobre la tierra, etc.: todos estos son elementos de una visión que pretende abarcar, de modo coherente, el conjunto de la experiencia humana. El mensaje de 'salvación', entendida ésta en su sentido más amplio, trata no sólo de tranquilizar la mente con un orden, sino, sobre todo, de atender a los afectos y las emociones humanas. La salvación se re-

---

[2] Geertz (1973), Bellah (1970), y Bell (1980) consideran la religión como la combinación de una explicación del mundo (que alcanza a dar respuesta a las 'cuestiones últimas' de la existencia), y de una moral o un *ethos* social coherente. Geertz y Bellah insisten además en la función integradora de la religión. Mis objeciones son dos. Primera, desde mi punto de vista, la religión comprende visiones del mundo y morales construidas sobre la referencia a fuerzas sobrenaturales (en el mundo occidental, los dioses u otros agentes divinos o demoníacos), y centradas en la interacción entre los humanos y aquellas fuerzas sobrenaturales. Segunda, no creo que el papel integrador que la religión puede jugar en algunas sociedades, y durante algunos períodos de tiempo, nos permita mantener que éste es un rasgo definitorio de la religión. (Ver *supra* mi comentario sobre el 'ajuste limitado' entre religión y sociedad).

fiere a peligros y sufrimientos de carácter muy vario: el hambre, la enfermedad, la falta de lluvia; pero también a sufrimientos originados por sentimientos de culpa o impureza, la soledad, la angustia ante la muerte, el tedio, las rutinas ordinarias, o la fugacidad del tiempo. Por último, el mensaje de 'comunidad moral' está implícito en, y forma parte del mensaje de salvación. La comunicación del mensaje religioso ya implica una comunidad moral, de la que forman parte el referente sobrenatural, el mediador y el receptor del mensaje. Puede tratarse de una comunidad de dioses, vírgenes, santos y difuntos, y, por supuesto, de obispos, clérigos y fieles; una comunidad visible e invisible, del aquende y del allende; y una comunidad que es parte del mensaje de salvación, puesto que aconseja, conforta, y resuelve frustraciones y angustias.

Pero, en el caso de la iglesia católica, ocurre además que el mensajero es parte *prominente* del mensaje. Este énfasis es uno de sus rasgos definitorios respecto a otras muchas iglesias cristianas, en particular protestantes. Este rasgo significa, en primer lugar, que el mensaje religioso de sentido viene acompañado por un énfasis en el *magisterio* de la iglesia a la hora de precisar ese sentido. No se trata de que cada cual interrogue la palabra divina desde la sinceridad de su corazón, o a la luz de su razón; se trata de que acepte, en lo fundamental, la lectura que propone la iglesia (esto es, el liderazgo espiritual de la cúspide de la organización: papas y concilios, con el acompañamiento de teólogos profesionales y otros clérigos), que es infalible en materia de fe y de moral. No se trata de que las gentes decidan el curso de su acción; se trata de que lo ajusten a las prescripciones, los consejos y la dirección espiritual de sacerdotes 'sabios y santos'. Naturalmente, hay márgenes de juego para la decisión personal, pero los criterios ya vienen dados.

En segundo lugar, el mensaje religioso de salvación viene acompañado por un énfasis semejante en la *intervención sacramental* de la iglesia. La salvación es, en definitiva, la participación en la gracia, que nos hace salvos y santos en esta vida y en la próxima. La gracia es no sólo el signo, sino la realidad de la comunidad con Dios. De esta forma, dado que la iglesia católica es la dispensadora de los sacramentos, tiene, en su sentido más estricto, la llave de la comunicación de la gracia sobrenatural, o la vida divina, que fluye entre Dios y los hombres. De este modo, la iglesia no sólo consuela, o edifica moralmente, o intercede ante figuras sobrenaturales, sino que, además, administra el bien religioso, o sobrenatural, más preciado.

Finalmente, de todo lo anterior se desprende la *centralidad* de la iglesia católica en la comunidad moral o espiritual que forman los católicos con Dios y las figuras sobrenaturales. De hecho, en la predicación cotidiana se insiste en el coprotagonismo de 'Cristo y su iglesia', reforzado por imágenes de identidad amorosa entre ambos. La centralidad se manifiesta tanto en el magisterio ordinario como en los sacramentos, y se resume en esa peculiar combinación de predicación y de ritual sacramental en que consiste la misa, la ceremonia católica por antonomasia. La misa 'deconstruye' la comunidad temporal, y la reconstruye en sus propios términos, en un tiempo y un lugar sagrados, en torno al sacerdote, y a sus operaciones racionales y mágicas.

Esta es la oferta religiosa (doctrinal, pero también ritual e institucional) que propone la iglesia católica frente a las demandas de sentido, salvación, y comunidad espiritual de la masa de los fieles (actuales o potenciales). Estas demandas son, y siempre han sido, muy diversas, en cuanto a su contenido, su grado de explicitación y de articulación, su intensidad emocional, y su extensión. Dependiendo de la posición de las gentes en el sistema económico, social, político, o cultural, éstas pueden formular demandas religiosas que les permitan, bien justificar (o legitimar) su posición social privilegiada, bien compensar su posición subordinada (Weber 1978). Sus demandas pueden ser más o menos explícitas, y articuladas (incluso cuasi-sistematizadas, como sucede entre los intelectuales urbanos); y pueden diferir por su intensidad (pudiendo estar respaldadas por compromisos morales profundos, o superficiales), y por su extensión (pudiendo aplicarse a áreas más o menos extensas de comportamiento) (Groethuysen 1927).

Por su parte, la iglesia puede ensayar distintas estrategias para satisfacer estas demandas. Sin embargo, siempre se enfrentará con un dilema entre, bien adaptar su oferta a la demandas de diferentes grupos, bien articular estas demandas, y darles forma, haciendo que éstas se adapten, mal que bien, a su propia oferta. Y, al igual que ocurre con cualquier organización que intenta colocar sus productos en un mercado, la iglesia puede intentar conseguir una posición de monopolio, que mejoraría sus posibilidades de dar la forma conveniente a las demandas religiosas de la población. De aquí el problema crucial para la iglesia de definir su relación con el estado, que es el único que puede garantizar ese monopolio religioso, poniendo a disposición de la iglesia su propio monopolio de violencia legítima.

En principio, el contraste entre un mercado religioso monopolista y otro competitivo (o una situación de pluralismo religioso; Berger 1971) no podría ser mayor. *A priori*, en una situación de monopolio de oferta religiosa, la iglesia no tiene rivales. En el caso de la iglesia católica, no habría otras élites culturales (clérigos protestantes, rabinos judíos, morabitos o ulemas musulmanes, intelectuales librepensadores, tal vez ateos), que le disputaran las almas. Estas últimas se reducirían al papel de consumidores de objetos religiosos, cuya producción no es asunto de su incumbencia. En rigor, en este caso, la iglesia no ofrece tanto como 'impone' unas creencias y unas prácticas religiosas. Su poder es el de sancionar la creencia y la práctica heterodoxa, directamente o a través de un intermediario, generalmente el estado. Propone a los creyentes 'sumisión' y 'humildad', disposiciones de carácter a las que concede un valor por sí mismas (apelando, de esta manera, a los instintos de servidumbre y resignación de las gentes). Sus mensajes de sentido, salvación, y comunidad, se organizan en torno al magisterio, la potencia sacramental, y el coprotagonismo de la iglesia en la comunidad de los santos. El margen de libertad de los individuos se reduce a aceptar esta oferta con mayor, o menor, fervor: a ser un católico entusiasta, o uno tibio, tal vez un hombre de mundo, indiferente en su fuero interno, distante pero cauteloso. Lo que no puede es rechazar de plano la oferta, ni sustituirla por otra, salvo que esté dispuesto a recibir las sanciones correspondientes, incluidas las de carácter temporal. Esta drástica reducción de la libertad individual se justifica porque no cabe libertad para el error, o el pecado, y porque, siendo el hombre pecaminoso y débil, su libertad está viciada de origen.

Esta ha sido la situación 'ideal' que la iglesia católica ha disfrutado (o anhelado) durante un dilatado período de su historia: casi todo aquél en el que ha contado con un poder temporal afín, o disponible. Un ideal expresado en el famoso discurso del Gran Inquisidor de la parábola de Dostoyevski (1964, 204 y ss.), donde se propone una justificación singular del mismo: si Jesucristo vino al mundo para dar, o restituir, la libertad a los hombres, dándoles la oportunidad de elegir su persona, y su mensaje, la iglesia, más realista, comprende que la libertad es una carga excesiva que muchos hombres no desean, por lo que les ofrece un pacto, en el que, a cambio de su sumisión, les brinda la posibilidad de sentirse seguros, satisfaciendo sus necesidades, y garantizando su buen gobierno. El pueblo cristiano es ahora el rebaño llevado por sus pastores, a través del valle terrenal, hacia el mundo celeste, protegido contra falsos pastores y alimañas.

Sin embargo, este modelo monopolista no carece de inconvenientes, ya que la iglesia está sometida a las presiones que sobre ella pueden ejercer, bien el gobierno, bien la oposición política (que puede suplantarlo). En primer lugar, si bien la iglesia puede ser inmune (hasta cierto punto) a las demandas de muchos de sus fieles, no puede serlo a las del poder temporal, de cuya buena voluntad depende. Una vez que el supremo ideal de una teocracia (o ideocracia) se muestra, por una u otra razón, impracticable, y no cabe considerar al estado como un instrumento subordinado a la iglesia, y una vez que la autonomía relativa de las dos esferas se consolida, es preciso llegar a acuerdos, negociados y renegociados, con el poder temporal (*do ut des*), a fin de recibir apoyo estatal a cambio de servicios diversos. Estos incluyen, por parte de la iglesia, una contribución a la legitimidad del estado y sus gobernantes, y la habituación de sus súbditos a la obediencia; servicios administrativos de policía y control de las costumbres; exhortaciones a la defensa del territorio, o a la conquista de territorios ajenos; tolerancia con la moral de la corte, y resignación ante la interferencia temporal en asuntos religiosos, y ante la pretensión estatal a ejercer funciones ejemplares y edificantes, de acuerdo con los intereses y motivos de sus gobernantes. Todo esto convierte el monopolio del poder espiritual de la iglesia en un monopolio imperfecto. El segundo inconveniente es que la situación de monopolio crea un vínculo entre el poder religioso y el temporal que, a largo plazo, puede ser contraproducente. Esto es así, porque los grupos que se oponen a quienes ejercen el poder temporal pueden convertirse en enemigos de la iglesia, y, de esta forma, lo que la iglesia gana hoy, puede ser mañana una pérdida, siendo el riesgo de que esto ocurra tanto mayor cuanto mayor sea la inestabilidad del régimen político.

La situación de monopolio religioso contrasta con aquella otra donde la iglesia no puede (o no quiere) rehuir la presencia de otras élites culturales, en un mercado competitivo de ofertas de sentido, de salvación, y de comunidad moral. En épocas en que la iglesia católica no ha contado con el respaldo de un poder temporal favorable, se ha acomodado con un poder temporal neutral, no confesional, o incluso de otra confesión, pero relativamente tolerante, procurando que mantuviera abierto el mercado religioso, al menos lo suficiente para que la iglesia católica pudiera competir con otras confesiones. Esta situación de mercado abierto difiere drásticamente de la de monopolio, dado que, en aquella, el producto religioso no puede ofertarse con independencia de la demanda. Esto puede dar lugar, en definitiva, a una situación donde rige el principio de soberanía de los consumidores, y donde éstos, al mostrar sus preferencias entre varias religiones (y otras ofertas no religiosas), acaban condicionando la forma y el contenido de los mensajes religiosos.

En todo caso, en una situación, bien de monopolio, bien de pluralismo religioso, la iglesia debe decidir un diseño organizativo que permita a los fieles tener mayor, o menor, participación en el gobierno de la iglesia y el proceso de formación de la oferta religiosa, lo cual implica participación en la discusión teológica y moral, en la ejecución de los ritos, y en la dirección de las asociaciones confesionales. Esta participación será mayor cuanto más borrosa sea la frontera entre laicos y eclesiásticos; pero, dado que la nitidez de esta frontera es, precisamente, uno de los rasgos distintivos de la iglesia católica, no cabe esperar que, en ella, la participación de los fieles supere ciertos límites. Idealmente, en el modelo del rebaño y el pastor, antes aludido, la participación del rebaño se reduce a balar su aquiescencia a las decisiones del pastor, y triscar por los prados. Pero esta relativa pasividad puede ser motivo de inquietud en momentos de peligro, por ejemplo, cuando atacan los lobos. Entonces sería preferible que algunas ovejas supieran cómo defenderse, y defender, de paso, a su pastor. En otras palabras, hay ocasiones que requieren cierta diligencia por parte de los fieles, de modo que puedan enfrentarse con poderes temporales adversos, o élites culturales alternativas. Su pasividad, su inercia, su abulia, constituyen un riesgo; y pueden ser interpretadas como una actitud de resistencia a la influencia clerical: una indiferencia deliberada, un rechazo del compromiso religioso, un silencioso desafío a la autoridad moral de la iglesia. De esta forma, puede parecer menos arriesgado admitir mecanismos de voz en la organización eclesiástica (aunque con ello aparezcan rebeldes, a quienes, con el tiempo, siempre se podrá domar, o cooptar) que reprimir tales mecanismos; pues, en caso contrario, se podría levantar un muro de obstinados, que callan y no otorgan, han perdido sensibilidad, o interés, por lo religioso, y hacen oídos sordos a las voces angustiosas de sus pastores en peligro.

Ahora bien, independientemente de que la situación sea de monopolio o de mercado religioso abierto, y de que se ofrezca una mayor o menor participación a los fieles, la iglesia también tiene que optar entre ampliar, o reducir, tanto el área como la profundidad de los comportamientos afectados por sus mensajes y sometidos a su autoridad. Una opción consiste en adoptar una posición maximalista (o totalizante), según la cual la vida entera estaría sometida a la religión (combinando un máximo de intensidad, con un máximo de extensión de la experiencia religiosa). En el otro extremo, cabría una opción minimalista, conformándose la iglesia con regular actos externos de piedad. Tradicionalmente, la iglesia católica ha optado por una estrategia dualista, según la cual, mientras que una minoría de eclesiásticos y laicos selectos recibe la vocación de una vida religiosa plena, la mayoría de los fieles se limita a cumplir con las obligaciones de su estado temporal, con el aditamento de determinadas actividades piadosas y ceremoniales, bajo la supervisión e influencia, de aquella minoría eclesiástica. En épocas de fervor, sin embargo, la iglesia ha mostrado una tendencia a ampliar el ámbito y la profundidad de su influencia sobre los laicos, forcejeando con la resistencia de las capas sociales correspondientes (artesanos, campesinos, intelectuales, etc.).

En resumen, los grandes dilemas estratégicos de la iglesia católica son tres: en primer lugar, elegir entre una situación de monopolio y una de pluralismo de la oferta religiosa, lo que implica elegir entre un poder religioso apoyado tanto en sanciones religiosas como en sanciones temporales, o un poder religioso apoyado sólo en sanciones religiosas; en segundo lugar, elegir una organización interna con un grado mayor o menor de participación de los fieles en los procesos de decisión de la iglesia, y, por tanto en los procesos de producción de la oferta religiosa; y, en tercer lugar, elegir el grado de extensión y profundidad del ámbito de experiencias de los fieles al que se aplica la oferta religiosa y el poder de la iglesia.

Si operásemos en un espacio ideal vacío, y supusiéramos una estrategia que intentara maximizar los rendimientos de los recursos y poderes de la iglesia, y minimizar sus costes y sus riesgos, podríamos esperar que esta estrategia sería la siguiente. En primer lugar, la iglesia intentaría adquirir una situación de monopolio, y, por tanto, el poder de recurrir a las sanciones temporales, bajo la pretensión de que dispone de una *potestas*, al menos indirecta, sobre el estado; pero sin olvidar las contrapartidas de esta estrategia, que son los costes de interferencia del poder temporal, y los riesgos de una reacción hostil por parte de la oposición que algún día puede llegar al poder. En segundo lugar, la iglesia intentaría reducir al mínimo la participación de los fieles en el proceso de toma de decisiones; aunque teniendo en cuenta que esto puede propiciar entre ellos una apatía peligrosa, sobre todo en momentos en que se les requiere para que acudan en defensa de su pastor, o de su fe. En tercer lugar, la iglesia intentaría ampliar al máximo el ámbito de creencias y conductas de los fieles afectadas por la religión; dentro de los límites, sin embargo, que supone el interés de la iglesia en mantener la dualidad entre la iglesia y los fieles, que se justifica por la diferente amplitud del ámbito de la vida influida por la religión, y el interés de la iglesia en no exacerbar la resistencia de los laicos a la expansión de la influencia eclesiástica.

Dadas las cautelas que he introducido en la estrategia ideal de maximización de beneficios y minimización de costes y riesgos, cabe comprender que las decisiones de la iglesia enfrentada con tales dilemas estratégicos depende del espacio histórico concreto donde esa estrategia debe llevarse a cabo, y, especialmente, de la naturaleza de las demandas religiosas de los distintos grupos sociales situados en ese espacio histórico.

La oposición a la modernidad de la iglesia española

Dadas las premisas anteriores, puede entenderse la profunda oposición inicial de la iglesia católica hacia el mundo moderno, y la ambivalencia que ha sentido hacia él hasta nuestros días. Porque el mundo moderno ha introducido un grado considerable de competencia en el campo religioso, poniendo fin a la situación de (cuasi)monopolio cultural que la iglesia había disfrutado durante mucho tiempo; ha estimulado la autonomía de los fieles y, eventualmente, su deseo de participación en la organización eclesial; y ha tendido a reducir el ámbito de sus experiencias influidas por la religión.

La iglesia católica de la Baja Edad Media distaba de ser un bloque monolítico, y en ella se alojaban distintas escuelas y corrientes de opinión. A pesar de estas diferencias internas, sin embargo, existía una unidad de referencia, y sobre todas ellas planeaba la sombra de una autoridad eclesiástica (y, en principio, la razón última de un proceso inquisitorial, o su equivalente, contra heterodoxos consecuentes y recalcitrantes). Donde antes existía esta iglesia única, los tiempos modernos introdujeron una multitud de confesiones protestantes, y círculos humanistas, de científicos, filósofos y gentes de letras, quienes, actuando bajo el amparo de poderes temporales convencidos de las nuevas ideas, hostiles al poder de la iglesia, o ávidos de sus bienes, terminaron erosionando, *de iure* o *de facto,* la autoridad de la iglesia, y el poder de sus amenazas. En estas condiciones, después de uno o dos siglos de forcejeo dramático y, muchas veces, de fanatismos contrapuestos, acabó constituyéndose en casi toda Europa un régimen de tolerancia; es decir, un mercado relativamente abierto de creencias.

En general, el mensaje de las nuevas ideologías, tan distintas entre sí, coincidió en proponer una radical devaluación de la importancia de la iglesia. Las confesiones protestantes desplazaron a la iglesia del centro de la vida religiosa, ubicándola en sus márgenes. Debilitaron la importancia del magisterio, en favor del valor concedido a la interpretación personal de la palabra de Dios: una palabra que, además, el creyente podía leer directamente, en su propio hogar. La potestad de la iglesia para atar y desatar, para administrar la gracia divina, fue negada, o disminuida sustancialmente. El centro de la comunidad espiritual se desplazó al drama personal de la relación directa con Jesucristo.

De modo semejante, el mensaje de los científicos, los humanistas, los hombres de letras y, en general, el humanismo secular, consistió en una devaluación relativa del mensaje religioso, ya que lo que aquellos hicieron fue revalorizar un mensaje de sentido, de salvación y de comunidad moral carente de referentes religiosos. Las ciencias naturales podían dar cuenta del mundo con un Dios reducido a su mínima expresión, o ausente. Las ciencias sociales emergentes (la economía y la política) podían dar cuenta de sus esferas de conocimiento con referencias marginales a la revelación, y a la moral religiosa. Ni Adam Smith, ni Maquiavelo, necesitaban de iglesia alguna, o mensaje revelado alguno, para explicar sus respectivos mundos. Además, la esperanza de salvación, o liberación, de buen número de sufrimientos y frustraciones humanos se vinculó, cada vez más, a la expectativa de un progreso moral y material basado en unos conocimientos, cada vez más amplios, de la naturaleza y de la sociedad, y basado en la acción humana. Este progreso implicaba el avance problemático, pero confiado, en la dirección de una comunidad próspera, libre, integrada, y justa, cuyos modelos históricos, en la medida en que pudiera haberlos, no eran, en todo caso, las sociedades cristianas del pasado, con sus monarquías tradicionales o estamentales, y con sus economías agrarias o semicontroladas por los gremios, sino, al menos para algunos, las sociedades clásicas precristianas (con sus modelos idealizados de la *polis* griega y la república romana).

No quiere ello decir que en la génesis de los procesos de construcción de la economía y la política como esferas autónomas de la vida humana no podamos rastrear motivos religiosos. Weber insistió en las pulsiones religiosas calvinistas que existían en el origen de unas determinadas experiencias económicas (Weber 1958); y otro tanto cabría decir de la importancia de las congregaciones de los 'santos' para entender la aparición de las modernas instituciones de representación política (Walzer 1970), o de las ligas religiosas para comprender el surgimiento de los partidos políticos (Koenigsberger 1955). Pero la cuestión es que, una vez que estas instituciones se establecieron (empresas, asambleas públicas, o partidos), la lógica de su desarrollo llevó a minimizar sistemáticamente el referente religioso inicial. En otros términos, la experiencia del funcionamiento de estas instituciones, y de su ubicación en contextos más amplios, llevó a las gentes a modificar sus motivaciones iniciales, y el sentido que daban a su acción. Esto es lo que se ha llamado el proceso de 'secularización' en su sentido más amplio, que implica cambios institucionales y culturales que alejan a las gentes, y a las organizaciones, de la autoridad institucional de la iglesia, y que debilitan sus referentes religiosos.

La verdad religiosa, interpretada por la iglesia, no fue ya el principio que daba sentido a la totalidad de la experiencia. La modernidad supuso una fragmentación de esta experiencia en esferas autónomas, cada una con sus propios principios. Así, en la vida política, el principio sería la 'razón de estado', o, más tarde, la 'voluntad general'; en la vida económica, la lógica del mercado y del beneficio empresarial; en la vida intelectual, la búsqueda de la verdad a partir de la razón natural y la observación. Y esta reivindicación de autonomía no se redujo al terreno de los principios, sino que se realizó institucionalmente, de modo que la iglesia fue perdiendo su poder político, sus propiedades y su control sobre la educación y la difusión de las ideas.

El resultado último de esta situación de pluralismo o mercado religioso en el que la iglesia tuvo que competir con las confesiones protestantes y con las corrientes del pensamiento secular, fue el reconocimiento del fuero interno de cada individuo como la instancia última donde elegir entre una creencia u otra. Surgió de esta manera lo que cabe llamar el reconocimiento de la 'soberanía del consumidor religioso', en un mercado de bienes simbólicos, intelectuales o religiosos. Que este reconocimiento no se hiciera siempre formal y explícito al comienzo de este proceso no fue obstáculo para que, implícito desde el principio, no fuera observado por la iglesia, con la lucidez que proporciona el estado de alerta permanente de una institución hipersensible a sus enemigos.

Pues bien, dadas las premisas expuestas anteriormente respecto a la orientación estratégica ideal de la iglesia católica, y dadas las características históricas de la modernidad que se acaban de señalar, no es difícil entender que la iglesia católica se opusiera fervientemente a ese tipo de modernidad. La modernidad amenazaba aquella estrategia: reducía sustancialmente los recursos de la iglesia a la vez que aumentaba los de sus oponentes, reducía las probabilidades de éxito de su estrategia y multiplicaba sus costes y sus riesgos. La situación de pluralismo religioso, con la presencia de tantos y tan poderosos rivales; la tendencia a reducir el fenómeno religioso a un ámbito limitado de la existencia; la pérdida de importancia del aparato eclesiástico; y el principio de la libertad religiosa: todo ello obligaba a la iglesia a revisar su estrategia tradicional. Podía volver atrás, a un modelo de simplicidad evangélica y amor universal, con instituciones imprecisas, adoptando lo que para algunos era el mensaje cristiano originario; o podía ser consecuente con su estructura institucional y la trayectoria histórica de muchos siglos, y, en este caso, aceptar el reto de la modernidad oponiéndose a ella. Y podía hacer esto último intentando acotar un territorio donde realizar su ideal de una sociedad cristiana bajo su autoridad moral, mientras que al mismo tiempo aprovechaba la experiencia de la modernidad para aprender los mejores métodos con que llevar adelante su estrategia y alcanzar sus objetivos. Esta segunda opción fue la que se puso en práctica, constituyendo la inmensa operación histórica conocida como 'contrarreforma'.

La contrarreforma fue una extraordinaria racionalización dogmática y moral de lo que, en definitiva, era una reacción casi instintiva de la iglesia por salvaguardar unos territorios donde mantener la vigencia de un acuerdo con el poder temporal, asegurar el monopolio de su oferta religiosa y cultural, ampliar su esfera de influencia y reforzar la subordinación de sus fieles. Esto lo consiguió, en buena medida, en los propios Estados Pontificios, en el reino de Castilla y otros territorios del rey de España, en los de la Casa de Austria en general (incluyendo grandes espacios de Italia), y, con grandes dificultades, en Francia (donde hubo de arrostrar las consecuencias de una guerra civil, y ceder ante las exigencias del poder real), durante casi tres siglos.

No fue, con todo, una mera perpetuación del tiempo pasado. La contrarreforma supuso una ampliación del área de extensión de lo religioso, y un aumento de su intensidad. Esta tendencia hacia la expansión del ámbito religioso y su intensificación supuso una presencia creciente de la religión en los espacios tanto públicos como privados de la existencia. El auto sacramental, el auto de fe, la imaginería del templo, la escultura y la pintura barrocas, las misiones y la predicación popular desplegaron la religión en los espacios públicos. Pero, asimismo, las nuevas órdenes religiosas, y, en especial, los jesuitas, difundieron un tipo de religiosidad intimista, ordenada, metódica, que suponía una disciplina y una activación de los espíritus, una reorientación de sus energías y una racionalización de la experiencia religiosa, sobre todo entre los estamentos nobles y las capas medias de la población. A ello se añadió la institución de los seminarios, la insistencia en la enseñanza y el control de las costumbres por parte de los clérigos, y la reorganización de la estructura eclesiástica, cuyas unidades básicas serían las parroquias, en las que los párrocos residentes ejercerían tareas de control sobre sus feligreses.

Este esfuerzo tan extraordinario por articular los valores tradicionales, creencias e instituciones religiosas en un nuevo ambiente se llevó adelante con un esfuerzo paralelo, que consistió en diferenciar la oferta religiosa según las demandas de diferentes audiencias. Por un lado, la iglesia tuvo que ocuparse de una nobleza y de unas clases medias cada vez más interesadas en las innovaciones económicas, políticas, artísticas, e intelectuales que la modernidad trajo consigo. Era necesario alcanzar algún tipo de arreglo con estas innovaciones si lo que se deseaba era que la iglesia retuviera su plausibilidad ante los ojos de la nueva tribu de los *gentilhommes* y de los burgueses. La nueva orden de los jesuitas sería la encargada de explorar los límites de esta estrategia de adaptación en toda Europa, tal como hizo, siguiendo la misma lógica, en el contexto de otras culturas no occidentales. Por otro lado, la iglesia intentó mantener bajo su estricto control las costumbres y las creencias de la gente común.

Un estudio de unas comarcas de Castilla, Tierras de Curiel y Peñafiel, entre los siglos XVI y XVII, ofrece una ilustración de lo que este esfuerzo sistemático de la institución eclesiástica pudo llegar a suponer en la vida cotidiana de los fieles (García Sanz 1989; también Domínguez Ortiz 1973, y Pérez Díaz 1992a). En él se muestra cómo la iglesia absorbía una porción sustancial de la producción agraria de la zona a través del diezmo y otros pagos. La iglesia estaba presente en la vida local; impregnaba de significado los tiempos del año; santificaba los ritos de paso del nacimiento, el matrimonio y la muerte; conjuraba las tormentas, y dominaba los espacios públicos. Tenía recursos para castigar las blasfemias, el trabajo de los domingos y las fiestas, las relaciones sexuales fuera del matrimonio, el consumo de carne en

Cuaresma, la retención del diezmo, los cantos y los bailes de los mozos y el incumplimiento de los preceptos de confesión y de comunión (debidamente anotados en un libro de registros).

Sin embargo, esta estrategia de control encontraba resistencias. Se resistían los señores y los concejos a ceder el control de los asuntos locales. Se resistían los campesinos, quienes lograron conservar muchas de sus costumbres locales. Además, la propia institución eclesiástica tampoco funcionaba perfectamente. Eran continuas las amonestaciones de los obispos para que los curas no llevaran armas, jugaran, cantaran, bailaran o salieran al toro; ni se disfrazaran o trataran con mercancías; ni entraran en tabernas o posadas deshonestas; ni vivieran en concubinato público. Amonestaciones cuyo énfasis y cuya reiteración sugieren una clerecía de carne débil y autoridad moral modesta. Sin embargo, no por ello quedaba invalidado el programa reformador (o 'contrarreformador'). Al contrario. Todo, se pensaba, se resolvería a su debido tiempo, mejorando la organización eclesiástica, con visitas más frecuentes de obispos y arcedianos, mejores seminarios, más formación teológica y moral, más misiones populares, más vigilancia sobre las costumbres y más catequesis.

Naturalmente, la iglesia no podía renunciar fácilmente a este estado de cosas y este programa de mejorar el mundo. Y así, en los países que siguieron siendo católicos después de las guerras religiosas de los siglos XVI y XVII, el forcejeo de la iglesia contra la modernidad continuó en la forma de un forcejeo contra el capitalismo, el estado moderno, y más tarde, contra la democracia liberal y la cultura secular, porque todos estos complejos institucionales implicaban recortes de poder para la iglesia, una reducción de su influencia y la necesidad de competir por las almas.

Este largo forcejeo entre la iglesia y la modernidad ha supuesto un lento y dramático proceso de aprendizaje y adaptación por parte de la iglesia. Lento, porque ha sido preciso esperar a los últimos cincuenta años para que la iglesia hiciera las paces con este mundo, y al Concilio Vaticano II para que lo reconociera así oficialmente. Dramático, porque ha supuesto tensiones extraordinarias, con explosiones periódicas de antirreligiosidad, anticatolicismo y anticlericalismo; si bien estas explosiones han ido amortiguándose a lo largo del tiempo *pari passu* con la reducción de la hostilidad de la iglesia contra el mundo moderno, de tal manera que, hasta cierto punto, cabe hablar no ya de una adaptación de la iglesia a este mundo, sino de una adaptación mutua.

Desde el punto de vista del análisis de los mecanismos de adaptación recíproca del catolicismo y el mundo moderno, el caso de España de los últimos cincuenta años constituye una pieza de evidencia histórica de singular interés. Esto es así porque la victoria nacionalista en la guerra civil supuso un intento sistemático de realización de los ideales de la contrarreforma en pleno siglo XX, con la confesionalidad del estado y la catolización integral de la sociedad; y porque, en tan sólo dos generaciones, se ha asistido al fracaso de aquel proyecto histórico, la conversión del país en un país moderno y la reconciliación de la iglesia con las nuevas circunstancias. Durante este tiempo, la mutación de la iglesia católica española ha sido extraordinaria. Como si hubiéramos asistido a un drama en varios actos, con cambios de escenario, de argumento, de carácter de los personajes, e incluso, de tono emocional: de crispación en los años treinta; de exaltación en los cuarenta y cincuenta; de inquietud y búsqueda en los sesenta; de moderada euforia a lo largo de los setenta; de discreción, y una mezcla de satisfacción y desencanto, en los ochenta.

En los años treinta, la iglesia era parte en una guerra civil. La iglesia se percibía como mártir y militante, y como protagonista de la cruzada de la mitad de España contra la otra mitad: un país donde las clases medias y los campesinos estaban divididos, y los obreros, al parecer, descristianizados (aunque, quizá, la beligerancia de dirigentes y cuadros de las organizaciones sindicales y políticas debiera entenderse contra el telón de fondo de la indiferencia o el respeto, al menos hacia la religión, si no hacia la iglesia, de una gran parte de sus bases sociales).

En los años cuarenta y cincuenta, la iglesia era una iglesia triunfante. Su alianza con los poderes temporales parecía estable. Ejercía por delegación la autoridad estatal en materias como la enseñanza y la regulación y vigilancia de las costumbres. Y esto lo hacía mediante la adaptación de la legislación estatal a la doctrina eclesiástica, el trato de favor a las instituciones docentes de la iglesia, la censura de los espectáculos, y otros mecanismos para el ejercicio de la influencia de la iglesia en los asuntos públicos. En otras palabras, se había constituido una especie de *mesogobierno* cultural o moral a cargo de la iglesia (cfr. capítulo 4), que ahora disfrutaba de recursos extraordinarios para el control de los espacios públicos y privados de la sociedad.

Desde mediados de los cincuenta, y a lo largo de los años sesenta, asistimos a la erosión del equilibrio anterior y de la seguridad de la iglesia en sí misma. Los problemas se le resisten: problemas con los intelectuales, los obreros, el capitalismo, el regionalismo, el poder político y los sentimientos morales de las masas. Son años de emergencia de una contracorriente dentro de la iglesia española que pone en cuestión las soluciones de la iglesia triunfante, y que recibe un impulso decisivo del Concilio Vaticano II. Son años críticos: de inquietudes, de encontradas esperanzas y de conflictos internos.

A lo largo de los setenta se consuma este conflicto interno y tiene lugar el consiguiente cambio de alianzas. Aumentan las distancias con el poder autoritario y se abren las posibilidades para un entendimiento con una nueva clase política, un régimen de democracia liberal y un estado no confesional. Son años de moderada euforia porque la delicadísima operación se realiza con éxito, y porque la iglesia española vive de nuevo una experiencia de coprotagonismo público durante los acontecimientos de la transición.

Los años ochenta encuentran a la iglesia haciendo balance de la situación. Ha sido reducida al *status* de un grupo de presión más, debiendo acomodarse con leyes que apoya sólo a medias, o con las que está, incluso, en total desacuerdo; con una influencia limitada en la clase política; y, sobre todo, con una influencia desigual, y precaria, sobre la sociedad civil. En estos años la iglesia se percata de un fenómeno que había ido desarrollándose a lo largo de veinte años: el lento deslizamiento de la vida cotidiana de las masas, clases medias y trabajadoras, fuera de su esfera de influencia.

La guerra civil: su dimensión religiosa y su trasfondo histórico

Los cien años largos que van desde el fin de las guerras napoleónicas hasta los años treinta pueden entenderse como un período de largo forcejeo entre la iglesia católica y el régimen liberal, a la búsqueda de un *modus vivendi.* El punto de arranque fue el de una profunda ambivalencia recíproca. Los eclesiásticos españoles no se opusieron frontalmente a la caída del Antiguo Régimen; en esto fueron, como lo fue con frecuencia el clero europeo ilustrado del XVIII, indecisos y prudentes. Pero la experiencia de la Revolución y la época napoleónica convencieron a la iglesia de la conveniencia de una alianza del trono y del altar que pusiera diques a la marea del liberalismo, que parecía orientado a la creación de un estado no confesional, con libertad religiosa y reducción sustancial de los bienes y los poderes de la iglesia

(Artola 1959). Más tarde, quedó claro que los legitimistas, o carlistas, carecían de futuro histórico. Su área de influencia no se extendería más allá del control, siempre precario, de áreas marginales de la sociedad europea, como el País Vasco entre 1833 y 1840, y entre 1872 y 1876. Y, así, la iglesia española hubo de aceptar un entendimiento con los males menores del liberalismo doctrinario, el moderantismo y la restauración canovista.

Desde el punto de vista de la iglesia, el objetivo de estos entendimientos tácticos era conseguir una reducción del grado de libertad de actuación de sus competidores, y obtener del estado un compromiso de apoyo preferencial, en forma de subvenciones, exenciones fiscales, apoyo a sus centros docentes, leyes en materia de moral y costumbres compatibles con la doctrina eclesiástica, etc. A cambio de ello, la iglesia renunciaba a apoyar activa y consecuentemente a los enemigos del régimen, prestándole así una dosis de legitimidad, y favoreciendo la aquiescencia de las masas al orden establecido. Este entendimiento sólo se logró después de numerosos enfrentamientos, como los ocasionados por la enajenación de bienes y tierras de la iglesia, la expulsión de órdenes religiosas, los debates entre la ciencia y la religión, las guerras escolares, la invasión de los Estados Pontificios, o las campañas anticlericales, etc.; y enfrentamientos que, a veces, dieron lugar a sucesos trágicos, tales como la quema de conventos, los asesinatos de frailes, y otras atrocidades y sacrilegios.

Poco a poco fue alcanzándose este entendimiento y *modus vivendi* táctico entre la sociedad burguesa y la iglesia católica, con el contrapunto de los sobresaltos resultado de las ofensivas anticlericales y el integrismo católico. Muestras de este entendimiento fueron las posiciones de un Papa como León XIII sobre el *ralliement* político y los temas sociales, que dieron lugar a las corrientes del catolicismo liberal y el catolicismo social, ambas muy importantes en Europa, aunque apenas en España hasta mucho más tarde (Laboa 1985, Payne 1984).

Los cataclismos europeos de la Gran Guerra y las revoluciones y contrarrevoluciones de los años veinte y primeros años treinta de este siglo perturbaron, sin embargo, profundamente, las relaciones entre la iglesia y el mundo moderno, y afectaron aquellos entendimientos. La rivalidad de la iglesia con el orden liberal palideció ante la amenaza de movimientos sociales y nacionalistas, los protagonistas de la nueva situación, de quienes cabía esperar escaso favor. En los años treinta y cuarenta, la iglesia se encontró en medio de un triángulo de adversarios, constituido por liberales, por fascistas, y por anarquistas, socialistas y comunistas (en la medida en que podamos reunir en un haz estas tres ramas del movimiento obrero), y hubo de elegir alguno de ellos donde apoyarse, confiando en que sus adversarios se detestaran entre sí más de lo que la detestaban a ella misma. La situación no fue la misma en toda Europa, llegando a ser muy distinta en Francia e Italia, de un lado, y España, de otro.

En Francia e Italia buena parte de la iglesia vio con espíritu de comprensión y simpatía la aparición de un régimen corporativo autoritario, y la marginación de liberales y anarquistas o socialistas. Pero los avatares de la II Guerra Mundial, la experiencia de las derrotas nacionales y la ocupación alemana, que, de modo distinto, ambos países experimentaron, trajeron consigo, en un momento dado, la implicación de una parte sustancial de la iglesia y los católicos en operaciones de resistencia. Estas experiencias legitimaron su intervención posterior como coprotagonistas de la democracia liberal que se implantó en aquellos dos países al término de la guerra. La experiencia compartida de riesgos y sacrificios en aras de un objetivo de independencia nacional y de creación de una democracia liberal (con el aditamento, o no, de unas reformas económicas y sociales de carácter populista) cimentaría la comunidad moral de socialistas, liberales y católicos en estos países, la cual habría de subyacer a (y limitar) las tensiones partidistas de postguerra. Y esto haría posible, a su vez, la alianza estratégica de socialdemócratas y democristianos en torno a la reconstrucción nacional, el estado del bienestar y la construcción de una Europa unida.

Ahora bien, si la experiencia de la resistencia contra un invasor y un ocupante alemán constituyó una experiencia crucial de las iglesias italiana y francesa, la experiencia crucial de la iglesia española fue muy distinta. Esta se encontró en medio de una guerra civil, haciendo causa común con militares, conservadores y fascistas, unidos en el proyecto político de un régimen corporativo autoritario, y enfrentada a una coalición republicano-socialista en el Parlamento y a unas masas socialistas y anarquistas en la calle.

El 'problema religioso' de la España de los treinta resultó sobrecargado por dos circunstancias: por el tono dramático con el que las gentes de la época se enfrentaron con el problema, herencia en parte de una tradición de conflictos; y por la combinación del problema religioso con problemas políticos y económico-sociales extremadamente graves, con el resultado de que iglesia y religión se encontraron en el centro de intensos debates sobre el carácter del régimen político y la reforma social. Ambos factores, su talante dramático y su combinación con otros conflictos, convirtieron un problema religioso difícil en un problema aparentemente insoluble.

No es probable que en los años treinta la sociedad civil española hubiera dejado de ser católica, a pesar de lo que sugieren las declaraciones frecuentemente citadas, intemperantes y un poco confusas de Azaña en este sentido[3]. A la hora de la verdad, siguió habiendo pocos españoles no bautizados y, durante la República, fueron pocos también los matrimonios civiles, pocos los divorcios y pocos los entierros de carácter civil. Probablemente, la mayoría de los españoles tenía vagos sentimientos católicos, aunque su actitud hacia la iglesia y los clérigos fuera, en muchos, de indiferencia o ambivalencia. Pero, aunque la mayoría de la sociedad pudiera ser católica, con las limitaciones indicadas, el hecho es que la República colocó en el centro del 'teatro estatal' un segmento político liberal y unas organizaciones socialistas y anarquistas intensamente anticlericales (Ramírez 1969). Este anticlericalismo era el legado de varios factores: el anticlericalismo de los liberales y los progresistas del siglo anterior, que rechazaron el «compromiso moderado» entre la iglesia y el estado; la reacción de muchos intelectuales y algunos segmentos de las clases medias contra los acuerdos entre la iglesia y el régimen canovista, y contra el resurgimiento católico de fin de siglo (como consecuencia de la afluencia de órdenes religiosas francesas, resultado, a su vez, de la legislación del país vecino y del dinamismo de organizaciones religiosas, como la de los jesuitas); y, finalmente, la irritación y la desconfianza suscitadas por la colaboración de las instituciones católicas con la dictadura de Primo de Rivera. Además, el anticlericalismo de los años treinta heredaba una tradición de anticlericalismo popular, no falto de manifestaciones sangrientas, como las de los años 1834-35 y la semana trágica de 1909 (Payne 1984, Ullmann 1968).

La ofensiva anticlerical de la República desconcertó a la iglesia y a los católicos, quienes habían adoptado una actitud reticente, pero prudente y posibilista, hacia el nuevo régimen. Pronto se sintieron

[3] Las declaraciones de Azaña (recogidas en su discurso parlamentario del 13 de Octubre de 1931) combinaban proposiciones descriptivas y normativas, y deben ser leídas en el contexto de una deliberada estrategia anticlerical. Ver, por ejemplo, las reflexiones de Azaña sobre sus esfuerzos para lograr la exclusión de las órdenes religiosas de la docencia y la disolución de la Compañía de Jesús (Azaña 1968, 178).

obligados a defender sus instituciones y sus creencias. El compromiso constitucional no fue posible (Gunther y Blough 1981). La expulsión de los jesuitas, y las limitaciones impuestas a otras órdenes religiosas, a las manifestaciones públicas del culto y a la enseñanza católica, mostraron una actitud inequívocamente hostil por parte de las autoridades públicas. La quema de conventos, casi al mes de declararse la República, fue indicio de la voluntad de algunos, no ya de limitar a la iglesia, sino de destruirla, contando con la deliberada pasividad del gobierno (tal como se mostró en la reacción negativa de Azaña y los ministros socialistas a los requerimientos de Miguel Maura para usar las fuerzas de orden público. Ver Maura 1966, 249 y ss.). La iglesia reaccionó movilizando las masas agrarias y las clases medias, encauzándolas hacia organizaciones políticas y sindicales de derecha, creadas tras décadas de cuidadoso trabajo organizativo (ver Castillo 1979, y Montero 1986). La derecha integrista se implicó pronto en la operación de conspirar para derrocar el régimen. La derecha posibilista y moderada rehusó declarar de forma inequívoca su lealtad a las nuevas instituciones, flirteando abiertamente con el autoritarismo. Mientras tanto, ante el éxito relativo de esta derecha moderada en los comicios, y la eventualidad de su llegada al poder, parte de la izquierda reaccionó, en 1934, con una revolución social, que abortó en pocas semanas, no sin su cortejo de derramamiento de sangre, quema de iglesias y otros rituales de profanación de símbolos religiosos.

Esta historia de luchas, radicalismos, y violencias abocó, como es sabido, a una guerra civil que se prolongó durante tres años, y donde todos los sectores de la población se vieron implicados. En el mundo rural, los campesinos conservadores, medianos y pequeños, de la meseta norte del país se enfrentaron a las masas anarquistas y socialistas de pequeños campesinos y braceros sin tierra de la España del sur. Entre las clases medias, sectores de carácter liberal y anticlerical se opusieron a sectores moderados o conservadores, que hicieron suya, con mayor o menor entusiasmo, la causa de la defensa de la religión. Dentro de la clase obrera, los líderes y cuadros de las organizaciones eran en su mayoría antirreligiosos y anticlericales, aunque es dudoso que tales sentimientos fueran compartidos por las masas de los trabajadores. Comenzada la guerra civil, un dirigente como Andrés Nin se ufanaba de haber resuelto el problema de la iglesia «yendo a la raíz [ya que] hemos suprimido sus sacerdotes, las iglesias y el culto»; y, por su parte, *Solidaridad Obrera* exhortaba, en un editorial, a «arrancar la iglesia de cuajo [y] para ello es preciso que nos apoderemos de todos sus bienes. [Además,] las órdenes religiosas han de ser disueltas [y] los obispos y cardenales han de ser fusilados» (Ruiz Rico 1977, 22-23). Ya antes, *El Socialista* había dejado constancia de que «el hombre progresivo, más que anticlerical, tiene que ser antirreligioso [ya que el] socialismo es incompatible con [el] catolicismo y con toda religión» (Gunther y Blough 1981).

Testimonio inequívoco de la extensión y la intensidad de los sentimientos anticlericales y antirreligiosos de buena parte del país fue el asesinato en la zona republicana de casi siete mil clérigos y religiosos durante los primeros meses de la guerra: 4.185 miembros del clero secular (casi un cura de cada siete), y 2.648 religiosos, habiendo zonas donde se ejecutó a la mayoría del clero diocesano, como en Barbastro (88 %), Lérida (66 %) y la ciudad de Tortosa (62 %), o a casi la mayoría, como en las provincias de Ciudad Real (40 %), y de Toledo (48 %) (Payne 1984, 214). Toda esta violencia estalló sin otra justificación, o excusa, que la de ser un acto colectivo de cobardía y de barbarie, como lo fueron en su momento los asesinatos de clérigos en los motines del XIX, propiciados por rumores de envenenamiento de los pozos públicos. Y a ello le correspondió, del lado franquista, las represalias sangrientas y la represión sistemática en la retaguardia, invocando motivos de reconquista espiritual, e identificando España con el catolicismo, el alzamiento militar y un régimen autoritario.

Esta experiencia crucial, de ser parte y víctima en un masivo baño de sangre, conformó decisivamente la mentalidad de quienes vivieron aquellos años, y especialmente de aquellos que, viviéndolos en plena juventud o al comienzo de su madurez, habían de alcanzar después posiciones de autoridad dentro de la iglesia y del estado en los decenios posteriores. Para la iglesia, la experiencia en la zona republicana fue de persecución sin paliativos: brutal durante un primer larguísimo momento; y luego, más calmados los ánimos, de persecución amortiguada por la necesidad del gobierno republicano de mejorar su imagen ante la opinión mundial (Payne 1984, 215; Ruiz Rico 1977, 59-62). Su experiencia en el lado nacionalista fue totalmente distinta. Allí tuvo lugar la apoteosis del espíritu de cruzada, en parte deliberadamente activada por los líderes de la insurrección, pero también, en parte, expresión de un sentimiento genuino de amplias masas de la población. Muchos jóvenes, campesinos o de clases medias, se contagiaron de un fervor patriótico-religioso que ocultaba, o daba sentido, según los casos, al riesgo de la batalla. La posición de los obispos, salvo excepción, fue inequívoca. A pesar de que su famosa carta colectiva de 1937 no mencionó literalmente el término «cruzada», su posición no dejó lugar a dudas. La iglesia apoyó sin ambages, moral y (salvo alguna cautela inicial) diplomáticamente, el alzamiento militar. Una y otra vez lo caracterizó como ligado a una guerra religiosa, y una defensa de la fe católica (Ruiz Rico 1977, 45-59). Y lo que el alto clero dijo, permitiéndose a veces el lujo de alguna reserva mental para uso de historiadores futuros, el clero bajo lo gritó a voces y estentóreamente. Y, con ocasión de ello, unos y otros activaron la poderosa memoria de la intervención de los clérigos en los hechos de armas de la historia española: la Reconquista, las guerras religiosas en Europa, la lucha contra el turco y la represión violenta de la heterodoxia interior; evocando, más recientemente, la figura familiar del cura guerrillero contra Napoleón, las bandas apostólicas de los años veinte y las bandas carlistas de los años treinta y setenta del siglo pasado.

La iglesia católica triunfante

La denominación «iglesia triunfante» puede aplicarse a la iglesia durante el período de su alianza con el general Franco, mientras se mantuvieron vivos los ideales de confesionalidad del estado y de catolización integral de la sociedad. La jerarquía eclesiástica no renunció a estos ideales hasta tanto no asimiló las lecciones del Concilio Vaticano II a lo largo de la segunda mitad de los sesenta. Arranca este período en la zona nacional con el comienzo de la guerra (y en el conjunto de España con el fin de la misma), abarcando, por tanto, en su sentido más amplio, casi treinta años. Dentro de este período, sin embargo, cabe distinguir dos fases: en la primera, prolongada hasta mediados de los años cincuenta, se observa una cuasi unanimidad de la iglesia en una estrategia de alianza con el poder (y esta es la fase que analizo en esta sección); en la segunda, surge la discrepancia, con la aparición de una contracorriente que preparará el camino para una alteración profunda de las relaciones entre la iglesia y el poder temporal (una fase a la que dedicaré una sección ulterior).

Debo insistir en que sólo entendiendo la tragedia de la guerra civil y el contraste entre las experiencias de la iglesia en la zona republicana y en la zona nacional cabe comprender los decenios siguientes. La iglesia mártir y militante, perseguida a muerte y combatiente a muerte, era ahora la iglesia triunfante. Los sentimientos, inconfesables, pero genuinos, de miedo y odio, terror e indignación, que se habían metamorfoseado en espíritu de cruzada durante la guerra, pudieron convertirse, después, en expresiones de orgullo, y quedar asociados al triunfo definitivo de la Cruz. Para que esta metamorfosis de sentimientos fuera posible, fue preciso que los recuerdos de martirio y cruzada se conservaran, protegidos y exaltados, en la memoria colectiva. Con este objeto, se construyó un amplísimo escenario de monumentos evocativos de un culto a la muerte 'por Dios y por España' en todos y cada uno de los lugares del país, cerca, o formando parte de las propias iglesias, asociándose así martirio y triunfo, religión y patria (de la misma manera que, después de la primera guerra mundial, los monumentos a los soldados muertos en la guerra en las plazas de los pueblos franceses o alemanes se convirtieron en recordatorios de aquella experiencia y evocaciones de sentimientos nacionalistas; ver Mosse 1975). Con los monumentos vinieron los rituales, y con ellos una profusión de mitos y leyendas. Desfiles, procesiones, entradas bajo palio, consagraciones al Sagrado Corazón y a la Virgen, protestas de fe católica y de obediencia al Papa, fueron ocasiones para millares de ceremonias de asociación de la iglesia y el estado, cimentadas directa o indirectamente sobre aquella experiencia sangrienta.

La iglesia estuvo entonces profundamente unida (con la excepción de algún prelado reticente y un sector del clero vasco), y unida en el santo espíritu de lo que, podríamos llamar, la 'venganza cristiana': una venganza que consistía en convertir piadosamente a los condenados a muerte en el camino de su ejecución, confortar a los encarcelados, y dedicar sus energías a erradicar las semillas del enemigo diabólico, tanto en el estado, como en la sociedad (Laboa 1985, 142-3)[4]. Unida no sólo en los sentimientos, sino también en el programa de actuación, que resumió el cardenal Gomá con estas palabras: «¡Gobernantes! Haced catolicismo a velas desplegadas (...) Ni una ley, ni una cátedra, ni una institución, ni un periódico fuera o contra Dios y su iglesia en España» (Laboa 1985, 144).

[4] Así describió el cardenal Gomá las labores de este enemigo diabólico: «Judíos y masones envenenaron el alma nacional con cuentos tártaros y mongoles, convertidos en sistema político y social en las sociedades tenebrosas manejadas por el internacionalismo semita» (Laboa 1985, 142-3). De lo que se deducía, lógicamente, el consejo moral de este mismo prelado a los dirigentes del alzamiento nacional para cuando éstos gobernaran el país: «No pactéis con el mal, ni a título de las exigencias de la libertad social; concederle los derechos de ciudadanía (...) será pactar la ruina a plazos, más o menos largos, del pueblos que dirigís» (Laboa 1985, 144).

De la guerra civil, y de su trasfondo histórico, la iglesia española había aprendido varias lecciones, unas con relación al estado, y otras con relación a la sociedad civil. Respecto al estado, la lección parecía clara. A la larga, el entendimiento táctico con el estado liberal había traído consecuencias catastróficas. Los resabios y las reticencias de la iglesia contra el liberalismo se vieron confirmados y exacerbados por la experiencia republicana. Ya no era suficiente apostar por un mal menor. El objetivo político de la iglesia debía ser la plena realización del ideal: un estado confesional, conforme con la iglesia en su estructura, su legislación y sus hombres, subordinado a ella al menos en determinadas materias, y proveedor de recursos a la misma para el cumplimiento de sus fines propios.

El nuevo estado español fue confesional desde el primer momento (tras una breve indecisión), y lo fue, por así decirlo, *ad nauseam*. Sus leyes fundamentales y su legislación ordinaria rebosaron de declaraciones en este sentido. Declaraciones repetidas y enfatizadas por los discursos y las señas de identidad de sus dirigentes, los rituales públicos, las afirmaciones de los eclesiásticos y su presencia en cargos del estado: desde los modestos capellanes de los sindicatos o del Frente de Juventudes, hasta los miembros de los Consejos (del Reino, de la Regencia, de Estado, y de la Falange), y de las Cortes. Este estado reprimió, hostigó, marginó, excluyó de puestos docentes o censuró, según el caso y la situación, a protestantes, masones, librepensadores, acatólicos, marxistas o anarquistas, es decir, prácticamente a todos los rivales imaginables de los clérigos. El nuevo estado prometió que su legislación se ajustaría a las normas católicas. No sólo lo hizo así, sino que cedió a los tribunales eclesiásticos la jurisdicción sobre la separación de cuerpos y bienes entre católicos. Además, consideró que la iglesia podía ejercer control y vigilancia en materia de enseñanza moral y religiosa en todo tipo de centros docentes, estatales o no, nombrar los profesores de estas materias en los centros estatales, y mantener su propios centros de enseñanza (que llegaron a abarcar casi la mitad de las plazas de enseñanza media del país). Asimismo, permitió que la iglesia ejerciera censura de obras literarias y artísticas, y tuviera su red de prensa periódica (casi un quinto de la tirada total de los periódicos en 1956) y no periódica (cerca del 70 % de la tirada del país en 1957) (Hermet 1985, 195 y ss.). Lo que esto supuso fue la creación de un *mesogobierno* moral y cultural en manos de la iglesia. Esta pudo participar en los procesos de toma de decisiones y de ejecución de una política de educación moral y vigilancia de las costumbres, apoyada en el marco legal y el respaldo de la autoridad y el poder coercitivo del estado.

Finalmente, el estado aportó todo tipo de recursos a la iglesia, y lo hizo generosamente. Este era un asunto de vital importancia, ya que la breve experiencia de la República había escarmentado a los dignatarios eclesiásticos frente a cualquier veleidad de sostenerse económicamente a través de la sociedad civil (Payne 1984, 201-2). Las subvenciones del estado franquista fueron cuantiosas: en los primeros años setenta se estimaron en torno a cinco mil millones de pesetas al año, el equivalente al presupuesto de un ministerio de tamaño medio (Hermet 1985, 26). Pero el estado no se limitó a las subvenciones (dotación del clero para el funcionamiento ordinario y el gasto de personal de clero secular, sueldos y salarios del personal eclesiástico ocupado en la administración; o subvenciones a la enseñanza de la iglesia), sino que añadió exenciones fiscales, inversiones directas y ayudas a la inversión en la construcción, o reconstrucción, de edificios religiosos.

Sin embargo, aunque próximo al ideal, el estado español no era perfecto: lo perfecto habría sido, quizá, su total subordinación a la iglesia. De este modo, quedaron márgenes de descontento, algunos no despreciables, que habrían de ampliarse en el futuro. La iglesia, por ejemplo, hubo de aceptar un entendimiento, a veces incómodo y difícil, con uno de los elementos claves del régimen, el partido único falangista, que, entre 1936 y 1941, había pasado de 36.000 miembros a 362.000, estabilizándose en torno a algo menos de un millón de afiliados alrededor de 1942 (Hermet 1985, 273). Falange tuvo un evidente protagonismo político en los primeros años del régimen, y presionó por la creación de un estado fuerte y relativamente secularizado. La iglesia hubo de soportar la absorción de las asociaciones agrarias católicas, las federaciones de estudiantes católicos y los sindicatos católicos por el aparato falangista, como antes tuvo que aceptar la desaparición de los partidos políticos católicos. Hubo de pelear a veces con la censura estatal, y tuvo que esforzarse en proteger, en su momento, las ramas especializadas de Acción Católica. Nunca quedó satisfecha con la regulación de la enseñanza universitaria y las limitaciones *de facto* al desarrollo y la ayuda a las universidades de la iglesia. En general, vio siempre con recelo las dimensiones totalitarias del falangismo, que sonaban en sus oídos como un eco débil, pero reconocible, del nazismo alemán. Las tensiones entre iglesia y falange, aunque contenidas dentro de ciertos limites, y compensadas por numerosos puntos de acuerdo, nunca fueron superficiales. De hecho, las tensiones entre juventudes falangistas y católicas fueron endémicas a lo largo del franquismo. Y cabe considerar como variaciones de las mismas las tensiones entre falangistas y Opus Dei durante los años sesenta y setenta, que abocaron a la escisión de la clase política del franquismo en su fase final. Esta tensión llegó hasta el punto de afectar decisivamente la capacidad de estructuración de los partidos de centro derecha durante la transición y la consolidación de la democracia, pudiéndose rastrear huellas de esta enemistad en la desconfianza mutua entre 'azules' y democristianos de la extinta UCD.

En el conjunto de aquellos años, tales tensiones tuvieron una importancia sólo relativa. El hecho es que, gracias al estado franquista, la iglesia disfrutó plenamente, durante décadas, de privilegios que, en el contexto de la época, fueron exorbitantes. Y lo fueron, por mucho que más tarde prelados insignes, demasiado deseosos de marcar las distancias con un régimen convertido retrospectivamente en *non sancto*, hayan intentado minimizar la aportación del estado franquista al cumplimiento de los deseos de la iglesia[5].

Sin embargo, a la iglesia no le parecía suficiente que el estado fuera confesional. La confesionalidad del estado debía suponer la catolización íntegra de sus dirigentes, y a ello se añadía el proyecto histórico de una conversión completa de la sociedad en todos sus aspectos: políticos, económicos y culturales. Así, la iglesia se preocupó de crear una cantera de 'familias políticas' del régimen. Entre mediados de los cuarenta y mediados de los cincuenta, las gentes de la Asociación Católica Nacional de Propagandistas controlaron sectores claves del go-

---

[5] Así, por ejemplo, en la entrevista concedida por el Cardenal Tarancón a la revista *Cambio 16*, publicada el 10 de diciembre de 1984, el periodista preguntó: «Durante la guerra civil, la iglesia española y el Vaticano apoyaron abiertamente al bando nacional; sin embargo, al final de la Dictadura las relaciones entre la iglesia y el estado no fueron siempre cordiales ¿Qué pasó?» La respuesta de Tarancón fue la siguiente: «Durante gran parte del tiempo que duró la guerra civil, el Vaticano no se pronunció por ninguno de los dos bandos, hasta que, en un momento dado —y ellos sabrán por qué—, el Vaticano mandó a un nuncio a visitar la zona nacional, algo que todo el mundo entendió como un espaldarazo oficial de la iglesia a la causa del movimiento. Sin embargo, el Vaticano siempre mantuvo un contencioso con el régimen de Franco. Por un lado, el franquismo buscaba un apoyo en la iglesia, y, por otro, la iglesia no aprobaba todo lo que hacía el franquismo. Por ejemplo, nada más terminada la guerra, se difundió una pastoral del cardenal Gomá en la que se decía que había que buscar la reconciliación y olvidarse de cualquier revanchismo, algo que no gustó a las autoridades franquistas, hasta el punto de prohibir esta pastoral.»

bierno, y, a partir de mediados de los cincuenta, lo hicieron gentes procedentes del Opus Dei. Pero ésta no fue sino la zona más visible de una red amplísima y variada de organizaciones para la formación de dirigentes políticos y sociales, y de foros de discusión. También intentó la iglesia ampliar su influencia en el terreno de la vida económica, aunque aquí hubo de limitarse a poco más que declaraciones retóricas. En realidad, el espacio económico estuvo dominado por la lógica del mercado y de la intervención del gobierno, operando según sus propios principios. En términos generales, la iglesia reconoció estos principios como compatibles con su doctrina, aunque su ideal se orientara hacia alguna forma de corporatismo social, aparentemente poco viable. Lo cierto es que la iglesia tenía poco que decir sobre la economía, descontadas algunas reservas mentales, afirmaciones altisonantes sobre la redistribución de la riqueza y el remedio de la pobreza, y la advocación indecisa de reformas menores. Esto no significaba, sin embargo, que los católicos, como tales, no pudieran lanzarse a la tarea de crear riqueza, y, de paso, si cabe, enriquecerse. De hecho, la santificación de estas operaciones de enriquecimiento sería uno de los signos distintivos, en sus comienzos, de una de las agrupaciones católicas más importantes del momento: el Opus Dei. Por último, el empeño de la iglesia en ocupar el espacio cultural o intelectual supuso excluir a sus rivales culturales de otras épocas. Como ya se ha mencionado, en esto consistió el mesogobierno cultural reconocido a la iglesia, aunque éste tuviera ciertos límites. Más allá de estos límites se encontraron los saberes técnicos y profesionales y la educación universitaria, sobre los cuales el control y la vigilancia de la iglesia fueron reducidos, intermitentes y relativamente laxos.

A todo esto hay que añadir la ocupación del espacio interior de las personas: el de su conducta privada y su conciencia. Al respecto, lo que caracterizó a la iglesia de la época fue su impulso totalizante. Quiso abarcar todos los aspectos de la vida, cuerpos y almas. Para esto no bastaba la coerción. Se requería la persuasión. Y ésta se aplicó de modo distinto sobre distintas partes de la sociedad civil. Simplificando, cabe distinguir dentro de esta sociedad dos mundos: el de las clases medias, cantera de 'minorías selectas', y el de las clases subordinadas, es decir, normalmente destinadas a ocupar posiciones de subordinación en organizaciones políticas, económicas, o culturales de todo tipo. Inicialmente la iglesia se orientó preferentemente hacia las clases medias.

El esfuerzo de la iglesia por catolizar las clases medias españolas venía de antiguo. A lo largo del siglo XIX las había semiperdido. Curiosamente, si bien el catolicismo liberal español perdió su batalla doctrinal con el integrismo o el tradicionalismo (Laboa 1985), la ganó, en buena parte, en la vida cotidiana. Los católicos españoles podían ser católicos en la iglesia, y tal vez en sus hogares, pero no se sentían subordinados a la iglesia en el terreno político, económico, social o cultural. Aplicaban el principio liberal de la autonomía relativa de las esferas de la vida. Veían con buenos ojos la reducción de la influencia de la iglesia a cuestiones de fe, culto y costumbres. El clero respondió siempre dolido e indignado a esta estrategia sistemática de los católicos españoles, a quienes tildó de tímidos e inconsecuentes, llenos de concesiones al mundo moderno; y, en compensación, trató de desquitarse a través de su influencia en mujeres y en jóvenes, de quienes quiso hacer católicos fervientes. De aquí, el esfuerzo educativo, organizativo y de control de medios de comunicación de los jesuitas y otras órdenes entre 1880 y 1930. Pero siempre pensaron que habían empezado con retraso, y que sus adversarios, la Institución Libre de Enseñanza, la generación del 98, Ortega, Unamuno, u otros *maîtres à penser*, e instituciones de carácter secular, habían conseguido una influencia cultural que desbordaba la suya propia.

Con la victoria en la guerra civil, los eclesiásticos creyeron llegado el momento de intensificar sus esfuerzos de control de esas clases medias, al amparo del nuevo estado, y a través del control de la enseñanza media, y la creación de una red de organizaciones complementarias para la formación de adolescentes y jóvenes. Organizaciones como los jesuitas o el Opus Dei, cada cual con su estilo propio, respondieron a esta necesidad de catolización integral de las 'minorías selectas' procedentes de las clases medias, en quienes veían los dirigentes del mañana. Trataron de conseguir jóvenes que ligaran una intensa experiencia religiosa con el objetivo de realizar la voluntad de Dios sobre la tierra, reconstruyendo el mundo según los criterios de la fe y la moral católica. No católicos a medias, sino totales; no tibios, sino dispuestos a comprometerse íntegramente con el ideal católico. Su moral debía ser la de la entrega a una vocación de combate. Su actitud ante el mundo, la de una lucha permanente contra él. Pero si el mundo había de ser conquistado, ellos debían vivir en estado de alerta, porque la guerra había de ser ganada una y otra vez. Su talante debía ser heroico; su retórica, de conquista; su estilo, cuasi militar. Autocontrol, disciplina, heroísmo, y ascetismo: tales debían de ser las claves morales y emocionales de su conducta.

De ahí la importancia que en la formación de tales gentes tendría la moral sexual. El *ethos* del autocontrol era inseparable de un esfuerzo de racionalización sistemática de la conducta religiosa. Sin embargo, la estructura motivacional inserta en la insistencia de los clérigos en el tema sexual, con la consiguiente aparición de un clima de obsesión por el sexto mandamiento, fue algo más compleja. Porque al motivo de la racionalización sistemática de la conducta se añadieron otros tres motivos distintos, sólo en parte coherentes con aquél. Primero, el motivo de seguir un código de decoro estamental adecuado para quienes aspiraban (o debían aspirar) a ser líderes, cada uno según su vocación, entre profesionales, burócratas o empresarios. Segundo, el motivo de seguir las normas propias de un tipo de familia basado en la relación monógama y heterosexual; que, sin embargo, habían sido siempre compatibles con amplios márgenes de permisividad para los hombres en las sociedades católicas. Tercero, y sobre todo, el interés en construir una estructura psicológica donde pudieran darse cita la hostilidad de estos jóvenes al mundo y su subordinación a los hombres de la iglesia. Porque, si los jóvenes en cuestión reprimían su instinto sexual, lo hacían alimentando un *quantum* de agresividad contra la carne, la tentación, la permisividad, las leyes del mundo y el mundo mismo. De este modo, si vencían, se convertían en guerreros de la fe. Pero si, por el contrario, eran débiles y sucumbían a la tentación, quedaban, culpables, en situación de dependencia psicológica, necesitados de una absolución que sólo el eclesiástico podía darles. El tratamiento represivo de la sexualidad conseguía, así, que una buena parte de las clases medias, presuntamente privilegiadas y dirigentes, vivieran psicológica y moralmente en una alternancia de estados de gracia y de pecado, de éxtasis y de depresión, dando así ocasión para el trabajo de orfebrería del sacerdote católico que, con su práctica de la confesión y la dirección espiritual, podía suavizar las transiciones entre uno y otro estado, amonestar y consolar, reducir las sensaciones de incoherencia y controlar el rumbo de navegación de cada alma.

En cuanto a las clases subordinadas, la iglesia hubo de distinguir entre las clases campesinas, que habían apoyado al movimiento nacionalista, y la clase obrera (y los trabajadores agrícolas del sur), que se había opuesto al mismo. La iglesia podía capitalizar su larga dedicación a las masas de campesinos medianos y pequeños de la mitad norte del país, y cultivar entre ellos un vivero de vocaciones religiosas. La tarea de recristianizar a las masas obreras, por el contrario, prometía ser más difícil. Lo primero, en todo caso, era impedir la existencia de organizaciones anarquistas, socialistas o comunistas, que pudieran reivindicar el liderazgo moral de esas masas. Quedaba tan sólo la competencia del partido falangista. Incapaz de evitar la constitución de sindicatos verticales controlados por Falange, y la absorción en ellos de los sindicatos católicos, la iglesia trató de establecer, al menos, salvaguardas y garantías para organizaciones católicas obreras en tanto que ramas especializadas de la Acción Católica. Pero, en último término, era imposible ganarse las almas de unos y otros, y llegar al convencimiento de los espíritus, si a los mensajes de sentido, de carácter intelectual, no se añadían mensajes morales y emotivos de salvación y de comunidad, que conectaran con la experiencia de las gentes en aquel momento.

La España de aquella época era un país destruido y empobrecido por la guerra, marcado por la escasez y por el hambre, tratando de orientarse en un clima de autarquía, dirigismo arbitrista e incompetente, y mercado negro, con perspectivas económicas oscurísimas. Sin desarrollo económico, ni consumo de masas, como ocurrió más tarde. Era un país de «bienes limitados» (Foster 1967): de aspiraciones y expectativas reducidas y estables. En un mundo de pueblos atrasados, y ciudades de provincia, incluida, por supuesto, Madrid, donde la lucha por la supervivencia imponía un estilo de vida entre cursi y avispado, agobiado y ramplón, de cortos alcances, era normal que muchas gentes intentaran reconocerse en los valores de sacrificio, renuncia, austeridad y respeto por la jerarquía y por las redes de patrones y clientes, propuestos por los eclesiásticos.

La iglesia ofrecía, además, unos mensajes de comunidad relativamente adecuados a la situación. La España de los cuarenta y cincuenta tenía la guerra civil muy próxima: una guerra que había causado casi medio millón de muertos y, al menos, otros tantos exiliados. Esto había sido para el país un trauma moral y emocional inmenso. España era entonces una nación de supervivientes, rodeados de memorias de difuntos, y, en cierto modo, una nación de fratricidas. Consciente o no, el país había de vivir con un sentimiento de horror y de culpa: lo que ayuda a explicar la paz de los años siguientes, incluida la paz de la transición a la democracia cuarenta años más tarde.

La iglesia podía ofrecer algún consuelo para esa experiencia desoladora y ese sentimiento de culpa. En parte, porque el sufrimiento era inevitable: la tierra, al cabo, era un valle de lágrimas. En parte, porque, hasta cierto punto, el recuerdo de la comunidad destruida podía ser compensado por la promesa de la creación de una nueva comunidad moral. La iglesia ofrecía, como contrapunto a la sociedad rota de los treinta, una comunidad reconciliada. Por un lado, salvaba a los vencidos del sentimiento de humillación y de su resentimiento; por otro, ofrecía a los vencedores, manchados de sangre, la oportunidad de redimirse abrazando el proyecto histórico de una nueva comunidad nacional. Una comunidad jerarquizada, donde las minorías selectas y las clases medias, plenamente catolizadas, ejercerían un liderazgo responsable y concernido por el bienestar moral y material de las clases subordinadas.

De hecho, el esfuerzo de la iglesia, a través de sus instituciones, sus prácticas y sus mensajes, se vio recompensado en un grado considerable, aunque no totalmente, por el éxito. La presencia de la iglesia y la religión en los espacios públicos y privados del país fue arrolladora. Estaba presente en los edificios, las profesiones de fe, las concentraciones públicas, con flores, músicas y estandartes. Sólo faltaban los autos de fe y alguna expulsión étnica para repetir, con los medios del siglo XX, el espectáculo del catolicismo barroco de los siglos XVI y XVII. El cumplimiento de los sacramentos de estación se universalizó, y la asistencia a la misa dominical aumentó enormemente, sólo para disminuir a principios de los años sesenta (Hermet 1985, 68). La catolización de las masas, y, por lo tanto, de todas las clases sociales del país, se llevó a cabo precisamente durante aquellos años; y no sólo en sus aspectos externos. De hecho, desde la difusión de las encuestas de opinión en los años setenta, parece que las declaraciones de catolicismo han sido durante mucho tiempo casi unánimes, las diferencias en los porcentajes de católicos *practicantes* entre las diversas clases, relativamente menores, y las manifestaciones de ortodoxia, hasta fecha reciente, masivas y bastante uniformes (Fundación Foessa 1981, 435). De modo que, si ya no cabe contraponer unas clases medias católicas y unas masas obreras descristianizadas (como se hacía, con algún fundamento, en los años treinta), esto se debe al proceso de catolización, que tuvo lugar como resultado de la presión de los poderes temporales y del clima social, y de los esfuerzos de catequización masiva, en un contexto donde no había competencia por parte de otros credos religiosos e ideológicos.

El repliegue del 'nacional-catolicismo'

El problema consiste ahora en explicar cómo y por qué semejante estado de cosas pudo ser transformado a lo largo de los años siguientes, y, en especial, cómo y por qué una parte de la iglesia participó decisivamente en esta transformación. La explicación debe contener, esencialmente, el entendimiento de los motivos y de los mecanismos por los cuales las propias gentes de la iglesia se distanciaron del ideal del estado confesional y del proyecto de catolización integral de España: un proyecto al que, más tarde y peyorativamente, designaron como de «nacional-catolicismo», en un intento oblicuo de degradar y contaminar el fenómeno mediante la asociación del término con los de «nacional-sindicalismo» y «nacional-socialismo» (Alvarez Bolado 1981, 231)[6]. Ahora bien, para entender el proceso de transformación de los años cincuenta y sesenta conviene comprender las condiciones de la conservación del orden de cosas eclesiástico-religioso en los años cuarenta y primeros cincuenta; es decir, es necesario entender la estructura de plausibilidad del nacional-catolicismo, y las condiciones de su relativo éxito.

La gravedad del ataque sufrido por la iglesia en los años treinta permite comprender la dirección general de su respuesta, e, incluso, la intensidad de los sentimientos asociados a la misma. Pero, ni aquella dirección, ni esta intensidad de respuesta, explican su contenido específico. Para aprehender este contenido es necesario examinar las premisas que conformaron aquella respuesta. Estas premisas hacen referencia a un proyecto histórico, un proyecto de sociedad, en el que se expresaban los ideales de la mayor parte de la iglesia, alimentados en su seno durante, al menos, los cuarenta o cincuenta años anteriores a la guerra. Estos ideales consistían en la creación de un estado confesional, y el sueño de una catolización integral de la sociedad. Tales ideales fueron entretenidos y reproducidos, una y otra vez, en seminarios, círculos y publicaciones católicas, por obispos, predicadores, y órdenes influyentes, entre ellas, y en primer término, la de los jesuitas. Eran ideales conservadores, tradicionalistas, o integristas, que encontraban estímulos en las dificultades y las frustraciones de los entendimientos tácticos de la iglesia con el régimen liberal, y en las olas recurrentes de propaganda anticlerical. Esta mentalidad dominó el medio eclesiástico español hasta el punto de que, como ya se ha mencionado antes, la conmoción modernista de primeros de siglo en toda Europa pasó desapercibida en España (Laboa 1985, 95 y ss; Payne 1984, 160; González de Cardedal 1985, 243).

---

[6] Aunque, como indica Alvarez Bolado (1981, 321), el término fue usado antes, elogiosamente, por los defensores del régimen franquista.

Ahora bien, ni la dirección, ni la intensidad, ni el contenido de la respuesta pueden explicar cómo esta respuesta se llegó a realizar históricamente, y cómo la iglesia fue capaz de mantener su rumbo durante un largo período de tiempo. Para que esto fuera posible, fue preciso que se creara un contexto de presiones externas sumamente débiles, casi un vacío histórico, que permitió a la iglesia dar libre curso a sus proyectos de conquista espiritual. Esto, a su vez, requirió la concurrencia de tres factores: el aislamiento relativo de la iglesia española respecto a la iglesia universal (que, dadas sus responsabilidades globales, podía ejercer cierta influencia moderadora sobre los eclesiásticos españoles); un estado que necesitaba a la iglesia, al menos tanto, si no más, que lo que ésta necesitaba al estado; y una sociedad civil sin capacidad para resistir los esfuerzos combinados del estado y de la iglesia.

La presencia de la iglesia universal en la vida española fue débil en aquellos momentos, porque aquélla estaba intentando sobrevivir a una contienda mundial, buscando un equilibrio entre los bandos, y a la expectativa de los acontecimientos; además, cada una de sus iglesias nacionales tenía gravísimos problemas propios por resolver. En estas circunstancias, el caso español pudo ser considerado por el Vaticano como un caso aislado respecto a lo que estaba ocurriendo en el resto de Europa. Cuando estalló la guerra civil, el Vaticano nunca ocultó sus preferencias y su apoyo al bando nacional. Sin embargo, casi inmediatamente después, pensando en el conjunto de Europa, y a la vista del resultado de la guerra mundial, la iglesia inició una reconsideración positiva de las democracias liberales, que, antes o después, había de orientarla hacia una reconsideración crítica del propio régimen español. Pero, por el momento, este conflicto quedó sólo esbozado. Tanto más cuanto que, algo más tarde, la propia coyuntura histórica de la guerra fría reforzó las preocupaciones de la iglesia por la contención del bloque soviético. Esto pareció aconsejar la construcción de puentes entre las democracias liberales y el régimen franquista; tanto más, cuanto que, a su modo, vehemente y anacrónico, los españoles parecían estar actualizando la nostalgia casi perdida de la iglesia universal de ser el centro moral del mundo, estado incluido[7].

En cuanto al estado, éste carecía de medios y motivos para en-

---

[7] Véase la referencia a la posición del Cardenal Ottaviani, en González de Cardedal (1985, 164n11).

frentarse con la iglesia. El estado necesitaba a la iglesia por dos razones. Primero, el estado necesitaba un aparato de legitimación y de socialización cívica, rutinizada y cotidiana, de élites y de masas, que fuera relativamente coherente, y que fuera distinto y complementario del de la Falange; y tal era el aparato de la iglesia. Además, esta necesidad estaba vinculada a la decisión crucial de Franco de optar por ser el jefe de un gobierno personal y autoritario, pero no por ser, en cambio, y en sentido estricto, el jefe de un régimen y un partido totalitario: una decisión que tomó, casi desde el primer momento, con el respaldo del ejército, los medios empresariales, los círculos monárquicos, los cuerpos profesionales, y la propia iglesia. Segundo, el estado necesitaba a la iglesia porque, una vez que los países del Eje perdieron la guerra, la supervivencia del régimen en el nuevo contexto internacional dependía en gran medida de los buenos oficios de la iglesia católica. Así, por uno u otro motivo, el estado no podía oponerse a la iglesia. Pero además, aunque hubiera podido, no lo hubiera querido, porque el liderazgo y los cuadros del nuevo régimen estaban imbuidos de un respeto genuino por los signos y las instituciones de la religión, y esto se aplicaba, incluso, y en buena medida, a la propia Falange.

Finalmente, la sociedad civil española emergió de la guerra con un grado muy bajo de estructuración interna y de agregación de intereses en torno a asociaciones voluntarias. La España contemporánea se había caracterizado por la debilidad del asociacionismo voluntario (Linz 1981), y, además, el nuevo régimen proscribió las organizaciones de los vencidos (partidos, sindicatos, y asociaciones culturales ligadas a los mismos), y forzó la integración de muchas de las asociaciones del propio bando vencedor en esquemas jerárquicos estatales o paraestatales. Así, poca resistencia podía encontrar la iglesia en la sociedad, cuando ésta era mantenida deliberadamente a un nivel mínimo de autoorganización, y cuando, salvo excepciones en algunas áreas de la actividad empresarial y de la vida cultural, casi solamente la iglesia podía desarrollar asociaciones propias. Por otra parte, si la sociedad civil no tenía recursos para resistir, tampoco estaba moral y psicológicamente orientada a hacerlo. Los vencidos entraron en la nueva etapa sojuzgados y a la expectativa de una represión continuada, que, tal vez, la iglesia podría amortiguar. Y, los vencedores estaban, al menos, predispuestos a respetar la iglesia. Unos y otros formaban, en último término, una sociedad desconfiada de sí misma, exhausta, crispada y agobiada, y, por todo ello, receptiva a los mensajes eclesiásticos.

Así pues, la iglesia española pudo dedicarse a la tarea de catolizar al estado y a la sociedad, porque (y en la medida en que) se encontró en un espacio histórico que le daba un extraordinario margen de libertad. Es decir, la iglesia española se encontró con una iglesia universal, y en particular el Vaticano, que simpatizaba con sus proyectos y que estaba ocupada en recuperarse del trauma de una guerra mundial e intentar sobrevivir, en un entorno tan inestable como lo fue el del período postbélico; un estado afín, que era además incapaz de ejercer una presión seria sobre ella; y una sociedad civil postrada, sin capacidad, ni voluntad, de resistencia. En tanto se mantuvieron estas condiciones, la iglesia española pudo dedicarse, con el concurso del estado, al juego maravilloso del anacronismo histórico, recreando la España del Antiguo Régimen en torno a la mitad del siglo XX.

Ahora bien, desafortunadamente para el proyecto histórico del nacional-catolicismo, de todas estas condiciones favorables, sólo la de la debilidad relativa del estado resultó relativamente estable. Era evidente que en las condiciones de la postguerra europea el estado franquista no podía incrementar su voluntad, ni su capacidad, de oponerse a la iglesia. No podía prescindir de su apoyo, salvo que se lanzara en una dirección suicida de *fuite en avant,* hacia un fascismo secularizado y populista que jugara con el sentimiento anticlerical, el sueño de un crecimiento industrial autárquico, y la demagogia social, como intentó hacer Perón en Argentina en los años cuarenta, con consecuencias, para él, nefastas. De hecho, el estado franquista hizo todo lo contrario. Y, así, ocurrió que, el régimen, para sobrevivir, y la iglesia, en parte para ayudar al régimen, se comprometieron, ambos, en una estrategia convergente y orientada, en primer lugar, a situar a España en la red de alianzas diplomáticas y defensivas de Occidente, lo que trajo, como consecuencia, la de colocarla, irremediablemente como una pieza anómala, dentro de un conjunto de democracias liberales; y, en segundo lugar, a encaminar la economía española en la dirección de su integración con la economía capitalista mundial. Estas dos decisiones cruciales se tomaron en los años cincuenta, y ambas fueron preparadas, argüidas, y ejecutadas por grupos católicos, como los Propagandistas, en un caso, y el Opus Dei, en el otro.

Como resultado de ello, aumentó sustancialmente la vulnerabilidad del sistema a la presión exterior, con lo que se abrió la caja de Pandora de las ambiciones y las esperanzas del país. De esta caja surgieron, en primer lugar, los recursos y los motivos, las instituciones y las orientaciones culturales para que las resistencias de la sociedad civil a la iglesia se multiplicaran. Surgieron, en segundo lugar, los recursos y los motivos, las instituciones y las orientaciones culturales para que se reforzara la relación de la iglesia española con las iglesias europeas, lo que con el tiempo supuso la apertura creciente de la iglesia nacional a los vientos de cambio procedentes de la iglesia universal. Y, en tercer lugar, surgieron los recursos y los motivos, las instituciones y las orientaciones para que, como consecuencia de todo ello, se rompiera la unidad interna de la iglesia española. De esta forma, se construyó el escenario para el segunda acto de este drama.

La erosión del edificio: cambios en la sociedad, la política, y la iglesia

Los años cincuenta marcaron el apogeo de la alianza entre el estado franquista y la iglesia española. Ministros católicos protagonizaron decisiones cruciales en la política exterior y económica, como resultado de las cuales terminó el aislamiento diplomático, y el país se situó en la órbita occidental. Mientras, la iglesia floreció en todas sus manifestaciones. Se firmó el concordato con la Santa Sede en 1953, que confirmó el *status* público de la iglesia. Un entramado de asociaciones, prácticas y manifestaciones de culto, ocuparon los espacios públicos y privados del país. La escena pública se llenó con congresos eucarísticos, concentraciones catequistas, reuniones de asociaciones seglares, procesiones y misiones populares. Los espacios privados, con ejercicios espirituales, cursillos de cristiandad, ejercitaciones por un mundo mejor, retiros, jornadas de reflexión, y veladas piadosas. Como resultado de todo esto, aumentó el número de las vocaciones y creció el volumen del cuerpo eclesiástico (Hermet 1985, 28 y ss.). Sin embargo, estos años cincuenta vieron nacer una contracorriente de distanciamiento respecto a la iglesia, y su alianza con el poder temporal. Justo en el momento en que el edificio se coronó, sus cimientos comenzaron a resquebrajarse. En las páginas siguientes analizaré las causas y los mecanismos de ese resquebrajamiento.

Mi argumento central se desprende de las proposiciones antes mencionadas: esto es, de que la iglesia podía realizar tanto más libremente su proyecto histórico del nacional-catolicismo, cuanto menos resistencia encontrara por parte de la sociedad civil, del estado, y de otros actores internacionales. En la medida en que esas resistencias crecieran, la iglesia encontraría más constreñimientos a su actuación, y aumentarían los costes y los riesgos de su estrategia. Más allá de cierto límite, ese aumento de costes y riesgos traería como consecuencia la necesidad para la iglesia de una revisión de su estrategia, con una alteración de su jerarquía de valores, y una reinterpretación de su repertorio doctrinal.

Como se verá más adelante, esto es precisamente lo que ocurrió a lo largo de los años cincuenta y sesenta. En estos años aumentó la resistencia de la sociedad civil, desafiando con nuevas demandas y nuevos problemas a la iglesia y a la religión; cambió la estructura del espacio político, con la paulatina aparición de una nueva clase política, que no era ya, en sentido estricto, la heredera de la clase política de los vencedores de la guerra, y que iba a ofrecer a los eclesiásticos una nueva forma de entender los acontecimientos; cambió el contexto internacional, en el sentido de que aumentó sustancialmente la presión de la iglesia universal sobre la iglesia española; y esa presión eclesiástica exterior implicó una reinterpretación de las doctrinas de la iglesia, una nueva oferta religiosa, y una nueva estrategia con relación al orden temporal. Por último, todas estas presiones (resistencias sociales y alteraciones del campo político, y del mensaje de la iglesia universal) fueron interiorizadas por una parte del cuerpo eclesiástico, produciéndose un conflicto en la iglesia española entre segmentos llamados conservadores y progresistas.

Naturalmente, esta interpretación constituye una reconstrucción analítica simplificada de unos acontecimientos cuyo desarrollo real fue bastante más complejo. Los diversos factores que intervinieron en este proceso fueron apareciendo con distinta intensidad en distintos puntos de la secuencia temporal, y el grado de interdependencia entre esos factores varió también según el momento.

Nuevos problemas y retos para la iglesia

La iglesia española de los años cuarenta y cincuenta quería conquistar el mundo, pero eso requería conquistar las almas. No bastaba vencer, era preciso persuadir. Para ello era necesario 'entrar en negociaciones' con los varios grupos sociales, adaptando la oferta religiosa a sus demandas de sentido, de salvación, y de comunidad. El cuerpo de eclesiásticos que ocupa el centro de la organización eclesiástica puede, quizá, formular su oferta religiosa independientemente de las demandas (como parecen sugerir Bourdieu y Saint-Martin 1982), pero esto no ocurre para quienes están en la periferia de las organizaciones y en contacto directo con los fieles, menos aún si se mueven en un territorio que ellos mismos definen como 'de misión', o una sociedad 'problemática', esto es, una sociedad cuyos problemas han de resolverse en consonancia con la religión.

Desde el punto de vista de la iglesia, su tarea central es la de superar las resistencias de la sociedad al esfuerzo de persuasión religiosa y eclesiástica respecto a la mejor manera de formular y resolver los problemas más importantes de esa sociedad. Durante los años cincuenta, la iglesia tuvo que enfrentarse con varios problemas críticos que se agudizaron con el tiempo. En las páginas que siguen, identificaré y discutiré tres de estos problemas: uno 'intelectual', otro 'social', y un tercero 'moral'; a los que cabría añadir un cuarto, 'regional', referido a la reemergencia de fuertes sentimientos de identidad regional, a los que las iglesias locales fueron muy receptivas, particularmente la catalana y la vasca[8].

En primer lugar, existía un *problema intelectual*. Este era el de la resistencia que oponían muchos intelectuales, fuera y dentro de la universidad, contra el empeño de la iglesia (y del estado) de imponer un control hegemónico sobre la vida cultural del país. La mayor parte de los intelectuales más conspicuos de los años treinta tuvieron escasas simpatías por el régimen político vencedor y la iglesia triunfante, sin que ello implicara entusiasmo por el otro bando. Pertenecían a un

---

[8] En este ensayo me refiero a la historia general de la iglesia española durante este período; pero de ella hay que excluir a la iglesia vasca. A la tendencia principal de la iglesia, de la alianza con el estado, y a su tendencia secundaria, de la disidencia (en el enfrentamiento con los problemas intelectual, social, y moral que comento aquí), hay que añadir una tercera tendencia en el caso de la iglesia vasca (y también, en menor medida, la iglesia catalana), que es el resultado de la marcada singularidad histórica de la iglesia y del catolicismo en aquel territorio. Esta singularidad se deduce no sólo de los hechos de los años treinta, la guerra civil, y la primera fase del franquismo, sino también de lo ocurrido en la segunda etapa del franquismo, cuando el reblandecimiento del régimen en el conjunto de España a partir de los años sesenta, contrasta con su endurecimiento en el País Vasco. La evolución política y moral de las provincias Vascongadas ha diferido, también, de la del conjunto de España, a lo largo de la transición y de la consolidación democrática. En el resto de España, esa evolución se orientó hacia una pacificación moral del país; en el País Vasco, por el contrario, hacia una rutinización de la violencia. Los problemas políticos y morales relacionados con la tolerancia moral hacia la violencia terrorista, y el llamado derecho a la autodeterminación de los pueblos, son problemas que se han planteado de forma distinta, y con muy distinta intensidad, en el seno de la iglesia vasca y en el seno del resto de la iglesia española. Pero no cabe discutir problemas de esta envergadura en el brevísimo espacio de esta nota.

mundo cultural ajeno al de la iglesia, y no fue precisamente ésta quien se opuso, o lamentó, su exilio, o su marginación, después de la guerra. Sin embargo, un segmento de intelectuales católicos adoptó, relativamente pronto, una actitud distinta. Por razones diversas estos intelectuales se identificaron a sí mismos como buscadores de la verdad, y no como defensores de la ortodoxia. Fueron sensibles a los valores propios de su campo de actuación, esto es, los valores de la veracidad y la creatividad intelectual; y sensibles a la condición previa para la realización de estos valores, que es la libertad de pensamiento. Por ello, admiraron a los intelectuales liberales, frecuentemente acatólicos o heterodoxos, de las generaciones anteriores, que habían sido intelectuales honestos (esto es, honestos consigo mismos, en su búsqueda de la verdad), y creativos. Y, por la misma razón, ellos mismos se consideraron parte de una comunidad intelectual más amplia que la de los intelectuales católicos, lo cual les situó en una posición de intermediarios con los exiliados del momento, y con las figuras principales del pensamiento contemporáneo.

Siendo esto así, las bases para un conflicto con la iglesia triunfante estuvieron puestas desde el primer momento. Y así ocurrió que este grupo de intelectuales católicos, de talante liberal, se acercó de manera comprensiva a la obra, y en ocasiones a la persona, de gentes como Unamuno, Baroja, u Ortega, quienes habían sido, y eran todavía, frecuentemente denigrados por la mayoría de los eclesiásticos de la época (Sopeña 1970). Frente a tales ataques, estos católicos liberales (como Aranguren, Laín, o Marías) reivindicaron su respeto hacia aquellas gentes como maestros de sus formas de pensamiento y de su sensibilidad estética y moral. Y si tales maestros habían aceptado la influencia de Dilthey, Kierkegaard o Nietzsche, esta nueva generación, híbrida de catolicismo y de liberalismo, se dispuso a incorporar a Heidegger, Barth, Jaspers, o Sartre, como más tarde incorporaría fragmentos de Hegel, Marx, o los filósofos analíticos. Con todo ello, estos intelectuales adoptaron dos decisiones fundamentales. Afirmaron, en primer lugar, el principio de la autonomía de la actividad intelectual, y su no subordinación, en última instancia, al magisterio de la iglesia. Y consideraron positivamente, en segundo lugar, las corrientes principales del pensamiento contemporáneo no católico.

En los años cincuenta, los intelectuales liberales católicos eran ya una fuerza cultural de primer orden en el horizonte cultural español, dispuesta a crear su propio nicho institucional y organizativo. Crearon una red de relaciones personales, colaboraciones intelectuales, reuniones o conversaciones más o menos periódicas y formalizadas (como las de Gredos), un conjunto de obras publicadas o en trance de publicación, e influencia en el medio universitario (una cátedra, o un cargo académico, como en el caso de Laín o Tovar, que fueron rectores de universidad en tiempos del ministerio de Ruiz Giménez); y en torno suyo se dibujó un segundo círculo concéntrico, de clérigos jóvenes y de universitarios seglares. Todo ello se opuso a una comunidad semejante, que disponía de una red institucional aún más sólida, constituida por intelectuales conservadores e integristas, unos de cuyos segmentos, el Opus Dei, había desarrollado una estrategia de ocupación de cátedras en la universidad pública, de creación de una universidad privada (en Navarra), y de formación de amplias redes de influencia sobre el empresariado y la administración del estado.

De este modo, ocurrió que el problema intelectual, planteado inicialmente como el problema de la conquista de los intelectuales para el catolicismo, se convirtió en el problema de un conflicto dentro del mundo de los intelectuales católicos, donde los católicos liberales criticaban lo que juzgaban el catolicismo intolerante de la iglesia triunfante, y su alianza *non sancta* con el poder. La explosión de este conflicto tuvo lugar, en el terreno de la universidad, con ocasión de la revuelta estudiantil de febrero de 1956 en la Universidad Complutense de Madrid. Esta revuelta marcó un hito en la historia política y cultural del franquismo. A partir de ella, se inició un proceso donde, si bien los intelectuales católicos perdieron sus poderes académicos (como Laín, y Tovar, en 1956) o sus cátedras (como Aranguren, en 1965), sus antagonistas perdieron su influencia, y la ofensiva del Opus para ocupar el espacio intelectual quedó contenida.

Los intentos de los poderes académicos por controlar la vida universitaria no impidieron la difusión de ideas liberales y radicales entre los profesores jóvenes y los estudiantes. Esta difusión tuvo lugar a través de viajes al extranjero, libros introducidos del exterior, una red de librerías, editoriales, revistas universitarias, tertulias, teatros experimentales, cine-clubs, sindicatos estudiantiles, y organizaciones políticas. De este modo, a pesar de que las condiciones políticas y la cultura oficial del país eran muy distintas de las europeas, a partir de los años sesenta, el contenido de los debates de una minoría muy amplia de universitarios españoles se fue haciendo cada vez más homogéneo con el de los universitarios europeos, y su evolución corrió pareja con la de éstos. Y así, desde finales de los cincuenta y comienzos de los sesenta pareció evidente para muchos clérigos, próximos a los intelectuales y a los universitarios, que la única forma de tener alguna influencia moral o religiosa sobre éstos, suponía respetar, y seguir, en cierto modo, este curso de los acontecimientos.

Algo similar ocurrió con *el problema social* (o como algunos lo designaban, 'el problema obrero'). Entre los problemas sociales del país de los primeros cincuenta, tan importante era el problema agrario como el problema obrero. Pero pronto pareció claro que el problema obrero se hacía cada año más relevante, aunque sólo fuera por efecto de las migraciones rurales y la conversión de campesinos en trabajadores urbanos. Sucedía, además, que este problema suscitaba un síndrome de intensos sentimientos contradictorios en el estamento clerical. La clase obrera parecía estar volviendo de nuevo al centro del escenario, como un cinturón rojo de pobreza y de resentimiento en torno a Madrid y otras grandes ciudades, que había que cristianizar. Y también sucedía que la iglesia sentía la necesidad de hacer las paces con esa clase y con su propia conciencia, después de los terribles recuerdos de la guerra y la represión posterior. Eran estos obreros la imagen de sus perseguidores, pero también la de los pobres del evangelio que, si les habían perseguido, tal vez había sido, en parte, por su culpa, porque no habían sabido acercarse a ellos, y tal vez, en parte, con razón, porque la iglesia se había hecho cómplice de una injusticia.

Lo cierto es que en estos años cincuenta encontramos un número creciente de clérigos que inician un cambio espectacular en su actitud hacia lo que, cada vez más a menudo, comienzan a llamar 'clase obrera', en lugar de 'las clases pobres'. Comenzó a difundirse entre ellos la sensación de que era preciso cambiar los términos del debate sobre la cuestión social, y las pautas de la conducta consiguiente. Había que hablar menos de 'caridad' y más de 'justicia', implicando con ello que la justicia estaba de parte de los trabajadores, y que era el momento de reinterpretar la doctrina social católica, y orientar la acción de la iglesia, menos hacia la exhortación, y más hacia el apoyo a la reivindicación social.

Varios jesuitas jugaron aquí un papel crucial; algunos, en las organizaciones obreras católicas. La HOAC (Hermandades Obreras de Acción Católica), la JOC (Juventudes Obreras Católicas), y Vanguardia Obrera habían ido apareciendo y reforzándose al filo de los años cuarenta y cincuenta, y, al cabo de unos años, iniciaron una línea obrerista, o de 'frente obrero', desentendiéndose de la tradición moderada del sindicalismo católico (Hermet 1985, 232 y ss.). En su momento (primeros y mediados de los sesenta), fueron de importancia decisiva para la reactivación del movimiento obrero, y para la formación de sindicatos como USO (Unión Sindical Obrera) y Comisiones Obreras; por ejemplo, de los siete encausados en el primer proceso contra Comisiones Obreras en Vizcaya, seis pertenecían a la HOAC (Hermet 1985, 235). A mediados de los cincuenta, un jesuita, el padre Llanos, antes notoriamente implicado en el movimiento falangista, inició su propia versión de la experiencia de los sacerdotes obreros franceses, yendo a vivir a un barrio de chabolistas e inmigrantes rurales de Madrid, y suscitando encuentros entre obreros y universitarios. Al mismo tiempo, otro jesuita, José María Díez Alegría, inició una tarea de reinterpretación de la doctrina social de la iglesia, aceptando algunas de las características básicas que el marxismo hacía del capitalismo, en torno a los conceptos de alienación, explotación, plusvalía, y lucha de clases. Tales impulsos teóricos y prácticos ejercieron una profunda influencia entre jesuitas jóvenes, clérigos, y universitarios, contando con la simpatía de los intelectuales católicos liberales antes mencionados. Esta corriente de catolicismo social avanzado o progresista, se sintió corroborada por los acontecimientos económicos y sociales de los años sesenta, cuando, como consecuencia de la combinación del crecimiento económico y de un marco legal más permisivo (que hacía posible las negociaciones colectivas, la existencia de los representantes sindicales, y la celebración de elecciones sindicales), surgió y se desarrolló un movimiento obrero cuyos dirigentes procedían, en parte, de las filas de las propias organizaciones católicas.

Pero esta corriente hubo de coexistir con otras. De un lado, la corriente principal del corporatismo social de las encíclicas papales, de León XIII a Pío XII, con el cual la iglesia trataba de encontrar un equilibrio entre los dos males del socialismo y el capitalismo, y, al tiempo, de convivir discretamente con este último. De otro, la corriente secundaria de la aceptación franca y consecuente del sistema de mercado y la empresa capitalista, compatible con un grado de intervención pública y de redistribución de la riqueza, al modo como podían hacerlo, por ejemplo, los católicos del Opus Dei, para quienes hacer funcionar el capitalismo era también un modo de hacer prosperar el país y realizar la voluntad de Dios. Estos también sintieron corroborada su visión del catolicismo y de la historia, ante el espectáculo del crecimiento económico del país de los años sesenta, y el éxito de su propia estrategia de ocupación del poder político. En definitiva, el desarrollo del problema intelectual y social abocó a una ruptura de la unanimidad del mensaje de la iglesia, y al esbozo de dos subcomunidades enfrentadas, con un segmento central más o menos amplio, e indeciso.

A ello se añadió, finalmente, *el problema moral*. Ocurrió, en efecto, que la iglesia católica, en su empeño de catolizar el país, había decidido controlar la esfera privada de los españoles. Esto supuso la supresión del divorcio, el control jurisdiccional de los procesos de separación de bienes y cuerpos de los cónyuges católicos, la censura de los espectáculos públicos y de las obras literarias, incluida la prensa, la supresión de los prostíbulos y el control moral de las calles, los bailes y las playas; es decir, el control sobre los espacios públicos. Y esto lo hizo batallando incansablemente contra la inmodestia del vestir, la indecencia de los gestos, la procacidad de las palabras, y otros varios signos de lo que para ella era lubricidad o descoco. Y lo hizo promoviendo, como contraste, el valor de la castidad o abstinencia sexual, reforzado con el culto intenso a la Virgen, con la insistencia en sacramentos que exigían, o conferían, la pureza ritual, como la comunión y la confesión, y con la exaltación de la familia, organizada en torno al matrimonio indisoluble de los padres, y bajo la autoridad de éstos, especialmente del padre de familia.

La realización de semejante proyecto de organizar la esfera privada de los españoles nunca fue tarea fácil. Ni siquiera en medios favorables a ese control, como, por ejemplo, los pueblos de Castilla la Vieja (una región con alta densidad de clérigos, creencias firmes, y prácticas frecuentes de la religión), nunca fue el control real del espacio privado de los campesinos por parte de la iglesia, muy alto, al menos durante el último siglo y medio. En todo caso, la probabilidad del éxito del proyecto se fue reduciendo considerablemente, conforme fueron avanzando los años cincuenta y sesenta, como resultado de la combinación del crecimiento económico, los movimientos de la población, y la difusión de una cultura de consumo de masas.

El crecimiento económico proveyó los medios para satisfacer aspiraciones crecientes de bienestar material. Los movimientos de población redujeron el peso de la opinión local y, en especial, de los clérigos rurales. Y la difusión de la cultura del consumo de masas cambió los modelos de referencia y alteró los estilos de vida. Esta difusión no fue, sin embargo, el resultado automático de la invasión turística, la emigración a Europa, y el desarrollo de los medios de comunicación social. La nueva cultura del consumo de masas tenía raíces en la cultura tradicional, aunque más en sus experiencias morales, que en sus teorías morales articuladas[9]En primer lugar, porque un componente de hedonismo fue parte de la moral tradicional de los campesinos y de las clases bajas y medias urbanas. Y, en segundo lugar, porque, junto a este hedonismo, operó una tradición de obligación social de los padres de familia en mejorar la vida y la prosperidad material de sus familias, como modo de cumplir un deber y un concernimiento moral con su bienestar, y como modo de simbolizar el *status* de la familia dentro de la comunidad[10].

Este consumismo fue denostado por la jerarquía de la iglesia y por intelectuales católicos de toda suerte, fueran integristas, liberales, o radicales, que poco entendían de aquellas tradiciones morales locales. Nada más lógico que no las entendieran, pues nada más típico de las élites culturales que su menosprecio por las culturas populares. Y así, la cultura del consumo de masas fue acusada de 'materialismo vulgar' por unos, y de 'alienación', por otros; y condenada, tanto por los eclesiásticos conservadores, como por los progresistas. Pero lo cierto es que, a su modo, esta cultura del consumo y del hedonismo, que las masas desarrollaron más o menos espontáneamente en el momento en que tuvieron la oportunidad de hacerlo (y en que tuvieron unos modelos de referencia que les facilitaban las tareas de información, búsqueda de los medios, y especificación de los objetivos), fue un acto moral, y un acto revolucionario de rechazo de la cultura moral del ascetismo y de las aspiraciones limitadas, propuesta por la iglesia en el decenio anterior; de la misma forma que los consumidores de los países del Este rechazarían más tarde la cultura de las aspiraciones personales limitadas, propuesta por sus ideólogos comunistas. Con el tiempo, este rechazo se manifestó en dos direcciones y tuvo dos componentes: una cultura de permisividad en materia sexual, y una cultura de moderación y reblandecimiento de las relaciones de autoridad, empezando por las relaciones de autoridad dentro de la familia.

En aquellas regiones donde se apreció con más fuerza la prosperidad económica, donde la invasión turística fue más intensa, y donde la cultura del hedonismo estaba más arraigada, es decir, en las costas

---

[9] Para la distinción entre 'moral vivida' y 'moral enseñada', ver Aranguren (1958).

[10] En términos de Mary Douglas: «Para los consumidores, el consumo es menos un placer por sí mismo que la posibilidad de cumplir ciertos deberes sociales, [por ejemplo] con la esposa, adquiriendo para ella el nuevo electrodoméstico, que promete aliviar sus tareas en la casa.» (Douglas 1988, 479).

del Mediterráneo levantino, los cambios fueron más rápidos y visibles, especialmente entre los jóvenes. Pero, antes o después, la difusión de esta cultura del consumo de masas, y del hedonismo, se generalizó por todo el país.

Esta silenciosa revolución de las costumbres iniciada a finales de los cincuenta, que ni los clérigos, ni los intelectuales, entendieron en su momento, se desarrolló a lo largo de los años sesenta y setenta. Las reglas del cortejo sexual y amoroso cambiaron, en las calles, las playas, las discotecas, y las revistas del corazón. Y con ellas, cambiaron las reglas del ejército de la autoridad paterna y materna en el seno de las familias, el control de los horarios, y de las idas y venidas, los consejos y las amonestaciones. Poco a poco, se pasó de una situación donde los padres peroraban, y los hijos asentían gravemente, más o menos en silencio, con la reserva mental de intentar desquitarse después semi a escondidas, a una situación donde los padres acabarían asistiendo, primero asombrados, y luego resignados, al espectáculo de unos hijos que hacían lo que les venía en gana, y a los que, a falta de mejor consejo, trataban de imbuirles, al menos, un sentido de la autoconservación, que les previniera contra los embarazos prematuros, o la adicción a las drogas.

Con todo esto, los clérigos fueron abandonando su papel de celosos guardianes de la moral sexual, espaciando o minimizando la importancia de la confesión personal, y comenzando a preguntarse incluso por el sentido de su propio celibato. Todo esto generó, a largo plazo, un reblandecimiento generalizado de los valores de la autoridad, no sólo en el seno de las familias y de las instituciones eclesiásticas, sino, en general, en las escuelas y en las aulas universitarias, en las fábricas y en los lugares de trabajo.

Cambios en el espacio político

A partir de los años cincuenta el escenario político comenzó a modificarse, primero, de modo gradual, luego, acelerada y profundamente. Lo que durante los cuarenta y los cincuenta pareció ser un estado fuerte, con una clase política decidida, una aquiescencia generalizada de la población a esa clase, un apoyo exterior, y la ausencia de alternativas viables, esto es, lo que pareció un régimen político autoritario con futuro, dejó de parecerlo. La firmeza del liderazgo del régimen cedió lentamente, aunque esto sólo se hizo visible en los años setenta, con el envejecimiento de Franco. Pero las divisiones internas de la clase política franquista se agudizaron desde mediados de los años sesenta. Por entonces, los signos de agitación e inquietud social se multiplicaron, y la distancia del medio exterior, la reticencia del Vaticano y de la Europa Comunitaria se acentuó, o se mantuvo.

Todo esto fue ocurriendo a pesar (y en parte facilitado por el hecho) de que el régimen franquista se comprometió en una estrategia semirreformista, y en una trayectoria de moderación. A la larga, se mostró que esta estrategia, errática, no tenía éxito, y que surgía, por el contrario, una clase política alternativa que iba cobrando fuerzas, de modo que, dada la dirección de los acontecimientos, parecía tener cada vez más probabilidades de éxito, y que no parecía hostil a la iglesia, habiendo roto, en este sentido, la tradición de hostilidad de la clase política vencida en la guerra civil.

Que el régimen franquista, con un futuro brillante en los años cuarenta y cincuenta, se convirtiera en un régimen con un futuro dudoso en los años sesenta y primeros de los setenta, fue un cambio en la definición de la situación extraordinariamente importante para una institución como la iglesia católica que, por razones de estructura organizativa, memoria, y naturaleza, está orientada hacia la reformulación casi continua de su estrategia a largo plazo. Sin embargo, todo esto sucedió a lo largo de una secuencia temporal relativamente larga, y a través de un conflicto entre varios modos de percibir y valorar la situación dentro de la iglesia. La mayoría del cuerpo eclesiástico, y desde luego la jerarquía, no se convenció hasta comienzos de los setenta de que el régimen no tenía futuro. Hasta entonces, este núcleo conservador o moderado de la iglesia mantuvo como estrategia principal la alianza con el régimen, siguiendo la estrategia propia de la iglesia triunfante. Por ello, las muestras de apoyo al régimen por parte de la jerarquía continuaron; y, por ello, las enseñanzas del Concilio Vaticano II acerca de la libertad religiosa fueron recibidas con muchas cautelas, tratando de esquivarse las implicaciones negativas que pudieran tener para el entendimiento básico entre la iglesia española y el régimen franquista. La jerarquía vio con simpatía la estrategia semirreformista del régimen, y grupos católicos prominentes, tanto en la vida de la iglesia como en la vida pública, participaron activamente en, o protagonizaron la formulación y la ejecución de, esa estrategia.

A veces se presentan los últimos quince o veinte años del franquismo como el escenario de una contradicción entre una estructura socioeconómica en evolución y una estructura política estancada, cuyo resultado final fue la transición política, que restableció la congruencia entre la sociedad y la economía, por un lado, y entre la sociedad y el sistema político, por otro. Esta idea es errónea en la medida en que minimiza el efecto de los factores culturales, y simplifica excesivamente el juego de relaciones recíprocas entre la política y los factores socioeconómicos. Y uno de sus varios puntos débiles consiste precisamente en no dar cuenta de los cambios políticos del régimen franquista de los últimos quince o veinte años, esto es, de lo que he llamado su estrategia semirreformista, y sus pasos tentativos en un camino de moderación.

La evidencia de esta estrategia es, sin embargo, abundante. La política represiva del régimen se modificó a lo largo de los sesenta. Cierto que hubo represión, pero en grado mucho menor, y, por tanto, cualitativamente distinta, a la de los años cuarenta y primeros cincuenta. La represión siguió siendo dura con los comunistas, y más tarde con los separatistas vascos, pero fue débil con la oposición liberal, socialdemócrata, y socialista. Pero no sólo hubo una reducción del grado de represión política. El régimen franquista formuló con relativa claridad, a lo largo de los años cincuenta y sesenta, un proyecto político de régimen autoritario con cuatro características. En primer lugar, el desarrollo económico se basó en una economía mixta, con protagonismo creciente de los mercados, una internacionalización cada vez mayor de la economía española, y un intervencionismo gubernamental de planificación indicativa al modo francés. A este programa respondió de modo continuo y sistemático la política económica desde 1959, con el plan de estabilización de aquel año, y los sucesivos planes de desarrollo; y esta política económica tuvo considerable éxito. En segundo lugar, se desarrolló un estado de bienestar, con el crecimiento de un sistema de seguridad social y la red de asistencia hospitalaria y extrahospitalaria consiguiente, así como la generalización de la educación primaria y secundaria; todo lo cual tuvo lugar a lo largo de los años sesenta y setenta. En tercer lugar, se amplió el margen de libertades de expresión y de asociación de la sociedad civil, lo cual fue el resultado, en parte, de la Ley de Prensa de 1966, y la aceptación, *de iure* o *de facto,* de un área donde pudo ejercerse la presión social en temas laborales, mediante la institución de los convenios colectivos y los jurados de empresa, las elecciones sindicales, y la despenalización de la huelga por motivos laborales. Y, en último lugar, hubo un ensayo, dudoso, y en definitiva abortado, de crear un ámbito limitado de representación política.

Este proyecto de reformas desde dentro del franquismo fue visto con simpatía por la iglesia, y llevado a la práctica por católicos vinculados sobre todo al Opus Dei (cuyo peso político era cada vez más predominante), pero también a la ACNDP (Asociación Católica Nacional de Propagandistas), y a los círculos tradicionalistas. Ello dio ocasión, como cabía esperar, a las correspondientes pugnas internas por alterar la relación de fuerzas entre las distintas familias políticas del régimen, con el consiguiente despliegue de ambiciones, alianzas, y enemistades que conformaron la experiencia política de aquellos que, quince o veinte años más tarde, protagonizarían la transición a la democracia. Este proyecto podría caracterizarse como 'bismarckiano' (tal como sugiere Hermet 1985, 114 y ss.), si no fuera porque fallaba un test crucial que, a su modo, el II Reich alemán fue capaz de superar durante dos o tres generaciones: el de la representación política limitada. Pasada la crisis de las leyes antisocialistas, el régimen de Bismarck y de Guillermo II aceptó la existencia de los partidos políticos y los sindicatos libres, y la celebración de elecciones. A tanto no llegó el franquismo, por lo que su estrategia sólo puede ser tildada de semirreformista.

De este modo, el régimen franquista, habiendo sido capaz de evolucionar en su segunda fase desde el siglo XVI al XIX, se detuvo exhausto al filo de situarse cerca del estadio de desarrollo político que había existido en España hacia 1870, reduciendo su anacronismo histórico a solamente un siglo. Esto podía ser muy loable, y podía hinchar incluso la esperanza de los franquistas más reformistas y con mayor sentido histórico, quienes, como Fraga, se concibieron a sí mismos según el modelo de Cánovas del Castillo (una autopercepción que habría de tener efectos interesantes en los años setenta). Pero el experimento, tomado en su conjunto, no tuvo éxito. En primer lugar, porque la limitación crucial impuesta a partidos y sindicatos negaba la razón de ser de la clase política emergente. Y, en segundo lugar, porque, al mismo tiempo, estaba teniendo lugar una mutación cultural en el país, a consecuencia de la cual la combinación de cambios socioeconómicos y de semirreformismo político sólo consiguió alimentar un proceso tocquevilleano de expectativas y aspiraciones crecientes de libertad.

Ahora bien, un sector de la iglesia jugó un papel decisivo en la creación de esta nueva clase política, y en este cambio de mentalidad, porque, en realidad, en estos años, la iglesia jugó, no uno, sino dos juegos. La jerarquía y la mayor parte de los eclesiásticos, siguieron jugando el juego principal de la alianza con el régimen; el otro juego, el de la disidencia, lo jugaron clérigos jóvenes y activistas católicos. Esto fue, en gran medida, como una división generacional del trabajo.

Recordemos que, a comienzos de los años cincuenta, se había abierto una fisura por la que irrumpió una nueva generación que no había luchado en la guerra, y que tampoco estaba dispuesta a continuar la labor de sus predecesores, enfrentándose con ellos. Esta generación (y el contenido de sus decisiones fundamentales) no puede ser entendida como un producto de la situación histórica, o como el efecto de la combinación del desarrollo económico y las dificultades políticas. Los factores estructurales e institucionales sólo explican el marco de oportunidades objetivas de que esa generación dispuso para perseguir sus objetivos y afirmar sus valores. Pero el contenido de su estrategia debe ser entendido a la vista del papel dominante que jugaron los símbolos y las orientaciones culturales a lo largo del proceso de su formación moral e intelectual. Y este proceso fue influenciado, en gran medida, por las actitudes de un segmento importante de clérigos jóvenes y de activistas católicos. Esta intervención religiosa y eclesiástica fue decisiva para quebrar la continuidad de la oposición política al régimen, incrementando así, sustancialmente, sus probabilidades de éxito. La historia de la clase política de la transición democrática, aun incorporando tradiciones familiares e ideológicas, es, sin embargo y sobre todo, la historia de esta discontinuidad, cuya clave está en la intervención de este segmento católico.

La disidencia de la generación posterior a la que había hecho (y ganado) la guerra plantea dos problemas. En primer lugar, por qué, en lugar de perseguir sus intereses privados, un segmento significativo de esta generación se sintió responsable y concernido con los problemas colectivos de su tiempo, dando por supuesto que tenía una misión que cumplir, y debía actuar en consecuencia. En segundo lugar, por qué, en lugar de hacerlo como continuadores de la obra de sus padres, lo hicieron en oposición a los mismos. Su disidencia fue una revolución edípica orientada hacia la muerte simbólica de los padres: la destrucción de su obra, y su expulsión de los puestos de dirección. Y tuvo un notable éxito, al menos en la esfera política, puesto que la nueva generación consiguió dirigir el proceso de cambio del régimen, y consiguió, en gran medida, la exclusión de sus padres del poder político, tanto en la izquierda, como en la derecha.

Pero consideremos, dentro de esta generación, el grupo de los jóvenes católicos. Es evidente que parte de la generación política de los setenta procedió del activismo generado en torno a la Acción Católica, las Congregaciones Marianas, los Círculos Católicos, los Hogares del Empleado y del Obrero, la Vanguardia Obrera, las Hermandades Obreras, y la Juventud Obrera Católica de los años cincuenta y sesenta. Este activismo desbordó su objetivo inicial y se adentró en el terreno de la lucha contra el SEU (Sindicato Español Universitario) creando nuevas organizaciones, tales como las delegaciones locales del mismo SEU con asambleas y delegados elegidos por los estudiantes (desde los mediados cincuenta), el SUT (Servicio Universitario del Trabajo), las actividades en torno al Pozo del Tío Raimundo (el barrio donde actuaba el Padre Llanos), los sindicatos semiclandestinos de USO y CCOO, las actividades editoriales de *Cuadernos para el Diálogo* o la editorial ZYX, y las propias organizaciones políticas del FLP (Frente de Liberación Popular) o la ORT (Organización Revolucionaria de los Trabajadores). Estas organizaciones y actividades fueron lugares de aprendizaje y entrenamiento para la acción política, la formación de militantes, la acumulación de recursos organizativos, la redacción de programas y los juegos de alianzas. Con ello, la iglesia comenzó a cumplir en el terreno de la izquierda la función parapolítica que había estado cumpliendo tradicionalmente en el terreno de la derecha (con la ACNDP o el Opus Dei), pero a través de diferentes eclesiásticos y de distintas ofertas religiosas. La oferta religiosa que los clérigos hicieron a la generación del disentimiento fue una oferta que combinaba la autenticidad religiosa y el compromiso en la lucha por la justicia y la libertad.

Si se analiza el contenido de los mensajes de los clérigos y de los intelectuales católicos de los primeros años cincuenta, tales como Llanos, Díez Alegría, Sopeña, González Ruiz, Aranguren, Laín, y tantos otros, dirigidos a jóvenes católicos, militantes, o activistas de organizaciones seglares, o simplemente a gentes con inquietudes religiosas, llama la atención el énfasis en una religiosidad o una moral de la 'autenticidad'. Frente a la religiosidad exterior y positiva de las ceremonias solemnes, la asistencia a misa, la recepción de los sacramentos de estación y las profesiones externas de fe, y frente a la religiosidad supuestamente superficial de la cultura burguesa, y la cultura popular, se hizo un llamamiento a la autenticidad de las convicciones y de los sentimientos religiosos, a la intensidad de la fe. Fue una apelación a un trabajo interno de autodisciplina, y a la sistematización de la conducta cotidiana de acuerdo con las creencias religiosas. Una apelación que, en cierto sentido, prolongaba la educación jesuítica, tal como se impartía en los colegios de la época.

Pero la llamada a la racionalización de la vida religiosa fue llevada aquí a sus últimas consecuencias, probablemente, en parte, por razón de la influencia de las reflexiones morales y teológicas de tipo cristiano-existencial (fueron los años cuando intelectuales como Aranguren analizaban el talante protestante, y ofrecían una lectura próxima y comprensiva de la religiosidad unamuniana, y cuando escritos como los de Karl Rahner encontraban amplios círculos de lectores). Como consecuencia de ello, el sujeto religioso fue llevado un paso más allá del estadio de la racionalización de la vida religiosa de los seglares al modo jesuita; es decir, más allá del estadio de la subordinación al director espiritual. La religiosidad de la autenticidad desplazó, así, el *locus* de la decisión sobre la aceptación, o no, de una doctrina, al terreno de la convicción interna del sujeto, y convirtió el magisterio en un ejercicio de persuasión entre iguales, en vez de un acto de imposición por parte de una autoridad moral. Esta cuasi reforma protestante creó, así, un ámbito de libertad interior, de capacidad para nuevas tareas. Pero para que esta capacidad se tradujese en conducta real, la religiosidad formal de la autenticidad tenía que combinarse con una religiosidad del compromiso con la acción temporal, y el contenido de este compromiso tenía que ser definido como la lucha contra el orden establecido.

El compromiso religioso con la acción temporal no contradecía, sino que continuaba, la religiosidad existente. Fue un ejemplo más de la orientación intramundana típica del catolicismo español, de su propensión a intervenir en el mundo, estructuras políticas y socioeconómicas incluidas, en pos de la realización del reino de Dios sobre la tierra. Desde este punto de vista, el mundo de los años treinta había estado dominado por el anticatolicismo, y había que cambiarlo; el de los años cincuenta y sesenta, al parecer, lo había estado por pseudocatólicos, y también había que cambiarlo. El imperativo moral categórico era el mismo: había que cambiar el mundo; sólo el contenido de ese mundo parecía diferente. La continuidad del impulso fundamental facilita la comprensión de cómo, y por qué, clérigos que participaron con entusiasmo en el proyecto de catolización integral de la sociedad de los años cuarenta, como el padre Llanos, se tornaron luego, desencantados, hacia la denuncia profética de lo que ellos habían contribuido a crear.

La doctrina de la necesidad de la lucha por la justicia y la libertad supuso una devaluación profunda del mundo creado por la iglesia triunfante y el franquismo. Habiendo ampliado su horizonte de referencia a la iglesia universal y al conjunto de las sociedades europeas, los clérigos y los seglares empeñados en esta operación consideraron que la iglesia y el régimen franquista eran reductos marginales y anacrónicos en el contexto de aquellas sociedades. La guerra civil fue social y moralmente devaluada al rango de una lucha de clases; el estado franquista, al de una dictadura personal o fascista; la religión de la iglesia triunfante, el 'nacional-catolicismo', en el mejor de los casos, a una religión insensible a los sufrimientos y las necesidades de una gran parte de la población, y, en el peor de los casos, a una religión que era el opio del pueblo.

Pero no bastaba con devaluar al adversario. Era preciso articular la oferta religiosa con un proyecto histórico de futuro. Los clérigos y los intelectuales católicos comprendieron que se les presentaba una oportunidad histórica única. La historia movía España en la dirección de una Europa moderna y, también, aparentemente, de una era de grandes cambios sociales, que colocaba a la clase obrera en el centro del escenario. Al mismo tiempo, la situación política de la España franquista hacía muy difícil la acción de organizaciones vinculadas a los partidos y sindicatos derrotados en la guerra civil. En estas condiciones, los clérigos y los activistas católicos tenían la oportunidad de convertirse en los líderes de las masas, desarrollando una función de representación de los sindicatos y organizaciones de clase obrera, por una suerte de delegación tácita o implícita. Tanto más, cuanto que, en aquellos años, las filas de las organizaciones obreras católicas estaban aumentando, y contaban probablemente con un centenar de miles de afiliados a principios de los setenta (La HOAC tenía alrededor de 30.000 miembros, y la JOC unos 60.000: Hermet 1985, 237).

Esta oferta religiosa, y el proyecto histórico en ella implícito, fueron aceptados por muchos jóvenes católicos, probablemente porque todo ello respondía a una disposición o demanda, difusa y poco articulada, de estos jóvenes. El reconocimiento de la libertad interior de los laicos parecía congruente con las actitudes de una generación de jóvenes ambiciosos, orientados hacia el éxito, en circunstancias de tensión y de dificultad. Habían sido socializados en la idea de que tenían una misión o una tarea que cumplir, y, al mismo tiempo, se sentían más libres y más capaces que la generación anterior. Tenían más recursos culturales, una educación escolar más sólida, un horizonte más amplio, e incluso una experiencia religiosa más rica que sus padres.

Además, esta generación, a pesar de su educación ascética, estaba menos dispuesta a sufrir por sus pecados, y tenía menos sentimientos de culpa. No había odiado o matado a sus semejantes en una guerra civil; no les había despojado de sus bienes, ni se había enriquecido con el mercado negro, o con la manipulación del aparato estatal; no se había degradado fingiendo creer en doctrinas extravagantes, ni aceptado el juicio ostentoso de gentes incultas, de ideas rígidas y simplistas. Es decir, tenía la sensación de que había matado menos, robado menos, y mentido o humillado menos que la generación anterior. Por tanto, era lógico no sólo que tuviera menos sentimientos de culpa, sino que, asimismo, se sintiera predispuesta a experimentar sentimientos de indignación moral contra una generación que, siendo inferior en términos morales, era superior en el control de los recursos políticos, económicos, y sociales.

De este modo, la doctrina de la lucha por la justicia social y por un régimen de libertad (o, al menos, la libertad necesaria para luchar por aquella justicia) proporcionó las razones que justificaban la expresión de estos sentimientos de indignación, y daban sentido a la acción del momento. No quiere ello decir que sea preciso reducir estas justificaciones a meras racionalizaciones de la conducta. Pero interesa señalar que, independientemente de que tales justificaciones estuvieran objetivamente fundadas, sólo cabe entender su apropiación como verdades subjetivas si podemos verlas asociadas a una carga afectiva, y a un cálculo de los costes y las probabilidades de éxito de las conductas acordes con ellas. Sin tales asociaciones, aquellas justificaciones hubieran quedado como reconocimientos abstractos de una verdad, pero no como compromisos con una acción efectiva, dispuesta a arrostrar riesgos. A mi juicio, esta carga afectiva, y este cálculo, estuvieron relacionados con el impulso generacional, una experiencia subjetiva de superioridad moral, y un proyecto histórico relativamente plausible, en cuya articulación la iglesia y el clero jugaron un papel dominante.

De esta forma, una subcultura disidente, crítica, o izquierdista, creció, provocando la división dentro de la iglesia, el desconcierto de la jerarquía, y la irritación del régimen, sobre todo a partir de mediados de los sesenta, cuando comenzaron a sentirse los efectos del Concilio Vaticano II.

La iglesia de los años sesenta

Durante los años cincuenta y principios de los sesenta, diversos segmentos de la iglesia comenzaron a modificar sus estrategias con relación a los problemas intelectual, social, moral, y político, teniendo en cuenta los grupos sociales correspondientes. El cambio reflejó, en parte, su adaptación a las demandas de estos grupos (y en este sentido fue un cambio 'mimético'), pero también, en parte, reflejó un cambio previo en la mentalidad de los clérigos, por lo cual éstos fueron capaces de influir en la articulación y el contenido de aquellas demandas (y, en este sentido, fue un cambio 'profético').

Este cambio previo en la mentalidad de los clérigos fue la consecuencia de varios factores, y, entre ellos, especialmente, el de la exposición de los clérigos jóvenes a la influencia de las iglesias europeas, desde comienzos de los años cincuenta. En aquellos años, aquéllos comenzaron a salir para estudiar en centros teológicos de Innsbruck, Munich, París, y otras ciudades (González de Cardedal 1985, 163). Se encontraron en una situación donde tenían ocasión de contrastar la parvedad intelectual, el aislamiento del neoescolasticismo hispánico y las formas de piedad tradicional, con el dinamismo europeo de las nuevas corrientes teológicas y su proceso de renovación litúrgica.

Detrás de esa experiencia religiosa europea había, además, una experiencia de organización, modos de vida, usos de tolerancia y compromiso, y una mentalidad que había incorporado la modernidad; todo lo cual era compatible con una religión y una iglesia pujantes, como, por ejemplo, la iglesia católica alemana, capaz de hacer uso discreto de un estado no confesional, y convivir con el protestantismo y la cultura humanista secular. El trasfondo histórico de todo ello había sido un proceso de reconciliación nacional, provocado, bien por la lucha contra el fascismo, bien por la memoria del fracaso histórico del fascismo. A este trasfondo se añadía el presente de la reconstrucción, el crecimiento económico y la estabilidad política de Europa, basados en un entendimiento entre democristianos y socialdemócratas; e, incluso, el de la propia experiencia de los conflictos de clase, que sugería, en aquellos años, puentes y compromisos entre católicos progresistas y comunistas.

Todas estas experiencias fueron vividas por aquellos jóvenes clérigos españoles en lugares a los que no llegaba el control de sus superiores; y vividas desde una actitud de búsqueda intelectual y reencuentro con su libertad personal, simpatizando moral y emocionalmente con ellas. A su vuelta, muchos consiguieron establecer relaciones especiales con tales superiores, o advirtieron que éstos carecían de la suficiente formación e información teológica como para ser capaces de ejercer un control sobre sus reflexiones; o se ampararon en los conflictos de competencias entre los obispos y las órdenes religiosas a las que pertenecían para eludir ese control. Así, ya de nuevo en España, y, al menos, inicialmente, consiguieron construir nichos de tolerancia para sus actividades. Su ejemplo cundió entre sus compañeros, tanto más cuanto que la traducción de obras extranjeras de carácter religioso se incrementó notablemente en aquellos años (de modo que, para 1965, tales traducciones constituían el 83 % de la literatura dogmática publicada en España; ver Payne 1984, 246).

Nada más natural que estos clérigos, y gentes bajo su esfera de influencia, terminaran coincidiendo en los mismos ámbitos con los católicos liberales, y con los disidentes, que estaban impulsando los procesos de cambio intelectual, social, y político, antes mencionados. Existía una evidente afinidad electiva entre ambos grupos, de modo que, en base a todos ellos, con el tiempo, pudo formarse una subcomunidad religiosa dentro de la iglesia española. Pues bien, lo que hizo el Concilio Vaticano de 1962/65 fue apoyarse en estos procesos de cambio ya en marcha, acelerarlos, precipitar la crisis, reforzar la posición de los clérigos y de los católicos contestatarios, y asegurar un desenlace del conflicto a su favor.

Si a comienzos de los años sesenta había un núcleo de la iglesia española constituido por la jerarquía y la mayoría del cuerpo eclesiástico, y una periferia de clérigos y militantes críticos, lo que hizo el Concilio fue desplazar, del núcleo a la periferia, el centro de gravedad del catolicismo español. A partir de aquel momento, independientemente de la posición de poder que ocuparan dentro de la iglesia española, los obispos se hallaron a la defensiva, y su influencia decreció paulatinamente, mientras que los clérigos y los militantes marginales se encontraron moviéndose en la dirección del viento. Aunque hubiera podido anticiparse a los acontecimientos, a la vista del estilo y la orientación del pontificado de Juan XXIII, la jerarquía española no esperaba el choque del Concilio. Se había hecho a la idea de que su alianza con el poder temporal y su proyecto histórico de un estado confesional y de una ortodoxia católica integral se acercaban más al 'ideal católico', que los compromisos, las concesiones, y la tolerancia de las iglesias europeas con el mundo moderno. Despertar de ese sueño, y renunciar a aquella imagen de sí misma, fue durísimo. La jerarquía no se pudo recuperar de verse a sí misma como un elemento marginal y anacrónico dentro de la iglesia. Sus ilusiones de grandeza se derrumbaron ante el documento a favor de la libertad religiosa, que el Concilio aprobó. A partir de entonces, el cambio en la iglesia española pareció inevitable, puesto que el aislamiento ya no era posible, y el cisma era inconcebible. Sólo quedaba por determinar el ritmo, los costes, y las formas de su transformación.

Recuperando buena parte del espíritu de aquel modernismo condenado a primeros de siglo, el Concilio Vaticano propuso una nueva forma de relacionar a la iglesia con el mundo moderno. En el terreno político, la iglesia ya no pretendió el apoyo del poder temporal, y aceptó operar en un mercado de creencias religiosas, esto es, en una situación de pluralismo religioso. Sin definir el régimen político ideal, la iglesia excluyó el totalitarismo, y desacreditó el autoritarismo, legitimando implícitamente la democracia liberal. En el terreno económico, sus mensajes mantuvieron la ambigüedad tradicional de quienes aceptaban el capitalismo y la reforma del capitalismo, pareciendo apostar por las formas de economía mixta (con intervención gubernamental y sindicalismo libre), que prevalecían en las sociedades occidentales. En el terreno cultural, la iglesia aceptó buena parte de la crítica de la Ilustración, reconociendo la centralidad de los valores de libertad y razón, haciendo suya la herencia del humanismo y la ciencia moderna, y buscando el diálogo con la filosofía contemporánea. Con ello, redujo implícitamente el alcance del magisterio eclesiástico, proclamó su respeto a la libertad y la razón natural, y, explícita o implícitamente, declaró su renuncia al uso de sanciones contra prácticas o creencias heterodoxas (cualquiera que fuera la situación temporal en que se encontrara).

De este modo, sus mensajes de sentido dejaron amplio margen a explicaciones y justificaciones de carácter natural; sus mensajes de salvación reconocieron debidamente el valor intrínseco de los programas y las políticas para reducir el hambre y la ignorancia, y para favorecer el crecimiento económico y la redistribución de riqueza, etc.; y sus mensajes de comunidad orientaron a los católicos, *no* hacia la creación de culturas católicas, encapsuladas, o aisladas del entorno (tal como se habían establecido, o intentado establecer, desde mediados del siglo XIX), como respuesta defensiva a una sociedad secularizada, sino hacia la creación de comunidades no confesionales, formadas por gentes con creencias diversas, pero unidas por lazos morales en pos de la realización de un proyecto que ofrecía una esperanza de salvación de miserias morales y materiales, y que aseguraba ámbitos de solidaridad y afecto mutuo sobre la tierra. Todo esto supuso una revalorización de las tareas del aquende, y un énfasis en temas de moral social, y, *sensu contrario*, implicó relegar a segundo término los problemas de las postrimerías de la vida humana y de la moral sexual, los cuales habían dominado la imaginación y la sensibilidad de los católicos durante varios decenios.

Todo esto, que significaba alteraciones a veces importantes para el conjunto de la iglesia, supuso un giro copernicano para la iglesia española. De aquí, la resistencia de los unos y el entusiasmo de los otros, y, por tanto, la división de la iglesia en dos bloques, con una mayoría desconcertada entre ambos. A los clérigos contestatarios, se opusieron los clérigos tradicionales reunidos en torno a las Hermandades Sacerdotales y otros círculos conservadores; y la tensión entre ellos no hizo más que crecer con el paso del tiempo. Pero, con esta tensión, creció también una sensación de incertidumbre, y desconcierto, por parte de la mayoría. En una encuesta realizada entre el clero español en 1970, se observó una neta división de opiniones sobre los problemas políticos del país. La división se acusó sobre todo entre distintas generaciones: las generaciones mayores, a favor del *statu quo*, y las generaciones jóvenes en su contra (Martín Patino 1984, 160 y ss.; Payne 1984, 254). Una división tanto más importante, cuanto que la estructura de edades del clero español era muy singular, como consecuencia de la guerra civil. El clero estaba dividido en dos grandes grupos: el primero compuesto por los mayores de sesenta años; y el segundo, por los menores de cuarenta; con un grupo relativamente reducido entre unos y otros (Hermet 1985, 31 y ss.).

Pero además de poner en relieve esta división, la encuesta de 1970 reflejó una extraordinaria inseguridad doctrinal en la mayoría de los eclesiásticos. Ya en los años cincuenta algunos clérigos habían expresado su inquietud ante el vacío del catolicismo oficial, y la evidencia de que el proyecto de catolización de España no acababa de realizarse. Pero lo que había sido el desconcierto de los clérigos de los años cincuenta, ante los indicios del fracaso de aquel proyecto, se convirtió, a finales de los sesenta, en una sensación de carencia de proyecto. Los clérigos se declararon inseguros de su saber teológico (el 39 %), y moral (el 51 %), considerando que no tenían preparación, ni capacidad, para orientar a los fieles en temas sociales (el 73 %) y políticos (el 75 %). Consecuentemente, volvieron su mirada sobre su proceso de formación, señalando su profundo descontento con la educación recibida en los seminarios (el 51 %) (Martín Patino 1984, 161).

El desconcierto era profundo y permanente. Así, no es de extrañar que, al combinarse con un incremento espectacular de las oportunidades de todo orden en la vida secular (oportunidades para la mejora económica, el desarrollo intelectual, la acción política, o las relaciones afectivas), se produjera un proceso acusadísimo de crisis de vocaciones religiosas, aunque el proceso no fuera exclusivo de la iglesia española, y otro tanto ocurriera en otras iglesias europeas, como, por ejemplo, la francesa (Bourdieu y Saint-Martin 1984). Aumentaron las secularizaciones del clero secular y regular (unas cuatrocientas cada año, entre 1966 y 1971); descendió el número de los seminaristas, de unos 8.000 en los años 1950, a 1.800 en 1972/73; y aproximadamente un tercio de los jesuitas españoles abandonó la orden entre 1966 y 1975 (Payne 1984, 225 y ss.).

Los obispos, que sólo entendían a medias esta situación, adoptaron una estrategia defensiva, indecisa y crispada. Al presentar los resultados del Concilio, el arzobispo Cantero no tuvo inconveniente en hablar de «mantener y fortalecer la unidad católica de España (...) cuya expresión civil (...) es la conformidad del estado (...) en la línea y el sentido del pensamiento conciliar» (Ruiz Rico 1977, 197). De hecho, la jerarquía no estaba dispuesta a alterar el entendimiento que tenía con el estado español. Su aplicación del principio del distanciamiento de la iglesia respecto al poder temporal consistió en tratar de impedir las críticas que, desde las asociaciones católicas, pudieran dirigirse contra el régimen. Y en este empeño llegó la jerarquía hasta las últimas consecuencias. Cuando en 1966/67 los dirigentes de la Acción Católica trataron de iniciar el camino de las declaraciones críticas del régimen político, el arzobispo Morcillo les recordó inequívocamente que «ninguna rama [de la Acción Católica], ninguna organización puede hacer declaraciones [en este sentido] sin mandato superior; y ese mandato no lo ha habido, o si lo ha habido ha sido revocado» (*Ecclesia, 1966: 1*, pp. 935-39). Y a continuación, tras algunas escaramuzas, se procedió a descabezar la Acción Católica, debiéndose pagar el precio consiguiente del colapso de la organización, que tuvo lugar inmediatamente. La Acción Católica pasó de ser una organización dinámica de un millón y medio de afiliados a principios de los sesenta, a una organización estancada de unos cien mil afiliados en 1972 (Payne 1984, 250).

Sin embargo, este mismo incidente mostró que una actitud de intransigencia podía traer consigo consecuencias catastróficas, al activar las voces disidentes dentro de la organización, al tiempo que provocaba una salida masiva del aparato eclesial (Hirschman 1970); de modo que la división de la iglesia podía exacerbarse, y las organizaciones, disolverse. Además, tampoco parecía sensato apostar sin reservas por un régimen cuyo futuro comenzaba a parecer dudoso. De este modo, los obispos comenzaron a persuadirse de que los tiempos requerían adaptaciones y reformas.

A este proceso de persuasión se sumó la presión externa, enérgica y continuada del Vaticano, ejercida a través de distintos mecanismos institucionales. La Santa Sede decidió acelerar el lentísimo proceso de reflexión episcopal y reducir la resistencia de los obispos, modificando su estructura organizativa, y su composición. Se encontró con un episcopado dirigido por una reducida Conferencia de Metropolitanos, y optó por dar preeminencia a la Conferencia Episcopal de todos los obispos. Se encontró con obispos relativamente ancianos y nombrados por la iglesia y el estado (que ejercía un tradicional 'privilegio de presentación'), y decidió alterar esta composición drásticamente. Así, en primer lugar, retiró a los obispos a partir de cierta edad, dejándoles como miembros con voz, pero sin voto, en la Conferencia Episcopal. En segundo lugar, nombró obispos auxiliares más jóvenes, con voz y con voto en la Conferencia, en cuyo nombramiento no pudo intervenir el estado. En tercer lugar, presionó al gobierno español para que nombrara obispos a sus propios candidatos, por el procedimiento de reducir a uno la terna de candidatos que el Vaticano había de presentar (Payne 1984, 261). Y, en cuarto lugar, hizo todo esto sin dejar de exhortar al gobierno públicamente, una y otra vez, para que renunciara al privilegio de presentación. A través de sus nuncios apostólicos, el Vaticano obró con prudencia, cuidado, y firmeza; y su estrategia tuvo éxito en muy pocos años. En 1966, el 65 % de los obispos tenía más de 60 años, y el número de obispos auxiliares (nombrados sólo por la iglesia) era de cinco sobre un total de 77. En 1973, los obispos de más de 60 años ya sólo suponían un 40 %, y el número de auxiliares se elevaba a 17 (Ruiz Rico 1977, 189 y 213). Para 1971, la relación de fuerzas en la Conferencia Episcopal ya era tal que un arzobispo fiel a la línea del Vaticano, Enrique y Tarancón, fue elegido presidente de la Conferencia. Este nombramiento marcó el fin de una fase y el inicio de otra en las relaciones entre la iglesia y el estado, y en las relaciones dentro de la iglesia. Lo que, hasta entonces, había sido una iglesia dividida y desconcertada, se convirtió, en los años setenta, en una iglesia decidida a llevar a cabo un nuevo proyecto histórico, y, con él, una estrategia de distanciamiento del régimen franquista.

La conversión a la democracia liberal

Al comienzo de este capítulo indiqué que la estrategia de la iglesia católica en pos de conseguir un monopolio de la oferta religiosa, con la consiguiente alianza con el poder temporal, corría el riesgo de que la oposición política de hoy se convirtiera, mañana, en un poder hostil. Este riesgo se incrementó notablemente en España a lo largo del período considerado, debido, como ya se ha mencionado anteriormente, a las resistencias de la sociedad, las alteraciones del espacio público, y la presión de la iglesia universal. De aquí que, en su momento, la iglesia optara por revisar su estrategia, y aceptara una situación de pluralismo religioso.

Esta revisión se desplegó gradualmente, y a lo largo de una secuencia temporal, pero cabe retener como año clave, en este sentido, el de 1971. En aquel año, la relación de fuerzas dentro del episcopado se alteró decisivamente a favor de los partidarios de una revisión de la estrategia de la iglesia, con el nombramiento de Enrique y Tarancón como presidente de la Conferencia Episcopal (Martín Patino 1984, 163 y ss.). Tarancón pertenecía al sector moderado del Episcopado español, y la Santa Sede lo había elegido Primado de Toledo en 1968 (en una operación de naturaleza similar a la que tendría lugar en Junio de 1977, con el nombramiento de Suárez como Primer Ministro, con la tarea de llevar adelante la transición política). Y, también, en 1968, se celebró una asamblea conjunta de obispos y sacerdotes, que tuvo un enorme impacto en la opinión pública católica, y cuyas conclusiones se orientaron en la misma dirección.

Una vez decidida, la estrategia de distanciamiento del régimen franquista se llevó a efecto de manera deliberada y sistemática, a pesar de que el forcejeo, en el interior de la iglesia, con los sectores conservadores, continuara hasta los últimos momentos del franquismo, y de ello fue buen ejemplo la crítica de la Congregación del Clero a las conclusiones de la asamblea conjunta (González de Cardedal 1985, 167). Las declaraciones de aquella asamblea, los documentos colectivos del episcopado desde entonces (en especial, el de febrero de 1973 sobre la iglesia y la comunidad política), y las propias declaraciones de Tarancón, que culminaron en la homilía al rey en noviembre de

1975, no dejaron lugar a dudas sobre la reorientación del compromiso temporal de la iglesia. Las alusiones de la iglesia, a través de un uso cuidadoso del lenguaje, a la deseabilidad de un régimen democrático, fueron continuas. Sus palabras claves fueron las de «concordia», «diálogo», y «libertades públicas», incluida la libertad de elección de los representantes políticos. La iglesia reiteró su evaluación positiva de las reivindicaciones de libertad y justicia, que era una alusión, apenas velada, a las demandas de los partidos y sindicatos de la oposición. Hizo referencia, una y otra vez, a la necesidad de una monarquía de todos los españoles, como indicó puntualmente Tarancón en la mencionada homilía (haciéndose eco de declaraciones semejantes realizadas por miembros destacados de la familia real). Este discurso político-moral se apoyó en una reconsideración dramática del acontecimiento crucial de la vida de la iglesia en los últimos cincuenta años: la guerra civil. Los eclesiásticos reunidos en la asamblea conjunta de 1971 llegaron hasta reconocer que «hemos pecado (...), y pedimos perdón, porque (...) no supimos a su tiempo ser verdaderos ministros de reconciliación en el seno de nuestro pueblo, dividido por una guerra entre hermanos». Este texto fue aprobado por 137 votos a favor, contra 78 (Ruiz Rico 1977, 236).

Para el régimen político franquista, que había basado una parte sustancial de su legitimidad en su carácter católico y en el apoyo de la iglesia, todo esto fue una catástrofe, una aberración, y, en cierto modo, una traición. Después de todo lo que el régimen había hecho por la iglesia, ésta, en el momento crítico, se desentendía del futuro del régimen. Los recuerdos de los servicios prestados, las advertencias y las quejas de ministros como los de Justicia y Asuntos Exteriores, cayeron en oídos sordos (Payne 1984, 265). Apelando a los principios católicos de los gobernantes, la jerarquía respondió a todo ello con una nueva demanda: que renunciaran al privilegio de presentación de obispos, que era uno de los pocos mecanismos que le quedaban al régimen para hacer presión sobre la iglesia. Y muchos clérigos respondieron con una intensificación de su apoyo a la oposición política y sindical, tratando de ampararse para ello en el fuero eclesiástico, que no era sino un privilegio político otorgado por el franquismo. Como consecuencia de ello, la cárcel concordataria de Zamora se fue llenando de clérigos (que llegaron a amotinarse en 1973; ver Payne 1984, 228), y los propios obispos comenzaron a sentir los efectos de la irritación del régimen. Con ocasión del funeral del Almirante Carrero Blanco, se oyeron los famosos gritos de «¡Tarancón, al paredón!»; y en 1974 el gobierno estuvo a punto de expulsar de su territorio a un obispo del País Vasco (el *affaire* Añoveros). Sin embargo, con esta crispación, el régimen traicionó su debilidad, y sólo consiguió reforzar la determinación de la iglesia, dándole incluso la oportunidad de figurar en la lista de honor de los perseguidos del franquismo.

De todas formas, la operación de distanciamiento de la iglesia respecto al régimen no consistió en una simple inversión de alianzas; respondió a una visión más compleja y de mayor alcance, por la cual trataba de colocarse en una posición equidistante entre la oposición democrática y los segmentos reformistas del franquismo, tales como el organizado en torno al grupo Tácito, un grupo de funcionarios y profesores católicos, procedentes en su mayoría de la clase política franquista, que llegó a convertirse en una cantera de líderes, y un laboratorio de fórmulas políticas, para la transición democrática (Rodríguez Buznego 1986).

Al mismo tiempo, la iglesia aumentó sus intercambios con la oposición democrática. Esto se vio facilitado por tres factores. En primer lugar, los líderes tradicionales de los partidos de la oposición habían abandonado sus posiciones antirreligiosas y anticlericales de la guerra civil. En segundo lugar, la nueva clase política había sido formada, en parte, por la iglesia. No sólo porque la iglesia había proporcionado, directamente, líderes, esbozos de programas, recursos organizativos, coberturas ideológicas e institucionales, y protección frente a la represión; sino, sobre todo, porque la iglesia había contribuido a dar forma a la experiencia de los jóvenes que iniciaron su proceso de formación política en la oposición al franquismo de los años cincuenta y sesenta. Durante aquellos años cruciales, bastantes de estos jóvenes mantuvieron, bien sus motivaciones religiosas, bien sus vinculaciones con los eclesiásticos, y, con ello, conservaron cierto aire de familia, reflejado en un lenguaje, unos hábitos de pensamiento, y unos valores. Quizá comenzaron en organizaciones como el FLP, el grupo en torno a Cuadernos para el Diálogo, o la JOC, desembocando, más tarde, en el PSOE, el partido comunista, Izquierda Democrática, Convergencia i Unió, o la UCD. Aquellas primeras experiencias fueron muy intensas, con frecuente interacción entre jóvenes católicos y jóvenes no católicos, con sensaciones de compartir riesgos y adversarios, y con el sentimiento de pertenecer a una misma comunidad generacional. En tales experiencias se fraguaron pautas de diálogo dentro de la oposición política (y de ésta con la sociedad civil), que habrían de generalizarse después, durante los años de la transición, anticipándose, de esta forma, los rasgos de una comunidad reconciliada de los vencedores y los vencidos de la guerra. De aquellas experiencias quedaron memorias de gratitud, respeto, e incluso sentimientos de deuda hacia la iglesia, que habrían de asegurar a ésta un crédito moral y político, que pudo hacer efectivo en el momento de la transición.

En tercer lugar, el hecho de que, como resultado de una decisión deliberada de la jerarquía, no se llegara a crear un partido demócrata cristiano, contribuyó a las buenas relaciones de la clase política con la iglesia, puesto que aquélla ya no tenía que temer la competencia de la iglesia en su propio terreno. La iglesia tomó esta decisión por dos razones. Primero, porque la iglesia carecía de la capacidad para formar un partido. Había destruido prácticamente sus propias organizaciones en la segunda mitad de los sesenta (recuérdese la crisis de Acción Católica); y sus militantes se habían ido comprometiendo con otras organizaciones. Segundo, porque carecía del motivo central para la creación de un partido demócrata cristiano: la presencia de una amenaza suficientemente grave, contra sus valores y su propia existencia. El comunismo y el fascismo, o sus equivalentes, habían sido los estímulos históricos para que los católicos superaran sus divergencias internas, y crearan un partido relativamente homogéneo, en lugares como Italia, por ejemplo, después de la guerra. Pero el fascismo español de los años setenta carecía de importancia (tal como se mostró en las primeras elecciones); y la actitud moderada del partido comunista, y las experiencias continuas de diálogos, o acuerdos tácitos, entre cristianos y marxistas, durante la última fase del franquismo y en oposición al mismo, hicieron inviable la bandera del anticomunismo.

La consecuencia, en parte paradójica, de todo ello fue que, a pesar de carecer de un partido que pudiera controlar, la iglesia se encontró jugando un papel muy importante durante los años de la transición política, entre 1975 y 1978. Por un lado, fue capaz de entender y apoyar tanto al segmento reformista del franquismo como a la oposición democrática. Por otro, contribuyó decisivamente al reblandecimiento de la hostilidad de la derecha conservadora contra el nuevo régimen democrático. Así lo hizo, impidiendo un resurgimiento del espíritu de cruzada, minimizando los peligros procedentes del extremismo, y, en general, erosionando, o debilitando, los fundamentos ideológicos de una estrategia de hostigamiento a la democracia, por parte de los sectores más duros del aparato estatal, y, más particularmente, del ejército. Su apoyo directo y explícito a la transición se expresó en una serie de tomas de posición que abocaron a la aceptación, en sendos referendos, de la Ley de Reforma Política en 1976, y de la Constitución en 1978, la cual fue aceptada por la inmensa mayoría de los obispos españoles, a pesar de reservas no desdeñables en algunas materias.

Con la Constitución, la iglesia aceptó los principios de la no confesionalidad del estado y la libertad religiosa (art. 16), conformándose con un reconocimiento de lo que se ha llamado el hecho sociológico de la iglesia católica (en otras palabras, el reconocimiento del hecho de que la iglesia es una parte muy importante de la realidad española que el estado está obligado a respetar), junto con una declaración de la deseabilidad de unas relaciones de cooperación entre la iglesia católica (y otras confesiones) y el estado. El reconocimiento de la iglesia en el texto constitucional era importante, porque implicaba conceder márgenes sustanciales de libertad de movimientos a la iglesia, cuya estructura y cuya actuación el estado se comprometía a respetar. Y esto era tanto más importante para la iglesia cuanto que, primero, la doctrina católica (incluyendo la del Concilio Vaticano II; ver Portier 1986) había puesto siempre como límite a la legitimidad de cualquier legalidad vigente (incluida la legalidad emanada de una democracia liberal) el de un 'orden natural', o una 'moral natural', cuyo contenido debía definir la misma iglesia; y, segundo, porque la iglesia preveía problemas en el campo de la enseñanza, y el de la legislación sobre el divorcio y el aborto.

A partir de entonces, la iglesia ha debido enfrentarse con una situación de pluralismo, no sólo en el terreno de las creencias y las instituciones, sino también en el terreno de la política. La iglesia no ha podido controlar partido alguno, y tampoco parece haber tenido mucha influencia sobre el voto católico. De hecho, el electorado católico español, siguiendo una tendencia observable en otros países, como, por ejemplo, Francia (Berger 1985b), ha dispersado sus preferencias políticas. Esto ha favorecido, particularmente, al partido socialista, que ha recibido en estos años una parte sustancial del voto católico, incluida una parte importante del voto de los católicos practicantes (que han supuesto alrededor del 25 % del electorado socialista en 1979 y 1982: Ver Montero 1986, 157)[11].

[11] En términos generales, la inclinación al voto socialista desciende con la intensidad de la práctica religiosa. Sin embargo, el ejemplo de Francia muestra la complejidad del voto de los católicos practicantes. En una encuesta de la región de Grenoble, en 1982, este voto se descomponía entre un voto a líderes socialistas ligado a simpatías por

En esta situación de pluralismo religioso, y pluralismo político, la iglesia ha quedado aparentemente reducida a ser un grupo de presión más, el cual, para conseguir sus propósitos, ha de contar con la buena voluntad de sus aliados, y el apoyo de sus bases sociales, es decir, el laicado. Alianzas y apoyos problemáticos, porque la actitud de los laicos hacia las pretensiones típicas de la iglesia (de ampliar su influencia en la vida de aquéllos, de reducirles a meros subordinados de la organización eclesiástica) puede ser una actitud de *resistencia*. Por ello, como sugerí en la discusión inicial de este capítulo, si la iglesia pierde, o renuncia al monopolio de la oferta religiosa, puede encontrarse con que esto es sólo el comienzo de una serie ulterior de compromisos y concesiones al laicado.

En la España de estos años, la iglesia, que ya no dispone del cuasi monopolio de la oferta religiosa, e incluso cultural, que llegó a tener en el pasado, se ha enfrentado, además, con laicos acostumbrados a hacer más uso de su libertad, y con mayor seguridad en su propio juicio. Un juicio que ha ido divergiendo del magisterio eclesiástico, como se ha puesto de manifiesto a propósito de los temas del aborto y del divorcio. Porque, mientras la iglesia había ocupado sus energías durante los años sesenta y setenta en la tarea de absorber sus conflictos internos, poniendo orden dentro de sí misma, y en el empeño de asegurarse una salida digna, e incluso un protagonismo público, con ocasión de la transición política, llegando a un acuerdo con la clase política correspondiente, al mismo tiempo, la evolución de la sociedad civil, sus creencias, sus sentimientos, y sus prácticas cotidianas, había seguido también su curso. Y la consecuencia última de esta doble evolución, de la iglesia y de la sociedad, había sido un alejamiento mutuo, y una relativa devaluación de los mensajes de sentido, salvación, y comunidad de la iglesia católica, a los ojos de buena parte de la sociedad civil.

El magisterio eclesiástico ha sido, así, relativamente devaluado en cuestiones de moral pública, y de moral privada. De moral pública, porque, aunque el cambio espectacular de las posiciones de la iglesia respecto al franquismo puede ser interpretado como un intento de acercarse a las corrientes dominantes del pensamiento secular de la

---

la izquierda (18 %), un voto a líderes socialistas que no correspondía a simpatías por la izquierda (9 %), un voto a líderes centristas compatible con la simpatía por la izquierda (10 %), y un voto a líderes centristas desconectado de simpatía alguna por la izquierda (45 %) (Brechon y Denni 1983).

época, y a las modernas instituciones seculares, sin embargo, por muy loable que ese cambio haya podido parecer, con ello la iglesia ha demostrado no magisterio o autoridad moral, sino capacidad de adaptación.

La percepción general de la creciente irrelevancia del magisterio de la iglesia en el ámbito de la moral privada es el resultado de varios factores. En parte, puede ser atribuida al hecho de que en la sociedad ha continuado el proceso de extensión y de arraigo de los valores mundanos, de la búsqueda del éxito en la tierra, por medio de la obtención de poder, riqueza, *status,* conocimiento, afecto, o gratificaciones sensuales, con una referencia marginal a la vida religiosa. Añádase a esto, que la propia iglesia (y dentro de ella, tanto el sector conservador como el progresista) ha devaluado paulatinamente, durante muchos años, las expectativas y las aspiraciones de los laicos a conseguir su salvación a través de las prácticas sacramentales, poniendo más énfasis en su participación en actividades temporales. Por último, ha de tenerse en cuenta que las apelaciones religiosas a la consecución de una comunidad moral no se efectúan ya sobre el telón de fondo de una comunidad dividida, y abrumada por la memoria de la guerra. Frente al teatro de la autodestrucción de la guerra civil, se ha representado, en los años de la transición y la consolidación democrática, un teatro de la autorreconciliación, desplegado en ceremonias reiteradas de consenso y rituales de entendimiento, y, en su caso, de firmas de pactos de todo orden (políticos, sociales, regionales, o de entendimientos con el ejército y la iglesia). Por ello, las recomendaciones de la iglesia a favor de la paz social, por muy dignas de respeto que sean, constituyen tan sólo una voz más en la polifonía de la concordia.

Es probable que, como consecuencia de todo esto, la sociedad civil haya ido reduciendo la intensidad de sus creencias religiosas, y la frecuencia de sus prácticas, deslizándose así, al menos hasta ciertos límites, fuera del terreno de influencia de la iglesia. Según una encuesta del CIS realizada en 1984, la inmensa mayoría de los españoles (el 86 por ciento) siguen considerándose católicos. Sin embargo, parece que la proporción de 'buenos' católicos, o católicos practicantes, ha descendido del orden del 56 al 31 %, según algunas encuestas realizadas entre 1976 y 1983 (Orizo 1983, 177). Los resultados de las encuestas de opinión no pueden considerarse como indicadores inequívocos de los sentimientos y las creencias religiosas, y menos aún de las conductas religiosas de las gentes, sino sólo como aproximaciones tentativas a estos fenómenos; sin embargo, la consistencia interna de los resultados de distintas encuestas parece reforzar su plausibilidad. Estas encuestas sugieren un pronunciado descenso en el grado en el que los católicos españoles hacen suyas las profesiones de fe y las enseñanzas morales de la iglesia. Su ortodoxia, por lo pronto, parece limitada. A finales de los años sesenta, el porcentaje de los españoles que creía en la infabilidad del Papa (76 %); en la existencia del infierno (80 %); en el dogma de la Trinidad (93 %); y en la presencia real de Cristo en la Eucaristía (un 86 %), era extremadamente alto (Hermet, 1985, 72). Pero, una encuesta del CIS de 1984 demostró que aquellos porcentajes se habían reducido considerablemente. La inmensa mayoría seguía creyendo en la existencia de Dios (el 87 %); pero, en cambio, eran muchos menos los que creían *sin dudas* en un Dios creador del universo (el 59 %), en el carácter divino de Jesucristo (el 56 %), y en la existencia del cielo (el 50 %). Y menos aún eran los que creían en la existencia de un alma inmortal (el 46 %), en la resurrección de los muertos (el 41 %), y en la existencia del infierno (el 40 %). Cierto que los porcentajes eran más altos en el subconjunto de los católicos practicantes; pero, aun así, cabe constatar que sólo dos tercios de estos últimos aceptaba sin duda la infalibilidad del Papa (el 61 %), la resurrección de los muertos (el 76 %), la existencia del infierno (el 63 %), y la existencia de un alma inmortal (68 %). La proporción se reducía entre un quinto y un tercio en el subconjunto de los católicos no practicantes, el 21 % de los cuales creía sin dudas en la infalibilidad del Papa, el 26 % en la resurreción de los muertos, el 25 % en la existencia del infierno, y un 33 % en la existencia del alma inmortal (Ver CIS 1984; Laboa 1986, 90; y Orizo 1983, 173).Nos encontramos, además, con porcentajes sustanciales de españoles que se consideran católicos, pero que rechazan las enseñanzas de la iglesia en materias de moral sexual. Esto no es, por supuesto, exclusivo de los españoles. Ha podido observarse cómo en los Estados Unidos son mayoría los católicos que rechazan la enseñanza de la iglesia en materia de anticonceptivos (el 88 %), el sacerdocio de las mujeres (el 52 %), el matrimonio de los sacerdotes (el 63 %), el segundo matrimonio de los divorciados (el 73 %), e incluso el aborto en caso de violación o incesto (el 55 %) (*International Herald Tribune* del 25 de noviembre de 1985). Algo semejante observamos en España, siendo mayoría los españoles que aceptan el uso de los anticonceptivos (el 65 %), el matrimonio de los clérigos (el 54 %), la disolubilidad del matrimonio católico (47 %), y las relaciones sexuales prematrimoniales (45 %) (CIS 1984).

Además, ya hemos visto cómo la influencia reciente de la iglesia en la vida política es limitada, y, por ejemplo, hemos visto cómo esta influencia reduce sólo moderadamente la probabilidad de que los católicos practicantes se orienten hacia candidaturas socialistas. Sabemos, también, que, en términos generales, los españoles piensan que la iglesia no debería influir sobre el gobierno (43 %) (CIS 1984).

Más difícil es calibrar por medio de encuestas el peso real y la evolución de la influencia de la iglesia sobre la moral social de los españoles, sus actitudes hacia los valores básicos de la convivencia social, y su respeto a las personas y a sus propiedades. La proporción de españoles que, de creer sus declaraciones, acepta los mandamientos del Decálogo se sitúa entre el 56 % para el octavo mandamiento (que prohíbe mentir), y el 81 % para el quinto (que prohíbe matar), con proporciones intermedias para el cuarto, séptimo, y décimo (relativos al deber de honrar a los padres, y respetar las propiedades ajenas), siendo estos porcentajes entre siete y doce puntos más altos en el caso de los católicos practicantes (Orizo 1983, 190; para una comparación con otros países europeos, ver Stoetzel 1982, 339-340). Esto sugiere un grado relativamente alto de influencia de la enseñanza moral de la iglesia, al menos en lo que respecta a las declaraciones de principio. Sin embargo, el 61 % de estas mismas gentes ponen de manifiesto su creencia de que «no puede haber nunca líneas directrices absolutamente claras sobre lo que es el bien y el mal. Lo que es bueno y malo depende de las circunstancias y del momento» (Orizo 1983, 64). Esto plantea interrogantes sobre cuál sea esa influencia religiosa en el momento de las decisiones reales, tanto más cuanto que una mayoría relativa cree que la iglesia *no* tiene respuestas adecuadas a los problemas (y necesidades) morales de los individuos (un 43 *versus* un 39 %), y a los problemas de la vida familiar (un 49 *versus* un 34 %; ver Orizo 1983, 190), o piensa que la iglesia pretende una autoridad moral que no está basada en un conocimiento de la realidad (un 41 *versus* un 27 %) (CIS 1984).

Finalmente, cabe referirse a lo que para algunos sociólogos de la religión ha sido tradicionalmente el indicador fundamental de la religiosidad eclesial, a saber, la tasa de asistencia a la misa dominical. Esta puede situarse, según diversas estimaciones, entre el 34 y el 42 % del país (Laboa 1986), una cifra relativamente alta, inferior a la de Irlanda, pero semejante a la de Italia, y muy superior a la de Francia (ver también Martín Patino 1984, 196). Parece probable que ha habido un descenso de esta práctica desde mediados de los setenta (Montero 1986, 137). En el caso de los jóvenes, sabemos que la frecuencia de su asistencia a la misa dominical ha descendido sustancialmente en los años recientes: del 62 al 35 % entre 1975 y 1982 (Toharia 1985).

No es ciertamente el panorama de una sociedad católica integral, o en proceso de serlo, lo que parece desprenderse de estos datos. Pero este diagnóstico debe ser templado por cuatro puntualizaciones. En primer lugar, debe tenerse en cuenta que, en términos relativos, la importancia de la iglesia sigue siendo considerable en España. Entre un 30 y un 40 % de los españoles pueden ser considerados católicos practicantes. Esto puede parecer poco con relación al ideal de la iglesia triunfante, que era el de la catolización integral de país. Pero el porcentaje es muy alto, si se compara con el de cualquier otro grupo de la sociedad, definido por otras creencias y actitudes morales. Por ejemplo, el conjunto de todos los 'practicantes de izquierda' del país (aquellos que se consideran socialistas, comunistas, o de extrema izquierda, y que militan en partidos o sindicatos) no llega probablemente al 5 % de la población. En segundo lugar, es preciso distinguir entre la dimensión eclesial del proceso, de distanciamiento respecto a la autoridad institucional de la iglesia, y su dimensión religiosa, de debilitamiento de las creencias y morales religiosas. Y conviene señalar que esta última dimensión se refiere a un fenómeno muy complejo, del que sólo disponemos de una información escasa, y no del todo fiable (incluyendo la que proporcionan las respuestas, en definitiva un tanto enigmáticas, a los cuestionarios citados anteriormente).

En tercer lugar, hay que anotar signos recientes de dinamismo en la iglesia católica. Se ha invertido la tendencia al descenso en las vocaciones, observándose un ligero incremento en el número de seminaristas, particularmente en la segunda mitad de la década de los ochenta. Han surgido nuevas formas de organización, como las comunidades cristianas (neocatecumenales, pero también populares y carismáticas), que parecen seguir prosperando (Martín Patino 1984, 192). La religión ya no polariza a los españoles política, ni socialmente. A finales de los años setenta, se estimaba que el 45 % de las gentes (que se consideraban de clases medias, o medias altas) eran católicas practicantes. Lo era también el 38 % de las clases medias bajas, y el 34 % de la clase obrera (Martín Patino 1984, 202 y ss.). Más aún, con ocasión de la visita del Papa Juan Pablo II a España en 1982, inmediatamente después de la victoria socialista en las elecciones de aquel año, y de las protestas de las organizaciones católicas contra la legislación socialista sobre la enseñanza, tuvieron lugar manifestaciones masivas, que demostraron una notable capacidad y disponibilidad para la movilización por parte de las masas católicas.

Finalmente, un signo positivo más específico del potencial de dinamismo y de futuro de la cultura católica en España puede ser el proporcionado por el hecho de que, si bien los católicos practicantes son relativamente menos numerosos entre las generaciones jóvenes que entre los mayores, algunos datos relativos al talante de tales jóvenes católicos sugieren que se trata de gentes más compenetradas con su medio, más felices, y más optimistas que los jóvenes no católicos (o que los católicos no practicantes). Se sienten más unidos a sus familias (un 58 entre los jóvenes practicantes *versus* un 47 % entre los no católicos); y más compenetrados con sus padres en sus actitudes hacia la religión (un 68 *versus* un 25 %), hacia la moral (un 66 *versus* un 36 %) y hacia la política (un 41 *versus* un 23 %). Se sienten también más felices (sólo el 9 % de estos católicos se siente poco o nada feliz, *versus* el 22 % de los laicos), y más optimistas ante la vida (un 58 *versus* un 47 %) (Toharia 1985). De modo que parece como si, una vez más, en medio de situaciones de relativo desconcierto para la iglesia y el catolicismo español, cupiera detectar signos nuevos, curiosos y ambiguos, de esperanza.

Este estudio pertenece a un género de ensayo interpretativo de carácter general, donde se enlazan una discusión analítica y una serie de observaciones empíricas sobre la religión y la iglesia en España desde la guerra civil. Pero aunque el tema de la religión es central en este estudio, en tanto que contenido de la oferta de la iglesia, y la demanda de los fieles, y en tanto que fenómeno complejo (con varias dimensiones: cultural, credencial, experiencial, moral, y organizativa - Glock 1971), el acento de mi discusión ha estado puesto, sin embargo, en explicar las causas y los mecanismos de las transformaciones de la iglesia en respuesta a sus propios conflictos, y a las presiones del medio donde se movía (fundamentalmente el estado y la sociedad civil), en el trance crucial del franquismo de los años cuarenta y cincuenta a la democracia liberal de los setenta y ochenta. Y he tratado de desarrollar esta discusión en los términos generales que requería abarcar un período histórico tan amplio y tan dramático, y mantener visibles las líneas centrales de un argumento inevitablemente complejo.

He preferido hablar de las metamorfosis o los avatares de la iglesia y de la religión, más que de un proceso de secularización de la vida española. Hablo de «avatar» por analogía con el uso originario del término en el hinduismo, donde «avatar» significa la encarnación de la deidad (habitualmente Visnú) en formas humanas (o no humanas), en tiempos de crisis o tribulación, cuando el *dharma*, orden o ley universal, está en peligro, con objeto de contrarrestar el mal y restablecer el equilibrio. La doctrina supone que las encarnaciones son varias, y (en el hinduismo tardío) permite explicar, así, la existencia de hombres santos o sagrados. Obviamente el cristianismo, con su doctrina de la encarnación *única* de la deidad en Jesucristo, es incompatible con el hinduismo, pero esta incompatibilidad teológica es irrelevante a efectos del uso analógico (y próximo a la experiencia teatral) del término en el terreno de una sociología de la iglesia y de la religión. Los cambios en el proyecto histórico de la iglesia española (al que me referí usando el término de «nacional-catolicismo»), en su oferta o mensaje religioso a los creyentes, y en la estructura de sus relaciones con el estado y la sociedad, han sido tan profundos, que autorizan a hablar de sucesivas encarnaciones de distintos personajes, o caracteres, en un drama histórico. En cada nueva caracterización o encarnación hay una respuesta de la institución religiosa a una situación de desorden: una respuesta orientada hacia la restauración del equilibrio perdido, o hacia la instauración de otro nuevo.

En cuanto a la teoría de la secularización, hace tiempo que se ha mostrado su carácter equívoco, al menos en sus términos más generales (ver, por ejemplo, Luckmann 1969), de forma que habría que descomponerla en proposiciones más específicas. El propio término «secularización» ya es ambiguo, y su contenido difiere según que con él se entienda la reducción del ámbito de la religiosidad, o del ámbito de la eclesialidad, pudiéndose distinguir, entonces, entre secularización religiosa y secularización eclesial. Ambas no son, en modo alguno, idénticas, en cuanto que se refieren a ámbitos distintos. El ámbito de la religiosidad contiene el área de las explicaciones, justificaciones, y proposiciones de sentido que se aplican a la realidad, en tanto que hacen referencia a figuras divinas o sobrenaturales; el área de las experiencias humanas impregnadas por, o referidas a, la actuación de tales figuras divinas, de las cuales cabe esperar la salvación de los sufrimientos (es decir, de las experiencias humanas negativas), y la bendición de las fortunas (es decir, de las experiencias positivas); y el área de las interacciones con, o por referencia a, tales figuras divinas, que dibuja las fronteras y contiene la estructura interna de una comunidad en donde tales figuras están presentes. El ámbito de la eclesialidad se refiere a los lugares más específicos de aquellas mismas áreas religiosas dentro de los cuales un cuerpo de agentes o instituciones intermediarias (entre las figuras divinas y los hombres) juega un papel relevante a la hora de interpretar el sentido, administrar los bienes de salvación (como la gracia), y mediar en la interacción entre hombres y figuras divinas, de tal manera que estos intermediarios puedan ejercer autoridad sobre los hombres.

Así pues, las tres dimensiones de sentido, salvación, y comunidad se aplican tanto al ámbito de la religiosidad como al ámbito de la eclesialidad. Este esquema conceptual permite formular hipótesis relativas a la expansión, o reducción, de tales ámbitos en todas aquellas dimensiones, previendo la posibilidad de que la reducción en un ámbito o una dimensión, puede ser compensadas (o no) por una ampliación en otro ámbito u otra dimensión; y permitiría, también, en una ulterior elaboración, distinguir entre la extensión y la intensidad de la combinación de ámbito/dimensión que estuviéramos considerando.

Puesto que el objeto de este estudio no ha sido el de discutir formal y sistemáticamente la tesis de la secularización, me permitirá el lector que deje quizá para otra ocasión una aplicación del esquema que acabo de proponer a la realidad española. Valga decir aquí que la evolución de los últimos cien años no parece mostrar una tendencia general de la religión y la iglesia en España que abarque de manera unitaria los ámbitos y las dimensiones mencionados. La reducción del ámbito eclesial, y quizá del religioso, parece evidente entre comienzos del XIX y el último tercio del mismo siglo, pero no después. La iglesia parece recuperar terreno a partir de los años 1880, apoyándose en operaciones iniciadas decenios antes, tanto en sus entendimientos con el estado, como en su penetración en la sociedad civil. Sin embargo, los acontecimientos de los años 1930 ponen de relieve la insuficiencia de aquella recuperación. La iglesia se encuentra entonces con adversarios mucho más potentes de lo que imaginaba. El desenlace de la guerra civil, e incluso la guerra misma, suponen una ampliación enorme en ambos ámbitos, religioso y eclesial, sobre todo en este último. En todo caso, religión e iglesia adquieren una prominencia extraordinaria en los años cuarenta, cincuenta, y buena parte de los sesenta, a pesar de las tensiones ya mencionadas. Estado confesional y catolización integral de la sociedad parecen ir juntos durante parte de ese período. Lo que ocurre a partir de entonces indica una reducción del ámbito eclesial, pero no necesariamente un debilitamiento, al menos de cara a los poderes públicos, sobre todo si se compara su situación en estos años con la relación política que tiene la iglesia con el régimen político y la nueva clase política emergente entre los años 1965 y 1975. En cuanto a los signos de la reducción del ámbito de la religiosidad, éstos son incompletos, y a veces equívocos.

Si dentro de esta evolución centenaria, dramática y accidentada, buscáramos alguna pauta, propondría la hipótesis de una evolución en espiral, en claroscuro, o, si se prefiere (y nada parece más adecuado al tema), la hipótesis de una ironía divina con la iglesia católica española. La ironía sería un juego de contrastes, donde la realidad discurriera de tal modo que en los momentos de triunfo aparecerían los signos del desastre, y en los momentos críticos, los signos de la esperanza; y esto de una manera extrañamente sistemática. Porque ha ocurrido, en efecto, que cada situación crucial de la vida española de estos años ha sido para la iglesia una situación irónica (Fussel 1981), mejor y peor de la que se esperaba. Cuando la iglesia española estaba a punto de conseguir un entendimiento con el *establishment* de la Restauración, coronando esfuerzos de cuarenta años que alternaron y combinaron el *ralliement* táctico y el integrismo, y cedió incluso a la tentación de culminar su acuerdo con el apoyo de la dictadura de Primo de Rivera, fue para encontrarse con la profunda ofensiva anticlerical de la II República y las masas anarquistas, cuya fuerza y cuyo entusiasmo la iglesia no había sabido prever. Todo esto la puso en trance de gravísima derrota. Pero ahí surgió la posibilidad de un avance tal como la jerarquía católica no lo hubiera imaginado en sus mejores momentos: la posibilidad histórica, casi milagrosa, de repetir el triunfo y la exaltación de la iglesia del siglo XVI en pleno siglo XX. Fue la exaltación de la iglesia. Ahora bien, y aunque entonces 'nadie supo muy bien cómo', he aquí que, justo en ese momento, una parte de los propios clérigos, inquietos o desencantados, se dieron cuenta de que la iglesia había olvidado a los obreros, a las nacionalidades periféricas, y a una juventud con ambición de liderazgo social y político. Y la iglesia se encontró con que una parte de sí misma ponía en cuestión su propio triunfo, erosionando el edificio político-religioso de la victoria nacionalista. Pero de esta época de crisis, de iglesia desconcertada y dividida consigo misma, resurgió la iglesia con nueva vitalidad, y con capacidad para llevar adelante una operación de reconversión política extraordinaria. La iglesia era ahora la iglesia de la democracia liberal; tanto, que se le podía atribuir incluso parte importante del éxito del nuevo régimen político, ganándose el respeto de la nueva clase política y de la opinión. Pero ocurrió que, justo en este momento, la iglesia se encontró con el resultado de un proceso de secularización (al menos eclesial y, posiblemente, en buena medida, religioso), que había ido teniendo lugar durante más de veinte o casi treinta años, y que significaba el gradual deslizamiento de la sociedad civil fuera de su órbita de influencia. En cada uno de los tres momentos históricos, un triunfo. En cada triunfo, *hubris*, y un olvido del período precedente. Y, como consecuencia, la necesidad de pagar un precio por el orgullo y el olvido, encontrándose de nuevo en una situación de crisis. Y en cada situación de crisis, a la postre, signos de esperanza para la institución. Ironía de la historia, o ironía de la Providencia.

Con relación a la evolución, más específica, del ámbito de la eclesialidad, a partir de la crisis del edificio político-religioso de la iglesia triunfante, cabe decir, en primer lugar, que ha habido una tendencia a la reducción en este ámbito; y en segundo lugar, que, dentro de este ámbito, ha habido una tendencia al incremento del peso de la voz y la opinión de los laicos y las capas inferiores de los eclesiásticos: esto es, una modesta, pero visible, democratización. El paralelismo es evidente con lo ocurrido con el estado durante este tiempo. También aquí hubo un retroceso del estado autoritario en los últimos años del franquismo, a favor de la sociedad, a impulso de organizaciones y movimientos sociales, que anhelaban una mayor libertad de movimientos, y que desembocó finalmente en una democracia liberal.

Aun así, del hecho de que haya habido una tendencia a la reducción de la extensión del ámbito de la influencia de la iglesia, no se deduce que haya tenido lugar un proceso de secularización religiosa, bien por una reducción del ámbito de la religión, bien por un descenso de la intensidad de la experiencia religiosa. Cierto que en España, así como en otros países, el desarrollo de la ciencia y la educación escolar, la participación en el mercado y en las instituciones políticas modernas, como el estado y la burocracia, y en organizaciones de todo tipo, parecen haber ampliado el área de la experiencia humana donde son cada vez más plausibles las explicaciones de tipo no religioso (y parecen más redundantes aquellas de tipo religioso). Cierto, también, que las expectativas de una liberación de muchos sufrimientos y penurias, o de una gratificación de deseos o necesidades de toda índole, han aumentado considerablemente, como consecuencia del crecimiento técnico y económico, el desarrollo de los estados de democracia liberal, y la suavización de las costumbres; y han aumentado, sin aparente necesidad de apelar a referentes religiosos. Pero no es menos evidente que algunos aspectos de la modernidad han sido muy opresivos, y que, aun en el mejor de los casos, la modernidad nunca podrá extirpar las raíces de la ignorancia y del sufrimiento humano. En su búsqueda de conocimiento y de felicidad, los hombres tropiezan con unos límites que pueden desplazar, sí, pero nunca eliminar; porque, cuanto más saben, más conscientes son de lo que no saben, y mayor el alcance de su ignorancia. Una dialéctica similar puede aplicarse a las otras dimensiones de nuestra experiencia. De este modo, y aun en las mejores circunstancias, siempre hay un espacio reservado para las demandas de explicación, salvación, y comunidad de carácter último: demandas que pueden tomar muchas formas, y que, algunas de ellas, pueden ser atendidas por ofertas e instituciones religiosas de distinta índole.

Las condiciones modernas pueden favorecer, por ejemplo, la probabilidad de una iglesia basada en iglesias o congregaciones locales, compatible con una religiosidad personal intensa, y con distintas actitudes frente al poder temporal. Esta iglesia podría formular su mensaje religioso en términos de legitimación del sistema establecido, o en términos de denuncia profética del mismo. Pero también podría prescindir del poder temporal, reconociendo que, cualquiera que fuera el valor humano de una acción en el mundo, sería imposible precisar el *contenido religioso* específico de esa acción tal como Dios mismo lo definiría, ya que, siendo Dios inescrutable, toda pretensión de escrutarle, incluida la de la iglesia, sería una vana pretensión (aunque con esto la iglesia en cuestión entraría en un razonamiento barthiano, difícilmente compatible con los fundamentos de una iglesia como la iglesia católica). Una iglesia que experimentara y pusiera a prueba todos estos mensajes, en diferentes condiciones locales, y frente a diferentes audiencias, y, mejor aún, que experimentara con todas las posibles combinaciones de estos mensajes, sería una iglesia que, posiblemente, sería capaz de recuperar, e incluso de aumentar su influencia en el mundo.

Un ejemplo de esta capacidad lo ofrece el resurgimiento del protestantismo conservador fundamentalista en Estados Unidos (Roof 1984, Hunter 1985, Cox 1984). En él confluyen una religiosidad intensa y emocional, la prominencia de las iglesias locales, estilos y formas de autoridad a veces democráticos, a veces autoritarios, y mensajes muy específicos sobre el contenido de las actividades temporales. El tamaño reducido, el activismo del pastor, la creación de una opinión colectiva vigilante, y el literalismo en la interpretación de la palabra divina, son factores que favorecen, en estas comunidades de parentesco espiritual, la estabilidad en las definiciones de la situación del grupo, y la consistencia del sentido de la conducta de sus miembros (Ault 1984, Bittner 1963). Pero también se observa un fundamentalismo católico que, paradójicamente, acepta dosis importantes de sacerdocio de los laicos, la importancia de la iglesia local, el énfasis en el mensaje y la palabra, e incluso una actitud de denuncia profética del poder (lo que Tillich consideraba el 'principio protestante' por excelencia; ver Tillich 1957), o, como mínimo, una denuncia del poder en los países totalitarios; y que, sin embargo, articula todo ello con el papado, los sacramentos, la tradición, el respeto a los fragmentos de una religión mágica y popular, y un eclecticismo, por lo demás, muy católico, ensayado muchas veces con éxito a lo largo de la historia de la iglesia: todo ello ejemplificado en la figura y en la obra de Juan Pablo II. Por supuesto, este fundamentalismo católico coexiste, dentro de la iglesia, con la teología liberal, que tuvo su mejor momento en el Concilio; y, hasta cierto punto, con las teologías radicales de la liberación. Pero coexiste también con la curiosa situación de las masas de fieles que han llegado a la conclusión de que pueden ser católicos, y buenos católicos, sin aceptar porciones sustanciales del magisterio de la iglesia, ni en materia de fe, ni en materia de costumbres, sean éstas de carácter público, o privado. Lo que observamos, en estas condiciones, es un pluralismo católico mucho más complejo y variopinto de lo que fuera aquella escisión entre liberales e integristas del siglo XIX y parte del XX, o entre progresistas y conservadores más tarde.

Hubo una época en que los observadores de los fenómenos religiosos pensaron que había un claro proceso de secularización, que afectaba tanto a la religiosidad como a la eclesialidad, previendo un descenso de la importancia de la religión, y las iglesias, y haciendo una interpretación excesiva de las ideas de Weber sobre el desencantamiento del mundo. Pensaron, incluso, que en una situación de mercado o pluralismo religioso, había una tendencia a que la oferta religiosa, flexible, y sensible a la demanda, bajo la presión de una demanda homogénea, se homogeneizara a su vez; y creyeron ver en la convergencia de las denominaciones protestantes, el judaísmo liberal, el catolicismo y el humanismo secular en los Estados Unidos, una corroboración de esta hipótesis (Berger 1971). Ahora somos testigos, por el contrario, de la persistencia del fenómeno religioso; de un aumento de la diferenciación, tanto de las demandas como de las ofertas religiosas; y, por tanto, de un pluralismo creciente en el mundo de las iglesias, cristianas, católicas o no, e incluso no cristianas, como muestra palpablemente la efervescencia del mundo musulmán.

Capítulo IV
LAS REGIONES, LA ECONOMIA, Y LA ESCALA DE GOBIERNO: LOS MESOGOBIERNOS EN ESPAÑA

Todo gobierno necesita justificarse ante los ojos de los individuos sujetos a su dominación. Para ello apela a varias fuentes de legitimidad. Max Weber centró su atención en tres: la fe en el carisma personal o institucional, el apego a la tradición, y la aceptación del procedimiento legal (Weber, 1978, 212 y ss.). Pero, además de la coerción y de las tres fuentes mencionadas por Weber, existe otro motivo de obediencia, que es el consentimiento instrumental con la autoridad por razón de su éxito a la hora de resolver ciertos problemas básicos de la sociedad. A largo plazo, sólo si existe esta capacidad, la sociedad consiente en la autoridad de los políticos. En otras palabras, el consentimiento social implica un contrato, o un intercambio: la obediencia como contrapartida a un liderazgo con éxito. Esto se aplica particularmente a las sociedades liberales y capitalistas, donde el consentimiento a la autoridad, a condición de que ésta se muestre capaz de resolver (o reducir) determinados problemas básicos, es, justamente, el principio regulador de las relaciones entre la sociedad civil y la clase política. La sociedad elige periódicamente entre los varios segmentos de esta clase, y entrega el poder a uno, u otro, a condición de que sea eficaz (o menos ineficaz) en su gestión; y, de no serlo, se lo retira, y se lo entrega a su competidor.

Ahora bien, en los tiempos recientes, la capacidad, no ya de uno, u otro, segmento de la clase política, sino del conjunto de ella, y, por implicación, del régimen político mismo, para resolver los problemas de la sociedad, ha sido puesta en cuestión. Se ha hablado, así, de una 'crisis de gobernabilidad', o un 'problema de gobernabilidad', en muchos países. Según esto, parece que las sociedades liberales fueron gobernables durante los años cincuenta y sesenta, pero, desde aquellos años la situación, aparentemente, empeoró de modo dramático. Entre la guerra del Vietnam y la crisis del Watergate, los Estados Unidos vivieron una época de turbulencia y desconcierto. Europa sufrió conflictos distributivos inmensos, rebeldías juveniles, el resurgimiento de varios nacionalismos periféricos, y algunas explosiones, como el Mayo francés de 1968 y el *autunno caldo* italiano de 1969, que parecían sugerir una crisis de la sociedad. Este es el contexto histórico donde aparece la literatura sobre la gobernabilidad en la ciencia política[1].

Admitamos, como punto de partida, que las sociedades liberales capitalistas avanzadas de hoy se pueden enfrentar con un problema de gobernabilidad, cuya solución depende de la capacidad de sus gobiernos para resolver determinados problemas básicos. Entre éstos se cuentan; la defensa del territorio frente al exterior, el mantenimiento de la ley, el orden, y la seguridad jurídica, el crecimiento económico y la integración social. Pues bien, ocurre que en muchos de estos países se ha intentado que la agencia para la resolución de tales problemas, y en particular de los problemas de crecimiento e integración, fuera no el gobierno por sí sólo, sino el gobierno juntamente con lo que podríamos llamar gobiernos intermedios o *mesogobiernos*, sobre los que se habría delegado una amplia autoridad. Utilizo el término de gobierno intermedio o mesogobierno (de la raíz griega *mesos*, medio) para denotar conjuntos institucionalizados de posiciones de autoridad (y sus aparatos administrativos correspondientes) en asociaciones de dominación, cuya autoridad está apoyada y refrendada por el estado, y cuya actividad está orientada a la satisfacción de los intereses y las identidades sociales de grupos subnacionales, funcional o territorialmente diferenciados, siendo tales grupos de escala o amplitud media, por oposición a la escala 'grande' correspondiente a los (macro)go-

[1] Sobre el tema de la 'ingobernabilidad' ver Birch (1984), Crozier, Hantington y Watanuki (1975), Rose (1980), Barry (1982), Bell (1979), Brittan (1975), Offe (1975), y Habermas (1975). Se presentó y discutió una versión de este capítulo en el Committee on Western Europe del SSRC (Social Science Research Council), en el contexto del programa de investigación «Experimenting with Scale» de los años 1983/85.

biernos de carácter nacional o estatal, y la escala 'pequeña' de los (micro) gobiernos locales.

Centraré mi discusión en dos tipos de mesogobiernos: unos de naturaleza territorial, y otros de naturaleza funcional económica[2]. Según mi definición, la autoridad de estos mesogobiernos estaría refrendada por la del estado, y sus bases sociales de dominación serían segmentos territorialmente diferenciados de la población, o clases económicas funcionalmente definidas (como los empresarios o los trabajadores), cuyos intereses e identidades tales mesogobiernos tratarían de defender. Estos mesogobiernos pueden adoptar distintas formas organizativas. Los mesogobiernos territoriales pueden ser estados federados (como en Alemania), gobiernos autónomos (como en España), o gobiernos regionales (como en Italia). Varios tipos de mesogobiernos económicos pueden ser englobados bajo la rúbrica de «neocorporatismo»: un término que suele describir la combinación de un sistema de representación de intereses, y de una pauta de participación en la definición y ejecución de la política económica del estado (Schmitter y Lehmbruch 1979).

El papel de la clase política

No creo que podamos llegar muy lejos en la discusión de las causas de la aparición de los gobiernos intermedios, si consideramos que son consecuencia de las necesidades, o los requerimientos, sea del capitalismo, sea del estado moderno, sea de alguna otra entidad semejante. Esto nos haría incurrir en una falacia de abstracción, bien atribuyendo propósitos, aspiraciones, o necesidades a los complejos institucionales denotados por tales términos, bien reificando supuestas tendencias históricas a la burocratización, la agregación de los intereses, la revolución organizativa, la ley de hierro de la oligarquía, etc[3]. No digo que estas referencias a propósitos y tendencias, una vez reducidas a su rango propio de meras metáforas sean irrelevantes. Pueden ser, a veces, útiles si son empleadas *cum grano salis*, para sugerir algunos

[2] También pueden existir mesogobiernos funcionales no económicos, por ejemplo, los de carácter social o cultural, como es el caso de las iglesias, cuya autoridad educativa o moral está refrendada por el estado (ver el capítulo 3).

[3] Como sugiere la 'macrohipótesis' de Schmitter (1979) referente a la emergencia de compromisos neocorporatistas.

rasgos del contexto donde se encuentran, y actúan, los agentes históricos concretos. Pero son estos agentes los que deben ser el foco de nuestra atención. Entiendo, por ello, que los mesogobiernos son el resultado de acciones, muchas de ellas deliberadas, de estos agentes, que no son, sin embargo, omniscientes, ni disponen de toda la información necesaria, ni consiguen evitar, muchas veces, las consecuencias indeseadas de sus conductas. Y esto es así porque tales agentes operan no en el marco de un espacio ideal vacío, sino en el contexto de un espacio histórico determinado, un cúmulo de trayectorias, y un legado de posibilidades y constreñimientos.

Entiendo, por tanto, que estos gobiernos intermedios son instrumentos diseñados por agentes humanos específicos, con el fin de solucionar determinados problemas. Más concretamente, tales mesogobiernos son una construcción institucional de la clase política que controla el gobierno (o el estado), con la colaboración de determinadas élites sociales, y el apoyo, mayor o menor, de la población. Si el término de «estado» se refiere al conjunto de los roles de autoridad, y sus funciones administrativas correspondientes, en una asociación de dominación, con monopolio legítimo del uso de la fuerza, la expresión «clase política» se refiere al conjunto de individuos que ocupan esos roles (los 'incumbentes'), más el conjunto de individuos que hacen del trabajo de oponerse a, o concurrir con, tales incumbentes, su ocupación habitual, con la expectativa, más o menos remota, de sucederles en sus puestos[4]. La clase política se compone de políticos profesionales, generalmente organizados en partidos políticos; cuadros administrativos, que incluyen funcionarios civiles (y empleados del sector público), y funcionarios de partidos y organizaciones políticas; y los militares (y, en su caso, las milicias partidistas). En estas páginas, restringiré el uso del término a la clase política civil.

Analíticamente, se puede simplificar y dividir esta clase política en dos segmentos: los *incumbentes* (y sus aliados), y sus *adversarios*. Esta división puede ser más o menos intensa, y reflejar, en mayor o menor medida, la división de las clases, estratos y sectores sociales que apoyan a uno u otro segmento. Normalmente, en las sociedades liberales,

---

[4] Entiendo por «clase política» un segmento de la población más restringido que aquel al que se refiere Mosca (1939), quien lo identifica con la clase dirigente; pero más amplio que aquel que se deduce de la definición schumpeteriana, según la cual la clase política quedaría reducida al conjunto de individuos que compiten por los votos de la población para conseguir el poder (Schumpeter 1943). Ver también Aron (1960).

esta división política está amortiguada por un pacto fundamental (generalmente implícito), por razón del cual uno de estos segmentos gobierna, con la condición de garantizar el funcionamiento de unas reglas de juego tales, que sea posible su sustitución por el otro segmento en las elecciones siguientes. A ello se añaden otros factores que contribuyen a acercar a los adversarios políticos, y que resultan de las frecuentes interacciones entre ellos, y del hecho de que sus procesos de socialización son bastante similares. Esto genera unos códigos de conducta, unos modos de percepción, y un lenguaje y un estilo propios, que distingue a los políticos del resto de la sociedad. Pero también el acercamiento de los políticos de uno y otro bando es el resultado de su interés común en asegurarse el control del estado frente a distintos competidores históricos, tales como los clérigos, los militares, los notables rurales, los intelectuales, o los extremistas de uno u otro tipo. Este interés común en ocupar (por turnos) el estado, y esta vocación común de dominación es, probablemente, el factor decisivo en la configuración de una clase política como tal. En realidad, en boca de los políticos, la expresión 'gobernar la sociedad' tiene un significado doble. Por un lado, gobernar significa llevar el timón de la nave de los asuntos políticos, en el sentido de tratar de resolver los problemas del país. Por otro lado, gobernar significa mandar sobre la sociedad civil, en el sentido, obvio, de ejercer, conservar, y ampliar la dominación de la clase política.

Pero, en cualquier caso, el entendimiento que puede existir sobre algunos puntos básicos dentro de la clase política no basta para hacer posible el gobierno. Hace falta el consentimiento de la sociedad. Ocurre, sin embargo, que la sociedad está estructurada y diferenciada internamente entre grupos regionales, y clases económicas, y otros grupos sociales, los cuales pueden estar organizados, y dirigidos por élites regionales, y socioeconómicas. El dilema de la clase política central que pretende conseguir el consentimiento de la sociedad, consiste en optar entre dos cursos de acción en relación a aquellas élites: puede, bien ignorar, reducir la importancia o reprimir tales élites, corriendo el riesgo de que su resistencia impida la sumisión de la sociedad a la clase política; o bien puede respetarlas y pactar con ellas, corriendo el riesgo de que el poder de las élites limite su poder central. En otras palabras, la clase política central ha de optar entre las dos estrategias básicas: de someter estas élites, o asociarlas a su autoridad; y esta segunda opción puede incluir la de construir un sistema de mesogobiernos.

Cabe conjeturar que la clase política adoptará tanto más probablemente una estrategia de construcción de mesogobiernos, cuanto menos capaz sea de resolver problemas de integración social y problemas ocasionados por crisis económicas; y cuanto más se encuentre en presencia de unas élites regionales, o socioeconómicas, que, al mismo tiempo, tengan capacidad de veto sobre su actuación, y estén dispuestas a llegar a un compromiso. Pero la adopción de esta estrategia también se verá influida por la disposición de recursos morales y técnicos precisos para persuadir al público de la deseabilidad y la posibilidad real de los gobiernos intermedios; y por la tendencia de la población a apoyar fórmulas políticas que parecen reducir el nivel de conflicto entre las élites. A continuación desarrollaré e ilustraré brevemente estas conjeturas.

La debilidad relativa de la clase política puede ser resultado de su división interna entre varias partes, ninguna de las cuales puede imponerse sobre las demás. La fórmula de democracia consociacional, aplicada al caso holandés o al suizo, por ejemplo, ha surgido en escenarios de este tipo (Lijphart 1975). A su vez, esta experiencia ha facilitado la aparición de fórmulas corporatistas (Katzenstein 1984). La debilidad puede deberse a que la clase política no cuenta con la lealtad del aparato burocrático, y/o del ejército, ni cuenta con partidos arraigados en la población (como suele ocurrir en una situación de transición a la democracia, como la que España experimentó a mediados de los setenta). O puede deberse a la precariedad del régimen político que resulta de una experiencia de guerra, derrota, y ocupación por un invasor, como ocurrió en Alemania y Austria después de la II Guerra Mundial. O puede deberse al hecho de que el partido predominante dentro de la clase política no cuenta con recursos suficientes para imponerse sobre los poderes dominantes en la sociedad civil, como fue el caso de los socialdemócratas escandinavos durante mucho tiempo, lo que les obligó a aceptar un equilibrio de fuerzas con las asociaciones empresariales, los sindicatos, y los partidos burgueses. Pero cualesquiera que sean las causas de esta debilidad, importa saber que ésta es relativa a la intensidad de los problemas que han de resolverse, y a la naturaleza del sistema de alianzas y conflictos entre políticos, empresarios, sindicatos y élites regionales. De hecho, la clase política puede enfrentarse con problemas extraordinariamente graves de integración social y/o crisis económica. Y así, los arreglos corporatistas que se diseñaron en varios países durante los años treinta, y se desarrollaron en la postguerra, fueron estimulados por la doble crisis de un volumen de desempleo extraordinario, y de una amenaza importante a la estabilidad social, desde los extremos de la derecha fascista y la izquierda comunista (Lehmbruch 1979a).

A lo largo de la postguerra, estas prácticas corporatistas se fueron consolidando *pari passu* con las presiones de la inflación y de los conflictivos distributivos, argumentándose, asimismo, que la mayor vulnerabilidad de la economía de algunos países a las fluctuaciones del mercado mundial les hacía más proclives a tales prácticas, ya que el peligro exterior hace más dudosa la capacidad de los gobiernos para controlar, por sí solos, la situación, y predispone las partes sociales al diálogo. Países como Suecia, Noruega, Holanda, y Suiza, por ejemplo, han reaccionado contra su dependencia económica del exterior con arreglos (semi)corporativos, que permitieron a un país como Suecia mantener una política orientada a la exportación, y a un país como Austria, apostar por una política relativamente más proteccionista (Katzenstein 1984).

Pero para que la respuesta institucional a aquellos problemas económicos, sociales, u otros, tome la forma específica de un sistema de mesogobiernos, es preciso que la clase política encuentre élites capaces, y dispuestas a compartir la tarea de gobernar. En el caso de los pactos corporatistas, éstos parecen requerir la existencia de organizaciones sindicales y empresariales con amplios recursos. Se suele decir que esto requiere sindicatos con altas tasas de afiliación, y altamente centralizados (Lehmbruch 1979a), como puede ser el caso de los sindicatos nórdicos, y centroeuropeos. Por el contrario los sindicatos británicos carecen de capacidad de control sobre las disputas locales; y, al menos hasta los años setenta, los sindicatos franceses e italianos tuvieron tasas bajas de afiliación. Sin embargo, es posible suplir la ausencia de tales recursos mediante una capacidad de veto de decisiones públicas. Esto ocurre cuando la falta de afiliación es compensada por un grado importante de influencia sindical en un momento delicado del proceso político, como sucedió en España durante la transición. En el caso de los mesogobiernos territoriales, éstos requieren presiones endógenas y son muy improbables en ausencia de nacionalismos periféricos poderosos (Gourevitch 1980), que combinen un potencial étnico, nacional, o regional, con su articulación a través de una organización o un movimiento sociopolítico.

La construcción de los mesogobiernos también depende de la disponibilidad de determinados recursos culturales. Es difícil, por no decir imposible, construir un sistema estable de corporatismo sin una base moral ideológica mínima de solidaridad nacional interclasista, o sin alguna confianza en el cumplimiento de los acuerdos, y alguna voluntad de cooperación (Lehmbruch 1979a). Es difícil que unos funcionarios educados en el culto al estado, y en la desconfianza, por principio, de los grupos sociales, acepten compartir responsabilidades públicas con éstos. Tampoco es fácil que un partido político con una mentalidad intensamente estatista acepte delegar parte de su autoridad, una vez que ocupe el poder. Las dificultades del corporatismo en Francia se derivan, precisamente, de actitudes de este tipo: del arraigo de la ideología de lucha de clases entre sindicalistas, y de las ideologías del estatismo entre políticos y funcionarios (Berger 1985a).

Pero, en todo caso, en un estado liberal, el acuerdo de construir un sistema de mesogobiernos precisa contar con el apoyo, o la aquiescencia, de la población. Esto puede suceder porque la población confía en sus líderes políticos y sociales, y sus organizaciones, o incluso llega al entusiasmo por algunos líderes carismáticos; o puede suceder porque esta población comparte la sensación de temor, o preocupación ante un peligro, por la cual adopta una actitud de solidaridad intensa, *contra la amenaza de la competencia exterior* (como ha sido el caso de Suecia, y otros países), o *contra la amenaza de la involución política* (como ha sido el caso de varios países durante sus transiciones a la democracia). Estas disposiciones pueden ser reforzadas por la memoria de un acontecimiento dramático: la derrota en una guerra exterior, la resistencia a un invasor extranjero, o una guerra civil. En algunos casos, los acuerdos corporatistas de tiempos de paz fueron ensayados antes, en tiempos de guerra, en medio de un clima emocional de unión nacional, o de unión sagrada. En varios países europeos, el recuerdo de la ocupación nazi favoreció los entendimientos de postguerra entre la clase política y las élites sociales. En países como Austria, o España, la memoria de una guerra civil estimuló la búsqueda de un compromiso, y un pacto, político y social, diez, o incluso cuarenta años más tarde.

Efectos problemáticos de los mesogobiernos

Del hecho de que los mesogobiernos hayan sido construidos con la finalidad de resolver determinados problemas de gobernabilidad, no se puede deducir, sin embargo, que su efecto real haya sido precisamente ése. A este respecto, la literatura sobre los mesogobiernos económicos, o el sistema corporatista, ha sido durante mucho tiempo, excesivamente optimista. Así, en los primeros escritos neocorporatistas, se daba por supuesto que los arreglos corporatistas constituían mecanismos de control de la sociedad contemporánea, cuya gobernabilidad mejoraban sustancialmente. Philippe Schmitter, aparte de imputar la emergencia del corporatismo a los requerimientos del capitalismo avanzado (Schmitter 1979), intentó aplicar un test empírico para contrastar la hipótesis de la mayor gobernabilidad de las sociedades corporatistas. Mantuvo, en efecto, que el corporatismo correlacionaba negativamente con ingobernabilidad, al menos con una de las dimensiones de la misma a la que llamó *unruliness* (desorden, o falta de respeto a las reglas, o las leyes), para lo cual construyó un indicador combinando los datos relativos a la protesta colectiva, la violencia, o la guerra civil, y el conflicto industrial, encontrando una relación aparentemente significativa para el período 1960/74. La cuestión, sin embargo, dista mucho de estar resuelta.

En la literatura sobre corporatismo algunos han insistido en su funcionalidad respecto al capitalismo. Con frecuencia se ha asociado el corporatismo con políticas económicas de corte keynesiano y socialdemócrata, a las que, durante un tiempo, se atribuyó parte del mérito en el crecimiento de las economías occidentales. Para algunos, y desde posiciones políticas e ideológicas distintas, esto demostraba el sesgo del corporatismo en favor de los intereses de la clase capitalista (Panitch 1980). Unos y otros suponían que el corporatismo, al garantizar el acuerdo entre gobierno, sindicatos y empresarios, hacía más eficaz una política económica que, supuestamente, consolidaría, o salvaría, el sistema capitalista. Lo cierto es que todos ellos parecían perder de vista la posibilidad de que la política de gobierno, sindicatos y empresarios se orientara, primordialmente, a conseguir beneficios inmediatos para todos ellos, sin que ello redundara, necesariamente, en el beneficio, a medio o largo plazo, del conjunto del sistema.

Una crítica reciente, en este sentido, ha sido formulada por Mancur Olson (1982), quien ha argumentado que, en general, el desarrollo de los grupos organizados de interés interfiere, y estorba, el funcionamiento tanto del mercado, como del estado. Tales organizaciones pueden operar en el marco de un sistema pluralista, compuesto por grupos diversos, o en el marco de un sistema corporatista, de pocos actores coordinados; pero, en ambos casos, su tendencia típica es la de influir en la política desviando recursos públicos (en la dirección de sus intereses particulares, regionales o sectoriales), e interfiriendo con el objetivo de satisfacer bienes públicos (tales como el crecimiento económico, o la lucha contra la inflación). Colin Crouch (1983) ha contraargumentado, manteniendo que, si Olson acepta la posible existencia de organizaciones que, por su tamaño, o sus características, están en posición de internalizar las consecuencias generales de su conducta (tales como los efectos de la inflación sobre el poder adquisitivo de los salarios, o de la caída de la inversión sobre el nivel de paro), entonces debe aceptar la posibilidad de que existan organizaciones responsables y, en consecuencia, la posibilidad de que el corporatismo tenga efectos favorables sobre la economía[5]. Sin embargo, a este último argumento cabe replicar que estas organizaciones amplias y responsables, que Olson llamó *all encompassing*, pueden hacer dos tipos de política. Pueden llevar adelante esa política orientada hacia los bienes públicos, pero también pueden, por el contrario, definir los bienes públicos de tal modo que, en realidad, estén dando prioridad a la consecución de bienes selectivos, para ellos y sus bases sociales más próximas, en perjuicio de consumidores, contribuyentes, empresarios, parados, o futuros trabajadores. Quizá para evitar esta segunda posibilidad, Crouch propone que se sitúe a las organizaciones en un foro público, lo cual les haría más sensibles a los deseos del país, y a sus necesidades económicas. Pero ¿qué tipo de foro público es el adecuado para este propósito? ¿No es precisamente el foro público un espacio habitualmente dominado por la iniciativa y la presencia de la clase política, y (quizá en menor medida) por esos mismos poderes sociales? Salvo que atribuyamos a la clase política el carácter de una 'clase universal', al modo como lo hacía Hegel[6], no hay garantía alguna de que ese foro público impida que políticos, burócratas, y líderes económicos se orienten hacia el objetivo de mejorar sus propios intereses (y sus probabilidades de éxito en la próxima prueba electoral), complaciendo los intereses inmediatos de sus seguidores (o

[5] Esto sería un modo de decir que, si nos fijamos en una de estas organizaciones, los sindicatos, por ejemplo, se debería distinguir entre sindicatos de miras estrechas, sectoriales y a corto plazo (que en España y en otros países latinos suelen ser caracterizados como sindicatos 'corporativos', utilizando este término en un sentido distinto del que se usa en la literatura académica), los cuales producirían efectos negativos, y sindicatos de horizontes más amplios, responsables, que pensarían no sólo en el interés del conjunto de su clase, sino en el interés de la sociedad en general.

[6] Incluyendo su relación con los líderes de las corporaciones. Ver el capítulo segundo. También Pérez Díaz (1978), Black (1984), y Lehmbruch (1991).

sus bases electorales correspondientes). Y todo esto, además, puede hacerse a expensas de aquellos grupos funcionalmente no privilegiados (Schmitter 1983), cuya presencia en ese foro y cuyo peso electoral es menor. En la medida en que esta posibilidad se realiza efectivamente, el corporatismo da lugar a una sociedad dual, con intereses amparados por los pactos corporatistas, y otros desamparados por ellos. No hay razón alguna para hacer del corporatismo y del dualismo fenómenos necesariamente contrapuestos: antes bien, se trata de fenómenos que, bajo ciertas condiciones, son complementarios[7].

Sucede, asimismo, que los intereses de las élites regionales y socioeconómicas, y del estado suelen converger en una dirección preocupante. Las élites están interesadas en reforzar su dominación sobre sus bases sociales, al tiempo que el estado está interesado en que sus acuerdos con las élites sean efectivos. Pero esto requiere que los dirigentes de las organizaciones sean capaces de persuadir, u obligar, a sus bases para que cumplan los acuerdos. Por esto, la disciplina de las organizaciones de intereses suele ser presentada como un requisito *sine qua non* del corporatismo. En tal caso, un escenario de dualismo corporatista puede combinarse con otro de autoritarismo corporatista, donde el ámbito de la acción social no sometida a regulación o intervención por parte de las autoridades públicas y las élites socioeconómicas sería cada vez menor, y donde el grado de sumisión disciplinada de los individuos a tales autoridades y élites sería cada vez mayor. De esta forma, el ámbito del mercado y el ámbito de la autonomía de los individuos tenderían a quedar reducidos sustancialmente. Ahora bien, y en resumen, si los arreglos corporatistas abocan, en su desarrollo a largo plazo, a una economía poco eficiente, y a una sociedad civil dualista y disciplinada, su contribución a la gobernabilidad de la democracia liberal y del capitalismo contemporáneo resultaría profundamente negativa, independientemente de que a corto plazo hayan podido producir una impresión de cierto orden a efectos secundarios.

Dudas análogas pueden plantearse sobre los efectos de los mesogobiernos regionales. El federalismo (o sus variantes) puede mejorar la eficiencia, y la eficacia, de los organismos políticos y administrativos; o puede, por el contrario, reducirlas, bloqueando los procesos de decisión[8]. Como se ha indicado en el caso de Alemania: un país don-

[7] Un punto de vista diferente en Goldthorpe (1984b).

[8] Sobre esta posibilidad ver Scharpf (1988).

de, por lo demás, el sistema ha funcionado con relativo éxito. Puede contribuir a la integración social de un país, reduciendo el sentimiento de agravio experimentado en ciertas regiones, y satisfaciendo aspiraciones, legítimas, a un grado de autogobierno. Pero, también, puede ocurrir que las élites regionales exacerben, aún más, los conflictos interregionales, y la desconfianza de la población hacia el gobierno central. Con estas observaciones no pretendo prejuzgar la cuestión, sino alertar al lector sobre la problematicidad de los efectos de los mesogobiernos, y sobre el interés, por tanto, de analizar el contenido, y las circunstancias específicas de tales experimentos.

España es un caso especialmente relevante para esta discusión general por tres motivos. En primer lugar, porque durante los últimos años España ha sido un laboratorio de experimentos en mesogobiernos tanto territoriales como económicos. Durante la transición democrática se edificó un 'estado de las autonomías', y se llevó a cabo una política económica y social basada, en parte, en una serie de pactos sociales vigentes sin apenas interrupción entre 1977 y mediados de los ochenta. En segundo lugar, porque España pertenece al grupo de los países de capitalismo avanzado, dado el carácter y la complejidad de su economía, y el nivel educativo y las orientaciones culturales de su población, aunque dentro de ese grupo no sea uno de los países más destacados. Pero asimismo porque, en tercer lugar, el hecho de que estos experimentos en mesogobiernos hayan tenido lugar en el marco de una transición a la democracia, hace del caso español un caso límite, donde algunos rasgos generales de la evolución, y algunos problemas generales de los efectos de los mesogobiernos, pueden observarse con mayor nitidez e intensidad. En una transición política, aumentan los riesgos de ingobernabilidad, se acrecienta la vulnerabilidad de la clase política, y las élites regionales y socioeconómicas, que surgen del período autoritario anterior con escasos recursos organizativos, aprovechan la fragilidad de la situación política para aumentar su poder estratégico. En estas circunstancias, cobran singular importancia los sentimientos de la población: unos sentimientos que, ni la clase política, ni las élites regionales, ni los poderes sociales, pueden determinar, pero que, en cambio, han podido ser influidos decisivamente por la memoria histórica, por ejemplo, en el caso español, la de la guerra civil y los cuarenta años del franquismo.

La formación de los mesogobiernos regionales en España

La integración nacional de España ha sido un problema insatisfactoriamente resuelto en los dos últimos siglos. En la época de los Austrias, España era el correlato de la monarquía, un conjunto de pueblos e instituciones constituidos bajo la autoridad del rey de España. No era sólo una unidad política; aquellos pueblos estaban unidos por el catolicismo, y por algunos intereses económicos comunes, inmersos en un proceso de comunicación cada vez más intenso de unos con otros y de diferenciación cada vez mayor con sus vecinos, Francia y Portugal. El proceso de unificación política y administrativa, apoyado ocasionalmente por la fuerza de las armas, fue impulsado de forma esporádica por la dinastía de los Austrias y sistemáticamente por la de los Borbones. A finales del siglo XVIII estos esfuerzos parecieron coronados por el éxito. En la grave crisis política y social de la guerra de la independencia (1808-1814) no hubo intentos de secesión en Cataluña, o el País Vasco, al amparo de las circunstancias. Sin embargo, el período dramático que se inició en los años 1830, con la primera guerra carlista, y que culminó en los años 1930, con la guerra civil, fue testigo del planteamiento explosivo de un complejo problema nacional, y del enfrentamiento entre varios nacionalismos.

Este enfrentamiento resultó de la combinación del fuerte potencial étnico de Cataluña y País Vasco, y la incongruencia existente entre la distribución del poder económico, y la distribución del poder político, de estas regiones periféricas con la región central. Esto impulsó el desarrollo de nacionalismos centralistas y nacionalismos periféricos, todos bajo forma de nacionalismos excluyentes: es decir, nacionalismos basados en una definición de nación, no simplemente como una comunidad diferenciada de otras, y unida por sentimientos de pertenencia a un grupo, basados en la historia, la lengua o la raza, sino como una comunidad que exigía de sus miembros una fidelidad que no podía ser compartida, y que era considerada como el sustrato comunitario de una entidad política autónoma y, eventualmente, un estado independiente. El nacionalismo español pretendió la integración de vascos y catalanes negando sus sentimientos nacionales; los nacionalismos vasco y catalán pretendieron, a su vez, el monopolio de la autoridad política sobre el territorio que consideraron propio, y, en particular, sobre una comunidad emigrante española, de volumen creciente a partir de principios de siglo, a la que había que asimilar, someter, o expulsar. La definición de todos estos nacionalismos como excluyentes, e incompatibles entre sí, y de las naciones como incompletas si carecían de un estado propio, y la voluntad de asimilar a la comunidad nacional las poblaciones residentes en su territorio: éste fue el repertorio de creencias y actitudes habituales de nuestros nacionalismos peninsulares en el siglo XIX, y ha seguido siéndolo en el siglo XX[9].

El hecho es que el mercado y el estado español, la sociedad y la cultura española, en una palabra, España, se construyó a lo largo del siglo como una realidad en devenir cada vez más compleja, con más recursos, y con mayor frecuencia e intensidad de relaciones en su interior, y que, en ese proceso, participaron muchos vascos y catalanes, que hicieron compatibles sus sentimientos de pertenencia a Cataluña o al País Vasco, y de pertenencia a España. A pesar de todo lo cual, la tensión entre los nacionalismos excluyentes se agudizó durante los años de la II República, abocando (en combinación con otros factores) a la guerra civil. Tras la guerra, los vencedores impusieron la solución de un nacionalismo español exacerbado, negando de raíz los nacionalismos periféricos, o, más bien, tratando de negarlos.

El impacto del franquismo sobre el problema de la integración de España fue, como en tantas otras cosas, contradictorio. Por una parte, redujo considerablemente la incongruencia entre la distribución espacial del poder político y la distribución espacial del poder económico, gracias al desarrollo industrial del centro, sobre todo de Madrid y algunos otros enclaves de la España interior. Por otra parte, en el terreno crucial de los sentimientos de integración nacional, los resultados de su actuación fueron contrarios a sus intenciones. A largo plazo, reforzó los sentimientos nacionales catalanes y vascos, y debilitó el sentimiento nacional español.

La represión, en los años cuarenta, de la cultura y de los sentimientos nacionales (por no hablar de las instituciones políticas), en el País Vasco y Cataluña, pasó dejando un sedimento de agravio e indig-

---

[9] Este es el tipo de nacionalismo al que Ernest Gellner se refiere al decir que «el nacionalismo es, principalmente, un principio político, según el cual el elemento político y el elemento nacional deben ser congruentes» (1983, 1). Ver también Hobsbawm (1990, 9). El problema es que el término «congruencia» admite interpretaciones muy distintas. En sentido estricto, el 'nacionalismo político' tiende a interpretar la «congruencia» como requerimiento de un estado independiente. Por la misma razón, el nacionalismo político tiende a ser un nacionalismo de tipo excluyente, al que no le resulta fácil aceptar que entre sus compatriotas haya gentes que mantengan identidades nacionales plurales.

nación. A partir de los años cincuenta y sesenta, la afirmación de estos sentimientos resurgió, aprovechando el menor grado de represión y el impulso de la iglesia y los intelectuales. En estas regiones, jamás fue aceptada la oferta de compensar, con sus privilegios económicos, su subordinación política y cultural. Este trueque o pacto implícitamente ofrecido por el régimen franquista fue rechazado por la población, la cual disfrutó de sus ventajas económicas, negándose a ponerlas en una balanza donde equilibraran sus otras servidumbres. Incluso, uno de los efectos típicos del desarrollo económico, la presencia masiva de emigrantes, no hizo sino aumentar la preocupación nacionalista.

Los movimientos nacionalistas periféricos vieron el eclipse del franquismo como una doble oportunidad: la de conseguir una democracia para toda España, y, al mismo tiempo, y sobre todo, la de obtener la satisfacción de sus aspiraciones de afirmación nacional y autogobierno. Ambas expectativas se reforzaban recíprocamente. En cambio, la clase política central, que emergió a lo largo de la transición, tuvo una lectura diferente de la situación. Su posición fue ambivalente y, en consecuencia, indecisa. Esta clase política no pudo oponerse a una porción sustancial de las aspiraciones nacionalistas por varias razones, de carácter moral y emocional. Entre ellas, estaba la internalización de una culpa histórica, por la represión de reivindicaciones que esta clase consideraba legítimas. Estaba, también, el reflejo de una pérdida de convicción, o fe en sí mismo, del nacionalismo español, que fue una de las consecuencias paradójicas del régimen franquista.

La lectura grandilocuente y superficial que el franquismo hizo de la historia de España, asoció a España con un imperio, una unidad católica, y un estado unitario y autoritario. La posición hegemónica de España en Europa, sin embargo, se había perdido hacía ya demasiado tiempo; por lo menos, tres siglos. Los delirios de grandeza de un nuevo imperio se desvanecieron con la derrota del nazismo y del fascismo en la guerra mundial. Los sueños de un liderazgo moral y cultural en Hispanoamérica quedaron en retórica. Y la pretensión de una unidad católica acabó siendo arrinconada discretamente por la propia iglesia. El franquismo agotó, así, el filón de tópicos y emociones nacionalistas para bastantes años. Contaminó la idea de España por su asociación con las ideas de un imperialismo grandilocuente y vacuo, una catolicidad forzada, y un unitarismo centralizador y autoritario. El efecto de todo ello fue inhibir a los españoles, no sólo de izquierda, sino también de centro y de derecha, de afirmar sus sentimientos nacionales durante los primeros años de la transición. Muchos de ellos se sintieron incómodos con el propio término de España, lo eludieron sistemáticamente, y, en medio de la grave epidemia de estatolatría que se difundió por el país durante aquellos años, lo sustituyeron por el de 'estado español'. La disposición de la clase política central a ceder ante las reivindicaciones nacionalistas tuvo, sin embargo, dos límites importantes: la sospecha de que la intención última de los nacionalistas era reducir el gobierno central a su mínima expresión, y, sobre todo, el temor a la reacción del ejército, y a su voluntad y su capacidad de intervención, por causa del problema nacionalista.

El ejército español, cualesquiera que fueran sus sentimientos y pensamientos íntimos (entre los cuales se contaban la lealtad a la Corona, y su convencimiento de que el franquismo sin Franco era inviable), se mostró dispuesto a aceptar la transición hacia la democracia, siempre que se cumplieran ciertas condiciones básicas. Esas condiciones eran exactamente el reverso de las condiciones que, a su juicio, determinaron el fracaso de la II República, llevaron al país a una guerra civil, y justificaron, a sus ojos, el alzamiento militar. Declaraciones (o mutismos) oficiales aparte, el ejército español ha creído siempre en la legitimidad de su actuación en los años treinta. La ha justificado, y la sigue justificando, por la necesidad de impedir la desintegración del país, como consecuencia de la lucha de clases, la ruptura moral (percibida como resultado de la persecución de los sentimientos religiosos, y de la iglesia católica), y los separatismos nacionalistas. Atento, por tanto, a estos tres temas (y al de su autonomía corporativa, que, ahora, no voy a discutir), el ejército vio, durante la transición, cómo dos de estos peligros quedaban muy amortiguados. Los conflictos económicos y sociales, de menor gravedad que los conflictos de los años treinta, fueron encauzados a través de pactos sociales; y la iglesia y el estado llegaron a un entendimiento, facilitado por la transformación interna de la iglesia en los años sesenta. En el foco central de la atención militar quedó, sin embargo, el problema del separatismo nacionalista, vinculado inseparablemente al problema del terrorismo, tanto más cuanto que el terrorismo atacó, principalmente, a las fuerzas de orden público y al propio ejército.

Además, la capacidad de intervención de las fuerzas armadas durante aquellos años había permanecido intacta. El ejército impuso muy pronto a los partidos políticos, de modo discreto pero firme, la condición de excluir la propaganda política de los cuarteles. Excluyó, también, cualquier tipo de control civil de su proceso de reclutamiento, formación, y promoción, exigiendo y obteniendo una autonomía corporativa considerable. Se mantuvo unido, eliminando facciones como la UMD (Unión Militar Democrática) desde el primer momento, de manera rápida y radical (Fernández 1982), y neutralizando los intentos de crear una contraposición entre militares demócratas y franquistas, o entre militares de distintas generaciones. Y, en su seno, entre jefes y oficiales, se desarrolló una opinión pública sumamente alerta a los problemas políticos en general, y los problemas regionalistas y nacionalistas, en particular, que hizo llegar su voz, de manera continua e insistente, por cauces formales o informales, al país, y a la clase política.

De esta forma, la escena de la transición comenzó en un clima de sentimientos encontrados y expectativas confusas: de un lado, una inmensa mayoría de españoles, con sentimientos españolistas tibios, y alguna conciencia de culpa hacia las regiones periféricas, repartidos por todo el país; de otro, unas minorías nacionalistas periféricas de sentimientos intensos, que eran mayoría, relativa, dentro de sus propios territorios. El ejército asistió unido, disciplinado, y alerta al curso de los acontecimientos, reprimiendo, sin embargo, su creciente y profunda indignación ante lo que consideraba la tibieza de los nacionalistas españoles, y los excesos de los nacionalistas periféricos. En ese contexto, la clase política comenzó a dar sus primeros pasos, indecisa, entre nacionalistas y militares, hacia la formación de las comunidades autónomas.

Las tres etapas del proceso de formación de las autonomías

El proceso de formación del sistema español de autonomías regionales puede descomponerse en tres fases. La primera fase coincide aproximadamente con la fase de la transición a la democracia, y abarca desde el comienzo del gobierno de Suárez (Junio de 1976) hasta la aprobación de la Constitución (diciembre de 1978). Suárez comenzó su gobierno dedicando atención preferente al tema regional. Se concentró en la 'operación Tarradellas', es decir, en el retorno del líder histórico de la Generalitat de Cataluña, como una operación que podía ser el test y la clave para el desarrollo futuro. Evitó pactar con los partidos políticos, y llegó a un acuerdo con Tarradellas en torno a la restauración de la Generalitat, con él como Presidente. Suárez y Tarradellas insistieron en dar prioridad a la creación de un capital político de confianza mutua, y, sobre esa base, al reconocimiento de la identidad y el derecho al autogobierno de Cataluña, y su integración en España. Pero la operación política que se forjó con éxito en Cataluña, no se repitió en el País Vasco. Porque en Cataluña no había terrorismo, como lo había en Euskadi, ni encontró Suárez un líder semejante a Tarradellas entre los nacionalistas vascos. Además, el PNV puso en primer término el problema de la amnistía de los presos políticos, incluidos los terroristas, lo que Suárez retrasó por presiones del ejército, y por creer que los amnistiados reanudarían sus actividades terroristas. Y este retraso enconó sus diferencias.

A mediados de 1977, Suárez inició el proceso llamado de las «preautonomías», atribuyendo una presunta voluntad de autogobierno a todas las regiones españolas. La decisión fue apoyada por el conjunto de la clase política. Las razones de esta decisión fueron varias y complejas. La clase política nacional creyó que podía fácilmente crear y manipular clases políticas regionales. Al establecer un sistema autonómico general, esperaba reducir la virulencia de las reivindicaciones de catalanes y vascos, contrapesándolas así, no sólo con el centralismo madrileño, sino también con las exigencias, igualmente legítimas, de las otras regiones, cuyas clases políticas regionales podían ser controladas, aparentemente, por los aparatos centrales de los partidos.

La comisión encargada de redactar la nueva Constitución, entre cuyos miembros no había un sólo representante vasco, propuso lo que sería el Título VIII de la Constitución sobre el tema de las autonomías regionales, de un modo congruente con la creación de las preautonomías. Este proyecto fue más lejos que la Constitución italiana, apuntando *de facto* a un sistema de tipo federal (Burgos 1983). El título incluyó referencias a la nación española y a otras 'nacionalidades' (art. 2.º de la Constitución), y definió con un carácter muy amplio las competencias de los gobiernos de las regiones, llamadas ahora «comunidades autónomas» (arts. 148 y 149), abriendo la puerta para una delegación sin límites de las competencias del estado central (art. 150.2). El texto previó, en realidad, dos tipos de comunidades autónomas, uno con más competencias, y otro con menos; y dos vías (al menos) de acceso a la autonomía (arts. 143 y 151). En definitiva, el Título VIII de la Constitución fue un compromiso, provisional y tentativo, que desplazó hacia el futuro el problema de la definición y el trasvase efectivo de competencias del gobierno central a las comunidades autónomas, dejándolo al resultado de negociaciones políticas posteriores[10].

La Constitución fue aprobada por el Parlamento, y ratificada, finalmente, por el país. Dos circunstancias, sin embargo, se combinaron para contener la euforia por el resultado. En primer lugar, el PNV se abstuvo de votar a su favor. Quisieron los nacionalistas vascos una mención a la existencia de unos 'derechos históricos' previos a la Constitución. Esta mención hubiera dejado abierta la puerta a una negociación ulterior, con vistas a conseguir el llamado 'derecho a la autodeterminación', negado en principio por la Constitución misma. De hecho, el PNV sólo aceptó la Constitución más tarde, cuando aquella mención fue recogida en el Estatuto Vasco de diciembre de 1979 (en su Disposición Adicional). En segundo lugar, el terrorismo de ETA (Euskadi Ta Askatasuna), que había estado matando en torno a quince personas al año durante los dos últimos años del franquismo y los dos primeros de la transición, recrudeció sus actividades en 1978, asesinando a sesenta y cuatro personas, con el consiguiente, y creciente, malestar del ejército.

La segunda fase en el proceso de formación de los mesogobiernos territoriales se sitúa entre la aprobación de la Constitución en diciembre de 1978 y el intento de golpe de estado de febrero de 1981. Durante ella tuvieron lugar dos procesos paralelos. En primer lugar, el proceso de aprobación y discusión de los Estatutos vasco y catalán, a lo largo de 1979. Suárez encontró unos proyectos de Estatutos preparados por los nacionalistas (los Estatutos de Guernica y Sau) que dejaban al estado central reducido a su mínima expresión, intentando recortar, incluso, su libertad de acción en política exterior. Careciendo de mayoría parlamentaria, y a la vista de que los socialistas apoyaban estos Estatutos, Suárez hubo de conseguir un acuerdo con los nacionalistas, cuyo contenido principal fue, por un lado, una amplísima declaración de competencias exclusivas para los gobiernos autónomos; y, por otro, la introducción de una cláusula cautelar que otorgaba tales competencias «sin perjuicio de las competencias que con se-

[10] En el marco de este capítulo es innecesario recoger toda la complejidad de la norma constitucional. Baste decir que, dentro de la Constitución, encuentran acomodo diferentes tipos de autonomías, según se haya utilizado el art. 151 (Cataluña, País Vasco, Galicia, y Andalucía), o el 143 (con utilización, o no, del art. 150.2, que diferencia a Valencia y Canarias). Todo esto sin contar con la peculiaridad del caso de Navarra; y la especificidad del concierto económico con esa comunidad y con el País Vasco.

mejante carácter exclusivo la Constitución otorga al estado central sobre las mismas materias», con lo cual pretendía anular el efecto de su propia concesión. De esta forma los dos adversarios, gobierno central y nacionalistas, consiguieron algo que podían presentar, cada uno, como una victoria, pero que era en realidad un ejercicio retórico y una victoria pírrica, que dejaba para el futuro (y para el Tribunal Constitucional) la tarea de designar un vencedor real (García de Enterría 1984).

A la vista de lo que era, en definitiva, una estrategia del gobierno para conseguir un mínimo de consenso y de gobernabilidad, con que asegurar el proceso de transición democrática, mediante ambigüedades retóricas y concesiones limitadas a los nacionalistas, se puso en marcha un segundo proceso, paralelo al anterior, en el resto del país. Este fue el proceso de la activación de sentimientos regionalistas, y aun nacionalistas, en las otras regiones. Estos sentimientos fueron estimulados por dos factores. El primero tuvo su origen en conflictos distributivos, y en la sospecha de que el trato discriminatorio a favor de vascos y catalanes acabaría repercutiendo en contra de los demás. Los conflictos distributivos entre las regiones eran varios, afectando al reparto de impuestos, de inversiones, de energía, de recursos naturales, etc. La desconfianza entre unas y otras era tanto mayor cuanto que varias regiones, sobre todo del sur, consideraban a Cataluña y al País Vasco como regiones dominantes, en el terreno económico, desde hacía más de un siglo. Para muchos andaluces, por ejemplo, el desarrollo económico de Cataluña y el País Vasco se basaba en su propio subdesarrollo, y en la explotación de sus emigrantes. El segundo factor tuvo su razón de ser en una reivindicación de paridad de *status,* y nació de la conclusión, a la que muchos llegaron, de que era moral y psicológicamente inaceptable que unas regiones obtuvieran un *status* de plena autonomía mientras que otras obtenían el *status* inferior correspondiente a una autonomía media o mediana; del mismo modo que era inaceptable que unas alcanzaran la autonomía rápidamente, y otras, lenta y tortuosamente (como sugerían los arts. 143 y 151 de la Constitución).

Una serie de incidencias, torpezas, y maniobras políticas hicieron del problema de la autonomía andaluza el test de esta teoría del doble agravio comparativo, económico y de *status,* del resto de las regiones con relación a Cataluña y el País Vasco. El gobierno convocó un referéndum en Andalucía, en torno a una propuesta de autonomía de 'rango menor'; y la propuesta fue emotivamente rechazada, en febrero de 1980, por el conjunto de la población andaluza. El problema fue agudizado por la retórica partidista, la tendencia de los medios de comunicación a dramatizar los conflictos, y el interés de los políticos regionales en obtener mayor protagonismo. Las ofensas al prestigio o al *status* de la región quedaron magnificadas ante la opinión. La fórmula propuesta por el gobierno pareció implicar la distinción entre una fórmula superior, rápida y de autonomía plena, propia de regiones desarrolladas como Cataluña y el País Vasco, y una fórmula inferior, de autonomía limitada, y lenta, supuestamente característica de regiones subdesarrolladas y de menor *status*. Planteado el problema en estos términos, los andaluces sintieron la urgente necesidad de autoafirmarse como iguales a los vascos y a los catalanes, generándose, en torno a este sentimiento, una súbita conciencia nacional andaluza.

A lo largo de los ochenta, este fenómeno de competición de *status* colectivos se repitió a lo ancho del país. Se difundieron, así, sentimientos intensos de carácter nacionalista, o regionalista. Es difícil decir hasta qué punto se trató de sentimientos genuinos de las masas (López Aranguren 1983; Linz, Orizo y Gómez Reino 1982), o de proyecciones de las clases políticas regionales, y sus entornos culturales. El grado de movilización no fue, en cualquier caso, el mismo en todas las regiones. Los votos de aprobación de los Estatutos, y las elecciones nacionales y regionales, en su momento, fueron mostrando los límites del fenómeno. Entretanto, en 1980, éste se impuso en las primeras páginas de los periódicos, y en la imaginación de los políticos. Dentro de cada región, por lo demás, se desataron las veleidades autonómicas de no pocas provincias, que algunas de ellas (Cantabria y La Rioja, por ejemplo) conseguirían imponer.

El proceso tuvo efectos desconcertantes sobre la clase política, y los aparatos del estado. El PSOE, que había perdido las elecciones de 1979 y acababa de salir de una grave crisis interna (por razones ideológicas, en torno al debate sobre el marxismo, y organizativas, en torno al debate sobre las tendencias organizadas), que había llevado a la dimisión, durante varios meses, de Felipe González como Secretario General, vio en este proceso una ocasión para su *rentrée* política. La UCD, que había ganado aquellas elecciones, pero que ya se enfrentaba penosamente con las consecuencias de la segunda crisis energética, y con tensiones internas, se encontró indecisa y a la defensiva. Y, a la postre, se desmoronó, porque este fue el momento elegido por varias de las familias políticas que componían UCD para convertir sus tensiones en verdaderas batallas internas (unas programáticas, otras de mero reparto de poder) y poner en cuestión el liderazgo de Suárez.

Esta crisis política fue exacerbada por el terrorismo. Los años 1979 y 1980, con ciento setenta y un muertos, fueron los años álgidos de los asesinatos terroristas. Fueron, también, los años donde se acusó con más intensidad el problema de la gobernabilidad del País Vasco. De hecho, en algunas zonas de la provincia de Guipúzcoa (y parte de Vizcaya) se asistió a la cuasi desaparición del aparato del estado, la inhibición de los jueces, el confinamiento de la policía a *ghettos* urbanos, y el eclipsamiento de los partidos de centro y de derecha representantes del nacionalismo español. Los 'impuestos revolucionarios' de los terroristas afectaron a profesionales y empresarios, una parte de los cuales emigró a otros lugares de España. Todo ello reforzó los efectos de una crisis industrial gravísima, lógica en una región con predominio de industrias básicas que habían progresado en un clima proteccionista, pero que eran incapaces de resistir la competencia mundial. La tasa de paro en las provincias vascongadas superó la media nacional. Parte de la juventud se situó, al parecer, equidistante entre la apatía y la simpatía por la subversión terrorista. El terrorismo recibió el apoyo de en torno al 15 % de los votos de la región, lo que, descontando la abstención, representaba el 10 % del censo electoral. Este fue el trasfondo histórico que explica por qué surgieron, a mediados de 1980, los primeros, tímidos, intentos de la clase política central por reformar el proceso autonómico en curso (Martín Villa 1984); pero, sobre todo, por qué la inquietud de los militares no cesó de aumentar durante este período, culminando en el intento golpista de febrero de 1981.

La tercera fase del proceso de formación de los mesogobiernos comenzó con aquel intento. Este constituyó un enorme trauma para la nueva democracia, que no cabe minimizar, y del que es necesario recordar los detalles más significativos. El golpe se inició a las 6:25 de la tarde del día 23 de febrero de 1981. El teniente coronel Tejero, al mando de unas unidades de guardias civiles, secuestró al gobierno y al Parlamento, reunidos en sesión plenaria. La clase política, en su conjunto, reaccionó con suma moderación. No hubo llamamientos a una movilización general. Tampoco hubo movilizaciones sociales espontáneas. El país se concentró frente a los aparatos de radio, y de televisión. El drama principal fue jugado por el rey y el ejército. Al parecer, el rey hizo saber que ni aceptaría la situación, ni abdicaría, ni se iría, de modo que los rebeldes tendrían, supuestamente, que fusilarle. Es probable que para Juan Carlos, el contraejemplo de su abuelo Alfonso XIII, y de su cuñado Constantino de Grecia, fuera un recordatorio decisivo, ya que cuando estos últimos aceptaron un golpe militar, la consecuencia a largo plazo fue el rechazo popular de la monarquía. El rey apareció ante las pantallas de televisión a la 1:24 de la madrugada del día 24, es decir, aproximadamente a las siete horas del comienzo del golpe, condenándolo, y manifestando que tenía el apoyo del ejército. El incidente terminó pacíficamente en cuestión de horas.

Una hipótesis plausible es que, durante esas siete, muy largas, horas, tuvo lugar un complicado proceso de discusión, o de persuasión, entre la Corona y las fuerzas armadas. A la postre, el ejército actuó poniendo fin al golpe, y enfatizando que lo hacía por orden de la Corona, y por lealtad a la misma. El intercambio político implícito en este acto fue claro: el ejército envió, a través del rey, un mensaje inequívoco a la clase política, por el cual exigía su compromiso moral de dar prioridad al mantenimiento de la unidad y la integridad territorial de España. A cambio de la supresión del golpe, esperaba que la clase política adoptara una política de estado, explícita y consecuente, frente al problema regional, que ralentizara el trasvase de las competencias autonómicas, redujera el tono de la retórica separatista, e impusiera un marco legislativo que salvaguardara las competencias del gobierno central[11].

Pronto surgió, y se difundió, un nuevo clima de opinión entre la clase política, estableciéndose unos acuerdos al respecto entre UCD y el PSOE en abril de 1981, en base a los cuales se consiguió fijar definitivamente el llamado mapa autonómico; se redactó una nueva ley, la LOAPA (Ley Orgánica para la Armonización del Proceso Autonómico) (García de Enterría 1984); y, más adelante, se logró un compromiso entre el gobierno central y los regionales acerca de la transferencia de recursos económicos. Por lo que se refiere a la LOAPA, a pesar de que vascos y catalanes la pusieron en cuestión, y de que el Tribunal Constitucional la declaró anticonstitucional dos años más tarde (en agosto de 1983), la ley tuvo dos efectos importantes. Primero, ofreció un modelo para el contenido de los Estatutos autonómicos que quedaban por redactar, y por aprobar. Segundo, una parte sustancial de su contenido fue aceptada por el Tribunal Constitucio-

[11] Este núcleo esencial de este mensaje, envuelto en el lenguaje de principios de las declaraciones regias, apareció claramente en la declaración leída por el rey a los dirigentes políticos liberados del secuestro, y filtrada posteriormente a la prensa (*El País*, 26 de febrero de 1981).

nal a partir de 1981, recogiéndolo en sus propias sentencias sobre conflictos de competencias, y creando así precedentes importantes a favor de la prevalencia de la norma central sobre las normas de los gobiernos autonómicos (en especial en materias de política económica); de modo que la declaración de inconstitucionalidad de la ley como tal, en fecha ulterior, no impidió su eficacia por esta vía indirecta.

El resultado de este laborioso y dramático proceso fue, pues, un conjunto de pactos autonómicos entre el gobierno central y las diferentes élites políticas regionales. Por parte de la clase política central, intervinieron tanto UCD y el PSOE como los partidos a la derecha e izquierda de los mismos. Estos pactos fueron investidos de autoridad moral por otras instituciones clave del sistema político, tales como la Corona y el Tribunal Constitucional, y fueron refrendados por la población en sucesivas consultas. Los pactos fueron plasmados en el Título VIII de la Constitución de 1978, los Estatutos catalán y vasco de 1979, y los Estatutos de las otras regiones aprobados con posterioridad. Dentro de este marco legislativo habían de operar, desde entonces, un conjunto de instituciones y organismos públicos implicados en una negociación permanente, en torno a la transferencia efectiva de los servicios de la administración central a las administraciones regionales, tales como las comisiones técnicas de transferencia, sometidas al control y la intervención continua de la clase política.

El funcionamiento del sistema de mesogobiernos regionales

La clase política nacional y las clases políticas regionales establecieron, a través de estos pactos autonómicos y las instituciones correspondientes, un sistema de articulación entre el gobierno central y los gobiernos regionales. Este sistema supuso un compromiso sobre ciertas materias, y unas reglas de juego para interpretar los pactos, negociar sus límites, y dirimir los conflictos. ¿Cómo empezó a funcionar este sistema, y cuáles han sido sus efectos principales? Aquí sólo consideraré algunos de estos efectos sobre la integración nacional, sobre algunos aspectos de la relación entre estado y sociedad civil, y sobre la integración social en el interior de algunas comunidades[12].

[12] No discutiré los efectos sobre el grado de eficiencia administrativa, o sobre la gestión de los problemas económicos, a la espera de que una mayor perspectiva temporal

Parece que, en conjunto, los pactos autonómicos han reforzado el grado de integración nacional. Han conseguido incorporar al sistema político todos los regionalismos, y la mayor parte de los nacionalismos periféricos. El nacionalismo catalán ha quedado dentro, con todas (o casi todas) sus consecuencias. Un signo de que esto ha sido así es la manera constructiva como los catalanes se han implicado en la política española, tanto por parte de la izquierda y el centro-izquierda, como del centro-derecha. El PNV, por su parte, aun manteniéndose en el borde, ha manifestado una voluntad moderada de cooperación con el gobierno central, tal como han mostrado los pactos de legislatura entre José Antonio Ardanza, presidente del gobierno vasco, y el PSOE en el País Vasco. El ambiguo sendero elegido por el PNV entre la 'semilealtad' (Linz 1981, 87-88) y la plena aceptación de la Constitución, puede inferirse de las continuas referencias de sus miembros y cuadros a la necesidad de renegociar el Estatuto, en consonancia con derechos históricos supuestamente anteriores a, e independientes de, la Constitución, de cuyo reconocimiento simbólico quedó constancia en el propio Estatuto. Esta semilealtad se ha expresado en cierta reluctancia al uso de símbolos como la bandera española, e incluso del nombre de 'España', que no aparece siquiera en el Estatuto vasco. Sin embargo, la presencia del PNV quizá cerca del borde, pero desde luego *dentro* del sistema político español, se ha hecho cada vez más evidente. La experiencia de gobierno en Euskadi (e incluso la de compartir esta responsabilidad con el PSOE) ha fortalecido el compromiso del PNV con las reglas del juego político español, y aumentado su interés en conseguir el apoyo de la población inmigrante, y castellano-parlante, del País Vasco. Esto, a su vez, ha moderado el ímpetu nacionalista inicial de su política lingüística y su política referente a los medios de comunicación (Mezo 1990). Con todo ello, se ha desarrollado aún más el proceso de diferenciación interna de los nacionalistas vascos en general, con un segmento escindiéndose del PNV para crear un nuevo partido (Eusko Alkartasuna), y otro manteniendo su apoyo a las actividades terroristas.

En términos generales, el sistema político de las autonomías ha sido capaz de absorber un volumen considerable de presión y agitación social. Las movilizaciones sociales han sido continuas en Cataluña y en el País Vasco y, en algunos momentos, han contado con cen-

---

permita replicar estudios como los que Putnam *et al.* (1985) han hecho sobre el caso italiano.

tenares de miles de personas manifestando su apoyo a símbolos o políticas regionales concretas. Fueron fervorosas y frecuentes en Andalucía, con ocasión de las consultas de 1980. Han solido ser esporádicas y de menor intensidad en el resto, aunque frecuentemente acompañadas de manifiestos de intelectuales, y declaraciones diversas. Los detractores del sistema han argumentado que, en realidad, éste generó o estimuló la presión social, que luego trató de encauzar. Pero lo cierto es que, en los sucesivos referendos de todas las regiones, las gentes se mostraron sistemática y abrumadoramente favorables a la autonomía regional. Por otra parte, sin embargo, el porcentaje de abstencionismo en esos referendos ha sido bastante alto, si bien aquí es preciso distinguir entre regiones. En el País Vasco y Cataluña, la voluntad de autonomía ha sido indiscutible, y se ha expresado así, inequívocamente, en las elecciones generales de todos estos años. Los partidos nacionalistas CiU (un partido catalán de centro derecha) y el PNV, han obtenido, repetidamente la mayoría relativa de los sufragios. En 1984, CiU obtuvo el 46 % de los votos (seguido por los socialistas con el 30 %), y el PNV, el 41 % (seguido por los socialistas con el 23 %)[13]. En el resto de las regiones, si bien el sentimiento regional parece obvio, la voluntad de autogobierno ha sido mucho menos clara. En el caso del referéndum que había de aprobar el Estatuto de Galicia, la abstención alcanzó el 73 %, y en las elecciones autonómicas de 1981 el conjunto de los partidos nacionalistas y seminacionalistas gallegos obtuvo alrededor del 12 % de los votos. En las restantes regiones una tasa de abstención del 40 % a la hora de aprobar los estatutos ha sido normal: y, en todas ellas, ningún partido cuyas señas principales de identidad hayan sido el nacionalismo o el regionalismo ha obtenido más del 10 % de los sufragios.

Pero aunque el sistema haya tenido cierto éxito en absorber sentimientos regionalistas y nacionalistas, este resultado relativamente integrador ha sido conseguido con riesgos y costes, que merecen comentario. Los costes han sido, en primer lugar, costes de incertidumbre. La política autonómica ha construido un sistema inestable, con

---

[13] Los nacionalismos moderados de ambas regiones (PNV y EA en el País Vasco y CiU en Cataluña) obtuvieron porcentajes similares durante la segunda mitad de los ochenta. Hay que tener en cuenta que el peso electoral de los nacionalistas fue mucho menor al comienzo del proceso: en las elecciones de 1977, el PNV obtuvo menos votos que el PSOE en el País Vasco; y CiU obtuvo menos votos que UCD, y que PSOE, en Cataluña. Por lo demás, la tasa de abstención en los referendos de aprobación de los estatutos de autonomía en ambas regiones fue, también, del orden del 40 %.

un alto grado de indeterminación, donde la interpretación de los textos constitucionales y los Estatutos ha convertido el tema de la distribución de competencias entre el gobierno central y los gobiernos regionales, en un tema de forcejeo, y negociación política, permanentes.

Dado que cualquier revisión de la Constitución pareció siempre demasiado arriesgada, que su interpretación por vía legislativa se hizo imposible (como demostró la declaración de inconstitucionalidad de la LOAPA), y que las reformas de los Estatutos debieron descartarse (puesto que requerían mayorías muy cualificadas y referendos populares), los desacuerdos entre el gobierno central y los gobiernos regionales, allí donde unos y otros no estaban controlados por el mismo partido, abocaron a conflictos institucionales de competencias, y, en su caso, a recursos ante el Tribunal Constitucional, cuyas sentencias hubieron de compensar, así, las deficiencias de los pactos autonómicos. Aunque el contenido de sus sentencias fue favorable al gobierno central en materias importantes[14], la sentencia en su contra en el caso de la LOAPA equilibró su imagen, y reforzó su autoridad moral sobre los contendientes. Sin embargo, su propia decisión de declarar anticonstitucional parte de aquella ley puso sobre sus hombros, junto con el privilegio del monopolio de la interpretación última de la Constitución, la carga de la responsabilidad de dirimir un número creciente de conflictos de competencias (a finales de 1985, se habían presentado ya 26 recursos del gobierno central contra el gobierno vasco, frente a 15 del gobierno vasco contra el central, siendo similar el número de recursos cruzados entre el gobierno central y el catalán). Responsabilidad tanto más difícil de asumir cuanto que, a veces, los partidos nacionalistas hicieron saber que, si la sentencia del Tribunal Constitucional no les era favorable, no sería cumplida[15]. Estos con-

---

[14] Por ejemplo, en los temas críticos de la emisión de deuda pública por parte de los gobiernos autónomos, que requiere la aprobación del gobierno central (sentencia del 2 de febrero de 1984); y de la consideración de las circulares del Banco de España como normas básicas para la fijación de coeficientes de los bancos y las cajas de ahorros en todo el territorio nacional.

[15] Esto ya sucedió con la sentencia del Tribunal Constitucional del 7 de abril de 1983, confirmando la constitucionalidad de los nombramientos de los Secretarios de Ayuntamiento por parte del gobierno central en el País Vasco, habiéndose negado los alcaldes del PNV a dar posesión de sus cargos a estos secretarios. En 1990, y de modo semejante, Xavier Arzallus, líder del PNV, sugirió que las leyes del estado que fueran contrarias al Estatuto vasco deberían ser «obedecidas, pero no ejecutadas» (*El País*, 31 de

flictos continuos han tenido el efecto de prolongar los plazos para las decisiones del Tribunal, dando oportunidad para una intensificación de la controversia en torno a las sentencias, y un aumento del riesgo de que éstas no fueran aceptadas, con la erosión consiguiente de la credibilidad del Tribunal.

Si el sistema de las autonomías ha resultado ser inherentemente inestable ¿qué otros mecanismos han podido compensar, parcialmente, esta inestabilidad? La intervención de algunas instituciones nacionales, por encima del juego partidista, ha podido reforzar el sistema. Para empezar, la Corona ha sido una pieza crucial en el proceso de integración nacional. Lo demostró al enfrentarse con el intento de golpe de estado de febrero de 1981, y lo ha demostrado después, cotidianamente, al hacer de su presencia un foco de integración simbólica y emocional del país. Sin embargo, por la propia naturaleza de nuestro sistema político, la intervención específica de la Corona en una materia tan compleja como la política autonómica sólo ha podido ser ocasional, so pena de correr el riesgo de ver mermada su autoridad moral.

Los partidos políticos, por su parte, han mostrado una capacidad limitada de entendimiento y compromiso en esta materia. Al comienzo, el oportunismo y la inexperiencia hicieron que no pocos políticos actuaran a este respecto de manera errática e imprudente. El temor suscitado por el golpe de febrero de 1981, les impulsó a la moderación. Este temor, y la cautela que inspiraba, han ido cediendo sustancialmente. Pero no cabe descartar que un proceso de educación de los partidos les haya hecho colocar en primer término, genuinamente, el valor de la integración nacional del país. Porque, aunque en el calor de la competencia partidista las consideraciones morales o filosóficas han podido tener, por sí solas, una débil influencia, también ocurre que los políticos han percibido que el público veía con simpatía la cooperación entre el gobierno central y los regionales, distanciándose de la política partidista, y primando la eficacia administrativa. Por esto, los políticos han podido reconocer, por su propio interés electoral, que era conveniente adoptar una política de estado respecto

mayo de 1990, p. 27). En general, el aumento del número de conflictos jurisdiccionales ha hecho que, a finales de 1989, el Ministro para la Administración Territorial ofreciera a las Comunidades retirar del Tribunal Constitucional alrededor de 100 recursos sobre estos conflictos (entre 400 recursos acumulados desde 1984) (*El País*, 30 de diciembre de 1989, p. 16).

a la cuestión regional. Es muy probable que un proceso educativo de este carácter se haya dado en el caso del PSOE, lo que explicaría el contraste entre sus declaraciones del comienzo de la transición, y las de los años ochenta.

Estos mecanismos de integración de carácter político han sido complementados, o compensados, sólo hasta cierto punto, por mecanismos sociales: por la actuación de los círculos intelectuales y la iglesia, los sindicatos y las asociaciones empresariales. Como es sabido, los políticos suelen argumentar que sin ellos los países se desmembrarían, empujados por sus fuerzas centrífugas; y si se observa la actuación de las élites culturales en España durante esa época, cabría pensar en darles parte de razón. De hecho, muchos intelectuales, sobre todo ideólogos y hombres de letras, respondieron al problema de la integración nacional de forma decepcionante. Estos intelectuales recibieron de los políticos un laberinto de definiciones constitucionales, con su juego equívoco de 'nación' y 'nacionalidades', y no supieron qué hacer con él. En las nacionalidades periféricas, varios de estos intelectuales se dedicaron a extremar, o radicalizar, las aspiraciones nacionalistas, en la dirección de un nacionalismo excluyente. En otras regiones, inventaron un nacionalismo de nuevo cuño, de dudoso arraigo social. Aquellos que se sentían más alienados respecto a la clase política, decidieron colocarse por encima de la situación y despreciar el debate, argumentando que los sentimientos nacionalistas, de unos y otros, eran sentimientos inferiores o extravagantes. Este desprecio por los sentimientos de la mayor parte del país dio lugar a juegos de ingenio, y a alardes de dudoso gusto[16]. Curiosamente, los intelectuales apenas se esforzaron en analizar los sentimientos reales de la sociedad sobre esta materia y, en especial, los de aquellos grupos, muy numerosos, que se sentían, a la vez, españoles y vascos, o españoles y catalanes. Estos grupos planteaban, sin embargo, un problema intelectual de gran interés, porque aparentemente refutaban, con su sola existencia, las teorías al uso sobre los nacionalismos, y en particular el mito de las nacionalidades excluyentes. Estos grupos eran el test empírico que parecía demostrar el error de las ideas nacionalistas convencionales. En cuanto a la iglesia, ésta fue como un barco intentando recalar en distintos puertos a la vez. En general, los clérigos locales tendieron a cuidar sus vínculos con las comunidades que tenían

[16] Véase como ejemplo lo ocurrido en los encuentros de intelectuales en Gerona, en febrero de 1984 (*El País,* 21/29 de febrero de 1984; y *Cambio 16,* núm. 641).

más próximas, y sobre las que querían conservar su influencia moral, adoptando su lenguaje; mientras que el aparato eclesiástico trató de conseguir, en cada caso, el respeto de sus interlocutores institucionales.

El efecto de las organizaciones empresariales y sindicales resultó ser mayor, y más constructivo, que el de las élites culturales. La imagen que los políticos suelen desear ofrecer de sí mismos, como la de los integradores de un mundo que se desquicia, podría parecer plausible como contraste, quizá, a la actuación de las élites culturales españolas de la época; pero desde luego no, en comparación con la actuación de los grupos socioeconómicos. Desde hacía siglo y medio, el mercado, y el proceso de desarrollo industrial, habían sido los grandes aglutinantes del espacio español. La interdependencia de intereses, los flujos de población, la interacción continua entre los diferentes sectores económicos, produjo, y reprodujo, la sociedad española a lo largo del último siglo y medio. No es de extrañar, por tanto, que, durante estos años de la transición, empresarios y sindicatos actuaran como fuerzas centrípetas e integradoras de la comunidad nacional. Significativamente, fueron catalanes y vascos quienes ocuparon, inicialmente, posiciones de liderazgo en las organizaciones empresariales y sindicales (Carlos Ferrer, un empresario catalán, en la CEOE; y Nicolás Redondo, un sindicalista vasco, en la UGT), cuya convergencia fue la piedra angular de los pactos sociales de finales de los setenta a mediados de los ochenta. En general, la conducta de empresarios y sindicatos respondió a estrategias globales de carácter integrador. Los empresarios hicieron presión para que se reconociera explícitamente, y se reforzara, la unidad del mercado español. Los sindicatos quisieron asegurar la primacía de los órganos centrales en las confederaciones sindicales correspondientes. Y unos y otros exigieron del gobierno central una política económica y social homogénea para el conjunto del territorio español.

De todos modos, es necesario añadir aquí una nota de cautela. La reestructuración del aparato productivo, tanto industrial como agrario, obligada a causa de la competencia mundial (y, más específicamente, por el ingreso de España en la Comunidad Europea en 1986), afectó de modo muy diverso a las regiones españolas, suscitando tensiones muy fuertes a lo largo de los años ochenta. El panorama de las fuerzas políticas, empresariales y sindicales, y el juego de sus diferentes estrategias cambió, de región a región, y de una etapa a otra, con el curso de los acontecimientos; pero, en general, la combinación de los intereses sectoriales con presiones políticas regionales y locales, ha resultado, en este sentido, preocupante. Así, por ejemplo, las estrategias partidistas regionales y locales reforzaron las presiones de empresas (con frecuencia públicas) y sindicatos por evitar, retrasar, o aumentar el coste económico de la reestructuración industrial en los sectores siderúrgico y de construcción naval; y esto ocurrió con todo tipo de partidos en el poder regional: socialistas (en Valencia), nacionalistas (en el País Vasco), o conservadores (en Galicia). Por su parte, en Andalucía, las autoridades regionales socialistas entretuvieron un clima de ilusiones con escaso fundamento, en torno a una política expansiva de la oferta agraria que, de haberse aplicado, hubiera rebasado el techo marcado en las negociaciones para el ingreso en la Comunidad Europea.

Si pasamos ahora del efecto de los mesogobiernos territoriales sobre la unidad y la integración nacional, a su efecto sobre el equilibrio entre estado y sociedad, vemos que éste ha sido el de una ampliación sustancial de las actividades, las competencias y los recursos atribuidos al conjunto del sistema político, extraídos, normalmente, de la esfera de la sociedad. Este proceso no ha hecho más que comenzar. El hecho es que todos los parlamentos regionales se embarcaron en los años ochenta en una importante actividad legislativa, de alcance e intensidad distinta en cada región[17].

Lógicamente las autoridades regionales han estado ansiosas por legislar, e intervenir, vigilar y orientar las actividades privadas de la sociedad, extrayendo los recursos necesarios para ello. Como resultado, la participación de los gobiernos locales y regionales en el gasto público, y el volumen total del gasto público, ambos, aumentaron considerablemente. La participación del gobierno central en el gasto público bajó de un 90 % en 1980; a un 84,5 % en 1982; un 73,9 % en 1986; y un 67,4 % en 1991. En cambio, la participación de los gobiernos regionales en el gasto público aumentó de un 5,9 % en 1982; a un 13,3 % en 1986; y un 19,2 % en 1991. Y la participación combinada de gobiernos locales y regionales alcanzó en 1991 el 32,6 % del gasto

[17] Al comparar las actividades legislativas de los parlamentos regionales durante los cuatro primeros años de su existencia, se puede observar que Navarra hizo uso pleno de sus competencias legislativas (103 leyes aprobadas), seguida por Cataluña (58), Asturias (47), el País Vasco y Valencia (44), Madrid (42), y Galicia (40). En el otro extremo, Rioja (12), Extremadura (17), Castilla-León (22), Castilla-La Mancha (25), hicieron poco uso de su capacidad legislativa (*El País,* 11 de noviembre de 1991, pp. 18-19).

público; y el 14,5 % del producto interior bruto (Bel i Queralt 1991). Las dimensiones financieras de este proceso, muy modestas en los momentos iniciales, han acabado por tener cada vez mayor importancia, alimentando un crecimiento del gasto y del déficit públicos difíciles de sostener. El problema ha podido hacerse mayor en la medida en que los gobiernos regionales han estado tentados de aumentar la presión fiscal (como intentó hacer el gobierno socialista de la comunidad de Madrid en 1984, retrocediendo ante la protesta del público), o de endeudarse (como hicieron el gobierno cántabro y el de Madrid) (Bel i Queralt 1991, 34 y ss).

Al mismo tiempo, los efectivos de la clase política española en posiciones de mando se han multiplicado durante estos años. El sistema de las autonomías creó diecisiete parlamentos y gobiernos regionales, con sus correspondientes en torno a diez consejeros cada uno, su ramillete de directores generales, funcionarios y asesores, y su secuela indefinida de nombramientos administrativos, primero con carácter interino, pronto consolidados. En parte, ello se justificó porque, si bien las nuevas actividades debían ser llevadas a cabo, supuestamente, por funcionarios traspasados por el gobierno central a las regiones, estos funcionarios se mostraban remisos a abandonar Madrid: lo cierto es que casi todos los ministerios madrileños deberían haber cedido entre el 60 y el 80 % de sus competencias, con su personal correspondiente, pero la mayor parte de estos funcionarios se quedó en sus puestos, primero en situación de subempleo, y luego en otra de febril actividad, tratando de inventarse nuevas tareas. De hecho, entre 1982 y 1991, el número de funcionarios al servicio de las comunidades autónomas se multiplicó por doce (pasando de 44.475 a 565.460), mientras que el número de funcionarios de la administración central sólo disminuyó un 23 % (pasando de 1.181.820 en 1982 a 900.576 en 1991) (*El País,* 22 de febrero de 1992, p. 11).

Ha habido alguna evidencia inquietante en cuanto a las pautas de selección de los funcionarios, que sugiere descuido de formas, voracidad de cargos, y espíritu partidista intenso. Los puestos de las administraciones regionales fueron ocupados preferentemente por los miembros, o los simpatizantes, de los partidos en el poder. Otro tanto ocurrió en las instituciones económicas públicas o semipúblicas, que los gobiernos regionales trataron de convertir en instrumentos de su política, controlando sus consejos de administración, y colocando en puestos clave a gentes leales a su partido. Esta doble estrategia de ampliar el espacio público a costa de la sociedad civil, y de ocuparlo o utilizarlo con fines partidistas, también se ha observado en el campo de las instituciones culturales y educativas. En Cataluña y en el País Vasco, durante varios años, fueron frecuentes las denuncias de actuaciones discriminatorias contra los castellano-parlantes, por ejemplo, en el nombramiento del profesorado de enseñanza superior, media, y primaria, y en la elaboración de los libros de texto. Los intentos de control partidista del sistema educativo fueron acompañados por otros orientados al control de los medios de comunicación, por ejemplo, mediante el reparto de las licencias de radio, por no hablar del control de la televisión, considerada como el *bocatto di cardinale* de la voracidad partidista. Estos intentos se vieron favorecidos por la circunstancia de que, en casi todas las regiones, los partidos gobernantes estuvieron en una posición de clara superioridad. Sus oposiciones políticas fueron débiles, y las protestas de éstas tuvieron escasa credibilidad moral, ya que se les podía imputar una conducta semejante en aquellas regiones donde eran ellos quienes gobernaban.

Es evidente que la consolidación de pautas de este tipo puede afectar negativamente el grado de comunicación, entendimiento, y confianza entre la sociedad y la clase política. A favor del federalismo (o de un sistema análogo, como el nuestro) se ha argüido, tradicionalmente, que, con este sistema, la sociedad puede controlar mejor a sus dirigentes, presionarles con mayor eficacia, y participar más en los debates públicos. Pero aquellas pautas de conducta, al distorsionar el sistema, lo empujarían en una dirección contraria. Y lo contrario sería la alienación de la mayor parte de la sociedad respecto al sistema político, y la fragmentación del país entre dos segmentos: de un lado, políticos profesionales en estrecho contacto con élites regionales y grupos organizados de interés económico, y, de otro, una masa de ciudadanos relativamente pasivos.

Finalmente, merece la pena comentar el carácter problemático de los efectos del sistema de mesogobiernos territoriales sobre la integración social de determinadas comunidades autónomas. En general, la razón principal para la atribución del carácter de nación a un grupo humano es la existencia de un sentimiento, compartido, de pertenencia a una comunidad históricamente diferenciada. Este sentimiento puede apoyarse en los motivos más diversos: la raza; la memoria de un pasado común; el apego a un territorio; la comunidad lingüística, cultural o religiosa; la expectativa y el deseo de un porvenir común, etc.[18]. Según este criterio, España sería un país plurinacional, en cuyo territorio coinciden una nación española mayoritaria, y dos (o tres) naciones minoritarias, tales como la vasca o la catalana; pero también según este mismo criterio, Cataluña y el País Vasco serían países plurinacionales, en cuyos territorios coexisten tres minorías con identidades diversas: una minoría, que se siente constituir la nación catalana, o vasca; una minoría, que se siente pertenecer a la nación española; y otra minoría, que se considera, al tiempo, española y catalana, o española y vasca, porque tiene el sentimiento de una doble identidad nacional[19].

A este laberinto de identidades colectivas se añade la complejidad de una distribución de la autoridad política, por la cual el estado español incluye la Generalidad de Cataluña y el gobierno vasco. Cómo pueda articularse este cruce bidimensional de ámbitos de sentimientos de identidad, y de ámbitos de dominación política, ha sido la pregunta de estos años atrás, a la que ha tratado de responder el experimento institucional de los mesogobiernos. Ahora bien, el test principal del experimento consiste en lo que ocurre en el interior de Cataluña, y del País Vasco. La cuestión es si estos países, y aparatos estatales, plurinacionales han sido, y son, capaces de respetar las identidades nacionales complejas de la población que habita en su territorio, sin imponer aquellas prácticas discriminatorias, en el acceso a cargos públicos y a posiciones de influencia, que traerían consigo, bien la asimilación de toda la población al molde de una sola nacionalidad, reprimiendo en todo o en parte los sentimientos de identidad colectiva de algunas minorías, bien la segmentación de la sociedad en dos comunidades.

A pesar de ocasionales alarmas y algunos excesos (relativamente

---

[18] Ver la nota 9. Por la misma razón, no puede aceptarse la idea de Ortega (1959) de que la nación supone necesariamente un 'proyecto común'. Esta idea amalgama los conceptos de «nación» y «poder político» (para la realización de ese proyecto). Tal como Weber sugirió (1978), la relación entre nación y poder político es rigurosamente accidental. A lo largo de la historia ha habido numerosos estados plurinacionales; más aún, el estado plurinacional ha sido 'la norma', y el estado nacional debe considerarse como la excepción que confirma la regla. Por esto, la autodeterminación nacional puede ser la aspiración de una nación en un momento dado de su historia, pero no un 'derecho natural', o un requerimiento normativo que se pueda deducir de la 'esencia', o del 'concepto' de nación, ni que, mucho menos, quepa inferir de la experiencia histórica disponible. Sobre este asunto, ver también Popper (1972).

[19] Sobre esa doble identidad nacional, y en relación con el experimento de las comunidades autónomas, ver Smith (1986, 259).

comprensibles, como compensación emocional y simbólica a tantos excesos, de tantos años, en sentido contrario) no parece que este peligro exista en Cataluña. En el País Vasco, sin embargo, la segmentación de la sociedad parece un problema mucho más urgente e importante, que está en relación directa con el problema de la violencia en ese país. Ha ocurrido allí un doble fenómeno. Por un lado, se ha observado un potencial enorme de energía, y de vinculación a la comunidad, que se ha invertido en el ejercicio del autogobierno regional, provincial y local, y en la afirmación dramática de una identidad y una cultura autóctonas. Todo esto ha auspiciado un proceso de aprendizaje, y desarrollo moral. Por otro lado, ha habido una erosión de los sentimientos de confianza entre las comunidades y una destrucción parcial del tejido social, allí donde las gentes parecen haberse habituado a la exasperación y a la violencia, a la hipervaloración emocional de los propios intereses, y al rechazo de las razones posibles de los adversarios. Todo esto, que tanta euforia ha producido en los grupos beligerantes, ha hecho muy difícil una política sostenida de recuperación económica, y ha dado pie a todo tipo de demagogias, siendo el signo de un proceso de caos y de crispación, donde sólo podía echar raíces la propia violencia.

Los problemas de la pacificación interna del País Vasco y de una renegociación continua de su papel en el conjunto de España, han sido difíciles. Pero aún más preocupante ha sido el clima moral emocional que la astucia de los políticos y la exasperación de los llamados hombres de acción han permitido que imperase en aquel país. Se ha llegado a establecer un sistema de dos pesas, o dos balanzas, para medir los agravios. Los agravios recibidos han sido 'sacrilegios', que exigían, al parecer, una reparación infinita, que ninguna expiación podía en realidad borrar; en cambio, los agravios inferidos al adversario eran, invariablemente, 'actos de justicia'. En estas condiciones, el círculo de los agravios ha resultado, con frecuencia, en una escalada de sentimientos de indignación. Es obvio que no caben compromisos razonables y duraderos sobre una base emocional semejante, ni sobre semejante falta de sentido de la proporción. Con ello se ha corrido, y se corre, el grave riesgo de la creación de una sociedad fragmentada entre comunidades incapaces de formar una unidad moral; comunidades, unas exasperadas, otras amedrentadas, otras indecisas, pero ofuscadas todas por una violencia que las empuja hacia adelante. Sus muertos han sido ya muchos, pero el drama de la sociedad vasca ha consistido, sobre todo, en que no ha tenido muertos que la unieran, sino muertos que la dividían cada vez más. Y esta ha sido, todavía es, una situación límite y trágica.

Los mesogobiernos económicos y la experiencia neocorporatista

La clase política de la transición 'inventó' el corporatismo sin apenas darse cuenta, impulsada por las circunstancias. Tras unos primeros momentos de tensión y de desconcierto, se encontró pactando y consensuando *urbi et orbi*. Quien inició esta trayectoria fue el presidente del gobierno, Adolfo Suárez. En el verano de 1976, Suárez se enfrentó con una situación llena de dificultades entrelazadas y crecientes, y pensó que sólo podría resolverlas mediante una serie de compromisos entre las fuerzas políticas, sociales y regionales existentes. Su instinto de supervivencia le dictó un lenguaje de moderación, compromiso y pacto, que se generalizó muy pronto. Para empezar, Suárez necesitaba pactos con el objeto de ampliar y cimentar la nueva clase política. Su punto de arranque fue la ambigua coexistencia dentro de la clase política franquista entre los 'intransigentes' y los 'evolucionistas'. Una vez que esta incómoda coexistencia se convirtió en un conflicto abierto y acabó con la victoria de los últimos, el problema consistió en superar la escisión histórica entre estos evolucionistas y la clase política antifranquista; es decir, superar cuarenta años de guerra, exilio y persecución. El hecho mismo de una memoria histórica tan amarga constituyó, paradójicamente, el fundamento del entendimiento entre los adversarios de tantos años. La lección que se podía deducir de aquella memoria era que la democracia había sido imposible en la España de los años treinta porque la clase política exacerbó los conflictos del país, y se escindió en dos grupos irreconciliables; por tanto, si se quería no perder la segunda oportunidad de la democracia, era preciso reducir el nivel de los conflictos existentes, empezando por los propios conflictos políticos. La asimilación de esta lección histórica fue facilitada por la presencia del ejército, en situación alerta, y fuera del control de la clase política.

Ahora bien, la nueva clase política tenía, además, que legitimarse ante la opinión pública. La sociedad civil aspiraba a la democracia, y un segmento de la población incluso presionaba por ella, pero esto ocurría sólo dentro de ciertos límites. Nadie estaba dispuesto a repetir la experiencia de los años treinta. El apoyo popular a la democracia no era incondicional. La democracia no debía implicar demasiados riesgos, ni suponer una amenaza a la gobernabilidad del país. La clase política debía ser capaz no sólo de entenderse entre sí, sino de resolver problemas sustantivos, tales como el de las autonomías regionales y el de la gestión de la economía y de los conflictos sociales. Sucedió, sin embargo, que la transición a la democracia tuvo lugar en un momento muy difícil de nuestra historia económica.

La economía española de los veinticinco años que van del inicio de los sesenta a mediados de los ochenta, se desarrolló en dos fases muy distintas. Entre 1960 y 1973, durante la última etapa de franquismo, la economía española creció a un ritmo extraordinario. Desde 1974 hasta mediados de los ochenta, es decir, durante los dos últimos años del franquismo y la transición y consolidación democrática, la economía del país sufrió una crisis permanente. Algunas cifras pueden resumir la experiencia de desarrollo económico de la última etapa del franquismo. Entre 1960 y 1973 el producto real de la economía española creció un 7 % anual, y la exportación un 10 %. La estructura de la oferta cambió sustancialmente. El país se industrializó y llcgó a ocupar el décimo puesto entre las economías occidentales por el volumen de su producto industrial. La economía creó unos tres millones de puestos de trabajo. En el mercado de trabajó se alcanzó una situación de pleno empleo, y el salario real por persona aumentó a una tasa anual del 6,5 % (superior a la productividad, que fue del 5,5 %). Los sueldos y salarios mejoraron su participación en la renta nacional pasando, en términos brutos, es decir, incluyendo las cotizaciones de la seguridad social, del 53 al 61 % de la misma. La renta por habitante alcanzó al final del período 1.600 dólares, inferior en un 20 % a la italiana, y superior en un 60 % a la portuguesa (Pérez-Díaz y Rojo 1983). En estos trece o catorce años España dio el salto hacia adelante de mayor importancia de su historia económica, convirtiéndose, en el transcurso de pocos años, en una economía moderna.

La coyuntura cambió, sin embargo, a partir de 1974. Los dos últimos años del franquismo estuvieron dominados por un doble impacto: el económico, de la crisis del petróleo, y el político, del asesinato de Carrero Blanco. La economía entró en una fase de dificultades crecientes, que hubiera requerido varios ajustes drásticos en la política económica. Pero estos ajustes habrían traído consigo graves conflictos distributivos, dado que, durante los últimos diez o quince años, se había desarrollado, junto con la industria, un movimiento sindical disperso, pero importante, en condiciones de semitolerancia, capaz de impulsar huelgas con una pérdida anual de medio millón de jornadas durante los primeros años setenta (Pérez Díaz 1979). El régimen franquista no se sentía ya con la fuerza política suficiente para hacer frente al descontento social que habría resultado de una política económica más dura. Franco estaba débil, no tenía un segundo de a bordo fiel y firme, el príncipe era una incógnita, y la clase franquista estaba dividida. De este modo, el gobierno decidió permitir una tasa de inflación creciente, manteniendo así el nivel de actividad, sin atreverse a elevar los precios de la energía, contener el crecimiento de los salarios, o limitar el gasto público. Su meta fue sobrevivir, y *après nous, le déluge*.

Durante los dos primeros años de la transición, 1976 y 1977, la situación económica empeoró drásticamente. Aunque la economía había crecido muy poco durante esos años, el aumento de los salarios monetarios se había acelerado sustancialmente. La tasa de inflación se situaba, a mediados de 1977, en torno al 26 % (cuando había sido de un 7,5 % durante el período 1963-1973). El paro afectaba ahora al 6 % de la población activa, y el nivel de las reservas había caído de modo dramático. Pero, aunque el gobierno y las otras fuerzas políticas tenían una conciencia aproximada de la magnitud de la crisis, decidieron dar prioridad a la consecución de sus acuerdos políticos, y aplazar cualquier otra decisión hasta después de las primeras elecciones generales de junio de 1977. Sólo entonces comenzaron a discutir en serio el problema económico.

El contraste entre el desarrollo económico del régimen autoritario anterior y la crisis con que se iniciaba la democracia era ominoso, y evocaba, una vez más, un recuerdo terrible. La II República fue, también, una época de crisis económica, sobrevenida a continuación de una dictadura que había coincidido con un período de crecimiento. Ahora bien, la República no había caído a causa de las dificultades económicas *per se*, sino, en parte, a causa de la virulencia de los conflictos sociales que acompañaron a estas dificultades. Durante la transición, la nueva clase política decidió, por tanto, si no resolver los problemas económicos, al menos amortiguarlos, de tal manera que los conflictos sociales fueran reducidos a proporciones manejables, al tiempo que cada partido intentaba mejorar sus propias posiciones en el complicado campo de fuerzas dibujado por las elecciones de 1977, que ofrecieron a Suárez una modesta mayoría relativa.

Entretanto, los expertos económicos habían ido observando con creciente preocupación el espectáculo de una economía amenazada por una inflación acelerada, un proceso en curso de indiciación de salarios, el colapso del sector exterior, y una elevada tasa de paro. Su temor era que España pudiera seguir la misma pendiente que Argentina, y que la indiciación de los salarios, al modo italiano, fuera el mecanismo que terminara empujando al país por aquella pendiente[20]. Desde su punto de vista, había dos opciones posibles. *O bien* se iniciaba una política monetaria y financiera restrictiva, que contuviera la inflación y equilibrara el sector exterior, enfrentándose directamente con el descontento social; *o bien* se reducía gradualmente la oferta monetaria, y se intentaba, a continuación, una política pactada entre las diferentes fuerzas políticas y sociales, cuyo núcleo sería el compromiso de los obreros a aceptar una contención del crecimiento de los salarios, a cambio de una expectativa de reducción de la inflación, y de un conjunto de medidas de carácter social y redistributivo (reforma fiscal, transferencias y prestaciones sociales, amén de declaraciones de principios sobre 'reformas de estructura'). La clave del acuerdo consistiría en persuadir a los obreros, o sus representantes, para que aceptaran calcular sus subidas salariales sobre la inflación futura, y no sobre la inflación pasada. El gobierno carecía de capital político para la primera opción, pero podía intentar la segunda. Este fue el núcleo central de la propuesta del Banco de España y de Enrique Fuentes Quintana, que había sido nombrado vicepresidente del gobierno para asuntos económicos por el presidente Suárez.

La propuesta fue acogida con entusiasmo por Adolfo Suárez, y, en general, los partidos políticos fueron favorables al pacto. Para los partidos del centro y de la derecha no existía otra alternativa. Los comunistas necesitaban signos externos de que pertenecían al *establishment* político. Estaban ansiosos por hacer suyos los símbolos del nuevo régimen, incluyendo la bandera nacional y la forma monárquica del estado. Sus líderes necesitaban reputaciones de estadistas. El PSOE reaccionó con ambigüedad y cautela. Sus esquemas mentales eran inciertos, y se distanciaba sólo gradualmente de una retórica radical y marxistizante. Desconfiaba instintivamente de lo que parecía favorecer al gobierno y a los comunistas. Por otra parte, los socialistas eran conscientes de la inestable situación política, la difícil situación económica, y su propia necesidad de tiempo para organizar sus recursos.

---

[20] Ver, en particular, Banco de España (1979), Rojo (1978), y Fuentes Quintana (1982).

Se llegó así a los Pactos de la Moncloa, firmados en octubre de 1977 por los principales partidos políticos. Los empresarios no llegaron a firmarlos, porque aún estaban confederándose (la CEOE apareció a fines de 1977). Los sindicatos tampoco los firmaron. Su actitud fue ambivalente, pero, en lo fundamental, favorable. UGT y CCOO eran organizaciones controladas por los socialistas y los comunistas respectivamente. Las tensiones entre los sindicatos y sus partidos, con ocasión de la firma de los pactos, fueron, en su momento, mínimas. Los sindicatos eran conscientes de la necesidad de reforzar la democracia como requisito *sine qua non* para su propia existencia. Y también eran conscientes de su propia debilidad en recursos económicos, organizativos y de afiliación, que el apoyo estatal podía compensar. Sin embargo, al no firmar materialmente los pactos, los sindicatos ganaban un margen de acción adicional, daban credibilidad a su pretensión de independencia de los partidos, y evitaban su desbordamiento por sindicatos más radicales o por movimientos asambleístas. Lo que había sido una solución *ad hoc* a la doble circunstancia de la situación límite de la economía española de 1977, y de la discusión del texto constitucional a lo largo de 1978, se convirtió, tras un breve paréntesis en 1979, en una pauta de concertación social, con una serie casi ininterrumpida de pactos hasta 1986. El punto de arranque fue el Acuerdo Básico entre CEOE y UGT de junio de 1979, que culminó en el Acuerdo Marco Interconfederal (AMI) de enero de 1980, y el consenso, paralelo, entre UCD y PSOE en torno al Estatuto de los Trabajadores, aprobado finalmente en el mes de marzo de ese mismo año. El AMI estuvo vigente hasta julio de 1981, en el que fue sustituido por el Acuerdo Nacional de Empleo (ANE) que había sido negociado por el gobierno, la CEOE, y UGT y CCOO. En 1983 las organizaciones empresariales y los sindicatos, pero no el gobierno socialista, firmaron el Acuerdo Interconfederal (AI). A comienzos de 1984 se celebraron conversaciones que no culminaron en acuerdo, pero en el otoño de ese mismo año se reanudaron tales conversaciones, y se llegó a la firma del Acuerdo Económico y Social (AES) de octubre de 1984, por parte del gobierno, CEOE, y UGT, con una vigencia de dos años.

Esta política de concertación social, con la participación de las organizaciones económicas en la definición de algunos aspectos claves de la política económica, reforzó paulatinamente el papel de estas organizaciones. Estas surgieron apenas conectadas con el antiguo corporatismo del régimen franquista. Los nuevos sindicatos se organizaron en oposición a las antiguas secciones sociales del sindicalismo vertical (aunque CCOO se hubiera infiltrado, durante bastantes años antes, en algunas instancias locales de aquella maquinaria). Por su parte, hubo cierta continuidad entre las secciones económicas del sistema franquista y la nueva organización empresarial.

Con la transición a la democracia nadie podía imaginar que las nuevas organizaciones pudieran obligar a sus respectivas bases sociales a afiliarse, o que pudieran 'gobernar', o 'disciplinar' a sus afiliados. Los propios principios del nuevo ordenamiento constitucional excluían esta posibilidad. Pero, con el tiempo, una organización empresarial llegó a ser la representante indiscutida del empresariado español, y dos sindicatos consiguieron reunir, entre los dos, la representatividad necesaria para comprometer, en principio, a la mayor parte de la clase obrera (con la salvedad parcial del País Vasco) en conflictos, negociaciones y acuerdos durante estos años. De modo que si el control de todas estas organizaciones económicas sobre sus bases ha sido débil, su grado de representatividad, e influencia cara al exterior, ha llegado a ser importante.

Los pactos corporatistas

Los pactos sociales, o corporatistas, entre 1977 y 1986, fueron el núcleo de una serie de acuerdos más amplios, que se reflejaron en leyes y decretos, desde el Estatuto de los Trabajadores de 1979, hasta las normas sobre contratación temporal de noviembre de 1984. Aunque no desprovista de tensiones, la política económica y social de aquellos años, con gobierno UCD, primero, y PSOE, después, se movió en el terreno acotado por la relativa convergencia entre CEOE y UGT, y mostró una continuidad muy notable. CEOE y UGT, y, en segundo término, CCOO, se incorporaron a las decisiones más importantes en materia de política salarial y política de mercado de trabajo y, en menor medida, hicieron valer su opinión, y su capacidad de veto, en la política de la seguridad social (cuya reforma quedó bloqueada) y en otras materias. A ello se añade la entrada de las organizaciones económicas en las instituciones del estado, y (a partir del AES) la constitución de una red de comités de seguimiento y control de los acuerdos, con capacidad de iniciativa y de ejecución. Esencialmente, lo que se construyó durante aquellos años fue un sistema, discreto, de mesogobiernos funcionales, con capacidad de control sobre determinadas políticas, y basado en acuerdos entre el gobierno y las principales organizaciones empresariales y sindicales. Estos desarrollos dependieron del grado de apoyo que pudieran ofrecer las bases de estas organizaciones, particularmente los trabajadores.

Aquellos acuerdos se ejecutaron en grado considerable. En primer lugar, la evolución real de los salarios no superó los límites marcados por los acuerdos (o lo hizo en proporciones mínimas). En segundo lugar, la conflictividad laboral descendió. Este descenso, sin embargo, no indica necesariamente que los sindicatos ejercieran un control efectivo sobre sus bases sociales. Los sindicatos no estaban en condiciones de ejercer un control semejante. La afiliación sindical era muy baja. Una encuesta de 1978 mostró que la tasa de afiliación entre los obreros industriales era del 57 %. Dos años más tarde, en 1980, la tasa era del 34 %; y, en 1984, había descendido hasta el 25 %. Si se supone una tasa de afiliación sensiblemente menor en el sector servicios, y una tasa aún menor en la agricultura, la tasa de afiliación sobre el conjunto de la población asalariada ocupada debió situarse en 1984-85 entre el 15 y el 20 %. En 1987 la tasa de afiliación descendió a un 15 %. Es cierto que los sindicatos han ejercido una influencia sobre los trabajadores mayor de lo que estas cifras sugieren. Esto se muestra en el hecho de que sus candidatos han sido elegidos mayoritariamente para los comités de empresa (que afectan a un 40 % de la fuerza de trabajo asalariada), y en el hecho de que los sindicatos han asumido con frecuencia el liderazgo de los obreros en la negociación de los convenios y en la convocatoria de las huelgas. Pero, tal como sugieren aquellas cifras, es obvio que, aunque los sindicatos hayan tenido alguna influencia sobre los trabajadores, no han tenido capacidad suficiente para empujar a éstos en direcciones contrarias a sus preferencias y sus aspiraciones[21].

Teniendo en cuenta la tasa de desempleo, que aumentó de un 6 % en 1977 hasta un 20 % en 1984, la estrategia sindical de firmar pactos sociales confirmó ventajas evidentes a corto plazo para el colectivo de los trabajadores ocupados. Esta estrategia permitió un ligero crecimiento de los salarios reales, puso dificultades casi insuperables para el despido, y amplió, durante bastantes años, los beneficios sociales de los trabajadores (pensiones, transferencias sociales, etc.). Estos eran los valores centrales de la clase obrera española, en defensa de los cuales estaba dispuesta a un grado de militancia considerable. No quiere

[21] Ver el capítulo 5. También Pérez-Díaz (1979 y 1980a).

ello decir que, detrás de la adhesión a tales valores, hubiera una lectura crítica y radical de la empresa, del capitalismo, o del estado. Por el contrario, a juzgar tanto por la conducta efectiva de los obreros, como por sus respuestas a preguntas sobre opiniones y actitudes, la clase obrera ha aceptado mayoritariamente el sistema económico, y ha estado dispuesta a llegar a acuerdos y compromisos con los dirigentes del sistema. Si esto es así, se puede introducir la hipótesis de un pacto social implícito (Pérez Díaz 1980a). Esto es, los obreros se han comportado como si tuvieran un pacto social implícito con los centros de dirección de la economía, tanto con los empresarios, como con el gobierno. Según este pacto, los obreros han consentido la autoridad de estos dirigentes a cambio de la satisfacción de ciertas reivindicaciones básicas. En primer lugar, reivindicaciones de mecanismos de voz, esto es, reivindicaciones de representación o participación, que habían sido insatisfechas durante el franquismo, pero que fueron conseguidas con la democracia (con el reconocimiento de sindicatos libres, comités de empresa, y otras instituciones). En segundo lugar, reivindicaciones sustantivas, en términos de salarios, seguridad en el empleo, seguridad social, y otras prestaciones. Los pactos neocorporatistas entre el estado, los empresarios y los líderes sindicales se cumplieron, no porque los sindicatos controlaran a los obreros, sino porque aquellos pactos eran congruentes con los términos de este pacto social implícito de los propios obreros.

Como he dicho antes, acuerdos como los de Moncloa de 1977, y los siguientes, tuvieron como núcleo esencial un compromiso de contención del crecimiento de los salarios, y un compromiso implícito de contención de la conflictividad, a cambio de un compromiso por controlar la inflación. Este núcleo se rodeó de una periferia de declaraciones, y de negociaciones sobre una variedad de materias. En cierta medida, los efectos de los pactos deberían medirse en términos de su contenido estricto; es decir, en términos de salarios, huelgas, y tasas de inflación. Sin embargo, la periferia retórica y el contenido de los acuerdos subsidiarios pueden haber tenido mucha más importancia de lo que parece a primera vista.

En primer lugar, la periferia de los acuerdos contenía mensajes simbólicos significativos y algunos elementos sustantivos importantes. En muchos casos se hizo constancia explícita de la imposibilidad de cambiar el *statu quo*, del equilibrio de las fuerzas contrarias, y del bloqueo del proceso de toma de decisiones. Tal ocurrió en temas como los del despido y la contratación temporal; y también ocurrió con los temas de la reforma de la seguridad social y de la productividad. Pero, al menos, la mención de estos temas los mantuvo vivos en la opinión pública, y en la agenda de los interlocutores, quizá a la espera de tiempos mejores (o de una mejora en las actitudes de las partes, y de su capacidad de reflexión y de argumentación, en temas tan complejos). En algunos casos, se tomó una decisión sustantiva, como ocurrió en el AES, en relación con algunos incrementos en la inversión pública, y con la creación de varias comisiones para el seguimiento y ejecución de los acuerdos. Esto último constituyó una innovación organizativa, en la que se podía contemplar el esbozo de un auténtico sistema de mesogobierno en la política económica, y en el área de las relaciones entre las clases económicas (un sistema cuyo desarrollo, por otro lado, se interrumpió en los últimos ochenta y principios de los noventa).

En segundo lugar, los pactos se situaron en el contexto de unas negociaciones permanentes entre las fuerzas políticas y económicas, de modo que el contenido de estos pactos no puede disociarse de aquellas negociaciones. Esto afectó a las políticas públicas en cuatro áreas importantes: el sistema de relaciones industriales, el gasto público, la política del mercado de trabajo, y la reconversión industrial. Aunque el Estatuto de los Trabajadores no formó parte de los pactos entre CEOE y UGT de 1979-80, fue consensuado entre UCD y el PSOE al tiempo y a la vista de lo ocurrido en aquella negociación. La política de gasto público, relativamente generosa en prestaciones sociales, de los gobiernos centristas de la transición, constituyó, en parte, un deliberado incentivo a los sindicatos para mejorar su disposición al compromiso, a la hora de firmar los pactos correspondientes. Esta política fue desarrollada más sistemáticamente por los socialistas. El resultado fue que, en términos de PIB, el gasto público pasó de un 25 % en 1975 (inferior entonces a la media de los países de la OCDE, que era el 38 %), a un 42,1 % en 1987 (mayor que el de la media de los países de la OCDE, que era del 38,7 %). A este respecto, la continuidad de la política pública fue considerable: el gasto público creció de un 25 a un 37 % entre 1975 y 1982 con un gobierno de centro, y de un 37 a un 42,1 % entre 1982 y 1987 bajo la administración socialista (Alcaide 1988). La reforma del mercado de trabajo fue bloqueada durante varios años, hasta que, pocos días antes de firmarse el AES, un decreto del gobierno, aceptado implícitamente por los sindicatos, flexibilizó considerablemente la contratación temporal. Por último, la política de reconversión industrial, aunque excluida de los pactos sociales de carácter general, fue objeto de una casi continua negociación entre gobierno, empresarios y sindicatos. Con respecto a estos dos últimos temas (la contratación temporal y la reconversión industrial), el sindicato socialista aceptó la política general del gobierno socialista (que continuaba la política de los gobiernos centristas), sólo por la razón de que así podía impedir iniciativas más drásticas a favor de una completa liberalización de los mercados.

En tercer lugar, la relativa importancia de estos aspectos periféricos y contextuales de los pactos se vio confirmada por el hecho de que la firma de los pactos estuviera rodeada, una y otra vez, por un clima de expectación entre los políticos, los medios de comunicación, y el público en general. La firma pareció la culminación de un proceso dramático, abocando a un mensaje final de compromiso, moderación, diálogo, afirmación de objetivos comunes, corresponsabilidad en la marcha de la economía, y reconocimiento recíproco entre los firmantes. El espectáculo de este juego político, y esta retórica ornamental de tensiones reconciliadas, constituyó una parte muy importante de los propios pactos, que ayuda a comprender mejor la eficacia de los mismos.

Entendidos en este sentido amplio, los pactos han tenido efectos contradictorios sobre la economía española. Su principal efecto positivo ha sido la legitimación del capitalismo reformado de los tiempos modernos, donde la economía del mercado está flanqueada por el estado, los sindicatos y las organizaciones empresariales; y sus efectos negativos más importantes han sido la rigidez y la demora en el ajuste a la crisis económica. En su aspecto positivo, los pactos corporatistas han reforzado el pacto implícito de los obreros con los dirigentes económicos, y la aceptación por aquéllos de la empresa, la autoridad del empresario y el sistema económico (ver el capítulo 5). No cabía dar por supuesta esta aceptación por parte de los obreros. Más bien lo contrario, pues muchos observadores daban por sentado el radicalismo de los obreros españoles, proyectando memorias dramatizadas de lo ocurrido durante los primeros treinta años de este siglo. El espectáculo de los conflictos industriales de 1975, 1976 y 1977 pareció dar alguna base a estas especulaciones. Los conflictos fueron, a veces, duros, y se creyó observar un movimiento asambleario en alza. Sin embargo, el proceso de negociación y firma de los pactos fortaleció el protagonismo de unos sindicatos deseosos de reforzar el papel de sus partidos correspondientes, y de consolidar el pacto constitucional de la transición. A cambio de su libertad, y de su reconocimiento, y de algunos compromisos en la política económica y social, estos sindicatos estuvieron dispuestos a asegurar un clima de relativa paz social. Pero, además, estos sindicatos encontraron en la clase obrera una disposición a la moderación y al compromiso que se hizo cada vez más patente. De hecho, tras algunas incertidumbres y ambivalencias iniciales, la conflictividad cayó en torno a 1979 y 1980, y se mantuvo relativamente baja en los años sucesivos (aunque siguió siendo alta en comparación con la de otros países vecinos)[22].

Aparentemente, los pactos reforzaron a las organizaciones que los firmaron. La CEOE ha acabado teniendo el monopolio *de facto* de la representación de los intereses empresariales, a pesar de los intentos en su contra; y contando con un grado apreciable de confianza entre los empresarios. El efecto de los pactos sobre los sindicatos ha sido más espectacular. Estos progresaron tanto más cuanto más cerca estuvieron de los procesos de negociación de los pactos, como demuestra la evolución diferente de CCOO y UGT. En 1978, entre los obreros industriales, CCOO tenía el doble de afiliados que la UGT. En los años siguientes la actitud frente a los pactos diferenció a una y otra central sindical. UGT estuvo claramente a favor de los mismos, iniciando y protagonizando el proceso de negociaciones. CCOO fue ambivalente, unas veces hostil, otras veces secundando a remolque el proceso. En 1980, el volumen de afiliación de uno y otro sindicato era ya prácticamente el mismo: en las elecciones a comités de empresa de 1980, UGT obtuvo el 29 y CCOO el 30 % de los delegados. A partir de entonces UGT fue ganando ventaja sobre CCOO. En 1982, los porcentajes fueron de un 36 y un 33, respectivamente; y en 1986,

---

22 Las estadísticas oficiales del Ministerio de Trabajo sobre la conflictividad laboral son poco fiables. No hay un control riguroso sobre la recogida de la información, no se contabilizan las huelgas de duración inferior a la jornada, y, desde 1980, la información sobre conflictos ocurridos en el País Vasco y Cataluña es sólo esporádica. Las estadísticas que desde 1980 reúne la CEOE son más completas. Las diversas estimaciones entre 1976 y 1979 acerca del volumen de las huelgas difieren considerablemente entre sí año tras año. Sin embargo, coinciden en un orden de magnitud entre 11 y 21 millones de jornadas perdidas durante ese cuatrienio anualmente. A partir de 1980, tanto las estadísticas del Ministerio de Trabajo como de la CEOE coinciden en una reducción sustantiva de la conflictividad. Las estadísticas de la CEOE indican que la conflictividad para los años 1980 a 1983 fue de 13 millones de jornadas en 1980, 9 en 1981, 7 en 1982, y 9 en 1983. Las estadísticas del Ministerio de Trabajo reproducen la misma tendencia a un nivel considerablemente más bajo. En 1984 hubo un incremento importante de conflictividad, cuya causa pudo ser la tensión generada por la reconversión industrial, y por la ausencia, un tiempo, de pactos sociales.

de un 40, y un 34. Aquellos sindicatos que se autoexcluyeron de las negociaciones (o que fueron excluidos por presiones de UGT y CCOO), fueron desapareciendo, o acabaron encontrándose en situación muy precaria.

Tales han sido los efectos de los pactos sobre la legitimación del sistema económico, la relativa integración de las diversas clases económicas y el desarrollo de sus organizaciones. Pero quedan por ver los efectos de los pactos (y los efectos del conjunto de acuerdos y negociaciones entre las fuerzas políticas y sociales, del que los pactos constituyen una pieza clave) sobre el comportamiento real de la economía.

La España de mediados de los años setenta era un país industrial de tipo medio, que venía cubriendo el 65 % de sus necesidades energéticas con importaciones de petróleo. El incremento del precio del petróleo en 1973 supuso un trauma económico considerable, mayor que el sufrido por la mayor parte del resto de los países de la OCDE. La balanza de pagos se desequilibró de manera muy rápida. Sin embargo, por razones políticas, se eludió repercutir este incremento en los precios interiores de la energía. Tampoco hubo ahorro alguno de energía en los años siguientes, sino todo lo contrario: la demanda final de energía por unidad de producto aumentó el 10 % entre 1973 y 1979, en claro contraste con lo ocurrido en los siete principales países industriales de la OCDE, donde se redujo un 9 %. La segunda crisis de petróleo, de 1979, supuso una pérdida brusca y drástica, de nuevo, de la renta disponible, aunque entonces sí se ajustaron al alza los precios interiores de la energía.

Sin embargo, el mantenimiento del nivel de actividad económica y de empleo y, por tanto, de la demanda de inversión, exigía ir más allá de los meros ajustes de los precios energéticos interiores. Era necesario ajustar a la baja los costes del trabajo. Porque, junto con los *shocks* del petróleo, la economía mundial de todos estos años había experimentado transformaciones profundas en la estructura de precios relativos de los productos industriales. Estas fueron el resultado de la introducción de nuevas tecnologías, y la competencia de nuevos países industriales, y de una caída de la demanda mundial de determinadas industrias básicas, como la siderurgia y la construcción naval, que habían adquirido en España una importancia preponderante a lo largo de la industrialización de los años sesenta y primeros setenta.

Pero en España ocurrió todo lo contrario. La crisis fue el momento elegido para un aumento espectacular de los costes del trabajo (incluyendo cotizaciones a la seguridad social), muy por encima de la productividad y de la inflación. Entre 1970 y 1982 los costes laborales crecieron del orden de un 40 % por encima de la productividad. Al impacto del aumento de los costes laborales se unió una mayor rigidez en el mercado de trabajo. El franquismo había tratado de ofrecer un pacto a la clase obrera, mediante el cual ésta renunciaba a unos sindicatos libres, y a las huelgas, a cambio de seguridad en el puesto de trabajo (amén de un sistema de seguridad social, y otras prestaciones). Aunque el pacto no fue aceptado, el franquismo mantuvo intervenido el mercado de trabajo durante todo el período. En el momento de la transición, y ante la expectativa de una crisis económica prolongada, ninguna fuerza política se sintió capaz, ni deseosa, de desregular, o flexibilizar, este mercado de trabajo. De hecho, el grado de rigidez del mercado de trabajo aumentó, ya que los pactos hicieron más rígido el comportamiento de los salarios (afectando tanto a su nivel, como a su estructura), porque se mantuvieron poco flexibles las modalidades de contratación (con rectificaciones en 1984), porque se mantuvieron muy elevados los costos de despido, y porque se aceleró la tendencia histórica a la reducción de la jornada laboral, que disminuyó en un 11 % entre 1973 y 1983, como resultado de modificaciones en la jornada legal máxima, y del encarecimiento y las limitaciones al uso de horas extraordinarias (Malo de Molina 1984).

En estas condiciones, y ante las incertidumbres provocadas por una demanda interior poco dinámica, los empresarios tendieron a reducir el nivel general de sus inversiones, y a invertir en la sustitución de trabajo por capital, y en el pago de indemnizaciones por despido. El sector público, por su parte, reaccionó optando por un incremento espectacular del gasto público, que pasó del 25 al 38 % del PIB (o a un 45 % si se incluyen las empresas públicas), en el lapso de muy pocos años, entre 1975 y 1983. Este incremento se orientó no hacia la inversión pública (que descendió del 9 al 5,3 % entre 1973 y 1982), sino hacia la financiación del subsidio de desempleo, la elevación de las pensiones, la seguridad social, la subvención a empresas en crisis (sobre todo empresas públicas), y otros gastos consuntivos (Pérez Díaz y Rojo 1983).

La consecuencia de esta combinación de decisiones fue la caída de la tasa de formación bruta de capital de un 23 a un 18 % entre 1973 y 1983. En el mismo período se perdieron 1,8 millones de puestos de trabajo. Esta destrucción de empleo afectó a todos los sectores, pero sobre todo al sector industrial, donde la población ocupada en 1982 fue inferior en un 19 % a la ocupada en 1973. De modo que no sólo la tasa de paro española se convirtió en la más alta de los países de la OCDE (alcanzando el 20 % de la población activa en 1984), sino que, además, el porcentaje de su población activa fue uno de los más bajos (alrededor de un 48 %). La destrucción de empleo afectó especialmente a los jóvenes, y a las mujeres. La mitad de los jóvenes menores de 19 años quedó sin trabajo, y la tasa de desempleo entre las mujeres (el 31 % de la población activa) fue del 27,5 %. Parte de la población desocupada fue absorbida por la economía sumergida (sin cotizaciones sociales, sin límites máximos de horario, y sin límites mínimos de salario). Esto, junto con la solidaridad de las redes familiares, puede explicar la ausencia de muestras visibles de alienación, o de hostilidad, contra el sistema económico y político, por parte de una masa de entre 2,5 y 3 millones de parados. De hecho, los signos de vitalidad y crecimiento de la economía sumergida han sido, desde entonces, cada vez más abundantes.

A la vista de esta descripción del comportamiento real de la economía ¿cómo caracterizar el efecto complejo de los pactos, y la política económica conectada con tales pactos, de mediados de los setenta a mediados de los ochenta? A este respecto, conviene distinguir varios capítulos diferentes. La política monetaria, por ejemplo, pretendió un crecimiento gradual moderado de las disponibilidades líquidas, con el propósito de contener la inflación dentro de una cotas tolerables (que en los años posteriores a los Pactos de la Moncloa se supuso que se debían situar en torno al 14-15 % de crecimiento anual), manteniendo un nivel de actividad que impidiera una caída todavía más brusca del nivel de empleo. Congruente, al menos en principio, con esta política monetaria, la política salarial, realizada principalmente a través de los pactos, intentó hacer compatible la evolución de los salarios con unas previsiones de inflación relativamente altas, pero estables (que sólo cedieron en los años ochenta). Este sistema de salarios pactados introdujo, sin embargo, rigideces adicionales importantes en el comportamiento de los mismos. La banda salarial se vio comprimida, de hecho, en torno al tipo máximo, imponiéndose una norma homogénea artificial sobre una variedad enorme de situaciones entre las empresas. Además, los salarios firmados en pactos y convenios no reflejaron los costes laborales reales, que incluían cotizaciones a la seguridad social, indemnizaciones por despido, reducciones de jornada, y otros desplazamientos salariales (vía promoción, cambio de categoría profesional, antigüedad, etc.). De esta forma, los costes laborales reales crecieron ininterrumpidamente hasta 1982/1983, decreciendo en 1984 (un año en el que, precisamente, no hubo pactos) (Malo de Molina 1984).

Con estas reservas importantes, hay que reconocer que hubo, entonces, una relativa congruencia entre la política monetaria y la política salarial, las cuales pueden caracterizarse como piezas complementarias de una política de ajuste gradual a la crisis económica, que incluiría el crecimiento gradual de las disponibilidades líquidas, una caída gradual de la inflación, y la moderación relativa de los salarios. Pero esta congruencia no se extendió, o lo hizo de modo limitado y contradictorio, a otras políticas: las del gasto público, reconversión industrial, mercado de trabajo, e infraestructuras.

La política del gasto público tuvo como objetivo una reducción del coste social de la crisis económica, que se convirtió, en realidad, en el objetivo de una ampliación sustancial del estado de bienestar en medio de, y a pesar de, una crisis económica. El gobierno dedicó así partidas crecientes del presupuesto a financiar subsidios de desempleo, pensiones y otras transferencias sociales, y subvenciones a empresas en dificultades para el mantenimiento (artificial) de su puestos de trabajo. La política de reconversión industrial, por su parte, se diseñó sobre el modelo de la política del gasto público. El gobierno intentó negociar despidos satisfactorios con los colectivos de trabajadores afectados. Estos obreros ofrecieron extrema resistencia, por la razón de que el hecho de pertenecer a empresas públicas, y de estar localizados en regiones donde su resistencia podía derivar fácilmente en una crisis política (tales como el País Vasco, Asturias y Galicia), aumentaba extraordinariamente su capacidad de negociación. Con el fin de evitar o amortiguar las consecuencias políticas de los despidos, lo que el gobierno hizo fue adoptar una retórica dramática, pero ceder en realidad a las pretensiones de trabajadores y sindicatos. En consecuencia, el gobierno conservó muchos puestos de trabajo. Mantuvo extremadamente altos los costes de las indemnizaciones, y omitió esfuerzos reales en una política de reorientación y formación profesional, o de reindustrialización de las zonas afectadas. A su vez, la política del mercado de trabajo tendió a minimizar los costes de la crisis para la población ocupada, al asegurar el carácter estable o indefinido de sus empleos. Pero esto lo hizo, a costa de las expectativas de empleo de las generaciones más jóvenes, y las generaciones futuras. Finalmente, las políticas de creación de infraestructura, formación de capital humano (formación profesional, educación), investigación y sanidad recibieron tratamientos tardíos, incompletos o retóricos, en ausencia de la capacidad, o la voluntad, de acometer reformas más amplias y actuaciones más decididas.

Los políticos profesionales y la burocracia pública, en un intento de dar apariencia racional y sistemática a lo que no era más que un agregado *ad hoc* de políticas improvisadas, bautizaron este agregado de políticas públicas con el título general de «política de ajuste gradual a la crisis». Pero lo cierto es que este lema sólo podría aplicarse a la política monetaria y la política salarial, con las reservas señaladas. Las otras políticas se deberían caracterizar más bien como políticas de 'desajuste gradual a la crisis'. Los pactos sociales (con incidencia próxima en la política salarial, de mercado de trabajo, de gasto público, y de reconversión industrial) fueron, así, una pieza contradictoria dentro de un agregado de políticas contradictorias, cuya consecuencia final fue un mixto de moderación relativa de la inflación y de los salarios, junto con un deterioro del aparato productivo, una destrucción de empleo (sin paralelo en la economía occidental), y la creación de una economía sumergida de grandes dimensiones.

Se crearon, así, dos espacios económicos en el país. Uno sometido a un orden visible, en donde operaban las normas legales, los pactos, los discursos políticos, y la información habitual de los medios de comunicación. Otro, oculto, quizá caótico, y sujeto a sus propias normas, donde operaban los empresarios sumergidos, los trabajadores 'invisibles', quienes, además de trabajar de esta forma, podían recibir los subsidios de desempleo. En este espacio, las autoridades locales decidieron no intervenir e, incluso, proteger tales industrias, con la complicidad tácita de los sindicatos. Es obvio que este espacio oculto ha surgido en parte como reacción a la rigidez creciente del espacio visible: esto es, a las alzas de las cotizaciones de la seguridad social y de los salarios, y a las dificultades de la contratación temporal y del despido. En la medida, por tanto, en que esta rigidez puede ser atribuida a los pactos corporatistas, habría que concluir que esta forma de mesogobierno económico ha contribuido a la rigidez y la dualización de la economía con su segmentación en dos espacios heterogéneos, uno hiperregulado, otro carente de regulación.

Causas comunes y procesos paralelos

La experiencia española encaja bien con el esquema de explicación, propuesto al principio de este capítulo, de la aparición y el desarrollo de los mesogobiernos, tanto territoriales como funcionales, en las sociedades liberales capitalistas. La clase política que surgió en torno a 1977, en el gobierno o en la oposición, no pudo, obviamente, sustentar su proyecto de dominación política sobre la coerción, pero tampoco pudo hacerlo sobre las fuentes típicas weberianas de legitimidad. La tradición y la legalidad formal de los últimos cuarenta años se habían quebrado, y la dramática historia contemporánea española impedía una conexión firme con las varias tradiciones y legalidades formales previas. Tampoco se disponía de personajes carismáticos. Y la transición misma, con su necesidad de fórmulas de compromiso, y bajo el protagonismo de líderes políticos inexpertos, y sin patente alguna de heroísmo, parecía excluir aquel tipo de políticos. Gobernar el país, y resolver (o reducir la gravedad de) sus problemas, fue así el modo principal de legitimar, sustantivamente, el nuevo régimen y la nueva clase política. Esta clase se encontró, inicialmente, en una situación de debilidad evidente. Su control del ejército era nulo, carecía de partidos arraigados en el país, y estaba dividida por memorias amargas, y por ideas e intereses opuestos. Su misma debilidad obligó a los políticos a entenderse. Tenían que sobrevivir, conjurando el miedo a un golpe militar que les afectaba a todos, y diseñando una reglas de juego, una Constitución, que todos pudieran aceptar. Finalmente, el resultado mismo de las primeras elecciones, con su repertorio equilibrado de fuerzas, reforzó su tendencia al compromiso y al consenso.

Esta clase política se enfrentó con dos problemas gravísimos, primero, el de la división regional del país, y segundo, el de la crisis económica. Ambos con raíces históricas profundas, pero ambos intensificados por acontecimientos recientes. La intensidad de los problemas se debió a la combinación de factores externos e internos. Entre los factores internos, encontramos el consistente en la existencia de un núcleo duro, o radical, de la población, empeñado en convertir aquellos problemas en problemas insolubles. Pero ambos problemas fueron, también, dependientes, en algún grado, de la coyuntura exterior. La crisis económica española fue precipitada por las dificultades de la economía mundial durante los primeros años setenta, en especial por la crisis del petróleo (que afectó a España más que a otros países), y por las alteraciones en la estructura de los precios relativos de los productos industriales. La crisis nacionalista tuvo, sobre todo, raíces endógenas, pero no cabe olvidar que el resurgimiento de los nacionalismos periféricos fue un fenómeno relativamente generalizado en la Europa de los años sesenta y primeros setenta, y que el terrorismo tuvo una dimensión internacional, tan evidente como importante.

Las dificultades externas se combinaron con factores internos para crear un problema de gobernabilidad. En el caso del problema económico, los ajustes se vieron dificultados por la (aparente) necesidad de satisfacer unas expectativas y unas aspiraciones de la población asalariada, que estaban alimentadas por el recuerdo del desarrollo económico del pasado, y por la euforia resultante del acceso a la democracia. La dificultad se agravó a causa de la presencia de un grupo relativamente radical (papel representado sólo en una modesta parte por CCOO), que pretendió demorar, o impedir, la moderación de las expectativas, y la obtención de un compromiso. En el caso del problema regional, los ajustes se vieron dificultados por la (aparente) necesidad de satisfacer las aspiraciones de autogobierno de todas la regiones. Estas dificultades se agravaron a causa de la presencia de dos conjuntos de actores radicales: por un lado, los nacionalistas vascos, y, en su extremo, los terroristas vascos (y sus apoyos políticos); y por otro, (una parte de) el ejército, y, en su extremo, los militares golpistas.

Sin embargo, la clase política central pudo apoyarse en grupos intermedios, con capacidad y con voluntad de compromiso. Estos jugaron el papel crucial de *brokers*, iniciando, o haciendo posible, el compromiso. En el caso del problema territorial, Tarradellas jugó este papel al comienzo, y, más tarde, los nacionalistas catalanes tomaron su relevo, para jugar aproximadamente el mismo papel. En el caso de la crisis económica, UGT y CEOE jugaron este papel (sobre todo en los años críticos de 1979/80, y a diferencia de las, relativamente, indecisas CCOO).

Hubo, por otra parte, una acumulación modesta de recursos culturales, instrumentos técnicos y conocimiento social, en manos de economistas, juristas y otros expertos, que estaban disponibles para la creación de los mesogobiernos. Se conocía la experiencia federalista y regionalista europea; aunque tal vez sólo a medias, pues el diseño del estado de las autonomías (Título VIII de la Constitución incluido) se resintió de defectos técnicos considerables. Las políticas de concertación social europea de los años cincuenta y sesenta eran conocidas también, aunque sólo superficialmente. Los socialistas mostraron algún interés por ellas; si bien, entre ellos primó, inicialmente, una actitud de gran desconfianza hacia todo lo que pudiera ser tildado de 'socialdemócrata'. En cuanto al bagaje de *expertise* económica preciso para hacer frente a la situación, éste se repartió de manera muy desigual entre los diversos grupos políticos, y entre sectores de la administración. Probablemente fue, también, en conjunto insuficiente, como lo demostró la pauta de incoherencia de la política económica de aquellos años (ver *supra*). Sin embargo, esta insuficiencia fue una característica ampliamente compartida por los expertos de los países occidentales, al menos durante la primera parte de la crisis económica. Pero, si bien el conocimiento social acumulado fue modesto, en cambio, el síndrome de actitudes morales de la clase política, los grupos intermedios, y la población en general, fue muy favorable al experimento de los mesogobiernos. Las apelaciones a actitudes de diálogo, moderación y compromiso fueron frecuentísimas durante aquellos años, para asegurar la transición pacífica a la democracia, y para ordenar la convivencia civil. A este respecto, la iglesia, buena parte de los intelectuales, y los medios de comunicación jugaron un papel importante. Ello proporcionó el impulso emocional y el lenguaje retórico precisos, facilitando las negociaciones que abocaron al establecimiento de los mesogobiernos, así como a los entendimientos paralelos del nuevo régimen con el ejército, y la iglesia.

Esto nos remite, finalmente, al público: una sociedad no controlada por la clase política (y sus partidos), ni por las élites regionales, ni por las organizaciones socioeconómicas, ni por la iglesia (y otras instituciones culturales). El apoyo del público a los mesogobiernos fue continuo, sistemático, decisivo y, en cierto modo, imprevisible. O por lo menos lo fue para las élites políticas y socioeconómicas, quienes lo acogieron con un suspiro de alivio, y se apresuraron a expresar su agradecimiento al público español por lo que llamaron, repetidamente, su 'sensatez'. Sensatez cuya explicación quizá se encuentra en la memoria colectiva de los años treinta y la guerra civil: en el contraejemplo de los separatismos nacionalistas, la mala gestión de la economía, y la lucha de clases exacerbada, y en el intenso conflicto interpartidista de aquellos años.

En conclusión, la experiencia española contradice las teorías simplistas sobre los efectos positivos, o negativos, de los mesogobiernos, para la gobernabilidad de una democracia. Estos efectos son complejos, y pueden ser contradictorios. Los efectos positivos de los pactos autonómicos y sociales, y los mesogobiernos correspondientes en España, fueron un incremento del grado de legitimidad del sistema político y económico imperante, y un incremento del grado de integración nacional. Los pactos sirvieron para convertir el país en un foro de negociaciones permanentes, entre gentes muy varias, que buscaban el consenso y el compromiso, y que, al hacerlo, tenían que aprender a confiar los unos en los otros. Todo esto fue de crucial importancia para el cambio político. Porque un proceso de transición a la democracia requiere inversiones masivas de confianza por parte del público, no sólo en el gobierno, ni sólo en el nuevo régimen político, sino también, y sobre todo, en la comunidad nacional como tal, y en las instituciones claves de la convivencia cotidiana, empezando por las instituciones económicas. Si esta confianza en una comunidad nacional no existe, si no se parte de una afirmación, compartida, de su identidad, su unidad, y su integridad, se corre el riesgo de que la transición democrática dé paso, no a un simple cambio de régimen político, sino a la desintegración de la comunidad que soporta ese régimen (Rustow 1970). Y si no existe suficiente confianza en las instituciones económicas, se corre el riesgo de que la transición a la democracia sea el preludio, o el acompañamiento, de una revolución social, y, como consecuencia de ello, de la emergencia de un régimen político sumamente distinto.

Una democracia liberal es *idealmente* una comunidad de hombres y mujeres libres, iguales, y solidarios, que justifican su comunidad y su autogobierno en los términos de un contrato social. El concepto de «contrato social» contiene dos ideas analíticamente muy distintas: la de un pacto de gobierno entre la clase dirigente, y los súbditos; y la de un pacto de asociación, que supone una serie de pactos entre los miembros de la sociedad, por los cuales éstos deciden mantenerse juntos (Barker 1960). Estas ideas no pretenden explicar la génesis histórica de una formación social determinada, pero sí pretenden explicitar las implicaciones lógicas y morales de una comunidad estable, y dotada de una autoridad pública, de gentes libres, iguales y solidarias. Pues bien, el conjunto formado por el pacto constitucional, los pactos autonómicos y los pactos sociales (así como los entendimientos con el ejército y la iglesia) de aquellos años, constituyeron el 'contrato social' de la España democrática. Este conjunto de pactos incorporó las dos dimensiones del pacto de asociación, y del pacto de gobierno. En consecuencia, los pactos autonómicos y los pactos sociales, y sus mesogobiernos correspondientes, fueron parte de un proceso de legitimación y justificación del capitalismo español, de la democracia española, y de la propia nación española (aunque esto significara, para muchos, la redefinición de España como una 'nación de naciones').

No fue tarea fácil legitimar el nacionalismo español y el capitalismo español, puesto que ambos complejos de instituciones y de símbolos habían tenido, históricamente, extraordinarias dificultades en arraigar al menos en algunos segmentos importantes del país; y puesto que ambos parecían estar contaminados por su asociación con el régimen autoritario anterior. La transición democrática convirtió retrospectivamente aquel régimen, en un régimen, al menos en parte, ilegítimo; es decir, uno que no debió haber existido, pero que se semijustificaba como reacción a algo que nunca debió ocurrir, porque representaba la ruptura total del contrato social. Me refiero a la guerra civil de los años treinta (que incluye la guerra misma, y el clima bélico que la precedió). Tal como señalé en el capítulo primero, la guerra civil fue la clave y el punto de referencia moral y emocional de la transición española a la democracia; del mismo modo que la guerra civil inglesa del siglo XVII fue la clave y el punto de referencia moral y emocional, para los cambios institucionales y culturales que despejaron el camino al moderno liberalismo occidental, y las teorías contractualistas. La guerra civil española fue el drama nacional siempre presente en la conciencia pública. Los pactos fueron parte del proceso simbólico que exorcizaba y trataba de anular aquella experiencia. Fueron la ceremonia de la 'contraguerra civil', y de la reconciliación nacional: una ceremonia que tuvo a la clase política y los líderes sociales actuando como principales actores y oficiantes, el país actuando como público, como coro, o como acompañante; y el estado y la esfera pública como escenarios.

Tal como ha señalado Geertz (1980) en su estudio de estados indonesios del siglo pasado, el estado tiene una doble dimensión: la de ser un agente de dominación y solución de problemas colectivos, y la de ser un foco simbólico ejemplar para la sociedad: esto es, un teatro donde se representa un drama, que no es el reflejo de las tensiones entre los particulares, sino la negación y la superación de estas tensiones mediante la creación, entre ficticia y real, de una comunidad próspera y pacífica. Pues bien, la atención a esta dimensión dramática, simbólica, y afectiva del estado es crucial para entender la transición española a la democracia, y en particular, para entender el papel extraordinario que en ella jugaron instituciones como los pactos, o la Corona. Tanto más cuanto que, en la España de la transición, la ceremonia de la pacificación de la comunidad tuvo el contrapunto continuo de la violencia terrorista. Un contrapunto que, paradójicamente, realzó la necesidad, y la urgencia, del ritual de los pactos, como parte de las actividades que el estado y la sociedad debían realizar para conjurar las fuerzas destructivas (o demoníacas) que amenazaban nuestra convivencia. La función dramática de los pactos fue tanto más importante, cuanto más graves podían parecer las tensiones presentes del país, y, sobre todo, cuanto más amargas eran las memorias de la desintegración del país en el pasado. La fiebre de los pactos, y la obsesión por el consenso, que se difundieron por la España de aquellos años, se explican contra este telón de fondo dramático (y así se explica también la intensa corriente de simpatía por el rey, y de gratitud por su conducta).

Ahora bien, aunque los efectos de los mesogobiernos y de los pactos fueron positivos, en el sentido de reforzar la legitimidad del nacionalismo español y el capitalismo español, cimentando así el contrato social de la nueva España democrática, existe otra cara de la moneda. Porque, aunque realizados en un foro público, los pactos y los mesogobiernos tuvieron un contenido específico que reflejó el balance de fuerzas, las ideas preconcebidas, y el juego de los intereses a corto plazo de políticos, funcionarios, sindicalistas, líderes de organizaciones empresariales, y élites regionales, cuyas consecuencias fueron, en buena parte, las disfunciones y las inconsistencias a las que ya he hecho mención.

En el caso de las autonomías regionales, hemos observado los peligros de un sistema inestable, una sobrecarga de responsabilidades en organismos como el Tribunal Constitucional, un bloqueo de decisiones, una ampliación del aparato estatal y de la clase política, y un aumento del riesgo del clientelismo. En el caso de la vida socioeconómica, la experiencia muestra cómo los arreglos corporatistas han formado parte de una pauta de políticas públicas incoherentes, de 'ajuste-desajuste gradual' a la crisis; con consecuencas indeseables de desempleo y dualización de la economía y la sociedad. En la medida en que estos peligros se hayan ido materializando, nos encontraríamos con la conclusión de que España ha representado un caso sumamente interesante de experimentación con mesogobiernos territoriales y funcionales, donde algunos de sus efectos positivos habrían sido más pronunciados, y donde algunos de sus efectos negativos habrían sido, también, particularmente acusados.

Capítulo V
LOS TRABAJADORES ESPAÑOLES ENTRE EL RADICALISMO Y LA MODERACIÓN

Que las reivindicaciones y las actitudes de clase obrera industrial se mantuvieran dentro de los límites de la moderación fue una condición crucial para garantizar el éxito de los mesogobiernos funcionales (véase el capítulo anterior), y la gobernabilidad de España durante los años de la transición a la democracia, y posteriores. Pero los trabajadores ajustaron, efectivamente, sus actitudes a la vista, no sólo del nuevo régimen político, sino también de una crisis económica profunda. Que hicieran esto debido a la influencia, o el liderazgo, de los sindicatos y de los partidos que, se suponía, les representaban, o que lo hicieran por razón de ciertas predisposiciones que ellos mismos cobijaban, es una cuestión difícil de resolver. Lo que sugiero en este capítulo es que, contrariamente a lo que se desprende de las teorías que subrayan la capacidad de los sindicatos, y de los partidos, para conformar las demandas sociales y para intermediar entre sus bases sociales y el sistema político y socioeconómico, estas organizaciones (y esto es lo que muestra el caso que aquí se va a analizar) pueden limitarse, más que a dirigir, o liderar, sus bases sociales, a secundarlas, o, como mucho, a acompañarlas. También sugiero que la adaptación de los trabajadores a sus empresas, y a los sindicatos, puede ser compatible con el hecho de que los trabajadores adopten una actitud de relativo distanciamiento, y alberguen sentimientos ambivalentes, hacia las empresas y los sindicatos. En el siguiente capítulo, en términos más generales, y en referencia a la escena europea, exploraré la relación entre esta actitud ambigua de los trabajadores, y las incertidumbres estratégicas de los sindicatos, lo que me servirá para volver a abordar, desde un ángulo particular, el tema de la construcción de la esfera pública.

En los últimos años del régimen franquista, la clase obrera constituyó una gran incógnita. Durante cuarenta años se había limitado sustancialmente su libertad, se habían intentado silenciar sus aspiraciones, y su espíritu combativo parecía haberse amortiguado. ¿Qué haría la clase obrera con su nueva libertad? ¿Cuáles serían sus actitudes hacia los empresarios y los sindicatos, y hacia el orden social en su conjunto?

La irrupción de la clase trabajadora en la escena pública en 1976, y en los años sucesivos, fue espectacular. Los conflictos se multiplicaron extraordinariamente. Entre 1976 y 1978 se perdieron, anualmente, entre doce y dieciséis millones de jornadas laborales a causa de las huelgas, una cifra tres veces superior al número de jornadas perdidas en Francia[1]. Muchos trabajadores se afiliaron a los sindicatos socialista y comunista, y, desde las primeras elecciones, votaron masivamente a la izquierda. Pero ¿qué significaban verdaderamente todos estos fenómenos? De ninguna manera podía pensarse que las huelgas, las afiliaciones sindicales, o los votos, eran signos inequívocos de radicalismo. Para ser más precisos, estos signos eran tan espectaculares como ambiguos, pues los emitía una clase obrera que, en aquellos momentos, comenzaba a emerger de una larga y compleja experiencia de subordinación política, y de crecimiento económico, durante el franquismo. ¿Eran las huelgas la expresión de unas aspiraciones por cambios más sustanciales del orden existente, o, meramente, de conflictos de intereses que podían acomodarse dentro de este orden? ¿Se basaba el apoyo a los sindicatos, y a los partidos, en lo que estas organizaciones parecían ofrecer como alternativa al orden establecido, o se basaba ese apoyo en el hecho de que, a través de estas organizaciones, se podían airear las quejas, y se podían expresar unas aspira-

[1] Entre 1980 y 1983, España, con 7,8 millones de asalariados, perdió anualmente alrededor de 10 millones de jornadas de trabajo. Francia, con 17 millones de asalariados, perdió alrededor de 1,7 millones de jornadas; e Italia, con 14 millones de asalariados, perdió alrededor de 14,5 millones de jornadas de trabajo (*Papeles de Economía Española, 22*, pp. 212-213). Modesto Escobar me ofreció la ayuda necesaria para la actualización de la información incluida en la versión final de este capítulo.

ciones de reforma y mejora del orden social? En resumen, y para simplificar al máximo estos interrogantes, ¿contaba el país con una clase obrera radical, como respuesta a la represión política y a las dificultades económicas; o con una clase obrera moderada, como resultado del desarrollo económico, y de los años de semitolerancia, de la última etapa del franquismo, y de la transición pacífica a la democracia?

Estos interrogantes me condujeron a realizar una serie de investigaciones entre 1978 y 1984, cuyos resultados voy a resumir aquí. El objetivo de las mismas fue, en primer lugar, el de obtener información acerca de las conductas, actitudes, y opiniones de los trabajadores[2]. Para ello se realizaron tres encuestas por cuestionario, en 1978, en 1980, y en 1984, aplicadas sobre amplias muestras representativas a nivel nacional (alrededor de 3.500 obreros industriales, en 1978; 2.200, en 1980; y otros 2.200, en 1984), teniendo en cuenta los sectores de actividad, y el tamaño de las empresas. También se fijaron cuotas según la edad, la región, y la cualificación profesional de los trabajadores. Se utilizó un proceso aleatorio para seleccionar las empresas, y los trabajadores que, en las mismas, habrían de ser entrevistados. Las entrevistas individuales tuvieron una duración aproximada de una hora, y se realizaron en el lugar de trabajo[3]. Se privilegió el méto-

---

[2] Una investigación para el caso de los líderes sindicales locales, Fishman 1990.

[3] Las encuestas de 1978 y 1980 se realizaron bajo el patrocinio de la Fundación INI, y la de 1984 bajo el de la Fundación FIES. Los resultados de la encuesta de 1978 están recogidos en Pérez Díaz (1979, y 1980a). La mayoría de los datos que se comentan en este capítulo proceden de la encuesta de 1980 (cuyos datos aparecieron originalmente en *Papeles de Economía Española* números 6/1981 y 7/1981). En esta encuesta, dirigida a los asalariados del sector industrial, se proyectó realizar entrevistas a una muestra de 2.400 asalariados de la industria, representativa del conjunto de la población de cada uno de los sectores y subsectores de las regiones seleccionadas, y en la que se incluyeron técnicos y empleados. Los sectores elegidos fueron la minería; alimentación, bebidas y tabaco; textil, confección, calzado y cuero; químicas, caucho y derivados del petróleo y del carbón; metal (que incluye metálicas básicas, maquinaria, material eléctrico y material de transportes); y construcción. Las regiones en que se realizaron las entrevistas fueron Asturias, Cataluña, País Vasco, Levante, Andalucía, y Centro.

El universo de la muestra representaba al 64,45 % de la población total asalariada en la industria. Según la *Encuesta de Población Activa* de 1978 (4.º trimestre), el total de asalariados en la industria era de 4.490.000, y el total de asalariados en los seis sectores elegidos y en las zonas seleccionadas era de 2.893.855. El índice de fiabilidad para el conjunto de la muestra fue del 95,5 %, con un margen de error para el caso más desfavorable de ± 2 %. Por sectores y regiones, el margen de error para el caso más desfavorable se situó entre el ± 5 %, y el ± 5,8 %.

do de las encuestas directas a los trabajadores industriales como instrumento para la obtención de datos, pero la investigación no se limitó a este único procedimiento. Los datos obtenidos por medio de las encuestas se complementaron con otros, obtenidos a través de entrevistas a líderes sindicales, y a través de un examen de diversos documentos, material estadístico, periódicos, y otras fuentes. En segundo lugar, el objetivo de la investigación fue el de analizar sistemáticamente las relaciones de los trabajadores con las empresas, los sindicatos, los partidos políticos, y el orden social en general, y considerar

---

Para fijar la estructura sectorial por regiones y provincias se tomaron los datos de las Tablas de Frecuencia de Establecimientos Industriales (TFEI) de 1978 para los sectores de Alimentación, Textil, Químicas y Metal; para el sector de la Construcción se utilizaron los datos de la *Encuesta de Población Activa* antes mencionada; y para la minería se tomaron datos procedentes de la encuesta de 1978. Estos últimos habían sido obtenidos de una corrección efectuada en la Estadística Industrial del INE de 1976. Se atribuyeron 425 entrevistas a cada uno de los sectores, a excepción de Minería y Textil, a los que correspondieron 350 entrevistados, ya que al ser mayor la concentración espacial de estos últimos, eran necesarias menos entrevistas para obtener el mismo nivel de confianza.

La distribución de las entrevistas por zonas, dentro de cada sector, correspondió al peso real de cada una de ellas en cada sector, pero no así para la distribución de las entrevistas por sectores dentro de cada zona. Se hizo de este modo para aumentar en la realidad el número de entrevistas que teóricamente corresponderían a la zona 1 (Asturias), y disminuir el exceso de entrevistas que corresponderían a la zona 2 (Cataluña), y 3 (País Vasco), manteniendo para todas ellas los niveles de fiabilidad marcados. Finalmente, y una vez fijada la distribución de la muestra por las dos variables representativas, se fijaron cuotas para otro conjunto de variables a fin de que su representación en la muestra fuese lo más cercana posible a su peso real. Estas cuotas se fijaron teniendo en cuenta la distribución de los asalariados en la industria facilitada por la Encuesta de Población Activa mencionada. Asimismo, se fijó una cuota de entrevistas a realizar fuera de la capital de cada una de las provincias seleccionadas según datos del Padrón Municipal de 1975. La selección última de la empresas fue encomendada a los jefes de equipo a la vista de estos criterios de localización y de las cuotas que se han detallado. Una vez realizado el trabajo de campo, la muestra real quedó establecida en 2.418 entrevistas válidas. El 29 % de las entrevistas se hizo en empresas de menos de 20 trabajadores, el 29 % en empresas de 20 a 100 trabajadores, el 20,5 % en empresas de 100 a 500 trabajadores, y el 20,8 % en empresas de más de 500 trabajadores.

Se recogió la información entre junio y julio de 1980, salvo en Valladolid (40 entrevistas) en donde se hizo durante la primera semana de agosto, y por las mismas fechas también en Barcelona, sector Textil (30 entrevistas). Dada la complejidad del estudio, se realizó un completo plan de *briefings* personales a la totalidad de los entrevistados, coordinadores, y jefes de zona. Además, todos los entrevistadores, antes de comenzar su trabajo, realizaron dos entrevistas de pruebas que fueron revisadas. La mayoría de las entrevistas (cerca del 93 %) se realizaron en el lugar de trabajo, una vez obtenida la au-

estas relaciones en el contexto de una secuencia temporal (entre 1978 y 1984), que me permitiera explorar algunas de las tendencias que estaban manifestándose. Por último, con esta investigación intenté obtener una respuesta a mis preguntas originales, y explicar las actitudes básicas de (una mayoría de) los trabajadores por medio de lo que Newman (1985) llamó, en su momento, el «sentido ilativo»: es decir, aumentando la plausibilidad de mi explicación general mediante la demostración de la convergencia (encaje, o consistencia) de teorías que se aplicaban a diversos segmentos de la evidencia empírica. Con este objetivo, dividiré este capítulo en tres secciones: en la primera anticiparé mi argumento general, y el resumen de la evidencia; en las dos siguientes exploraré con más detalle las actitudes obreras hacia la empresa, y hacia los sindicatos.

El contrato social implícito

Mi discusión sobre las opiniones de los trabajadores, sus actitudes y sus conductas hacia la empresa, comienza con una definición de la empresa. Se entiende, aquí, la empresa, como una organización donde se establece un intercambio de contribuciones entre los trabajadores y los empresarios. Las contribuciones de los empresarios se pueden clasificar en cinco apartados: salarios, seguridad en el empleo, condiciones de trabajo, trato, y oportunidades de voz (esto es, partici-

---

torización de la empresa al respecto. Se seleccionó a los entrevistados por sistema aleatorio y en función de las cuotas establecidas por la jefatura de campo para cada región, que incluían un número determinado de entrevistas según el tamaño de la empresa. La selección de los entrevistados se realizó aplicando una tabla de números aleatorios a las listas que las empresas utilizaban para sus declaraciones a la Seguridad Social. Las entrevistas se realizaron siempre en privado, individualmente, y sin la presencia de otras personas ajenas a la encuesta. Se llevó, además, un control cuidadoso de la calidad del trabajo de campo. El coordinador o jefe de zona realizó una primera revisión de los cuestionarios. Se procedió luego, desde las oficinas de Barcelona para Cataluña y desde las de Madrid para el resto de España, a la supervisión telefónica de 962 cuestionarios (39,4 % de la muestra), supervisión que sirvió además para aclarar datos dudosos de algunos cuestionarios. Los cuestionarios fueron revisados, por último, en términos de la correcta utilización de los filtros, la coherencia de determinadas respuestas, el carácter completo y codificable de la información, y la coherencia de sus datos con respecto a otras entrevistas de la misma empresa, devolviéndose al Departamento de Campo aquellos cuestionarios que no cumplían los requisitos exigidos. Para el trabajo de codificación se distribuyó el cuestionario en siete partes, sometiendo el trabajo a varios controles de calidad, y revisándose el 20 % del trabajo realizado por cada codificador.

pación, en el sentido más amplio, en la toma de decisiones). Las contribuciones principales de los trabajadores son el trabajo, y el consentimiento con la autoridad del empresario. Me voy a centrar en este consentimiento. Parto del supuesto de que el grado de consentimiento de los trabajadores con (o el grado de legimitidad atribuido a) la autoridad empresarial depende del nivel de su satisfacción con las contribuciones de los empresarios. Si, de la evidencia empírica, pudiera inferirse que los trabajadores consideran satisfactorias estas contribuciones, ello implicaría un alto grado de consentimiento. Y si esto fuera así, su corolario sería que los trabajadores mantendrían una visión no antagonista de la empresa. Lo cierto es que de la evidencia empírica, que voy a resumir a continuación, puede inferirse que los trabajadores estaban efectivamente satisfechos con el nivel de las contribuciones de los empresarios. La mayoría de los datos proceden de la encuesta de 1980, siempre con referencias a los resultados de las encuestas de 1978 y 1984.

En primer lugar, en 1980, los trabajadores españoles disfrutaban de unos niveles de bienestar, y recibían unos salarios reales, muy superiores a los correspondientes a principios de la década de los setenta. Aquellos eran, además, similares a los de otros países europeos, y suficientes, según la propia opinión de los trabajadores, para situarles a un nivel de igualdad respecto a la media de los españoles. Entre 1973 y 1979 los salarios reales aumentaron a un ritmo anual del 3,6 %, a pesar de la crisis económica, y en contraste con el incremento medio anual de los países de la OCDE, que fue sólo de un 1,9 %. Según tales ingresos, y los indicadores del nivel de vida familiar (el 50 % de los trabajadores tenía piso propio; el 48 %, coche; y gran parte de ellos tenía un amplio surtido de electrodomésticos), la situación de los trabajadores españoles ya era, en los años ochenta, muy similar a la de los franceses y los italianos. Por último, el 66 % de los trabajadores (el 68 % en 1984) consideraban que su situación económica era, al menos, similar a la de la mayoría de los españoles; y el 70 % (el 80 % en 1984) opinaba lo mismo respecto a su nivel educativo, habiendo completado, de hecho, el 68 %, sus estudios primarios. Y opinaban de forma similar respecto a las oportunidades para conseguir las cosas buenas de la vida (66 % en 1980, y 79 % en 1984), y respecto a su posición en general (78 % en 1980, y 86 % en 1984).

En segundo lugar, en 1980, el 80 % de los trabajadores (el 83 % en 1984) decía no querer cambiar de empresa; aunquc sin duda, sus respuestas estaban influidas por su preocupación por la situación del mercado de trabajo, que hacían que concedieran cada vez más importancia a la seguridad en el empleo (con la correspondiente sobrevaloración del puesto de trabajo en las grandes empresas, y en las empresas públicas).

En tercer lugar, los trabajadores evaluaban sus condiciones de trabajo de forma positiva (siendo esto compatible con su deseo de que se introdujeran ciertas reformas, sobre todo en determinados sectores, y para determinadas categorías de edad, y niveles de cualificación). Sabemos que esta evaluación era positiva porque así lo expresaron explícitamente gran parte de los trabajadores en 1980 (y también en 1978, y 1984), al responder a una amplia batería de preguntas al respecto. En efecto, los trabajadores manifestaron que estaban satisfechos con las condiciones físicas de su trabajo (el 79 % en 1980; el 77 % en 1978; y el 83 % en 1984), con el ritmo de trabajo (el 82; el 80; y el 87 % respectivamente), con el grado de riesgo de accidente o enfermedad laboral (el 62; el 63; y el 71 %), con la diversidad de las tareas, que hacen que el trabajo no sea demasiado monótono y aburrido (el 70; el 67; y el 76 %), con las posibilidades de aplicar sus conocimientos profesionales (el 69 % en 1980, y el 79 % en 1984), y con los márgenes de iniciativa personal a la hora de realizar su trabajo (el 57 % en 1980, el 59 % en 1978, y el 65 % en 1984).

En cuarto lugar, los trabajadores consideraban que el trato que recibían en la empresa era satisfactorio (y daban a este tema, además, singular importancia). Esto también se podía deducir de su satisfacción con la atención con que se recibían sus quejas y peticiones (el 70 % en 1980); las cuales, por lo demás, se solían dirigir directamente a la empresa (el 78 % en 1980, y el 86 % en 1984), antes que a través de los sindicatos (el 16; y el 9 %); ocurriendo esto incluso en las grandes empresas. Y también se podía deducir de su satisfacción respecto a la información que recibían de la empresa (el 50; y el 58 %) y del hecho de que sólo una minoría parecía descontenta con la política de premios (el 17; y el 9 %) y de castigos (el 22; y el 13 %) de la empresa.

En quinto lugar, los trabajadores tenían, sí, demandas de voz que las empresas no habían satisfecho, pero éstas eran demandas de voz (consultiva, o decisoria) en asuntos de menor importancia, y no en asuntos de mayor calibre. Entre el 53 y el 61 % de los trabajadores quería tener voz decisoria en asuntos tales como los ritmos, los horarios, y las condiciones de trabajo, si bien un número limitado, aunque significativo de los trabajadores, (entre el 26 y el 35 %) manifestaba que ya tenía voz respecto a estos temas. Sin embargo, sólo una pequeña minoría (entre el 13 y el 19 %) deseaba tener voz decisoria en temas mayores, como la política de ventas, o de inversiones, de la empresa.

En sexto lugar, como consecuencia de todo esto, y como confirmación de mi argumento, los trabajadores aceptaban la legitimidad de la autoridad del empresario. El 85 % de los trabajadores (el 89 % en 1984) pensaba que, aun cuando los trabajadores pudieran tomar decisiones respecto a la organización de su trabajo, la responsabilidad de dirigir la empresa (y de tomar decisiones en materia de inversiones, etc.) era del empresario. De la misma manera, el 72 % pensaba que los sindicatos deberían esforzarse por conseguir el mayor nivel salarial posible, pero, que también debían esforzarse por aumentar la producción de la empresa, sin formar parte de la dirección (estando sólo el 2 % a favor de la participación de los sindicatos en la dirección de la empresa).

De todo esto, parece desprenderse que la balanza de intercambios entre empresarios y trabajadores resultó en una actitud de moderada satisfacción por parte de estos últimos, y su aceptación de la autoridad del empresario. La visión de la empresa implícita en este grado de satisfacción sería consistente con la teoría de que la empresa es una entidad compuesta por dos lados diferentes, pero reconciliables. Ello concuerda significativamente con la evidencia disponible. En efecto, las conductas, actitudes, y opiniones de la mayoría de los trabajadores se organizaron como si los trabajadores mantuvieran esa teoría. Las derivaciones lógicas de la teoría de que la empresa es una organización con dos lados distintos pero reconciliables, serían las siguientes: los trabajadores aceptarían el liderazgo del empresario; los trabajadores considerarían que la empresa era una comunidad moral, en la que existían objetivos comunes, y lazos de solidaridad; los trabajadores percibirían el clima social de la empresa como moderadamente satisfactorio; y los trabajadores pensarían que las instituciones de acción colectiva, y de acción sindical, eran instrumentos de presión y de reforma, pero no instrumentos para una transformación radical de la estructura de autoridad de la empresa. Todas estas derivaciones lógicas de la teoría se vieron confirmadas empíricamente. En efecto, la visión de la empresa como un equipo, y no como un escenario donde se desarrollara un conflicto fundamental, fue compartida por el 56 % de los trabajadores (el 49 % en 1978; y el 57 % en 1984), en claro contraste, por lo demás, con la visión que de la empresa tenían la mayoría de los líderes sindicales locales (tal como ha mostrado Fishman 1990, 40). Por otra parte, un 53 % de los trabajadores (un 57 % en

1984) expresó su creencia de que la mayoría de sus compañeros estaban satisfechos con la empresa. En cuanto a su visión de los sindicatos y la acción colectiva, ello merece comentario aparte.

La acción colectiva implica intercambios entre los trabajadores y los sindicatos (u otras organizaciones) a través de los cuales tal acción colectiva es llevada a cabo. Estos intercambios se regulan a través de un contrato implícito de mandato, o representación, cuyas reglas y condiciones trataré de aclarar. El objeto de este contrato consiste en el intercambio de una posición de liderazgo y de articulación de las demandas por parte de los sindicatos a cambio de una variedad de recursos que los trabajadores ofrecen, tales como votos, afiliación, cuotas, apoyo, militancia, etc. Podemos distinguir dos dimensiones en las actitudes y las expectativas de los trabajadores respecto al liderazgo sindical. La primera tiene que ver con la *naturaleza* de los objetivos que los trabajadores desean ver cumplidos, los cuales pueden ser (simplificadamente) reducidos a objetivos moderados, o radicales (según acepten o pongan en cuestión lo fundamental del marco institucional de la actividad laboral en el seno de la empresa). La segunda se refiere al *quantum* de los recursos que los trabajadores ofrecen a los sindicatos para que éstos persigan aquellos objetivos, lo que incluye la confianza que depositan en ellos; y el nivel de identificación con los sindicatos. Este último puede oscilar entre un máximo positivo de identificación, y un máximo negativo de alienación, con zonas medias donde se puede situar una actitud instrumental. Parto del supuesto de que, dados los objetivos de los trabajadores, cuanto mayor sea su satisfacción con los servicios prestados por los sindicatos (en otras palabras, cuanto más eficientes sean los sindicatos en los asuntos que más preocupan a los trabajadores, y cuanto más coincida la articulación de las demandas que hacen los sindicatos con los deseos de los trabajadores), mayor será la cantidad de recursos que los trabajadores ofrecen a los sindicatos, y mayor será su identificación con éstos. Creo que la evidencia obtenida a través de las encuestas indica claramente que la actitud de los obreros españoles hacia los sindicatos (y hacia otros mecanismos de acción colectiva) fue moderada (esto es, los trabajadores esperaban que los sindicatos les ayudaran a lograr objetivos moderados), e instrumental (siendo modesto su grado de implicación, y, identificación con los sindicatos).

En primer lugar, los trabajadores valoraban los sindicatos (y, en general, otras organizaciones para la acción colectiva) más en términos de su capacidad para conseguir convenios colectivos favorables (62 % en 1980; y 69 % en 1984), y ofrecer servicios de asesoramiento u otros semejantes (56 en 1980; y 58 %), que en términos de su capacidad para ejercer presión sobre el gobierno para un cambio de política (12; y 15 %).

En segundo lugar, los trabajadores valoraban ciertos mecanismos de acción colectiva, como las huelgas, por ejemplo, en términos de su utilidad para conseguir determinados resultados dentro del marco del orden existente. Por ello estaban a favor de la regulación legal de las huelgas (64 % en 1980; y 73 % en 1984), y del uso prudente de las mismas en el contexto de la negociación colectiva (77; y 91 %). Esta actitud debe ser considerada a la luz de la evolución de la actividad huelguística. Después de haber estado sometida la huelga a una legislación represiva o restrictiva a lo largo de los años sesenta y principios de los setenta, se produjo, en los años de 1976 a 1979, una explosión del fenómeno huelguístico. El nivel de conflictividad pasó del millón y medio de jornadas perdidas anualmente a principios de los setenta, a una cifra que oscilaba entre los 12 y los 21 millones; y, si bien el nivel de conflictividad bajó a finales de 1979, aún así, entre 1980 y 1983, se perdieron anualmente alrededor de 10 millones de jornadas de trabajo. A pesar de ello, en 1980, la valoración que los trabajadores hacían de las huelgas en las que ellos habían participado en los últimos doce meses, no era precisamente entusiasta. Sólo dos de cada siete trabajadores consideraban que los resultados habían merecido la pena (uno de cada cinco en 1984), y sólo el 40 % habría ido a la huelga si hubiera sabido sus consecuencias (el 30 % en 1984). Una vez más, esta actitud de los obreros ante las huelgas contrastaba con la de la mayoría de los líderes sindicales de empresa (Fishman 1990, 226 y ss.)[4].

En tercer lugar, y en relación con las observaciones anteriores, los trabajadores mostraban sus preferencias por aquellos sindicatos que fueran independientes de los partidos políticos (el 55,5 % en 1980, y el 57 % en 1984), o que, como mucho, establecieran acuerdos ocasionales con los partidos sobre temas específicos (el 33 % en 1980, y en 1984). Esto podría entenderse como un comentario crítico implícito

[4] La tendencia decreciente de los conflictos industriales continuó en los años sucesivos, con la notable excepción de la huelga general de 1988. Sobre esta huelga, Gillespie (1990), y Aguilar y Roca (1989).

por parte de los obreros a los vínculos estrechos que unían a la UGT y el partido socialista, y a CCOO y el partido comunista.

En cuarto lugar, con aquellas consideraciones en mente, los trabajadores parecían, sin embargo, dispuestos a ofrecer un amplio margen de confianza a los sindicatos para que éstos actuaran como sus representantes en las negociaciones colectivas, pero no estaban dispuestos a ofrecerles el monopolio de la representación de sus intereses. A la hora de decidir quién debería protagonizar la negociación colectiva, los trabajadores estaban divididos entre los que opinaban que debían ser los sindicatos (25 % en 1980), los comités de empresa (17 %), una comisión mixta de ambos (22 %), o las asambleas (5 %). Es cierto que a la hora de elegir a los representantes para los comités de empresa, los candidatos sindicales resultaban mayoritariamente elegidos (probablemente con un porcentaje de votos efectivos de entre el 75 y el 80 %), pero los trabajadores insistían, categóricamente, en que elegían al candidato en función de sus cualidades personales (93 % en 1980; 86 % en 1984), y no en función del respaldo que le ofreciera un sindicato (5,5; y 13 %). Más aun, querían que los candidatos se presentaran en listas abiertas (57 % en 1980), y que, en caso de ser elegidos, se les pudiera destituir en cualquier momento (75 %), lo que reducía sustancialmente el control que los sindicatos pudieran ejercer sobre ellos. De la misma manera, los trabajadores insistían en el valor de la asambleas como instituciones de reunión y de intercambio de información, aunque no como órganos para la negociación colectiva, o, en general, para la toma de decisiones.

En quinto lugar, de modo consistente con aquellas apreciaciones de la eficacia de las negociaciones y las huelgas, los trabajadores juzgaban críticamente la actuación de los sindicatos en sus empresas durante los últimos doce meses: aproximadamente dos tercios de los trabajadores (64 % en el caso de CCOO, y 65 % en el caso de UGT) calificaban la actuación de los sindicatos como regular, o muy pobre. Por último, y *en sexto lugar*, dada la importancia que concedían los trabajadores a los resultados de las negociaciones (y las huelgas), dado que para beneficiarse de estos resultados no era necesario pertenecer a sindicato alguno, y dado que su evaluación de la actividad sindical estaba lejos de ser entusiasta, no es de extrañar que el nivel de afiliación sindical cayera dramáticamente entre 1978 hasta 1984: de una tasa de afiliación del 57 % entre los trabajadores industriales en 1978, se pasó a un 33 %, en 1980; para llegar al 24 %, en 1984. En congruencia con todo ello, pudo constatarse que esta caída de la afiliación afectaba más a los sindicatos más pequeños y más radicales, que prácticamente fueron desapareciendo del escenario sindical; y que afectaba más a CCOO, con una imagen más radical, que a UGT, con una imagen más moderada.

En principio, las actitudes de moderación que presentan los trabajadores al nivel (micro) de las empresas y de los sindicatos, pueden mantenerse o no, al nivel (macro) del orden socioeconómico (del capitalismo o la economía del mercado y del sistema político). Pues bien, parto del supuesto de que el grado de consistencia entre las actitudes de los trabajadores a uno y otro nivel, depende de cómo interpreten el conjunto del orden social, y cómo se sitúen ellos mismos en ese orden. El abanico de posibles interpretaciones del orden social, y autoubicaciones en él es amplio. En un extremo, los trabajadores pueden entender el orden social como polarizado en dos clases contrapuestas, y pueden verse a sí mismos como pertenecientes a una clase trabajadora que está segregada de, es periférica a, o está negativamente diferenciada del resto de la sociedad, y en una relación antagónica con lo que consideran la clase dominante. Las razones por las que adopten tal actitud pueden ser varias. Puede ocurrir que hayan sido socializados en una cultura marxista, o cuasi marxista, adquiriendo lo que cabe llamar una 'fuerte conciencia de clase'. En el otro extremo, pueden tener una lectura más compleja e imprecisa de una sociedad menos estructurada, o menos simplificada, y considerar que ocupan un lugar menos marginal y menos conflictivo dentro del orden social. Pueden, incluso, verse en pie de igualdad con respecto al resto, o a la mayor parte, de la sociedad, y sentirse relativamente satisfechos dentro de ese orden. Esta interpretación correspondería a una 'débil conciencia de clase". Según estos criterios, la clase obrera española tendría una conciencia de clase relativamente débil. En 1980, el 37 % de los trabajadores industriales se identificaban como clase trabajadora (proporción que bajó, espectacularmente, al 20 % en 1984), mientras que otro 37 % se consideraban miembros de la clase media (el 44 % en 1984). Por lo demás, sólo el 47 % pensaba que pertenecer a una u otra clase tenía mucha o relativa importancia, mientras que el 39 % creía que la identidad de clase tenía poca, o ninguna importancia. Finalmente, los trabajadores se consideraban en pie de igualdad con la mayoría de los españoles en lo que se refería a ingresos, educación, prestigio, influencia política, capacidad de conseguir «las cosas buenas de la vida», y su situación en general.

Partiré, pues, del supuesto de que si se da una consistencia entre las percepciones de los trabajadores acerca de las organizaciones (micro)sociales de la empresa y el sindicato, y sus percepciones generales sobre el orden social en su conjunto, de tal forma que los dos sistemas de percepciones impliquen moderación (y, por tanto, una débil conciencia de clase), en ese caso cabe esperar que también tengan los trabajadores unas percepciones y unas actitudes moderadas acerca de la economía de mercado y el sistema político, que son sistemas institucionales implicados lógicamente en aquellas microorganizaciones, y parte de aquel orden social más amplio. (Y este es el punto donde aplico el método ilativo newmaniano al que me referí antes.)

Parto del supuesto de que la actitud de moderación de los trabajadores hacia el orden socioeconómico es la contrapartida a las prestaciones relativamente satisfactorias que éstos reciben de las élites socioeconómicas y políticas en el contexto de un contrato social implícito: prestaciones que asegurarían niveles de vida y condiciones de trabajo aceptables, junto con oportunidades de voz, o de representación sindical. Este 'contrato social implícito' ha regulado los intercambios entre las clases trabajadoras y las élites políticas durante mucho tiempo (ver capítulo 2), ha contenido los conflictos sociales dentro del marco socioeconómico y político existente, y ha sido compatible con el apoyo que la mayoría de los trabajadores ha solido ofrecer a los partidos de izquierda y los sindicatos. Dado que este apoyo ha ido de la mano con el consentimiento obrero (no, necesariamente, entusiasta) del sistema capitalista, o de economía de mercado, de aquí cabe inferir dos proposiciones. Primera, que del apoyo obrero a partidos socialistas o comunistas, no cabe deducir apoyo a propuestas de transformación radical del sistema a favor de otro modelo socioeconómico. Segunda, que incluso si ese apoyo se reduce a un apoyo a alternativas de gobierno, y no alternativas de modelo de sociedad, de él no se deduce, necesariamente, rechazo a las políticas públicas del gobierno de turno, que pudiera ser un gobierno de centro o de derecha. Estas políticas serían juzgadas por sus efectos (actuales o probables) sobre el funcionamiento, o, eventualmente, la reforma gradual, del orden existente; y serían comparadas con las propuestas de la oposición. De este modo cabría esperar que, si aquellos efectos eran tolerables, y las alternativas eran poco convincentes, los obreros aceptarían las políticas del gobierno, con dosis, mayores o menores, de incertidumbre y resignación. Todo lo cual, se reflejaría, a su vez, en las valoraciones obreras de los partidos y los líderes políticos.

La evidencia empírica corrobora, en este caso, estas hipótesis y argumentos. Los trabajadores y sindicatos españoles apoyaron mayoritariamente, aquellos años, a partidos de izquierda. En las elecciones de 1977 (según los datos de la encuesta de 1978), el 48 % de los trabajadores dio su voto al PSOE; el 20 % a los comunistas; y otro 20 % a la UCD. Esta distribución no varió, sustancialmente, en 1979. Sin embargo, el voto a socialistas, o comunistas, no implicó apuesta alguna por un modelo alternativo de sociedad. Preguntados por las características generales de la sociedad en la que desearían vivir, dos de cada tres trabajadores respondieron que deseaban hacerlo en una sociedad semejante a aquella en la que ya vivían, y sólo uno de cada tres aludió a una sociedad de tipo socialista. Preguntados por el país extranjero donde, a su juicio, los trabajadores gozaban de «mayor poder», la inmensa mayoría señaló a los países capitalistas (sobre todo Alemania occidental, Francia, e Inglaterra en primer lugar), y no a los socialistas, en una proporción de diez a uno.

Por otra parte, este voto mayoritario de izquierda no sólo no indicaba preferencia por un modelo alternativo de sociedad, sino que tampoco implicaba rechazo de las políticas públicas del gobierno centrista, y, en particular, su política económica: una política orientada a salvar la economía de mercado de una crisis profunda. En la muestra de 1978, se pidió a los trabajadores que juzgaran esta política desde dos perspectivas. Primero, que valoraran los pactos de la Moncloa, aceptados por los partidos de izquierda (aunque no formalmente por los sindicatos); segundo, que evaluaran el conjunto de la política económica del gobierno, que la izquierda rechazaba. Al responder, los trabajadores se dividieron en cuatro grupos: uno se mostró claramente a favor de los Pactos, y la política económica del gobierno (25, y 22 % respectivamente); otro, amplio, se abstuvo de opinar (39, y 32 %); un tercero expresó un sentimiento de hostilidad a este tipo de actuaciones, pero sin mostrar su adhesión a otra política alternativa (22, y 27 %); de modo que sólo una modesta minoría se declaró a favor de otro tipo de política (14, y 19 %).

La prevalencia de esta mezcla de aceptación, incertidumbre, y resignación fue congruente con la relativa receptividad de los obreros hacia algunas piezas clave de la argumentación justificativa de la política económica del gobierno, incluso a pesar de que estos argumentos parecían estar dirigidos contra sus intereses inmediatos. Así ocurrió que hasta el 33 % de los obreros aceptó el argumento de que la rigidez del mercado de trabajo era causa de las dificultades del sector de las empresas donde ellos trabajaban (un 47 % rechazó este argumento; y un 20 % no supo qué pensar); y que el 39,5 % aceptó una conexión causal entre los aumentos de salarios y el aumento del paro (un 16 % lo aceptó sólo en parte; un 25 % lo rechazó; y un 19 % no contestó). Por otra parte, aquella pauta de mezcla de aceptación, incertidumbre y resignación, se repitió (con algunas variaciones) en las actitudes obreras respecto a otras políticas públicas (tales como la política autonómica y la política de seguridad), con sólo una pequeña minoría (entre el 11, y el 14 %) mostrándose a favor de políticas alternativas en estas materias.

En resumen, la evidencia muestra que los obreros españoles adoptaron un comportamiento moderado respecto a la empresa, aceptando la legitimidad de la autoridad del empresario, y la teoría de una empresa con dos lados diferentes pero reconciliables; respecto a los sindicatos, ofreciéndoles su apoyo (sin afiliación masiva, ni plena identificación con ellos), bajo las condiciones de que no monopolizaran, ni politizaran la acción colectiva, y de que orientaran sus esfuerzos hacia objetivos moderados; y respecto al conjunto más amplio de las élites socioeconómicas y políticas, y los entramados institucionales de la economía y el orden social. Estos tres bloques de evidencia congruentes entre sí, forman el contexto dentro del cual parece razonable interpretar las huelgas y los apoyos obreros a la izquierda como signos, no de radicalismo, sino de una reticente (o ambivalente), pero relativa moderación.

Es necesario añadir, sin embargo, cuatro comentarios que cualifiquen esta conclusión. Primero, la teoría del contrato social implícito difiere de aquellas teorías sobre el neocorporatismo según las cuales caben esperar pactos sociales (explícitos) como resultado de la actitud moderada de los sindicatos, y de su capacidad de persuadir, y disciplinar, a sus bases. Cabría un contrato social implícito (y la moderación correspondiente) sin pactos explícitos, aunque es difícil imaginar que puede realizarse la proposición inversa. De hecho, según mi interpretación, la moderación de los obreros españoles fue, en amplia medida, independiente de las posiciones adoptadas por los líderes sindicales y los partidos de izquierdas. Segundo, hay límites y condiciones en un contrato social implícito, como los hubo en la moderación de los trabajadores españoles. Conviene recordar la existencia de minorías que no compartían la actitud de moderación y conviene subrayar el hecho de que la moderación mayoritaria incluía deseos de reforma en tres direcciones: conseguir mayor autonomía de los obreros en la empresa, el sindicato, y el sistema político; lograr mayor igualdad; y (probablemente) reforzar los ámbitos de comunidad moral[5]. Tercero, la crisis económica puso en cuestión algunos de los términos del contrato social implícito (y de pactos sociales explícitos como los Pactos de la Moncloa), incrementando la ambivalencia de los trabajadores, y la incertidumbre estratégica de los sindicatos (ver capítulo 6). Cuarto, y último, queda por explicar cómo, y por qué, los trabajadores hicieron suya esa actitud de relativa 'moderación'. Esto abre una serie de interrogantes a los que no puedo responder aquí. ¿Cómo explicar las actitudes obreras en el contexto de la emergencia de una sociedad civil durante el régimen franquista, especialmente durante los sesenta y primeros setenta? ¿Cuáles fueron los efectos de las estrategias sindicales y políticas sobre esas actitudes, desde mediados de los años setenta? ¿De qué modo influyeron las condiciones generales de la transición política y la crisis económica de la segunda mitad de los setenta en aquellas disposiciones obreras, y en estas estrategias organizativas?[6]. Quedan aquí sólo apuntadas las preguntas. En las páginas siguientes, desarrollaré más ampliamente mi argumento acerca de la actitud de los trabajadores hacia las empresas y los sindicatos, y presentaré con más amplitud una evidencia empírica en apoyo del mismo.

Las actitudes de los trabajadores hacia la empresa

Exploremos con más detalle qué experiencia tenían los obreros españoles de la empresa hacia 1980, cuál era el grado de su consentimiento con la estructura de autoridad de la empresa, y el grado de legitimidad que atribuían al empresario y cuál era su percepción global de la empresa. Consideremos la empresa como un sistema de intercambios entre obreros y empresarios, donde los obreros ofrecen su trabajo y su consentimiento con la autoridad del empresario a cambio de cinco contraprestaciones básicas: salario, estabilidad en el empleo, condiciones de trabajo, calidad de trato, y oportunidades de voz. Supongamos, en fin, que sólo si se establece un equilibrio entre contribuciones obreras y contraprestaciones empresariales, los trabajadores estarán satisfechos y darán su consentimiento o atribuirán legitimi-

[5] Sobre este tema, ver Pérez Díaz (1980a), *supra* capítulo 1.
[6] Ver el primer capítulo de Pérez Díaz (1979), y también Fishman (1990).

dad a la autoridad del empresario. Según esto, es de esperar una correspondencia entre el grado de equilibrio entre contribuciones y contraprestaciones, el grado de satisfacción obrera y el grado de legitimidad de la autoridad empresarial. Hay que tener en cuenta, sin embargo, que es muy difícil establecer los niveles de satisfacción de los trabajadores. Una remuneración suficiente, unas condiciones de trabajo tolerables, un trato aceptable, unas oportunidades de voz satisfactorias, son proposiciones valorativas que requieren un marco de referencia interpretativo, respecto al cual mi discusión será sólo tentativa.

Puestos de trabajo y remuneraciones

La crisis económica hizo cada vez más precaria la estabilidad en el empleo. La tasa de paro osciló entre el 8 y el 11 %, entre 1978 y 1980, y fue creciendo hasta alcanzar la cota del 20 % a mediados de los ochenta. Esto reforzó considerablemente la valoración que los trabajadores hubieran de hacer de la estabilidad de sus empleos. En 1980, el 80 % (75, en 1978) de ellos no deseaban cambiar de empresa, y un 64 % (59, en 1978) tampoco mostraba intención de cambiar de empresa en los siguientes cinco años. Aunque un horizonte de futuro pudiera introducir un margen para formular deseos menos constreñidos a las limitaciones del presente, las dificultades del momento no podían sino ensombrecer ese horizonte, particularmente porque el presente era visto como un punto dentro de una secuencia donde había una tendencia al empeoramiento de la situación. En 1980, el 94 % de los trabajadores (93, en 1978) creía que, para las personas de su oficio y su edad, encontrar trabajo entonces les resultaría más difícil que dos años antes.

Esta alta valoración de la seguridad en el empleo es consistente con la valoración de los diferentes aspectos del mismo a la hora de elegir un trabajo (intrínsecos, tales como, contenido más o menos interesante del trabajo, y componente educativo del trabajo; o extrínsecos, tales como, paga, seguridad, prestigio, y posibilidad de promoción) (Brown 1970): el 41 % de los obreros destacó la seguridad en el empleo como el factor más importante en la elección. Otros datos corroboraron la misma valoración. Preguntados por sus preferencias entre empresas grandes y pequeñas, y entre empresas públicas y privadas, los obreros expresaron claramente sus preferencias por las grandes empresas (51,5 %), frente a las medianas y pequeñas (26 %), justamente, sobre todo, por la mayor seguridad en el empleo ofrecido por las grandes (51 %); de la misma forma que expresaron su preferencia por las empresas públicas (36 %) frente a las privadas (19 %, mientras que un 38 % se mostró indiferente), a pesar de que sólo el 14 % trabajaban en empresas públicas, siendo de nuevo la razón principal de su preferencia la estabilidad en el empleo.

En cuanto a los ingresos, el salario medio mensual de los obreros era, en 1980, de 42.000 pesetas, y los ingresos familiares medios alcanzaban las 53.000 pesetas mensuales[7]. En este caso la imputación de que tales niveles fueran 'satisfactorios', o 'insatisfactorios' será hecha indirectamente, mediante la comparación de tales niveles con cuatro niveles ideales de referencia: (a) un nivel ideal de haber satisfecho expectativas de mejora, e incrementos reales de ingresos en los últimos cinco a diez años; (b) un nivel ideal de acceso a bienes percibidos como necesarios en esta sociedad; (c) un nivel ideal de aproximación a los niveles de bienestar de los obreros industriales de países más avanzados de nuestro entorno cultural; y (d) un nivel ideal de paridad con la situación de la mayoría del país.

La evidencia empírica a este respecto es la siguiente. En primer lugar, de 1973 a 1979, y a pesar de la crisis económica, los salarios reales aumentaron perceptiblemente, siendo este incremento (medio anual del 3,6 %), muy superior al de los países de la OCDE (1,9 %). En segundo lugar, estos ingresos hicieron posible un nivel de consumo relativamente alto, a juzgar por el hecho de que el 50 % de los trabajadores llegó a ser propietario de su vivienda (y el 3,3 % dispuso de una segunda vivienda); el 48 % tenía coche propio; el 90,8 %, televisor; el 93,6 %, frigorífico; el 64 %, lavadora automática; el 42 %, teléfono; y el 31,1 %, tocadiscos. En tercer lugar, estos niveles de ingresos y de consumo resistían comparación con los de obreros europeos. Es cierto que es difícil hacer comparaciones internacionales precisas

---

[7] Los obreros industriales declararon los siguientes ingresos mensuales: el 7,2 %, menos de 25.000 pesetas; el 24,3 %, entre 25.000 y 35.000 pesetas; el 43,3 %, entre 35.000 y 50.000 pesetas; el 20,3 %, entre 50.000 y 70.000 pesetas; y el 1,8 %, más de 75.000 pesetas. Estas cifras se aproximan a las que figuran en las estadísticas oficiales (Banco de España 1979). Si a estos ingresos se suman los de otros miembros activos de la familia, obtenemos unos niveles de ingresos familiares cuya distribución es la siguiente: 0,7 %, menos de 25.000 pesetas mensuales; 11,9 %, entre 25.000 y 35.000; 35,7 %, entre 35.000 y 50.000; 31,2 %, entre 50.000 y 75.000; y 12,4 %, más de 75.000 pesetas mensuales.

sobre niveles de vida, ya que sería necesario tener en cuenta variaciones en el coste de la vida, el volumen de las transferencias sociales, y las pautas culturales (por no hablar de las variaciones en el proceso de obtención de datos en cada país, y las distintas definiciones estadísticas). Con todo, una primera comparación de los ingresos y consumos de obreros españoles y franceses, ofrece sólo diferencias moderadas. En 1977 el salario medio por hora (en el sector no agrícola) en Francia era de 248,2 pesetas, y en España, de 179,8 pesetas (OIT 1979). En 1973 el 36,6 % de los trabajadores franceses eran propietarios de su vivienda (menos que en España). Por otro lado, en 1976 en torno al 70 % de de los trabajadores franceses tenía coche propio (más que en España); el 90,3 % tenía televisor; y el 92,4 %, frigorífico (igual que en España); el 80,9 %, lavadora (más que en España); y 18,4 % teléfono (menos que en España) (INSEE 1978).

Por último, los trabajadores declararon sentirse al mismo nivel de bienestar que la mayoría de los españoles. Se preguntó, en efecto, a los trabajadores españoles cómo comparaban sus ingresos, su educación, su influencia política, su capacidad de conseguir 'las cosas buenas de la vida', y su posición en general con los de la mayoría del país. Se trataba de saber en qué medida los obreros se sentían formar parte de esa mayoría, o, por el contrario, ajenos a la misma o discriminados negativamente respecto a ella. El hecho es que las respuestas indican que dos tercios de los obreros consideraban que su situación era semejante a la de la mayoría de los españoles en lo referente a sus ingresos, su educación, su acceso a las cosas buenas de la vida, y su posición en general; y sólo una quinta parte se consideró en una situación de relativa inferioridad (estos porcentajes se repitieron en las encuestas de 1978 y 1984). Además, incluso centrándose en los ingresos, y en la comparación con los ingresos de las categorías profesionales superiores más próximas (técnicos y empleados), la mayor parte de los obreros se consideró en una posición equivalente a la de estas categorías, con la excepción de un tercio de los obreros que se consideró en situación de inferioridad respecto a los técnicos, y de un quinto de los mismos, que se consideró en posición inferior a la de los empleados. En resumen, la evidencia parece mostrar una mejora real de ingresos a lo largo de los cinco a siete años anteriores a las encuestas; unos niveles de consumo comparables con los de los obreros franceses; y una situación de paridad respecto a la mayoría del país.

Las condiciones de trabajo

El sentido de las respuestas obreras a las preguntas sobre su satisfacción en el puesto de trabajo es problemático. En primer lugar, la opinión emitida puede no reflejar la opinión real del entrevistado. Esto puede ocurrir cuando el entrevistado sobrevalúa su experiencia en ese puesto, con el fin de evitar la compasión, o la autocompasión; pero también puede ocurrir cuando, cediendo a la tendencia opuesta, exagera sus agravios. Cabe suponer que estos sesgos se distribuyen homogéneamente en la población, o que su distribución en el tiempo tiene un carácter cíclico. Por eso cabe imaginar que se reducirá, quizá, el efecto de estos sesgos diseñando muestras amplias y estratificadas, y repitiendo la pregunta en años sucesivos. En segundo lugar, el concepto de «puesto de trabajo» es problemático, ya que éste comprende un complejo de tareas y relaciones sociales. Por esta razón, las encuestas realizadas en esta ocasión incluyeron, no una pregunta sobre la satisfacción con el puesto, en general, sino una batería de preguntas sobre varios aspectos específicos. Se pidió, por ello, a los trabajadores que indicaran su acuerdo, o desacuerdo, con las frases siguientes: *«Mi trabajo es durante la mayor parte del tiempo demasiado monótono y aburrido»; «En mi trabajo se me permite poner en práctica mis propias ideas acerca de cómo debo realizarlo»; «El ritmo habitual de mi trabajo es tolerable»; «Las condiciones físicas en que realizo el trabajo son satisfactorias»; «El riesgo de enfermedad o el riego de accidente profesional en mi trabajo es mínimo»;* y *«En mi trabajo puedo poner en práctica muchas de mis habilidades profesionales».*

A pesar de que el grado de satisfacción de los trabajadores varió con la edad (aumentando la satisfacción, con la edad), el tamaño de la empresa (disminuyendo la satisfacción al aumentar el tamaño), y otras circunstancias, la tónica general, muy clara, fue de moderada satisfacción. En 1980, en torno a dos tercios (entre el 56 y el 81 %, según la pregunta) indicaron satisfacción con el puesto: con la variedad de las tareas a realizar (70 %); con el margen de iniciativa disponible (56 %); con el ritmo de trabajo (81 %); con las condiciones físicas, y el nivel de riesgo de accidente, o enfermedad profesional (62 %). En todos estos aspectos, el nivel de satisfacción aumentó a lo largo del período de 1978 a 1984. Fueron similares las respuestas de los trabajadores a preguntas sobre la aplicación de los conocimientos de su oficio al trabajo (entendiendo por «oficio», la suma de conocimientos profesionales adquiridos por los obreros por medio de, bien su experiencia directa, bien su aprendizaje profesional): en 1980, el 69 % de los obreros industriales (79 % en 1984) consideró que estaba aplicando sus conocimientos profesionales en todas, casi todas, o gran parte de sus tareas. Conviene tener en cuenta, sin embargo, que una minoría significativa (entre 20 y 25 %) expresó su insatisfacción con diversos aspectos del trabajo, y tanto más cuanto más se tratase de los aspectos intrínsecos del mismo, como, por ejemplo, los márgenes de iniciativa personal permitidos al trabajador en la ejecución del trabajo. En este caso, el porcentaje de trabajadores insatisfechos alcanzó el 40 % (32 % en 1984). Aun así, el grueso de la evidencia deja poco lugar a dudas: aproximadamente dos tercios de los obreros valoraban su experiencia laboral positivamente, y no mostraban sentimientos de indignación, agravio, o alienación, respecto a sus puestos de trabajo[8].

Un trato humano

Bajo el amplio término de «trato» englobo un conjunto de actuaciones de la empresa, o la dirección, por medio de las cuales éstas expresan un mayor o menor grado de interés y conocimiento respecto al bienestar de los obreros, tanto en su actividad laboral (mostrando la disposición de la empresa para atender sus quejas, distribuir justamente sanciones y recompensas, e informar), como en su vida extralaboral (mostrando la disposición de la empresa para atender sus necesidades de vivienda, educación de los hijos, actividades deportivas y culturales, etc.). Estas actuaciones no alteran, en principio, la estructura de autoridad en la empresa, pero muestran hasta qué punto la empresa trata a los obreros, bien como meras «fuerzas de trabajo», bien como lo que la moral y el lenguaje cotidiano suele designar con el término de «personas». Utilizo aquí, tal como se hizo en el cuestio-

---

[8] En la discusión sobre las características del puesto de trabajo hay lugar, y lugar importante, para la observación sistemática de las condiciones de trabajo, por parte de un observador exterior. Pero no hay lugar, en cambio, para aceptar la conclusión de la crítica que Roustang y otros hacen de las encuestas de opinión sobre el puesto de trabajo: a saber, que es preciso optar entre encuestas de opinión, y observación exterior de las condiciones (supuestamente) objetivas del puesto, y decidirse, en fin, por lo último (1977, 314). Aceptar esa conclusión implicaría negar el valor del juicio de los obreros precisamente en uno de los temas sobre los que tienen un conocimiento práctico más completo e inmediato. Es obvio que negárselo en este punto sólo puede ser un preámbulo para negárselo en otros muchos; y obvio que semejante proceder (aparte sus implicaciones políticas), echa por la borda la sociología en tanto que ciencia de la conducta humana significativa.

nario, el término de «trato,» y no el de «relaciones humanas», para referirme a estas actuaciones, porque el primer término es más amplio, y menos controvertido, y sobre todo porque es más próximo al lenguaje normal de los propios obreros. El término de «relaciones humanas» tiene connotaciones de técnicas sofisticadas, aprendizaje en libros y seminarios, expertos, política de personal, organizaciones burocráticas, y grandes empresas. Por el contrario, el término de «trato» tiene connotaciones de reglas básicas y elementales de convivencia entre personas que se respetan, cualquiera que sea su origen social, su nivel de educación, y el marco organizativo donde se encuentren. Tratar y ser tratado como persona implica reglas de reciprocidad, basadas en un reconocimiento mutuo de dignidad y de igualdad formal. Utilizo deliberadamente este término, además, a pesar de que existe un prejuicio generalizado según el cual el tema del trato (o de las relaciones humanas) es 'meramente retórico'. Este prejuicio puede obedecer a dos argumentos contrapuestos. Para algunos empresarios y algunos expertos el tema es irrelevante porque, a efectos de incentivar a los trabajadores, lo importante es jugar con los niveles salariales y las amenazas de despido. Por el contrario, para algunos líderes sindicales, políticos de izquierda, y otros expertos, el tema es irrelevante porque, a su juicio, el cultivo de un buen trato por parte de la empresa sólo puede considerarse como humillante o manipulador. Lo cierto, sin embargo, es que para los obreros, a juzgar por sus respuestas, se trata de un tema al que ellos dan mucha importancia.

En la encuesta de 1980 se pidió a los obreros que se pronunciaran ante el dilema siguiente: *«Le voy a describir dos tipos de empresa. Si usted tuviera que elegir una de ellas ¿cuál preferiría? (A) Una empresa que paga muy bien pero no se preocupa ni le ayuda cuando usted está enfermo o en circunstancias similares. (B) Una empresa que es más humana, aunque pague salarios algo más bajos.»* La respuesta de los trabajadores fue abrumadora e inequívoca: el 91,5 % optó por la segunda alternativa, y sólo el 4,3 % por la primera. La proporción en la que se prefería a un empresario 'más humano' fue de 22 a 1 (y adviértase que se tuvo cuidado en incluir una referencia a un nivel de remuneración algo más alto en la empresa 'inhumana' que en la 'humana', con objeto de estimular a los entrevistados a que reflexionaran un poco más detenidamente su respuesta). Esta preferencia de los obreros españoles por el trato humano no es excepcional. De hecho, empleé en este caso una pregunta idéntica a la utilizada por Ronald Dore en un estudio comparado de empresas japonesas y británicas (cuyo trabajo de campo data de 1969: Dore 1973). Las preferencias de los obreros españoles y los obreros japoneses fueron prácticamente las mismas, y más acusadas, a favor del trato humano, que las de los obreros ingleses (entre quienes sólo el 59 % prefería la empresa 'humana').

¿Qué interpretación cabe dar de este dato? ¿Qué preguntas y problemas pueden surgir de esta interpretación? En primer lugar, creo que, aunque las frases hacen referencia explícita a prestaciones extralaborales, el núcleo del contraste entre las dos alternativas es el 'trato humano', en general, de la empresa, y no las prestaciones específicas. En apoyo de esta interpretación cabe aducir que el descontento obrero fue mayor en las empresas grandes, a pesar de que estas empresas ofrecieran más prestaciones sociales extralaborales que las medianas y pequeñas. En segundo lugar, si se hace una interpretación literal de la respuesta de los obreros, de ella se podría deducir que éstos no sólo querían un trato humano, sino que lo querían hasta el punto de 'estar dispuestos a pagar por ello' (o recibir salarios algo más bajos, a cambio de ello). ¿Cabe deducir que estarían dispuestos a entrar en negociaciones donde formal y explícitamente se discutiera un intercambio de dinero por 'trato'? ¿Renunciarían a incrementos salariales a cambio de una variedad de prestaciones que pudieran ser interpretadas como pruebas tangibles de un trato mejor, tales como una revisión de las reglas de procedimiento disciplinario, más información, un salario social en forma de ayudas para la vivienda, la educación, etc? Estos serían temas a investigar.

Finalmente, ¿cómo entender los sentimientos y las actitudes básicas de los obreros que están detrás de esta alta valoración que ellos hacen de este trato humano? Se podrían entender como sentimientos de deferencia, y como disposiciones favorables hacia actitudes paternalistas de los empresarios. No es ésta, sin embargo, mi interpretación, aunque me apresuro a señalar que me parecería lógico que estos sentimientos existan entre los obreros, puesto que existen en todas las categorías sociales y, en particular, en las que ocupan posiciones subordinadas. Que ello sea así, en una medida u otra, es de esperar, porque los sentimientos ambivalentes hacia la autoridad, experimentados por primera vez en el marco de la familia, suelen proyectarse al ámbito de las organizaciones donde se desarrolla la vida adulta (Freud 1969). Condenar o despreciar esta proyección, y por tanto aquellos sentimientos de deferencia, parece una aberración moralizante, que contribuiría poco al entendimiento de la situación. Sugiero, sin embargo, otra vía de interpretación. Según ésta, los obreros desearían un trato humano, no tanto porque echaran de menos una actitud paternalista, cuanto porque querrían ser miembros reconocidos de una comunidad moral, y recibir el respeto que como tales se merecen. De aquí, y éste es un dato crucial en apoyo de mi interpretación, que quisieran un trato humano *junto con* oportunidades de voz, o participación, en los procesos de toma de decisiones. Es decir, querrían no sólo recibir buen trato, sino también ser voz y parte. Pero obsérvese que, ser voz y parte, no es ocupar el lugar del empresario. De modo que, al parecer, ni estos obreros echaban de menos la figura de un padre omnipotente, ni anhelaban la muerte del padre, ni deseaban un monarca absoluto, ni aprobaban la anarquía, ni pretendían un gobierno revolucionario: más bien parecían contentarse con un gobierno limitado y constitucional. El hecho es que la evidencia muestra que más de dos tercios de los obreros creían que la empresa era sensible a sus peticiones y sus quejas. Se les preguntó: *«Cuando usted presenta una petición o una queja, ¿tiene la impresión de que se le escucha y se le atiende debidamente?»* La respuesta fue afirmativa en el 69 % de los casos (72 % en 1984), y negativa en el 19 %. Impresión positiva que parece estar corroborada por el hecho de que cuatro quintas partes de los obreros (77 % en 1980; y 86, en 1984) acudieron directamente a la empresa para expresar sus quejas y sus peticiones, mientras que sólo un 16 % (9, en 1984) utilizó la vía sindical.

La atención, la capacidad de escuchar, son componentes cruciales del trato; pero hay otros. No menos importante es la justicia con la que la empresa sanciona o recompensa la conducta de los trabajadores. A este respecto, sólo algo más de la mitad de los obreros (52 %) consideró que la empresa respondía a la buena ejecución del trabajo con justicia, mientras que un 43 % pensaba que lo hacía con indiferencia (es decir, que aunque el obrero trabajara bien, con competencia, y prestando atención a su tarea, ello no tendría repercusión en su salario, sus posibilidades de promoción, o el trato que recibiría, de manera que, a la postre, sus esfuerzos no serían reconocidos por la empresa). Este nivel de satisfacción aumentó en el caso de las respuestas positivas a una pregunta acerca de la justicia de los ascensos (59 % en 1980; 65 % en 1984); y disminuyó levemente en el caso de las respuestas positivas a una pregunta acerca de la justicia de los castigos, y otras sanciones negativas (45 % en 1980; 52, en 1984). Por otra parte, este nivel de satisfacción se situó en torno al 50 % (en 1980; 58 % en 1984) en lo atinente a la información recibida de la empresa.

Finalmente, sabemos por la encuesta que una parte significativa, pero no mayoritaria, de las empresas españolas facilitaba, o subvencionaba, diversas prestaciones sociales y actividades extralaborales. El colectivo obrero cuyas empresas otorgaban ayudas para la educación de sus hijos o para resolver el problema de la vivienda, promovían asociaciones culturales, recreativas o deportivas, y organizaban fiestas o actos culturales osciló, en 1980, entre un 20 y un 30 % del total. Allí donde se dieron estas prestaciones, o actividades, los obreros participaron, o se beneficiaron de ellas, en proporciones muy variadas. El 43 % de los obreros de las empresas que otorgaron ayudas a la educación de los hijos, se benefició de las mismas (13 % del conjunto de los obreros). También se benefició el 34 % de los obreros cuyas empresas ofrecían ayudas para resolver el problema de la vivienda (5 % del total). Un 70 % de los obreros participó en actos festivos o culturales organizados en sus empresas (12 % del colectivo obrero); y un 33 %, en asociaciones culturales, recreativas, o deportivas (7 % del total). En todas estas materias, la diferencia por razón del tamaño de las empresas fue considerable, de modo que las prestaciones sociales parecieron ser un fenómeno casi exclusivo de las grandes y las medianas empresas. Por otro lado, aunque sabemos el grado en que los obreros utilizaron, de hecho, esas prestaciones, no hay información, sin embargo, de cómo las percibieron y las valoraron. ¿Las consideraron una parte de un salario social, que se les debía? ¿Como un instrumento útil, o conveniente, para resolver los problemas personales, sin relación con nociones de justicia, o de obligación moral? ¿Como la expresión de un lazo moral o afectivo con la empresa? ¿Como una ocasión para evocar, o activar, sentimientos de pertenencia a la empresa; o como expresión, y parte, del trato humano que recibían de ella? Conviene tener en cuenta que la relación entre la demanda obrera de un trato humano, y la utilización por parte de los obreros de estos servicios, o prestaciones sociales, es problemática, ya que estos servicios podían ser prestados en el marco de una organización burocrática e impersonal, y podían ser percibidos por los obreros como treguas, derivativos o distracciones dentro de una situación de tensión y desconfianza. El hecho es que el clima social de las grandes empresas, donde se daban, en mayor proporción, las actividades extralaborales, fue peor, o menos bueno, que el de las pequeñas empresas. En las empresas de menos de veinte trabajadores, el 71 % pensaba que la mayoría de sus compañeros estaban contentos con la empresa. Este porcentaje descendió gradualmente al aumentar el tamaño de la empresa, hasta quedar reducido al 47 % en las empresas con más de 500 trabajadores. De aquí, la necesidad de una nota de cautela a la hora de interpretar los efectos de las prestaciones sociales sobre el clima social de las empresas, con objeto de no sobrevalorarlas.

Demandas de voz

La demandas de trato se combinaron con las demandas de voz (Freeman y Medoff 1984). Esta combinación prueba, como ya he dicho, que detrás de aquellas demandas de trato no había sentimientos obreros de deferencia hacia los empresarios, ni expectativas obreras de conductas empresariales de carácter paternalista. Las demandas obreras de voz constituían el punto de partida de quienes aspiraban a participar en el proceso de decisiones, constituir instituciones de cooperación (o codeterminación), y conseguir un grado u otro de gobierno constitucional en la empresa; es decir, de aquellos que consideraban deseable un cambio en la estructura de autoridad de la empresa, o, al menos, en las pautas del ejercicio de esta autoridad.

Esta cuestión es crucial para el futuro, incluso el presente, de la empresa en las sociedades capitalistas avanzadas. Dos factores, uno político-cultural, y otro socioeconómico, obligan a plantearse esta cuestión. El primero consiste en los efectos que los valores propios de la democracia liberal tienen sobre el funcionamiento y la estructura organizativa del sistema de economía de mercado, a largo plazo. Estos efectos implican un debilitamiento gradual de las formas absolutas, o incondicionales, de la autoridad, y la emergencia consiguiente de mecanismos de voz y de oposición legítima, en todos los ámbitos de la vida social, incluido el ámbito económico. El segundo factor consiste en los efectos de la larga crisis económica iniciada en los años setenta, que crea la oportunidad de un intercambio, por el que los trabajadores renunciarían a mejoras sustantivas en salarios (incluido el salario social obtenido vía incremento del gasto público), a cambio de mejor trato y más voz en las decisiones, particularmente si, y cuando, la supervivencia de la empresa depende de la lealtad, y la motivación, de una fuerza de trabajo cada vez más cualificada.

Ahora bien, para que esta discusión no se pierda en la retórica y la confusión del debate ideológico o político al uso, conviene distinguir y precisar las variedades de las demandas de voz. En primer lugar, hay variaciones en cuanto al *tema o contenido* de la voz. Cabe distinguir dos tipos de temas. De un lado, están los temas menores, o de funcionamiento ordinario de la empresa, tales como las características de los puestos; el modo de realización del trabajo, las rutinas de comunicación de la información y la transmisión de órdenes e instrucciones; los horarios; los ritmos; y las condiciones físicas de trabajo. De otro lado, hay temas estratégicos, relativos a las grandes decisiones sobre el futuro de la empresa a medio o largo plazo; por ejemplo, decisiones sobre inversiones en nueva maquinaria, nuevos procedimientos de fabricación, o política comercial.

En segundo lugar, hay variantes en cuanto al grado o la intensidad de la voz que se demanda. No es lo mismo tener voz de deliberación y de consulta (con la expectativa de que las opiniones se escuchen, se tomen en cuenta, o se den razones para no aceptarlas), que tener voz decisoria (que obligue, e imponga).

En tercer lugar, conviene distinguir entre demandas de voz sobre temas específicos (mayores o menores), y demandas de voz sobre temas genéricos, como pudieran ser las que se calificaran como decisiones fundamentales en la empresa. Esta distinción es necesaria. Decidir sobre temas específicos y considerados separadamente unos de otros, difiere de enfrentarse con el conjunto de temas fundamentales de la empresa, y atender a ellos en tanto que interrelacionados entre sí y ligados a un medio exterior complejo y cambiante. Cabe argüir que la consideración de estas decisiones fundamentales en tales términos genéricos, incorpora un plus de complejidad e incertidumbre (una característica definitoria del papel del empresario), lo cual la distingue cualitativamente de la consideración de decisiones importantes, pero en términos específicos.

En cuarto lugar, cabe distinguir dos tipos de mecanismos institucionales de voz. De un lado, existen mecanismos de voz de los trabajadores de los que la dirección de la empresa queda excluida, tales como las instituciones de acción colectiva (comités de empresa, asambleas, sindicatos). De otro, existen mecanismos dentro de los cuales hay un lugar para el empresario, o para las personas designadas por él (por ejemplo, las reuniones formales, o informales, del personal con capataces, o jefes de equipo de las empresas japonesas; o las instituciones de codeterminación, o los comités de vigilancia, en las grandes empresas alemanas).

Pero cabe hacer dos distinciones más. Por una parte, se puede distinguir entre las demandas que enfatizan el mecanismo final de voz, o el poder, al que se aspira; y las demandas que enfatizan el contenido de la voz. Es decir, hay demandas que corresponden a quienes pretenden, sobre todo, conseguir el poder; y otras que lo hacen a quienes lo que quieren, ante todo, es resolver un problema: unos consideran el poder como fin, y otros el poder como medio. Típicamente, bastantes gentes que ocupan puestos importantes en organizaciones se orientarían hacia lo primero; mientras que las gentes comunes, sin específica ambición o vocación de poder, lo harían hacia lo segundo. Por otra parte, cabe hacer otra distinción que contraponga las demandas 'integradoras', esto es, aquellas que estimularían la cooperación dentro de la empresa, y las demandas 'radicales', que crean las bases para futuros conflictos entre la empresa y los trabajadores (aunque habría que precisar si la distinción se hace atendiendo a la intención, espíritu, o ideología de los actores, o a los efectos objetivos de su acción, a corto, medio, o largo plazo).

Volviendo al caso de los obreros españoles, la voz de la que querían disponer los entrevistados en la encuesta de 1980 variaba en función del tema de que se discutiera. En temas de funcionamiento ordinario, tales como el ritmo, y los horarios de trabajo, un 53, y un 61 %, respectivamente, de los trabajadores industriales (55 y 67, en 1984) deseaba que las decisiones se tomaran de común acuerdo entre la dirección y el personal. Un 25 % deseaba que fueran tomadas por la dirección, previa consulta con los trabajadores; y sólo un 10 % pensaba que ésta debía ser una prerrogativa exclusiva de la dirección. En cambio, en temas estratégicos, tales como la política de inversiones y la política de ventas, sólo un 15 % aproximadamente de los trabajadores pensaba que las decisiones debían tomarse de común acuerdo (el porcentaje fue el mismo en 1984). Entre un 20 y un 25 % pensaba que debían ser tomadas por la dirección previa consulta con los trabajadores, y en torno a un 50 % opinaba que correspondía sólo a la dirección tomar este tipo de decisiones. Por lo tanto, la inmensa mayoría de los obreros quería voz en temas menores, pero sólo una minoría relativamente pequeña la quería en temas estratégicos.

¿Hasta qué punto difería la pauta ideal de la toma de decisiones, de la pauta real? ¿Cuánta voz tenían, de hecho, los obreros, en las empresas industriales españolas? Una vez más, la voz de que disponían efectivamente los obreros españoles dependía de la naturaleza de los temas. En temas de funcionamiento ordinario (horarios, ritmos y condiciones físicas de trabajo), entre un 23 y un 35 % de los trabajadores afirmaron que las decisiones sobre estos temas eran, de hecho, el resultado de un acuerdo entre los obreros y la dirección, y un 16 % señaló que, al menos, se les consultaba antes de tomar una decisión. Así pues, entre el 40 y el 50 % de los trabajadores manifestó que tenía voz en estas materias. En cambio, en temas mayores o estratégicos (nuevas inversiones, política de ventas), la proporción de obreros con voz descendió hasta entre el 5 y el 7 %.

Si se compara, pues, la pauta ideal con la pauta real de toma de decisiones, cabe hacer dos observaciones. Primero, sabemos que en lo que concierne a los temas menores, había una diferencia entre 25 y 30 puntos entre el ideal y la realidad, en lo que se refiere a voz decisoria; y una diferencia entre 7 y 10 puntos, en lo que se refiere a voz de consulta. Y esto puede interpretarse como una indicación de que entre un 30 y un 40 % de los trabajadores estaban insatisfechos con la pauta real de toma de decisiones en asuntos menores en el ámbito de la empresa, ya que querían más voz decisoria. Segundo, hemos visto que, en lo que concierne a los temas mayores, había una diferencia entre 11 y 16 puntos en lo relativo a voz de decisión; y otra entre 16 y 23 puntos en lo relativo a voz de consulta. Y esto puede considerarse como indicio de que entre un 30 y un 40 % de los obreros industriales españoles no estaban satisfechos con las pautas reales de toma de decisiones en asuntos mayores, y no lo estaban, sobre todo, porque querían más voz de consulta. Como evidencia adicional, y como confirmación de que existía un interés por parte de los obreros por obtener voz de consulta en temas mayores, cabe señalar que se formuló a los obreros la siguiente pregunta: *«¿Sobre qué dos temas principales cree usted que la dirección no le consulta y debería consultarle?»;* y que a ella respondieron, insistiendo en que debería consultárseles acerca de 'la situación económica de la empresa'.

Sin embargo, las aspiraciones de voz de los obreros españoles estaban fundamentalmente limitadas por la imagen generalmente aceptada del papel del empresario y los asalariados, y de los ámbitos legítimos de actuación de unos y otros. Se preguntó a los obreros si estaban de acuerdo o no con la frase siguiente: *«Los trabajadores deberían poder tomar decisiones sobre la organización de su trabajo, pero la responsabilidad del empresario es dirigir, decidir sobre inversiones, y garantizar que haya trabajo para todos»* (tomada de Dore 1973, 361). El 85 % de los trabajadores declaró estar de acuerdo con esta fórmula, atribuyendo el conjunto de decisiones estratégicas al empresario, y reservándose para ellos un margen de decisión sobre la organización del trabajo; y sólo un 6,5 % no se mostró de acuerdo, porque mantenía una actitud favorable a una ampliación del poder obrero al campo de las decisiones estratégicas (mientras que un 2,4 % se mostró favorable a una restricción aún mayor del poder de los obreros). Observamos, por tanto, que, si pasamos de la discusión sobre decisiones estratégicas específicas a la discusión sobre decisiones estratégicas de carácter genérico, la proporción de obreros interesados en un poder de decisión obrero desciende de entre un 13 y un 19 %, a un 6,5 %.

Merece la pena comparar las pautas reales e ideales de la toma de decisiones sobre temas específicos de los obreros españoles con las de los obreros franceses e ingleses. En 1971/1972, Duncan Gallie (1978) formuló preguntas muy similares a las contenidas en la encuesta que se está comentando aquí, dirigidas a una muestra de obreros ingleses y franceses que trabajaban en la industria del petróleo. Gallie incluyó preguntas acerca de cómo se tomaban, y cómo se debían tomar, decisiones en temas menores o tácticos (horarios, formas de retribución, y salarios), y en temas mayores o estratégicos (nuevas inversiones y presupuestos). La distribución de respuestas de la encuesta de Gallie no difiere sustancialmente de la distribución de respuestas de la encuesta española en lo que se refiere al tema de horarios y al de inversiones, como ejemplos de temas menores y mayores, respectivamente. Respecto al tema (menor) de los horarios, la pauta ideal de los españoles, de los franceses y de los ingleses coincidió. Por abrumadora mayoría todos deseaban voz, y, también por mayoría, todos querían voz decisoria, aunque las proporciones eran algo menores en el caso de los españoles (deseaban voz decisoria entre el 78 y el 82 % de los franceses; entre el 82 y el 90 % de los ingleses; y el 61 % de los españoles). Por otra parte, en el tema (mayor) de las nuevas inversiones, la pauta ideal de los españoles se aproximaba a la de los ingleses, y se alejaba de la de los franceses: mientras que la mayoría de los españoles y de los ingleses aceptaba que la dirección tomara las decisiones sobre esa materia (o, todo lo más, presionaba para tener voz de consulta), la mayoría de los franceses aspiraba a tener voz decisoria (que sólo deseaban entre el 12 y el 15 % de los ingleses, y el 19 % de los españoles). En cambio, por lo que se refería a la pauta real de toma de decisiones, el panorama era muy distinto. Respecto al tema estratégico, españoles, ingleses, y franceses se encontraban, de hecho, en una situación semejante: en la inmensa mayoría de los casos (entre un 86 y un 95 % de las respuestas), las decisiones eran tomadas por la dirección. En el tema horarios, las experiencias variaban: la posición de los españoles se aproximaba a la de los franceses, y se alejaba de la de los ingleses, de modo que mientras que la inmensa mayoría de estos últimos tenía voz decisoria en cuestión de horarios (entre un 82 y un 88 %), sólo alrededor de un tercio de los franceses (entre un 26 y un 36 %) y de los españoles (un 35 %) disponía de poder de decisión sobre este asunto. En resumen, y aunque con esto se simplifique ligeramente la cuestión, los obreros españoles aspiraban a lo que aspiraban los ingleses, pero carecían del control real sobre los temas menores del que los últimos disponían; y aunque disponían del mismo control real de su situación que tenían los franceses, carecían de las aspiraciones ideales de éstos a un mayor poder de decisión. De este modo, la diferencia entre logros y expectativas era máxima para los franceses, y mínima para los ingleses, situándose los españoles en un término medio.

La teoría de los dos lados de la empresa

Al principio de este capítulo dije que el foco de mi discusión era el grado de consentimiento con, y la legitimidad atribuida a, la autoridad del empresario capitalista por parte de los obreros, lo cual, en gran medida, dependía de la satisfacción de éstos con una balanza de prestaciones y contraprestaciones, y, por tanto, con bienes y servicios recibidos de la empresa, tales como la estabilidad en el empleo, el salario, las condiciones de trabajo, el trato, y la voz. Pero hay que añadir que, a su vez, las valoraciones que los obreros hacían de estos bienes y servicios estaban ligadas a su percepción acerca de la empresa. Esta fue, a mi juicio, una versión moderada de la teoría de los dos lados de la empresa, tal como fue propuesta por Ronald Dore (1973) en su estudio comparado de las empresas japonesas e inglesas. Dore sugirió que la percepción de los obreros acerca de la empresa había ido sufriendo una transformación gradual, de tal forma que la idea, o la teoría, de la empresa como un lugar de antagonismo, o de oposición irrenconciliable, entre dos clases, había sido sustituida gradualmente por la idea, o la teoría, de la empresa como una entidad que incluía dos lados diferentes pero reconciliables, y cooperativos. Pensaba Dore que esta transición se encontraba en un estado relativamente avanzado en Japón, y que estaba iniciándose (entonces) en Inglaterra, tanto del lado de los empresarios como del lado de los sindicatos (ver también Dore 1987).

La teoría del conflicto entre las dos clases, o los dos lados antagónicos, de la empresa había emergido, casi en los comienzos de la revolución industrial, como la antítesis de la lectura tradicional de la empresa como un todo orgánico, o como una gran familia. Esta lectura fue denunciada como una ilusión, o un engaño, que intentaba facilitar, o endulzar, la pura y simple explotación y subordinación de los trabajadores. Frente a ella, nació esta teoría de la empresa como un campo de batalla entre intereses antagónicos; es decir, una teoría de los dos lados concebidos como dos enemigos frente a frente. En contraste, a su vez, con esta teoría agónica o conflictiva, ha podido surgir una nueva teoría de dos lados capaces de conciliar sus conflictos, y cooperar entre sí. Esta teoría se puede formular del modo siguiente. En primer lugar, se parte del supuesto de que hay dos lados diferentes en la empresa, y que cada uno tiene sus propios intereses. Negar esta diferencia, y la existencia de posibles conflictos de interés entre los dos lados (puestos de manifiesto en las negociaciones acerca de la distribución del excedente de producción), sólo puede generar ambigüedades y malentendidos, y dificultar una discusión realista, y la posibilidad de un acuerdo sólido entre las partes. En segundo lugar, se supone que estos intereses, aunque diferentes, no siempre son opuestos entre sí, sino que pueden ser complementarios, y, además, coexisten con intereses comunes (tanto o más importantes que los primeros intereses específicos de cada parte). En tercer lugar, se parte del supuesto de que no hay razón suficiente para esperar que, en las relaciones entre los dos lados, deba prevalecer, en cualquier contexto histórico dentro del capitalismo, el componente de conflicto sobre el componente de comunidad o complementariedad; y menos aún que prevalezca hasta el punto de romper la comunidad moral que hubiera podido construirse en torno a intereses, u objetivos, comunes. Por este motivo, la teoría concede importancia considerable a la posibilidad real de que la dualidad de los lados de la empresa se contenga *dentro* de una comunidad. Nada, por tanto, en la naturaleza de la empresa, en su estructura de autoridad y sus objetivos, obligaría necesariamente a la ruptura de la comunidad; no sólo por la existencia de intereses comunes, cuya satisfacción (por ejemplo, a través de aumentos de producción) tendría que beneficiar a los dos lados, sino porque los recursos de voz, y de poder, podrían difundirse en la empresa y alcanzar a todos, o a muchos, de sus miembros.

Emplearé este modelo de los dos lados conciliables como punto de referencia para comentar la evidencia empírica disponible sobre las actitudes de los obreros españoles ante la empresa. Estableceré las implicaciones o derivaciones lógicas del modelo, y examinaré en qué medida los datos españoles se corresponden con esas implicaciones lógicas. Si esto es así, y en la medida en que lo sea, de ello se deducirá la relevancia relativa del modelo para la situación española. El modelo implica varios supuestos. Supone que los obreros: primero, no ponen en cuestión lo sustancial de la estructura de poder de la empresa y, reconocen, por lo tanto, el liderazgo y la autoridad moral del empresario; segundo, consideran que la empresa es una comunidad moral, con importantes objetivos comunes, y lazos de solidaridad entre los miembros de la misma; tercero, perciben el clima social de las relaciones de la empresa como la expresión de un sentimiento de moderado contento, o satisfacción, de las gentes que trabajan en la misma; y cuarto, conciben las instituciones de acción colectiva y sindical como mecanismos de presión sobre, y eventualmente de reforma de, la empresa, pero no como mecanismos de ruptura de la misma, ni, por tanto, como portadores de un modelo alternativo radicalmente diferente del que ya existe.

Una de las implicaciones de la adopción del modelo sería la aceptación de la estructura de poder de la empresa, y la legitimidad, por tanto, de la autoridad del empresario. En otras palabras, ello implicaría la generalización entre los obreros de la opinión, sugerida por Dore, según la cual: «si bien la gente debe ser tratada con respeto y no cabe esperar que obedezca órdenes que no le han sido explicadas, y si bien puede y debe contribuir a la toma de decisiones respecto a la organización de su trabajo inmediato, lo que está más allá de todo esto, sin embargo, constituye el contenido de la responsabilidad del empresario, pues es él quien debe tomar las grandes decisiones estratégicas y asegurarse de que hay trabajo que hacer. La tarea de los sindicatos es obtener las máximas ventajas para los obreros que representan, pero cooperando, de modo que aumente la producción y, así, los beneficios para los trabajadores. Más allá de esto, los trabajadores no quieren asumir la responsabilidad (...) de participar en la dirección» (1973, 361).

En la encuesta de 1980 se formularon dos preguntas relativas al alcance del poder de decisión de los empresarios, la primera *vis-à-vis* el poder de decisión de los obreros, y la segunda *vis-à-vis* el poder sindical. Estas dos preguntas fueron similares a las empleadas por Dore. La primera pregunta era la siguiente: *«Me gustaría que me dijera usted si está de acuerdo con una frase como la siguiente: «Los trabajadores deberían poder tomar decisiones sobre la organización de su trabajo, pero la responsabilidad del empresario es dirigir, decidir sobre inversiones, y garantizar que haya trabajo para to-*

dos» A quienes mostraron su desacuerdo con esta fórmula se les preguntó: *«¿Querría usted explicarme brevemente este desacuerdo?»* Y se les ofreció la alternativa siguiente: *«Los trabajadores no tienen por qué tomar decisiones sobre la organización del trabajo»; o «los trabajadores deben tener también responsabilidad en decidir sobre inversiones».* La segunda pregunta consistía en pedirles que reaccionaran frente a la frase siguiente: *«Los sindicatos deben conseguir los máximos salarios posibles, pero al tiempo deben hacerlo de modo que se produzca más para que haya más que repartir sin tener que compartir la responsabilidad de la dirección.»* A quienes estuvieron en desacuerdo con esta fórmula se les preguntó: *«¿En qué estriba su desacuerdo?»* Y se les ofreció la alternativa siguiente: *«[El sindicato] no tiene que preocuparse de que se produzca más»;* o *«Tiene que compartir responsabilidades con la dirección».*

Las respuestas arrojaron los siguientes resultados: aproximadamente el 85 % de los obreros estuvo de acuerdo con la fórmula de la primera pregunta (el 89 % en 1984), y sólo un 6,5 % se mostró en desacuerdo, pensando que debería ampliarse el poder de decisión de los obreros. Respecto a la segunda pregunta, el 71 % estuvo de acuerdo (el 73 % en 1984), mientras que sólo un 11,7 % mostró su desacuerdo, pues opinaban que era deseable aumentar el poder sindical. Según estos resultados, entre el 70 y el 85 % de los obreros deseaba que el empresario ejerciera la autoridad básica en la empresa, y sólo entre un 6 y un 11 % deseaba un cambio radical en la estructura de autoridad de la misma. Sin embargo, conviene hacer dos comentarios al respecto. En primer lugar, había presiones y demandas de voz consultiva o decisoria en temas específicos, tanto mayores como menores (ver *supra*). Y si bien las demandas radicales de voz eran muy reducidas, las demandas reformistas, en un sentido muy amplio, no eran desdeñables. En segundo lugar, había indicios de preocupación por parte de los obreros acerca de si los empresarios eran, o no, 'auténticos' empresarios, ya que una minoría, pero una minoría apreciable, de los obreros puso en cuestión la capacidad de los empresarios para ejercer y representar adecuadamente su papel, y su autoridad como empresarios. Así, un 23 % de los obreros opinó que había un problema de productividad en la empresa, y un 15 % imputó la responsabilidad de ese problema a los empresarios, por no organizar bien el trabajo, no invertir, o no llevar una correcta política de personal.

Contra lo que a veces se dice, la definición de la empresa como una comunidad moral (en el marco de la teoría de los dos lados conciliables), no es la definición típica de los propios empresarios. Y tampoco puede decirse que, si los obreros aceptan esta definición, ello reflejaría una supuesta hegemonía cultural de los empresarios. En realidad, algunos empresarios adoptan una actitud meramente instrumental hacia la empresa, y consideran que su vínculo con el personal se resume en un intercambio de trabajo por salario; mientras que otros adoptan una versión paternalista, y familista, de la empresa como comunidad moral. En cuanto a los obreros, éstos tienden, por lo pronto, a crear ámbitos morales en torno a sus experiencias inmediatas del trabajo, y la vida de la fábrica. Así ocurre con los equipos de trabajo, donde se suele crear un ámbito de intercambios emocionales y morales, que tiene como referencia una ética de ayuda mutua, solidaridad, y reconocimiento recíproco. La importancia que para los obreros españoles tiene este ámbito se expresa en el hecho de que un 70 % de ellos manifestó, en 1980, que sentiría mucho, o bastante, dejar a sus compañeros si fuera necesario trasladarse a otro puesto de trabajo (un porcentaje similar en 1978). Esta proporción era muy superior al 27 %, que observaron John Goldthorpe, y sus colaboradores (1968a), en su estudio de obreros ingleses, llevado a cabo entre 1962 y 1964. Este propósito de crear, o conservar, ámbitos morales subyacía, sin duda, los compromisos obreros con las instituciones de acción colectiva, y los sindicatos (junto con la actitud meramente instrumental, a la que me referiré más adelante). Pero este propósito se manifestaba, asimismo, en la esfera de la empresa. Para los obreros españoles, la empresa era también un ámbito donde realizar sus aspiraciones de creación de una comunidad. Estas aspiraciones quedaron expresadas, como se ha visto, a través de sus demandas de voz y de trato. Pero, de hecho, parece como si la empresa hubiera sido capaz de realizar esta aspiración, en alguna medida. En otras palabras, como si fuera ya, en parte, un ámbito donde el empresario estaba ejerciendo una autoridad moral, y donde existían unas relaciones que, aunque no exentas de conflicto, implicaban respeto y reconocimiento, objetivos e intereses comunes, y sentimientos de pertenencia a una comunidad.

Que esto es así podría deducirse, hasta cierto punto, de las respuestas de los obreros a la pregunta sobre cuál de estas frases se aproximaba más al modo como ellos veían la empresa: *«Mi empresa es como un equipo donde hay un interés principal común de producir más y mejor en beneficio de todos»;* o *«Mi empresa no es como un equipo porque hay una oposición fundamental entre los intereses de los empresarios y de los asalariados».* La respuesta a una pregunta semejante, no cabe duda, sólo puede ser considerada como un indicador aproximado de los sentimientos y las orientaciones valorativas de los obreros. Pero, con todo, la alternativa era clara: la primera frase expresaba la concepción de la empresa como una comunidad, y la segunda como un campo de conflicto. Pues bien, en 1980, una mayoría amplia de los obreros, el 56 %, eligió la primera frase, y sólo el 38 % la segunda. Debe advertirse que esta distribución de respuestas acentuó una tendencia que ya se observó en 1978, cuando la primera frase fue preferida por un 50 % de los trabajadores, y la segunda por un 46 %; y la misma distribución pudo observarse más tarde, cuando en 1984 un 57 % optó por la primera frase, y un 38 % por la segunda. De esta forma, parece como si el sentimiento de empresa se hubiera extendido moderadamente con el paso del tiempo entre los obreros (en contraste con lo ocurrido con las actitudes de los líderes sindicales de CCOO y UGT, estudiados por Robert Fishman en 1981, el 70 % de los cuales mantenía una visión de la empresa basada en la idea del conflicto; ver Fishman 1990, 40). En congruencia con estos datos, cabía observar cómo una mayoría de los obreros consideraba que el clima social de la empresa era positivo, y que la mayor parte de sus compañeros estaban contentos con la empresa, de modo que, en 1980, el 52 % pensaba que el clima social de su empresa era positivo (un 57 % en 1984), mientras que un 38 % lo consideraba negativo (el mismo porcentaje en 1984).

La visión obrera de los sindicatos y la acción colectiva

En esta sección examinaré el apoyo de los obreros a los sindicatos, y otros mecanismos institucionales de acción colectiva (comités de empresa, asambleas, huelgas), y su visión de unos y otros. El apoyo de los trabajadores a todas estas instituciones era importante, sin que se identificaran con ellas, ni las consideraran como instrumentos para conseguir una transformación radical de la empresa, o del orden económico existente. Su actitud hacia ellas fue, sobre todo, instrumental, y moderada en sus objetivos, tal como muestra la evidencia disponible respecto a la afiliación y otros indicadores de la influencia sindical, así como la evidencia acerca de la percepción de los trabajadores de las conexiones políticas y las funciones de los sindicatos, su juicio sobre la actuación de los sindicatos y la acción colectiva en general, su participación en el debate intersindical, y su preferencia por el pluralismo institucional en la acción colectiva (es decir, simultaneando su apoyo a los sindicatos con la utilización de comités de empresa y de asambleas). Los datos se referirán principalmente a la encuesta de 1980, pero también haré mención a los estudios de 1978 y 1984.

Afiliación e influencia sindical

Cuatro son las características principales de la afiliación sindical de los obreros industriales españoles durante estos años. En primer lugar, el volumen de afiliación de los obreros industriales descendió dramáticamente entre 1978 y 1984. En 1978 la tasa de afiliación era de un 57,4 %; en 1980, de un 33,8 %; y de un 23 %, en 1984. La caída de 23 puntos desde 1978 a 1980 representó un descenso del 40 % respecto a la tasa inicial, mientras que la caída de 34 puntos desde 1978 a 1984 representó un descenso del 60 %. En segundo lugar, la afiliación se concentró (alrededor de un 80 %) en los dos sindicatos mayoritarios: CCOO y UGT. Dada la caída global de la afiliación, esta concentración implicó el colapso de la mayor parte de los sindicatos minoritarios (sobre todo los más militantes), con la excepción de algunos sindicatos nacionalistas, en particular aquellos relativamente moderados del País Vasco. En tercer lugar, dentro de los dos sindicatos mayoritarios hubo un moderado, pero significativo, desplazamiento de la afiliación desde CCOO hacia UGT (a pesar de que el primero consiguió mantener una ligera ventaja de afiliados entre los obreros industriales). En 1978, CCOO tenía más del doble de obreros industriales afiliados que UGT (31 *versus* 13,6 %). En 1980 los porcentajes estaban más próximos (16,3 *versus* 10,3 %), para acercarse aún más en 1984 (12,2 *versus* 7,9 %). Aunque CCOO siguió teniendo más afiliados que UGT en el sector industrial, el descenso de su afiliación fue mucho más acusado (CCOO perdió un 60 % con relación a su afiliación de 1978; UGT, un 42 %). En cuarto lugar, la caída de la afiliación en el sector industrial se vio desbordada por la caída de la afiliación en el conjunto de los asalariados, que se aceleró a lo largo del decenio. A finales de los ochenta, la tasa de afiliación sindical en España se situó en torno al 15 % de la población activa, una cifra similar a la francesa o norteamericana, pero considerablemente menor a las de otros países industriales, como Alemania (35 %), Italia (41 %), Inglaterra (46 %), Bélgica (59 %), o Suecia (85 %)[9].

---

[9] Según las estimaciones de Visser (1990) de las tasas de densidad sindical, contando únicamente los trabajadores empleados, en el período 1988-1989.

Pero no es suficiente conocer las tasas de afiliación para calibrar la influencia de los sindicatos. El área de influencia de una organización constituye una serie de círculos concéntricos, donde el grado, o la intensidad, de la influencia varía en razón inversa a la distancia del centro de la organización. En el caso de los sindicatos, cabe distinguir dentro de su área de influencia entre un núcleo de afiliados (donde su influencia es mayor), y una periferia de simpatizantes, votantes, o incluso testigos complacientes de la actividad sindical (donde su influencia es menor). Se trata de preguntarnos cuál es la extensión de estas dos zonas, y cómo ha variado con el paso del tiempo.

Se puede comenzar examinando con más detalle la situación en 1980. Ya hemos visto que la tasa de afiliación sindical del sector industrial era de un 33,8 %. Dentro de este núcleo de afiliados cabe, sin embargo, distinguir entre el núcleo propiamente dicho de los afiliados activos, o militantes, y un primer círculo concéntrico de afiliados pasivos. Disponemos de dos indicadores al respecto: la asistencia a reuniones sindicales durante los últimos doce meses (el 25 % de los afiliados asistió con frecuencia); y la participación en la última reunión a la que se asistió (el 18 % intervino en ella). Podemos simplemente tomar el primer indicador, y convenir la existencia de un núcleo de militantes compuesto por el 25 % de los afiliados, que corresponde al 8 % de los trabajadores; y de un primer círculo concéntrico de afiliados pasivos, compuesto por el 75 % de los afiliados, que corresponde al 26 % de los trabajadores. A éstos cabría añadir un segundo círculo de simpatizantes: el 20 % sobre el total de los obreros (un porcentaje similar en 1978, y un 34 % en 1984).

Si se considera que el área de influencia sindical está compuesta por la suma de afiliados y simpatizantes, este área se habría visto reducida drásticamente entre 1978 y 1980, bajando de un 77 % en 1978, a un 53 % en 1980, pero se habría estabilizado entre 1980 y 1984, cuando alcanzó el 57 % de los trabajadores. Dentro de este área se produjo una redistribución de fuerzas entre CCOO y UGT: en 1978 la relación fue de 2/1 a favor de CCOO; 1,3/1, en 1980; y de 1,2/1 en 1984. La esfera de influencia de CCOO abarcó el 40 % de los trabajadores (31, como afiliados) en 1978; y el 26 % en 1984 (12, como afiliados). En el caso de la UGT, en 1978 su esfera de influencia abarcó al 21 % de los trabajadores (13 como afiliados) en 1978; y el 22 % en 1984 (8, como afiliados).

Puede tener interés, sin embargo, contrastar estas estimaciones con otras construidas sobre la base de otros indicadores del área de influencia sindical. Por ejemplo, cabe pensar que la influencia sindical abarca a todos aquellos trabajadores que votaron por un candidato sindical en las elecciones para delegados, o representantes de los comités de empresa (en las llamadas «elecciones sindicales»). Hay dos modos de contabilizar el resultado de estas elecciones. El primero consiste en obtener los porcentajes alcanzados por candidatos sindicales, o no sindicales, sobre el censo electoral, incluyendo la abstención (y los «no sabe/no contesta»). Con esto se obtiene, en realidad, unas cifras de votantes a cada sindicato que viene a coincidir con las cifras de afiliados y simpatizantes antes mencionadas. El segundo consiste en obtener los porcentajes sobre la base del voto efectivo, excluyendo la abstención (y los «no sabe/no contesta»). Con esto se obtiene una distribución de voto que viene a coincidir con la distribución efectiva de delegados, y representantes, entre los sindicatos: 40 % para CCOO, y alrededor de un 29 % para UGT, en las elecciones que tuvieron lugar entre 1978 y 1980; y un 42 % para CCOO, y un 37 % para UGT, en las elecciones entre 1980 y 1984. Pero hay que tener en cuenta que estas elecciones sindicales sólo tuvieron lugar aproximadamente en la mitad de las empresas del país.

Según estas estimaciones, el área de influencia de los dos sindicatos mayoritarios abarcaría, aquellos años, entre un 40 y un 50 % de los trabajadores industriales. Sin embargo, debe tenerse en cuenta que la influencia real de los sindicatos en la vida laboral, y sobre todo en los procesos de huelga y de negociación colectiva, podría haber sido mayor que su influencia calculada sobre la base de las estimaciones anteriores, extendiéndose, de este modo, a colectivos obreros en empresas donde no hubiera habido afiliados a sindicatos, o no se hubieran celebrado elecciones sindicales.

Instrumentalismo moderado, y sus implicaciones

A pesar de la caída espectacular de la tasa de afiliación sindical durante estos años, no cabe deducir de ello un descenso paralelo en el apoyo de los obreros a los sindicatos. Hay evidencia de lo primero, pero no de lo segundo, puesto que la presencia sindical en las empresas fue considerable, y el papel de los sindicatos como negociadores de convenios lo fue aún más. En realidad, la caída de la afiliación puede ser compatible con el mantenimiento de un grado importante de apoyo, porque la actitud de los obreros hacia los sindicatos puede ser cada vez más instrumental. Esta actitud se basaría en el intercambio de apoyo obrero por servicios sindicales (sobre todo en la negociación de convenios), y aquel apoyo se calcularía en función del objetivo de obtener el máximo beneficio con el mínimo coste. Si los sindicatos fueran percibidos, efectivamente, como instrumentos de negociación, cabría obtener sus servicios a cambio de un apoyo muy limitado. Bastaría con votar a sus candidatos en las elecciones para los comités de empresa (siempre, por supuesto, que éstos reunieran cualidades de honestidad, eficiencia, etc.), y apoyarles en sus tareas de negociadores de los convenios. Para ello no sería necesario afiliarse al sindicato, ni comprometerse en una actividad sindical (Goldthorpe *et al.* 1968a, 1968b, y 1969). Esta sería una actitud intermedia entre la del militante comprometido, y la del *free-rider*. Una actitud muy diferente sería la de quien considerara a los sindicatos como portadores de un proyecto de transformación del orden social, o como expresión de un valor de solidaridad de clase; y se identificara con ellos, precisamente como modo de manifestar su compromiso con tales proyectos o tales valores.

Si la actitud dominante hacia los sindicatos es una actitud instrumental y no una actitud de identificación con ellos, y con sus proyectos, y sus valores, como creo que fue el caso en España, de aquí se derivan consecuencias importantes. Si mi interpretación es correcta, y si, por tanto, la extensión del área de influencia sindical se mantuvo a costa de su intensidad, esto habría afectado la capacidad de movilización de los sindicatos, al menos en lo que se refiere a objetivos no profesionales o estrictamente laborales (ya que la movilización de los simpatizantes es muy distinta de la de los militantes, o los afiliados identificados con los objetivos finales de la organización).

La forma en que se redistribuyó la afiliación entre los sindicatos podría servir como una primera corroboración de lo que acabo de decir. Los sindicatos mayoritarios continuaron siéndolo, porque los obreros valoraban la eficacia, y vinculaban esta eficacia con el poder sindical. Pero, dentro de los sindicatos mayoritarios, se operó una redistribución que benefició claramente a UGT, en contra de CCOO. Esto tuvo relación con un proceso de diferenciación entre las imágenes y las estrategias de UGT y CCOO, en los años críticos de 1978/1980, y los posteriores. La UGT cultivó una imagen de moderación realista, y de adaptación al orden de cosas existente; mientras que CCOO optó, hasta cierto punto, por una imagen de movilización, expresiva de proyectos de transformación, bien del orden de cosas existente, bien del marco de las relaciones industriales, bien de la fórmula de gobierno. Todo esto tendería a corroborar mi hipótesis de que, cuanto más se enfrentan los obreros con demandas sindicales para que se identifiquen con, o secunden, grandes proyectos de transformación social, tanto más se retraen los obreros, y cae la tasa de afiliación sindical. Y a la inversa, cuanto más se enfrentan con demandas de apoyo instrumental para conseguir mejores convenios, tanto más estable se mantiene su nivel de afiliación; y este argumento se ajusta todavía mejor a lo sucedido en el período posterior a 1982, tras el ascenso al poder del partido socialista, con quien la UGT pareció tener, durante un tiempo, una relación privilegiada.

Por tanto, los sindicatos parecieron ser no sólo instrumentos, sino además instrumentos para lograr objetivos relativamente moderados. Esta interpretación es corroborada por la evidencia relativa a la visión que los obreros tenían de los sindicatos y la empresa, su valoración de la acción colectiva, su posición en los debates intersindicales, y el uso que hicieron de varios mecanismos institucionales alternativos a los sindicales. Por supuesto, la visión de los trabajadores de la función de los sindicatos era compleja, e incluía la necesidad (para cerca de la mitad de los obreros) de que estuvieran presentes en los asuntos públicos, y de que intervinieran en asuntos de carácter general. Pero es necesario tener en cuenta la intensidad de sus preferencias por un tipo, u otro, de actividad, y de estrategia. Resumiendo la evidencia, cabe decir que sus preferencias se dirigían hacia una actividad sindical en la negociación colectiva (62 % en 1980; y 69, en 1984), y la provisión de servicios profesionales (56; y 58 %), antes que en la presión al gobierno (12; y 9 %); hacia unos sindicatos independientes de los partidos políticos (55 % a favor de la plena independencia *versus* 4 % a favor de su subordinación; 57, y 4 %, respectivamente, en 1984); hacia objetivos de moderado poder sindical dentro de la empresa; y hacia la consideración de la huelga como un instrumento que debía ser regulado (64 % en 1980; 73, en 1984), y considerado como un último recurso, subordinado a las negociaciones (77 % en 1980; 91, en 1984). Todo esto era congruente con el hecho de que el modelo de referencia de los trabajadores españoles era el ofrecido por los países capitalistas avanzados (61 % en 1980; 66, en 1984), y no el ofrecido por los países socialistas (6,3 % en 1980; y 5, en 1984); como era también congruente con la visión de los trabajadores acerca de la empresa (ver *supra*).

En efecto, los obreros manifestaron preferir muy en primer término sindicatos orientados hacia la negociación de convenios y el asesoramiento profesional, aunque también querían que hicieran acto de presencia a la hora de resolver los problemas económicos y sociales del país. En cambio, los obreros mostraron escaso interés en los objetivos sindicales de realizar movilizaciones sociales, y ejercer presión sobre la política del gobierno. De manera todavía más rotunda, los obreros rechazaron los vínculos estrechos entre los sindicatos y los partidos políticos, prefiriendo la fórmula: *«Los sindicatos deben ser independientes, pero pueden entrar en acuerdos ocasionales con los partidos políticos sobre temas concretos»,* frente a la fórmula: *«los sindicatos deben subordinar su estrategia a la estrategia de un partido político de su misma ideología»,* en una proporción de 8 a 1.

Así, los obreros esperaban de los sindicatos que éstos alcanzaran acuerdos, y firmaran convenios con la dirección de la empresa. Pero ¿con qué espíritu, y con qué reglas de procedimiento? Un indicio del espíritu es la fórmula que la mayor parte de los obreros dio por buena a la hora de precisar el objetivo que debían perseguir los sindicatos en su relación con la empresa. Como ya he indicado, preguntados si estaban de acuerdo con la frase, *«Los sindicatos deben conseguir los máximos salarios posibles, pero, al tiempo, deben hacerlo de modo que se produzca más para que haya más que repartir, sin tener que compartir la responsabilidad de la dirección»,* el 72 % se mostró de acuerdo con ella. Esta fórmula reflejaba un espíritu de limitada cooperación con la empresa, coherente con la visión que los obreros tenían de la empresa, discutida anteriormente. Otro indicio de la actitud moderada de los trabajadores respecto a las negociaciones con la empresa, fue su actitud ante los conflictos colectivos. Los obreros tendieron a juzgar estos conflictos con realismo, y a la vista de sus consecuencias; y, dependiendo mucho de cuáles pudieran haber sido éstas, en anteriores ocasiones, los obreros se mostraron más o menos dispuestos a embarcarse en nuevos conflictos. Pero también es significativo a este respecto examinar cómo percibían y valoraban la institución misma de la huelga. En principio, la huelga puede ser vista, bien como un instrumento a utilizar con energía cuando la relación de fuerzas sea favorable, de modo que el recurso a la huelga no debe estar limitado por regulaciones previas; bien como un último recurso al que se acude cuando fracasa la negociación, que debe reglamentarse para que se utilice ordenadamente. El hecho es que las percepciones y las orientaciones normativas de los obreros españoles ante la huelga se inclinaron, mayoritariamente, por la segunda alternativa, en congruencia con su actitud general de moderación. Se pidió a los trabajadores entrevistados que reflexionaran sobre dos pares de alternativas. En el primer par, la huelga se asociaba, por un lado, con las ideas de utilización enérgica, y de cálculo de fuerzas; y, por otro lado, con las ideas de último recurso, y de subordinación a la negociación. En el segundo par de alternativas, se asociaba la huelga, por un lado, con la idea de instrumento de defensa, que no debía ser regulado; y, por otro lado, con la idea de regulación legal y uso controlado de la misma. En cada par de alternativas, las dos primeras denotaban orientaciones 'radicales', tendentes a entender la huelga como una prueba de fuerza, mientras que las últimas alternativas denotaban orientaciones 'moderadas', tendentes al compromiso. Los resultados dejaron poco margen para la duda. La orientación moderada fue la orientación dominante. Combinando las dos respuestas se obtenía un abanico, cuyos extremos eran el formado por 'radicales consecuentes' (que preferían las primeras alternativas de cada par), y el formado por los 'moderados consecuentes' (que preferían las segundas alternativas de cada par). Pues bien, los 'moderados consecuentes' resultaron ser diez veces más numerosos que los 'radicales consecuentes': un 56 *versus* un 5,7 %. Todo esto parece congruente con las actitudes de los obreros, ya comentadas, ante el orden social (y su posición dentro de él); y los modelos ideales de sociedad, incluyendo sus juicios sobre diferentes países, que pusieron de manifiesto su preferencia por los países occidentales capitalistas sobre los países socialistas en una proporción de 10/1 en 1980 (y de 13/1 en 1984).

Y esta teoría de una actitud instrumental y moderada de los obreros es consistente, asimismo, con la valoración moderadamente crítica que éstos hicieron del comportamiento efectivo de los sindicatos; con el balance que hicieron de los convenios (y las huelgas); con su retraimiento ante los debates intersindicales; y con su preferencia por una variedad de instituciones de acción colectiva (un pluralismo institucional), que abarcaría tanto los sindicatos como los comités de empresa y asambleas. La valoración de los sindicatos se refirió a su actuación en los últimos doce meses. En 1980, de cada seis trabajadores, dos declararon que los sindicatos actuaron bien; tres, que actuaron regular; y uno, que actuaron mal. Cabe tomar estas respuestas como indicadores de que valoraciones ligera o moderadamente negativas predominaron sobre las positivas, reflejando actitudes críticas, distantes, o dudosas, que matizaron el voto a los candidatos sindicales en las elecciones, y el apoyo a los sindicatos en las negociaciones de convenio. Por su parte, la valoración de los convenios en general, arrojó un balance sólo ligeramente más positivo: el 39 % consideró que los resultados de los convenios eran razonables; el 38 % los consideró mediocres; y el 15 %, inaceptables.

También se pidió a los trabajadores que expresaran su opinión acerca de tres temas relativos al marco general de las relaciones industriales. Estos temas eran el Estatuto de los Trabajadores, el Acuerdo Marco Interconfederal de 1979 (AMI), y el tema de la pluralidad o la unidad sindical. La opinión sobre estos dos últimos temas estuvo influenciada por el debate entre los dos sindicatos mayoritarios, CCOO y UGT, el primero en contra, y el segundo a favor. Es necesario reparar en el hecho de que tanto el Estatuto como el AMI se plasmaron en textos largos, complicados, que abarcaban varios temas. Estos temas eran ambiguos, y permitían lecturas distintas, desde tres puntos de vista: el de su impacto sobre el marco, o la estructura formal, de las relaciones industriales; el de su impacto sobre la solución de los problemas inmediatos de la coyuntura económica y social; y el de su impacto sobre la relación de fuerzas entre comunistas y socialistas, tanto en el terreno sindical como en el político. Ahora bien, si se tiene en cuenta la complejidad del debate entre los sindicatos, y la débil identificación de los obreros con aquellas organizaciones, es fácil entender por qué la disposición de éstos a tomar partido en estos debates fuera también muy débil, y entender por qué aquellos debates no provocaron polarizaciones, sino incertidumbres y reticencias, por parte de los obreros. Sólo los obreros más implicados en la vida sindical tenían una opinión sobre estas materias, pero, en general, la proporción más alta fue la de quienes no opinaban (repartiéndose el resto en partes casi iguales, con algunos pocos más en favor de los pactos, y en contra del Estatuto). Sin embargo, no puede deducirse de aquí que los obreros no tuvieran opinión sobre cada uno de los temas contenidos en el AMI o el Estatuto; por ejemplo, sobre el sistema de relaciones industriales, o las soluciones posibles a la crisis económica. Podían tener, o no, opiniones al respecto. Lo que ocurre es que los debates sindicales mezclaban o confundían estos y otros muchos elementos, y convertían el AMI y el Estatuto en símbolos polisémicos y ambiguos, cuya ambigüedad los sindicatos pretendían simplificar tratando de conseguir un apoyo o una condena global de los mismos por parte de los trabajadores, y tratando de convertir este apoyo o rechazo del AMI y el Estatuto en un símbolo de identificación con el sindicato en cuestión.

El tema de unidad o pluralidad del movimiento obrero es, también, complejo. Y sólo puede entenderse, una vez más, en el contexto del juego de estrategias de los sindicatos mayoritarios. La situación era la de dos sindicatos (casi) en paridad de fuerzas, que se repartían la mayoría del territorio, compitiendo entre sí, pero tratando al mismo tiempo de asegurar su duopolio a expensas de los sindicatos minoritarios. Al encarar el tema de unidad o pluralidad sindical, los obreros se encontraban enfrentados con tres tipos de declaraciones, y actitudes, por parte de los sindicatos. En primer lugar, al nivel de la formulación de ideales, o valores abstractos, todos los líderes sindicales reconocían la deseabilidad, en un futuro indefinido, de la unidad de la clase obrera (un reconocimiento quizá más enfático por parte de CCOO). En segundo lugar, al nivel de la política general de cada sindicato, existía por parte de todos los líderes sindicales una defensa de la especifidad de cada sindicato, sus siglas, su historia, su estrategia, sus tácticas, que diferenciaba unos de otros (y esta defensa de la especifidad de cada sindicato era más enfática en el caso de la UGT). En tercer lugar, al nivel de la conducta efectiva de los sindicatos en las empresas, se observaba un juego ambiguo y cambiante, de unidad de acción, o de énfasis en la diferencia y en la rivalidad, según las circunstancias. En estas condiciones se pidió a los trabajadores que mostraran sus preferencias por una de estas dos frases: *«Los trabajadores tenemos todos los mismos intereses y problemas. Una sóla central sindical nos representaría y nos defendería mejor»;* o *«Aunque los trabajadores tenemos todos los mismos intereses, puede haber distintas formas de entender esos intereses, y por tanto debe haber varias centrales sindicales que representen las distintas maneras de pensar».* Formulada así la pregunta, las respuestas se repartieron en 1980 bastante equilibradamente, con ligero predominio de un 52 % a favor de la primera frase, sobre el 43 % a favor de la segunda (en 1984, el ligero predominio se invirtió, siendo de 45 y 51, respectivamente).

En general, lo que se observó en el campo de la acción colectiva fue la preferencia de los trabajadores por un pluralismo institucional. Los obreros respaldaban los dos sindicatos mayoritarios, en competencia el uno con el otro, pero también estaban interesados en otros mecanismos para la acción colectiva, tales como los comités de empresa y las asambleas. Sabemos que, en 1980, en aquellas empresas donde se habían celebrado elecciones para el comité de empresa (esto es, entre el 40 y 50 % de las empresas), los obreros votaron en su gran mayoría, con una tasa de abstención de alrededor del 24 %. Esto representaba una tasa de participación importante, y sugiere un grado de interés moderadamente alto en la institución, confirmado por dos hechos: el 10 % de los obreros de las empresas donde hubo elecciones había formado parte en algún momento de estos comités; y el 24 % estaba dispuesto a aceptar (de nuevo) una responsabilidad semejante. Por su parte, los obreros distinguían claramente estos comités de los sindicatos, y, así, a la hora de elegir los miembros de los mismos, afirmaban inequívocamente prestar atención especial a las cualidades personales de los candidatos (el 93 % en 1980), y, en particular, a su integridad y su honestidad personal, y no al hecho de que estuvieran respaldados por un sindicato (el 5,5 %). Sin embargo, lo cierto es que la gran mayoría de los candidatos elegidos fueron presentados como candidatos sindicales de los dos sindicatos mayoritarios; y que estos comités han solido operar como complementarios con los sindicatos (repartiéndose con ellos las responsabilidad por la negociación colectiva), y no en oposición a los mismos.

Por lo que se refiere a las asambleas, los obreros las concedían gran importancia en tanto que instituciones que facilitaban el intercambio de información, y la manifestación de conductas expresivas de solidaridad, pero no como instituciones que tomaran decisiones, o, más específicamente, protagonizaran las negociaciones de los convenios. Que las asambleas pudieran satisfacer una necesidad de intercambio de información, y un sentimiento de 'estar juntos', como expresión de solidaridad y comunidad, lo corrobora el hecho de que los trabajadores valoraban muy positivamente las asambleas como lugar de reunión, y discusión (94 % en 1978; 91, en 1980; y 93, en 1984); pero tenían grandes dudas sobre la idoneidad de sus procesos de decisión, considerando la mayoría de los trabajadores que la mayor parte de los participantes en las asambleas desconocía la naturaleza de los problemas que se debatían, y no participaban activa y genuinamente en ellas.

En resumen, la imagen que puede describirse a partir de la evidencia acerca de las relaciones entre los trabajadores y los sindicatos españoles durante los años estudiados, no puede ser aprehendida simplemente bajo los conceptos de representación o intermediación de intereses. El uso de estos conceptos implicaría hacer aseveraciones sobre una virtual identificación de intereses y orientaciones entre obreros y sindicatos, y sobre la capacidad de estos últimos para ejercer liderazgo sobre los trabajadores, conformar sus demandas y movilizarles, que no estarían respaldadas por los datos disponibles. El hecho es que los obreros y los sindicatos españoles estaban envueltos en una relación compleja, donde unos y otros tenían su propia visión de la situación, su propia definición de sus intereses, y sus propias orientaciones cognitivas y normativas, mientras que, al mismo tiempo, los unos estaban dispuestos a valerse de los otros, a adaptarse a los otros, y, en su caso, a depositar en ellos un grado limitado de confianza.

Las actitudes de los trabajadores eran diferentes de las de los sindicatos en cuanto que podían ser consideradas como más moderadas (y este es un adjetivo ambiguo cuyo significado he tratado de ir aclarando en las páginas anteriores) que las de los sindicalistas. Y los sindicalistas eran muy conscientes de que esto era así, aunque este hecho pudiera no agradarles (Fishman 1990, 43 y ss.). Por lo demás, los trabajadores mostraron su moderación en sus relaciones mismas con los sindicatos, dejando de votar a los sindicatos más radicales (como la CSUT y el SU: sindicatos conocidos y activos a finales de los años setenta); y empujando a los sindicatos mayoritarios hacia una posición de relativa moderación. Enviaron también, tanto a CCOO como a UGT, mensajes muy claros en el sentido de que querían que se distanciaran de sus respectivos partidos políticos: algo que los sindicatos comenzaron efectivamente a hacer, o a mostrar que tenían intenciones de hacer, a principios de los años ochenta. Los obreros también pusieron de manifiesto su preferencia por una pluralidad de instituciones, y no sólo por los sindicatos, como mecanismos de acción colectiva; y su preferencia por delegados o miembros de comités de empresa que fueran, sobre todo, personas de su confianza, y sólo secundariamente, personas de la confianza de los sindicatos. Al mismo tiempo, y aun cuando CCOO y UGT escucharan y se adaptaran a estas demandas, los trabajadores hicieron patente su falta de disposición a convertirse en afiliados a los sindicatos. Se conformaron con un apoyo real, pero limitado, consistente en votar sus candidatos en las elecciones sindicales, y permitirles que negociaran los convenios colectivos (o se embarcaran en otras actividades) en su nombre. Dos argumentos complementarios podrían explicar este apoyo limitado, pero real. En consonancia con la teoría instrumentalista, los trabajadores podrían pensar que la menor moderación retórica, o el relativo radicalismo de los sindicatos era indicio de una disposición altruista, o una disposición de lucha, que convenía a sus propios intereses. De este modo, los trabajadores estarían agradecidos por, y preparados para, explorar estas disposiciones de los sindicatos, sin experimentar, por lo demás, sentimientos de culpa, ya que podrían pensar que a los altruistas les fascina que se les dé la oportunidad de dar muestras de, y de ejercer su altruismo, y que no suele haber personas tan altruistas que no se sientan asimismo dichosas si alcanzan posiciones de influencia o de poder, como las que alcanzarían, en un grado u otro, los líderes sindicales. Además, podían pensar que la alternativa a este tipo de sindicalistas podía ser mucho peor: la de organizadores profesionales bien remunerados, de quienes siempre podría sospecharse que estaban orientados hacia la persecución, sobre todo, de sus propios intereses, haciendo, por ello, todo tipo de concesiones a la empresa.

Pero una versión más compleja de la teoría instrumentalista puede también acomodar un segundo argumento, que complementaría la explicación anterior. Según éste, podría considerarse a los sindicatos como depositarios o encarnaciones de un capital acumulado de confianza, que habrían heredado de luchas o experiencias pasadas. Intervendría en este caso una memoria colectiva, capaz de ofrecer a los trabajadores argumentos con los que defender sus intereses, y con los que construir una interpretación de sentido común acerca de su situación, con el añadido de cierta fuerza retórica y cierta dosis de persuasión moral, que de otra forma no existirían. Esta podría ser una de las razones por las que la conversación tradicional entre los sindicatos y los trabajadores, al tiempo confusa e intensa, no puede agotarse fácilmente; y una de las razones por las que los trabajadores siguen mostrando su adhesión, limitada, condicionada, y sin embargo auténtica, a los sindicatos. Este será el tema que exploraré en el siguiente, y último, capítulo.

Capítulo VI
LAS INCERTIDUMBRES DE LOS SINDICATOS, LAS AMBIVALENCIAS DE LOS TRABAJADORES Y SU DIMENSION MORAL

La esfera pública es el *locus* de un debate entre una pluralidad de individuos y actores sociales a quienes se requiere que argumenten sus intereses particulares en el marco de un razonamiento sobre el bien común. La defensa de aquellos intereses particulares debe estar inserta, por tanto, en el contexto de unas justificaciones generales de determinadas políticas públicas e instituciones políticas, y debe ser hecha teniendo en cuenta el modelo de sociedad bien ordenada consistente con tales políticas e instituciones. Se espera, además, que estos argumentos sean puestos en práctica por quienes los proponen, y se traduzcan en políticas efectivas, *mores*, o tradiciones. En consecuencia, se supone que tales argumentos surgen a partir de una actitud no tanto de distancia, cuanto de compromiso. No son declaraciones meramente teóricas, de argumentadores desinteresados, sino juicios prudentes y propuestas prácticas de participantes comprometidos. La capacidad de estos participantes para escuchar los argumentos de los demás, y comprender las experiencias subyacentes a sus argumentos, es siempre limitada, aunque los límites pueden desplazarse y cambiar a lo largo del tiempo, para bien o para mal. En estas circunstancias sólo cabe esperar que el aprendizaje colectivo a través del debate público sea una empresa difícil, y siempre precaria.

Al menos en principio, las reglas del juego de la esfera pública tienden a excluir la atribución de una voz privilegiada a agentes o instituciones específicas. Esto se refiere, ante todo, al estado mismo, el cual, en vez de ser el agente encargado de proporcionar una definición autorizada del bien común (o expresar un consenso moral y político sobre las políticas y las instituciones), debe conformarse con ser uno más, entre los muchos participantes en el debate. Además, el estado es uno de los temas centrales de ese debate. De esta forma, la esfera pública es la arena donde se pondera y se discute el limitado papel del estado como proveedor de servicios y agente coercitivo, y como actor sobre la escena del teatro público (ver capítulo 2).

Pero estas consideraciones se aplican no sólo al estado, sino también a todos y cada uno de los agentes y las instituciones de la sociedad civil, tales como la iglesia, las élites regionales, los empresarios, las profesiones, y los sindicatos y los trabajadores, entre otros[1]. Sus voces pueden ser cruciales, pero su papel es, y debe ser, limitado, a la hora de dar contenido y formar la esfera pública. En el momento de evaluar la contribución de estas voces, debemos tener en cuenta asimismo, por otra parte, la complejidad interna de cada una de ellas. Y así ocurre, en particular, que la voz del 'mundo del trabajo', sindicatos y trabajadores, es más bien una polifonía de voces, con grandes dosis de caos, las cuales están vinculadas a diferentes tradiciones, y están envueltas en un debate interno.

Entre estas controversias internas destaca aquella que se refiere a la pretensión de los sindicatos y los partidos de la tradición socialista (entendida en sentido amplio, como opuesta a la tradición anarquista) de que su voz sea considerada como la voz y la representación de la clase de los trabajadores: una clase definida generalmente con gran latitud, y cuyas fronteras pueden abarcar desde un núcleo de obreros manuales de la industria y de la construcción, hasta el conjunto de toda la población asalariada. Se trata, en realidad, de una pretensión, bastante frecuente en otros muchos campos, similar a la pretensión de los representantes políticos de ostentar la 'representación virtual' del electorado, y de la iglesia de hablar en nombre de todos de los creyentes[2].

---

[1] Véase el capítulo 3 para una discusión sobre la voz de la iglesia española. También Pérez Díaz (1987, 127-175) para una discusión de la voz de los empresarios. En el mismo trabajo (pp. 261-353) hay una reflexión sobre la voz de la profesión médica, y de la profesión educativa. Una reflexión sobre el mismo tema aplicado al caso de los campesinos castellanos, en Pérez Díaz (1992a).

[2] Ver una referencia a, y una ilustración del debate acerca del carácter virtual o implícito de la representación en la arena política, en Bailyn (1967, 167).

Según esta pretensión, existiría una identidad virtual de intereses, y orientaciones morales y cognitivas, entre los líderes y cuadros sindicalistas (como 'representantes'), los afiliados a los sindicatos (o 'representados electores'), y los miembros, en general, de la clase trabajadora (como 'representados pero no electores'). Debe observarse que la aceptación generalizada de la idea de que los sindicalistas, y por extensión, los sindicatos, son los representantes virtuales de la clase trabajadora en su conjunto, ha permitido que los sindicatos disfrutaran de un peso moral añadido, y una estatura moral considerable en la esfera pública. De aquí que los sindicatos hayan sido vistos, con frecuencia, como algo más que meros grupos de interés, concediéndose a su voz una significación especial. De hecho, durante mucho tiempo, los sindicatos han sido, y aún son, en menor medida, los portadores de proyectos morales más bien extraordinarios, que han sido compartidos o reconocidos como tales, de forma tácita, o explícita, por amplios segmentos de la población. Intentaré en este capítulo llamar la atención sobre la complejidad interna y la ambigüedad moral de la voz de los sindicatos, y sobre el hecho de que, en las presentes circunstancias, aquella teoría de la representación virtual, o la delegación tácita (ver *infra*), no resulta plausible, de donde se sigue que los sindicatos se enfrentan con una serie de crisis de representación; e intentaré hacerlo con referencia a la situación de sindicatos y trabajadores en el conjunto de Europa occidental durante las últimas décadas.

En este capítulo, se van a examinar, por tanto, algunas cuestiones generales acerca de la voz y la 'conciencia' de sindicatos y trabajadores, en unas circunstancias históricas precisas, caracterizadas en buena medida por una economía en transformación, la cual no es, a su vez, sino una parte, y una pieza clave, en el escenario de un mundo en plena mutación. Mantengo, asimismo, que en las actitudes y conductas de los sindicatos y los trabajadores existe una importante dimensión moral, de modo que la crisis actual ha precipitado y puesto en primer plano una serie de dilemas morales que subyacen a sus incertidumbres estratégicas. Y esto es así porque la crisis del capitalismo, de la que se habló tanto a lo largo de los setenta y los primeros años ochenta, puso de manifiesto, paradójicamente, la crisis aún más profunda de los críticos del capitalismo. En un momento de máxima vulnerabilidad del orden capitalista, sus críticos mostraron su falta de capacidad y de voluntad para derrumbarlo, o sustituirlo, al menos, con una variante del capitalismo que supusiera un cambio cualitativo del mismo, o que le orientara en la dirección de alguna forma de socialismo. Derrumbarlo o transformarlo, parecían haber sido siempre, sin embargo, las intenciones de los sindicatos y los partidos socialistas europeos, fueran marxistas o revisionistas, al menos según rezaban sus declaraciones de principios. Su ideal se encarnaba en un nuevo proyecto de sociedad, que era una alternativa a la sociedad existente. A pesar de todos los compromisos impuestos, a lo largo del tiempo, por lo que cabe llamar el principio de la realidad, aquellas organizaciones difícilmente podían renunciar a ese ideal, convertido en un signo de identidad. En medio de cambios continuos de coyuntura histórica, de generaciones, de tácticas políticas, de estructura organizativa, de aliados y de adversarios, los sindicatos necesitaban un referente fijo e inmutable, con objeto de preservar ese sentimiento de identidad. Este punto de referencia consistía en una memoria colectiva de luchas, victorias, derrotas, treguas, y compromisos, que estaba organizada precisamente en torno a una continuidad de propósitos, ideales y principios. A falta de ello, se temía que, en el seno de las organizaciones obreras, pudiera difundirse un sentimiento de desconcierto, de pérdida de dirección, o de sentido. Semejante pérdida haría muy difícil la movilización de las energías morales necesarias para tener éxito en la lucha sindical, poniendo en cuestión el sentimiento de confianza de las masas en sus líderes, y el sentimiento de seguridad de estos líderes en sí mismos.

Por esta razón, una parte importante de la cultura de un llamado proyecto alternativo de sociedad ha sobrevivido a los cambios históricos y las experiencias de compromiso de los últimos cien años. Ha sobrevivido en los *ritornelli* retóricos de los discursos, los cantos, las banderas, los puños en alto, las declaraciones de los congresos, los textos de los cursos de formación de los militantes, las hojas de propaganda. A veces, como evocaciones nostálgicas del pasado; a veces, como apelaciones a una utopía de futuro. Es decir, ha sobrevivido como piezas, numerosas e importantes, del discurso exhortativo y valorativo de las organizaciones en cuestión.

Por razones que ahora no es el caso explicar, esta cultura de un proyecto alternativo de sociedad o, para abreviar, esta cultura de izquierda, ha tenido, y tiene, mayor vitalidad e importancia en Europa occidental, que en Estados Unidos, o Japón. También, curiosamente, ha sido en Europa donde la vulnerabilidad objetiva del modelo existente de sociedad ha parecido mayor en el último cuarto de este siglo. Esto quiere decir que, en comparación con otros escenarios del mundo capitalista, el escenario europeo ha sido un área de mayor riesgo, donde la voluntad subjetiva y las oportunidades objetivas para una transformación radical han sido mayores. Europa es, así, un caso límite donde explorar la importancia relativa de los factores culturales a la hora de explicar las estrategias de los agentes políticos y sociales, así como los procesos de conservación, y cambio, de la estructura socioeconómica existente.

Ahora bien, a la hora de explorar este factor cultural relativo a las actitudes y las conductas de los sindicatos y trabajadores *vis-à-vis* el sistema económico, es indispensable distinguir claramente las cogniciones y los valores morales de cada uno de estos dos actores, con objeto de evitar la falacia implícita en expresiones como 'mundo del trabajo', 'movimiento obrero', o 'clase obrera' (en el sentido marxista o lukacsiano de 'clase para sí', que incorpora las organizaciones obreras en la definición de clase; al respecto, ver Lukacs 1960). Estas expresiones confunden dos grupos que son diferentes (aunque, dependiendo de las circunstancias, estén más o menos interrelacionados): por un lado, las organizaciones, o, más bien, los líderes, cuadros, y militantes de tales organizaciones; por otro lado, los trabajadores, que constituirían las bases sociales de las organizaciones, en acto (los afiliados), o, supuestamente, en potencia (aquellos trabajadores susceptibles de apoyar estas organizaciones, o de sentirse representados por ellas).

Los comentarios que siguen toman a Europa como contexto de referencia y, en ellos, tras un breve recordatorio de las circunstancias que condujeron a la crisis actual, analizaré las dos dimensiones de aquella voluntad subjetiva a la que antes me referí: las incertidumbres estratégicas de los sindicalistas (dirigentes y cuadros, y buena parte de los militantes activos), y las actitudes ambivalentes de los trabajadores mismos (que resultan finalmente en una actitud de moderación). Por último, haré referencia a los dilemas morales implícitos en estas incertidumbres y ambivalencias.

La vulnerabilidad objetiva de Europa puede medirse en términos de la crisis económica, y otras dificultades políticas y económicas asociadas a la crisis (ver el capítulo 2). Las economías europeas, en su conjunto, sufrieron una crisis prolongada desde comienzos de los años setenta hasta mediados de los ochenta, la cual trajo consigo tasas considerables de inflación y de desempleo. El repertorio de los factores causales originales de esta crisis es complejo; y en él se incluyen contracciones de la demanda de determinados productos, incrementos de las tasas de interés, incrementos de los costes energéticos y aumentos de los costes laborales. La crisis, a su vez, afectó a los flujos de formación bruta de capital, poniendo en cuestión un crecimiento sostenido del sistema, que fuera capaz de absorber el paro. Esto ocurrió, además, en un momento de intensificación de la competencia en los mercados internacionales (entre Europa, Japón, Estados Unidos, y los nuevos países industrializados), y de aceleración en el ritmo de innovación tecnológica. La clave del descenso de la capacidad productiva parecía residir en una serie de desincentivos a la inversión, entre los que se solían destacar tres: los incrementos excesivos de los salarios reales, la falta de flexibilidad interna y externa del mercado de trabajo, y el peso desproporcionado del sector público. En consecuencia, para la superación de la crisis, los gobiernos deberían contener el crecimiento de los salarios, absteniéndose, asimismo, de aplicar políticas fiscales o monetarias que pudieran favorecer la inflación, y crear dificultades en las balanzas de pagos. También deberían introducir mayores niveles de flexibilidad interna y externa en los mercados de trabajo, y reducir el peso del sector público.

Ahora bien, de ser aceptadas, estas conclusiones ponían en cuestión el compromiso social que fue el cimiento social del capitalismo reformado y del estado del bienestar europeo de los años posteriores a la II Guerra Mundial. Bajo este compromiso, los sindicatos y los partidos socialdemócratas fueron capaces de conseguir aumentos de la capacidad adquisitiva de los trabajadores; una red de regulaciones cada vez más densa, que limitaba la autoridad empresarial; y aumentos de los salarios sociales, o indirectos, a través de incrementos en los gastos de seguridad social, y otras transferencias. Todos estos logros fueron considerados, bien conquistas sociales, bien parte de un compromiso social, cuya contrapartida era la aquiescencia de los trabajadores con el sistema capitalista. Este compromiso fue el principio regulador implícito de las confrontaciones electorales entre los grandes partidos, y, en general, de la estabilidad y funcionamiento de la economía y de la sociedad europea, conteniendo los conflictos de interés, y garantizando cierta continuidad política a pesar de los cambios de gobierno. En países y épocas determinadas, este compromiso se manifestó explícitamente, a través de pactos o contratos, acuerdos consociacionales, grandes coaliciones, o instituciones neocorporatistas. La crisis económica, por lo tanto, afectó no sólo a la economía, sino a compromisos y entendimientos que habían sido cruciales para el mantenimiento del tejido social durante un largo período de tiempo.

Pareció, además, a medida que la crisis se desplegaba, que ésta había llegado en un momento de vulnerabilidad considerable de las propias instituciones políticas. Esta vulnerabilidad política era el resultado de la confluencia de varios factores, algunos de los cuales, con el paso del tiempo, demostraron ser sólo transitorios. Entre ellos hay que señalar, en primer lugar, la mayor vulnerabilidad geopolítica de Europa, en tanto que región frontera entre el Este y el Oeste, debido al aumento de las tensiones a finales de los setenta y principios de los ochenta como consecuencia inmediata del rearme defensivo de la OTAN, y la prolongada crisis polaca, que terminaron resolviéndose a finales de los ochenta. En segundo lugar, las dificultades en la construcción de la Europa comunitaria, como efecto de problemas internos, sobre todo de carácter agrario y financiero, pero también de problemas relacionados con el proceso de ampliación de la CE a Grecia, Portugal y España; que dieron paso, sin embargo, a un clima de euforia y optimismo en la segunda mitad de los años ochenta. En tercer lugar, los problemas de gobernabilidad de muchos países, que parecieron aumentar como consecuencia de conflictos distributivos, movimientos sociales de varios signos, y tensiones regionalistas, o nacionalistas. A todo ello, cabe añadir, en la Europa del Sur, las experiencias problemáticas de una llamada democracia difícil, como Italia, y de las transiciones democráticas de España, Grecia, y Portugal.

El resultado final de todo esto fue un clima emocional e intelectual complejo e inestable, donde el conjunto del orden establecido perdió el aspecto de naturalidad, que había alcanzado a lo largo del período posterior a la II Guerra Mundial, como consecuencia de una prolongada experiencia de democracia liberal, estado de bienestar, y capitalismo próspero (ver el capítulo 2). Este dejó de ser considerado como un orden dado, que se pudiera dar por supuesto. Su fundamento, en un consenso renovado por parte de la sociedad, quedó al descubierto, y con ello, lo que hasta entonces había sido en gran medida implícito, hubo de ser hecho explícito. Tal vez esta fue una de las razones principales del auge de los pactos corporatistas (o los intentos para llegar a este tipo de acuerdos) durante este período, ya que, aun cuando las gentes no estaban seguras de que con ello se resolvieran los problemas económicos, sentían la necesidad de hacer explícita su voluntad de entendimiento y entendían que ello fortalecería la cohesión social (a este respecto, ver el capítulo 4).

En general, cabe decir que, en condiciones normales, las bases culturales de las estructuras económicas, sociales y políticas suelen ser dadas por supuesto. Ello produce la impresión de un cuasi determinismo estructural, o de una autonomía (relativa) de la economía, la sociedad y la política, respecto a las orientaciones cognitivas y valorativas de la sociedad. Pero, en los momentos de crisis, se observa justamente lo contrario. Que las estructuras se mantengan o se modifiquen depende, entonces, de la definición que los actores hagan de la situación: cómo la expliquen y cómo la valoren, qué alternativas vean, qué consecuencias prevean a los diferentes cursos de acción, qué decisiones tomen, y qué recursos morales movilicen para apoyar una, u otra, decisión. Tales actores son, por otro lado, en último término, sujetos individuales, dado que las organizaciones mismas dependen de, y están obligadas a confiar en el compromiso que sus miembros mantienen con ellas, ya que, en tales circunstancias, ni la existencia, ni la identidad, ni la estrategia de esas organizaciones pueden ser ya dadas por supuesto. Y aunque, incluso entonces, no todo es posible para los individuos, ni para las organizaciones, es evidente que, en una coyuntura de turbulencia, el abanico de esas posibilidades se descubre mucho mayor de lo habitual.

En la Europa occidental el abanico de posibilidades de evolución del sistema socioeconómico, incluía varias opciones. Una, era mantener la trayectoria del capitalismo reformado, el estado del bienestar, y lo que algunos han llamado el modelo socialdemocrático de la posguerra[3]. Otra, era empujar drásticamente esta trayectoria por encima de sus límites habituales, dando la primacía al sector público, y estableciendo un nuevo equilibrio en la relación de fuerzas socioeconómicas a favor de los sindicatos (a través de la expansión del poder sindical bien en las empresas, bien en la vida económica del país), como sugirieron los sindicalistas suecos e italianos, a finales de los años setenta[4]. Otra, invertir aquella tendencia, e iniciar una trayectoria neoliberal, reduciendo la importancia de la regulación estatal, el sector público, y los sindicatos. Y otra, finalmente, elegir alguna forma híbrida de socialdemocracia y neoliberalismo, adaptándola a la situación de cada país, en cada momento (ver capítulos 2 y 4).

---

[3] Aceptado básicamente por la mayoría de los partidos cristianodemócratas y conservadores (en la línea del «butskelismo»: Douglas 1983).

[4] Por ejemplo, en la línea EUR (Martin y Ross 1980).

Estrategias e incertidumbres morales de los sindicatos

Enfrentados con aquellos retos, y aquella ampliación del abanico de sus opciones, los dirigentes, cuadros, y militantes activos de los sindicatos europeos mostraron signos de profunda incertidumbre. Porque es necesario recordar que, a pesar del avance general de las tasa de sindicalización de los años setenta (Visser 1984 y 1990), de la intensificación relativa de los conflictos industriales durante esa década, de las mejoras legislativas concedidas a los sindicatos, de los incrementos sustanciales del sector público, y de algunos avances en el desarrollo de instituciones neocorporatistas (Therborn 1984), sin embargo, el escenario para la acción sindical se había complicado y ensombrecido considerablemente durante la primera mitad de los setenta, y, especialmente, la primera mitad de los ochenta (Baglioni y Santi 1985).

En primer lugar, la agregación de los intereses básicos de los diferentes tipos de asalariados se hizo mucho más difícil. Con las altas tasas de desempleo de estos años, una parte sustancial de los trabajadores quedó, bien al margen de la economía formal (en el paro, o en la economía subterránea), bien dentro de ella, pero en una situación precaria. Y esto ocurrió en casi toda Europa, abriéndose así una brecha entre los intereses de los ocupados en puestos relativamente estables, y los intereses del resto de los trabajadores. Pero, incluso los intereses de la población ocupada en la economía formal fueron cada vez más difíciles de agregar. El grado de diferenciación interna y heterogeneidad de la economía aumentó. La crisis afectó de modo muy distinto a los diferentes sectores, subsectores, y tipos de empresa. Las dificultades de una parte del sector público y de los sectores industriales tradicionales contrastaron con las oportunidades de crecimiento de otras empresas, como resultado de distintos ritmos de innovación tecnológica, capacidad de atracción de capital internacional y de penetración en mercados exteriores. A su vez, esto creó diferencias entre los colectivos obreros de empresas en expansión, y los de empresas en dificultades. Además, las diferencias de interés se agudizaron entre las distintas categorías de trabajadores, según su ocupación, y su cualificación profesional; por ejemplo, entre técnicos y obreros muy cualificados, ocupados en investigación, desarrollo, diseño, mantenimiento y venta, de un lado, y trabajadores semicualificados, ocupados en producción y administración, de otro.

En los años setenta, había podido observarse una tendencia hacia una contratación centralizada de los salarios, que homogeneizó el trato dado a diferentes sectores, empresas, y categorías profesionales, reduciendo sus abanicos salariales. Pero esta tendencia chocó, más tarde, con los intereses de los asalariados en condiciones de exigir salarios más altos, cuyos intereses convergían con los de los empresarios, tratando de llegar a acuerdos específicos con su personal, o su sindicato de empresa. Y esta coincidencia de intereses fue facilitada por el hecho de que los órganos de representación obrera en las empresas más importantes habían sido reforzados en los años inmediatamente anteriores (Streeck 1984). Más aún, el proceso de diferenciación de los intereses de los asalariados por sectores, tipos de empresa, y categorías profesionales, no se limitó a los salarios, sino que afectó también al funcionamiento del mercado interno de trabajo, la organización, las condiciones, los tiempos y los ritmos del trabajo mismo. Todo esto era algo que dependía ahora, cada vez más, de las condiciones particulares de cada empresa, y que los empresarios tenían interés en discutir, caso por caso.

En tales circunstancias, sucedió que los sindicatos no sólo tuvieron dificultades crecientes en la agregación de los intereses de los trabajadores, sino que sus dificultades fueron, también, muy considerables a la hora de formular un diagnóstico de la situación, y construir una argumentación moral para reforzar su apelación a la movilización de las masas. La defensa de los intereses de (casi) todos los asalariados requería algo más que agregar sus intereses, tal como venían formulados por las bases. Requería un diagnóstico global, que permitiera amortiguar las diferencias entre los intereses de unos y otros, haciéndoles compatibles con un proyecto de política económica y social a medio plazo. Y es aquí donde pudo observarse, en el seno de los sindicatos, una grave crisis moral e intelectual, que fue en parte reflejo y resultado de una crisis paralela de los partidos correspondientes.

Muchos sindicalistas apenas se atrevían a creer ya en la posibilidad de realizar los proyectos de la época anterior. A lo largo del período posterior a la II Guerra Mundial, los sindicatos y los partidos socialistas habían llegado, como ya he dicho, a un compromiso con el capitalismo. Esto significa que el vestigio de un reconocimiento retórico del ideal de la superación del capitalismo, era, en la práctica, compatible con el reconocimiento del principio de la realidad: un entendimiento con el capitalismo, dada la capacidad de éste para incorporar reformas, mejorar el poder adquisitivo de los trabajadores, garantizar el puesto de trabajo, reducir desigualdades y ampliar los mecanismos de voz de los trabajadores. Este compromiso era compatible, por lo tanto, con el proyecto de mejorar las condiciones dentro del capitalismo, ampliando las conquistas sociales de las masas y los ámbitos de poder de los dirigentes sindicales, y los partidos de izquierda. Ahora bien, este proyecto, que parecía factible en una fase de crecimiento económico y pleno empleo, dejó de parecerlo en las circunstancias de la crisis económica.

Sucedió, sin embargo, que, a pesar de todo, muchos sindicatos siguieron presionando en la dirección de aquellos proyectos durante la segunda mitad de los años setenta. Consiguieron, por un tiempo, algunas victorias en sus tratos con partidos socialdemócratas reticentes (el partido laborista inglés, o el socialdemócrata alemán), o con partidos liberal-conservadores (los gobiernos burgueses suecos de 1976/1982, los democristianos italianos, o la UCD española). Pero el resultado de sus victorias fue, a medio plazo, el contrario a sus intenciones. Los gobiernos que hicieron concesiones vieron empeorar los resultados de sus políticas económicas, y perdieron el poder; de modo que, finalmente, se adoptaron políticas más firmes de disciplina monetaria y financiera y de austeridad económica. En el centro y en el norte de Europa, esto supuso la derrota de los socialdemócratas, o, en el caso de la socialdemocracia sueca, una nueva oportunidad para ser mucho más cautos en la ejecución de la política económica. En el sur, el espejismo de un eurosocialismo escorado a la izquierda dio paso a gobiernos socialistas con políticas económicas ortodoxas (después del breve experimento semirradical de Miterrand en 1981/1982), como único medio de asegurar sus posibilidades de reelección, hasta el punto de ignorar, si era preciso, las instituciones neocorporatistas (Berger 1985a).

Además del fallo de su repertorio de políticas y diagnósticos, también pareció fallar en esos momentos a los sindicatos su ímpetu moral. En el momento crítico de la lucha por la defensa de las conquistas sociales logradas hacía treinta o cuarenta años, les faltó la fuerza moral, y se agotó su fondo de recursos de indignación moral, excepto, quizá, en sectores y comunidades aisladas o relativamente marginadas (como se mostró con ocasión de la huelga minera del Reino Unido de 1984/1985). Sin embargo, este componente había sido característico del sindicalismo (y los partidos socialistas en general) desde sus orígenes, y un factor determinante de su capacidad de movilización. Sus carencias en organización, recursos económicos o conocimientos técnicos, habían sido tradicionalmente compensadas por el número y el entusiasmo de las masas. Sin este entusiasmo, no había militantes activos; ni, en los momentos críticos, masas presentes en el tiempo y lugar precisos: ni líderes que inspiraran confianza, ni bases de afiliados que persistieran en tiempos de dificultad. La exhibición de aquel entusiasmo había sido necesaria, además, para conmover favorablemente los ánimos de los simpatizantes dentro de la opinión pública, y para inhibir a los adversarios. Todo esto dependía de la capacidad de los sindicatos para dramatizar la situación, y para evocar sentimientos morales de lealtad hacia unos, y de indignación contra otros.

El sindicalismo nació, de hecho, con dos componentes de alto grado de dramatismo en su formulación inicial. Uno fue el conflicto con el capital, entendido éste como el mal, como una fuerza casi demoníaca. En su origen, parte del atractivo del sindicalismo consistió justamente en la evocación de los sentimientos religiosos de las masas: sentimientos de hostilidad al dios Baal, el becerro de oro, o los mercaderes expulsados del templo; y sentimientos de indignación (o resentimiento) contra los acumuladores de riquezas, los cuales habían sido considerados tradicionalmente en las sociedades cristianas, de carácter urbano o campesino, como gentes al margen de la comunidad moral. La moral secularizada de la lucha de clases recogió buena parte de estos sentimientos, y perduró evocando, una y otra vez, este drama moral del enfrentamiento entre el bien y el mal. El objetivo religioso de la salvación, o la liberación, respecto al imperio del pecado, o el mal, se convirtió en el objetivo de la salvación o la liberación respecto a la explotación económica, la opresión política, y la afrenta contra la propia dignidad. El 'bien' vino a ser el socialismo, o, en la otra variante, el anarquismo, entendidos como la realización de una comunidad moralmente integrada, o virtuosa, de la que el capital (y, para los anarquistas, el estado) debía quedar excluido. Pero, al mismo tiempo, los movimientos obreros no hicieron suya una visión gnóstica del mundo, ni creyeron, por tanto, en la lucha permanente entre el bien y el mal. El bien había de prevalecer en la historia. De aquí, que el segundo componente dramático fuera la esperanza en el triunfo final de la virtud: desenlace que se anticipaba imaginariamente en las luchas del momento, y daba sentido a las mismas.

Ahora bien, más de cien años de experiencia histórica han producido una secularización de segundo orden, un desencantamiento del mundo, para usar los términos de Weber, y, finalmente, una desdramatización moral del conflicto. La ambigüedad moral, y los sentimientos ambivalentes hacia el capitalismo comenzaron a dejarse sentir y tomar forma. Este proceso se prolongó durante muchas décadas, pudiendo empezar a percibirse en Alemania en una época tan temprana como la anterior a la I Guerra Mundial (Moore 1978). Pero el proceso se hizo particularmente manifiesto en el período posterior a la II Guerra Mundial, como resultado de la nivelación de status, la prosperidad económica, la estabilidad política, y el afianzamiento de los sentimientos nacionales.

El debilitamiento de las fuertes divisiones de status en la sociedad intensificó los conflictos de interés (Goldthorpe 1978), pero también redujo las bases para el desarrollo de los sentimientos de indignación moral, de haber sido humillados y ofendidos, y de haber visto maltratada la propia dignidad. Por muy intensos y frecuentes que pudieron ser aquellos conflictos de interés en algunos países (más en los anglosajones y latinos, que en los centroeuropeos y escandinavos), no fueron conflictos de suma cero; por el contrario, en muchos casos fueron acompañados por mejoras sustanciales de las posiciones de ambas partes. Por ello, a largo plazo, se acabó produciendo una institucionalización de las relaciones industriales (bien al modo pluralista, bien al modo corporatista), una aceptación recíproca de la legitimidad de la otra parte, y, hasta cierto punto, la formación de una cuasi comunidad entre los adversarios. Desarrollos similares tuvieron lugar en el terreno de las instituciones políticas y los sentimientos nacionales. Inicialmente, el movimiento obrero había entendido el estado como un instrumento del adversario, y sentido intensa ambivalencia hacia la comunidad nacional. Pero, con el tiempo, los sindicatos y los partidos socialistas llegaron a atribuir un grado muy alto de legitimidad al estado de las democracias liberales, lo que implicaba la devaluación de la visión del estado como instrumento de la clase capitalista. A ello contribuyeron poderosamente la experiencia alternativa de los estados totalitarios, de carácter fascista o comunista, y el hecho de que el estado liberal hubiera estado, frecuentemente, en manos de partidos socialdemócratas durante la postguerra. Todo ello, a su vez, repercutió en el desarrollo de sentimientos de solidaridad nacional interclasista, dado que el estado era, justamente, uno de los agentes clave en el desarrollo de tales sentimientos. También intervinieron otros factores, como las experiencias de solidaridad nacional durante los conflictos bélicos (como ocurrió durante la II Guerra Mundial); los arreglos consociacionales para superar los conflictos internos de carácter religioso, étnico o lingüístico (como ocurrió en algunos países europeos, ver Lijphart 1977), o las situaciones de competencia económica internacional, que acercaron a las partes en los conflictos económicos internos (Katzenstein 1984).

Además, algunos factores específicos de la crisis económica hicieron muy difícil que los dirigentes, cuadros y militantes sindicales consiguieran un tono dramático convincente, y eficaz, para manejar los sentimientos de indignación moral de las masas. En primer lugar, incluso a los ojos de los propios sindicalistas, bienes públicos, colectivos o nacionales, tales como la lucha contra la inflación, o la lucha por mejorar la competitividad de la economía en los mercados exteriores, adquirieron particular relevancia. En segundo lugar, la crisis dividió a la clase obrera, al hacer más visible, y agudizar, la estrategia de clausura dual (Parkin 1979) de esta clase, y sus organizaciones. Esta estrategia consistía en intentar, de un lado, el acortamiento de las distancias de los trabajadores ocupados con los de arriba (empresarios o profesionales), y, de otro, el ensanchamiento *de facto* de sus distancias con los de abajo (inmigrantes, minorías étnicas, mujeres, jóvenes que buscan su primer empleo, trabajadores próximos a la edad de jubilación, minorías estigmatizadas, etc.). En un grado u otro, esta dualidad había formado siempre parte de la experiencia obrera, pero, si bien en épocas de expansión económica y pleno empleo se podía ser relativamente abierto y generoso con los de abajo, en cambio, en épocas de dificultades, las organizaciones obreras cerraban filas, y establecían una clara jerarquía de prioridades a expensas de los de abajo. De modo que incluso las instituciones corporatistas, que no dejaban de emplear la retórica de la solidaridad, aceptaron, en su momento, tácitamente, este dualismo solapado, o encubierto.

Como consecuencia de todo esto, dirigentes, cuadros y militantes se vieron abocados a lo que cabe llamar una actitud de realismo, pragmatismo, u oportunismo, que implicaba, en definitiva, un reajuste de su discurso intelectual y moral. Concernidos principalmente con la supervivencia, tanto de sus organizaciones como de su propia posición de liderazgo sobre la clase obrera, los sindicalistas se centraron en la defensa, con uñas y dientes, de los salarios y de los puestos de trabajo del núcleo de los asalariados ocupados en la economía formal, que era también el núcleo de tales organizaciones. Y esto les obligó a dar un nuevo paso (a añadir a los ya dados en la fase de prosperidad) en la dirección de aceptar la lógica del capitalismo. Esta aceptación significaba, a su vez, que debían dar prioridad al objetivo de la acumulación del capital, el cual garantizaba a largo plazo el futuro del sistema, sobre el de la redistribución de los recursos. Y esta lógica implicaba, finalmente, que, incluso los intereses de aquel núcleo de trabajadores, habrían de ser defendidos con reservas, colocándose los sindicatos a la defensiva, y aceptando concesiones relativas a niveles de salarios, grados de flexibilidad del mercado de trabajo, y transferencias sociales. Todo esto fue difícil y embarazoso de hacer, y más aún de explicar, porque implicó un reconocimiento del capitalismo, que los sindicalistas, marxistas o revisionistas, habiendo intentado siempre preservar la identidad de clase del sindicato, nunca habían podido hacer de modo tan explícito.

La situación de los líderes sindicales fue tanto más dolorosa, cuanto que contrastó agudamente con las ambiciones de los años setenta, cuando se habían hecho tantas ilusiones sobre su posición central en el espacio público. En aquellos años, creyeron tener suficiente poder como para poner un gobierno de rodillas (como ocurrió en Inglaterra con los gobiernos de Heath y Callaghan), o imponer su línea a los partidos políticos, y concertar la política económica, hablando de igual a igual con los empresarios y el estado, aplicando un nuevo modelo de desarrollo económico (como pareció ocurrir en Italia; Martin y Ross 1980). Habían creído poder despegar, e ir más allá del terreno de las cuestiones básicas, y se encontraron haciendo un aterrizaje forzoso.

Sólo en este contexto puede entenderse la transición actual de un lenguaje del objetivismo moral, a otro del subjetivismo moral, por parte de los dirigentes sindicalistas. Antes parecía como si el destino de la humanidad estuviera en juego a la hora de tomar determinadas posiciones sindicales o políticas. Las gentes se comprometían con una tarea objetiva, de la que se decía que era una tarea histórica. Se vivían momentos extraordinarios, de compromiso intenso, incluso de heroísmo. Ahora, se trataba, bien de recuperar aquellos sentimientos del pasado, ligados a la creencia en aquella tarea histórica (cuando esta creencia ya no existía), bien de renunciar a ellos. El drama consistía, ahora, en ajustarse a una situación de la que ya no había que salvarse, o en la que 'salvarse' ya no era salvarse del mal moral del capitalismo o del estado, sino de las rutinas cotidianas de los comités, las negociaciones, las jerarquías burocráticas, las fluctuaciones del mercado y la vida política partidista. Pero esto último, aunque tal vez importante para algunos sindicalistas, era para las masas no mucho más que un drama menor. De manera que el drama sindical y político del pasado se convirtió, finalmente, en un drama íntimo; y lo que fue un drama épico, en un drama lírico: el drama de algunos dirigentes, cuadros y militantes sindicales, intentando la recuperación de su identidad a través de la búsqueda de un tiempo perdido.

La crisis de la delegación implícita

Durante aquel período de dificultades, los gobiernos y los empresarios necesitaron contar, particularmente en Europa, con un alto grado de cooperación por parte de los sindicatos y los trabajadores. Europa es una región con fracturas históricas graves, y tensiones de todo tipo (nacionalistas, étnicas, lingüísticas, religiosas, ideológicas, económicas, políticas y sociales). Precisamente por ello, y para contrarrestar estas tensiones, se construyó, en los decenios posteriores a la II Guerra Mundial, un delicado equilibrio de fuerzas. Este adoptó la forma de un tejido de instituciones comunes, y una pauta de consultas y tolerancias mutuas, que no cabía ignorar, o poner en cuestión, impunemente, pues si se hacía podían activarse memorias históricas dramáticas y relativamente recientes. Dentro de esta red de instituciones, el poder de los sindicatos era relativamente importante. Por lo tanto, una política económica que excluyera sistemáticamente a los sindicatos del proceso de toma de decisiones públicas podría ser, a largo plazo, demasiado costosa y arriesgada[5]. Pero si los gobiernos europeos necesitaban que sus políticas de ajuste económico se vieran respaldadas por un entendimiento con los sindicatos, o directamente con los trabajadores, algo similar sucedía con los empresarios, quienes también necesitaban contar con una fuerza de trabajo leal, motivada y responsable, para introducir grados crecientes de flexibilidad en la organización, la política de personal y los procesos productivos, como parecía imprescindible para sobrevivir y competir en las circunstancias del momento. De este modo, los problemas de los sindicatos, como resultado de la crisis moral e intelectual antes menciona-

[5] En el Reino Unido, donde se llevó a cabo algo similar a esta política, la señora Thatcher lo hizo tratando de justificarla como una política adecuada a la 'realidad' de una situación de crisis aguda (y de ahí su 'contrato con el realismo' como contraste a un hipotético 'contrato social'), la cual se explicó, a su vez, como resultado de las políticas anteriores de concesiones a los sindicatos. De este modo, la política de la señora Thatcher pudo presentarse como la rectificación de un exceso anterior, y de una tendencia a la ampliación desmesurada del poder sindical (y del sector público), llegando a ganarse el respaldo de la opinión pública e, incluso, de buena parte de los mismos trabajadores. Ver Williams (1983), Hague (1983), y Crewe (1983).

da, se vieron multiplicados por el hecho de que, al mismo tiempo, se les estaba solicitando que cooperaran con los gobiernos y los empresarios para redefinir, y recortar, los términos del compromiso histórico postbélico. Los sindicatos, sin embargo, no sólo se mostraron desconcertados y reacios a la hora de acceder a tal solicitud; sino que mostraron, además, que, cualquiera que fuera su disposición, eran ya menos capaces que en el pasado, de garantizar el consentimiento de los trabajadores.

En el pasado, los sindicatos y, hasta cierto punto, los partidos socialistas, habían sido los garantes (y, en parte, los creadores), del consentimiento obrero, pero, ahora, su labor era en este sentido mucho más difícil. En primer lugar, y como ya se ha mencionado, los sindicatos tenían grandes incertidumbres acerca de la estrategia a seguir para agregar intereses y formar alternativas viables, de modo que estaban atravesando una prolongada crisis interna. En segundo lugar, los sindicatos apenas controlaban ya a sus bases. Esto sucedió, en parte, como consecuencia de las propias incertidumbres sindicales, pero también en parte, y sobre todo, a causa de un cambio cultural de los trabajadores. Este cambio consistió en el desarrollo de un sentimiento de autonomía moral, y de una actitud racional (o experimental) por parte de los trabajadores hacia los sindicatos. Como efecto de todo ello, la relación de delegación implícita, que había vinculado a trabajadores y sindicatos en el pasado, resultó erosionada sustancialmente.

La teoría de la delegación implícita, como un vínculo entre la clase obrera y las organizaciones obreras, se desarrolló, fundamentalmente, en el seno de la tradición socialista, como un contrapunto 'realista' a la lectura más romántica, o ingenua, de carácter anarquista, según la cual una organización obrera debía ser, en sentido estricto, y según una interpretación literal de los principios de la Internacional, la autoorganización de los trabajadores mismos. La tradición socialista, desde sus comienzos, tuvo una interpretación distinta de la autoorganización de los trabajadores. Según ésta, había que partir de la dura realidad de una clase compuesta por obreros ignorantes, sin tiempo para reflexionar sobre los hechos, y sin apenas capacidad para interpretarlos; sin saber expresar sus ideas en público, o por escrito, y sometidos, además, a la influencia de los gobiernos, las empresas, los medios de comunicación, las escuelas o las iglesias; y encerrados, en fin, en los estrechos horizontes de los intereses inmediatos de sus familias, sus comunidades vecinales y sus empresas. En estas condiciones, organizarse y actuar significaba para ellos depositar su confianza en, y secundar la iniciativa de, un segmento de intermediadores, o profesionales de las organizaciones, procedentes en parte de otros segmentos sociales, y en parte de la clase obrera, pero, en todo caso, diferenciados de esta clase a través de un proceso de socialización específico, que les habría dado, supuestamente, los recursos culturales de los que carecían los obreros, y que garantizaría su independencia moral e intelectual respecto a las clases dominantes[6]. En circunstancias normales, la clase obrera delegaría implícitamente en este segmento la solución de los problemas de ideología, estrategia y organización del sindicato o partido, y que ello era así, quedaría corroborado, periódicamente, por su apoyo a las convocatorias de huelga o de manifestación, y su voto en las elecciones políticas, locales o sindicales. Esta teoría de la delegación implícita ha sido una pieza clave en la interpretación marxista de las relaciones entre la clase obrera y el movimiento obrero o las organizaciones obreras[7] pero también se encuentra en autores no marxistas, como Bourdieu, quien parece considerar que la delegación implícita de las clases subordinadas en tales intermediarios o políticos profesionales es la única alternativa que esas clases tienen frente a la actitud de dependencia y deferencia respecto a las clases dominantes (Bourdieu 1981).

Ahora bien, ocurre que, de hecho, la relación entre los trabajadores y los líderes y cuadros de las organizaciones obreras puede establecerse de varias formas. En principio, cabe distinguir varias actitudes básicas de los trabajadores hacia las organizaciones, según la naturaleza y la cantidad de los recursos que éstos entreguen a las organizaciones. Entre estos recursos puede figurar la capacidad de los obreros de mantener la autonomía moral y de elaborar juicios propios, así como toda suerte de recursos tales como tiempo, dinero, entusiasmo, voto, información, relaciones sociales, saberes técnicos, etc. Si nos centramos en la entrega de los recursos morales e intelectuales, cabe distinguir tres tipos de actitudes, que constituyen tres modos de relacionarse la clase trabajadora con las organizaciones que la representan. Llamaré a estas actitudes, «heterónoma-tradicional», «heterónoma-carismática», y «autónoma», situándose la línea divisoria más impor-

[6] Este es un rasgo común en los análisis de Lenin y Michels con respecto a las carencias organizativas de los trabajadores a principios de este siglo.

[7] O entre la 'clase en sí' y la 'clase para sí' en la fórmula marxo-hegeliana de Lukács (1960).

tante entre la actitud de heteronomía moral (tradicional o carismática), y la de autonomía moral. En el caso de que los trabajadores adopten una actitud heterónoma, éstos se convencen (o se dejan convencer) de que su liberación, o bienestar (comoquiera que se definan), depende de la entrega de su confianza a la organización. Sólo así creen que pueden contrarrestar sus insuficiencias culturales, su aislamiento, sus sentimientos de impotencia o frustración, su estado inerme ante la opresión real y la manipulación simbólica de un adversario decidido y poderoso, o ante las arbitrarias fluctuaciones económicas. Quienes adoptan esta actitud se identifican con la organización, desarrollan un alto grado de lealtad hacia ella, y realizan un acto continuo de fe implícita, o delegación implícita, en la organización; es decir, en el núcleo de dirigentes, cuadros y militantes activos, que piensan, valoran y deciden por ellos. Esta actitud heterónoma puede presentarse en dos modalidades típico-ideales, a las que se puede llamar, utilizando términos weberianos, la modalidad tradicional, y la modalidad carismática. Según la primera, los obreros adquieren un hábito o un *ethos* de clase, una de cuyas características más sobresalientes consiste precisamente en esa fe, o esa delegación implícita, en el sindicato, o el partido. En este caso, estas organizaciones forman parte de la experiencia cotidiana de los trabajadores, de sus señas de identidad, e, incluso, de su comunidad local. Los valores de las organizaciones y sus definiciones básicas de la condición obrera son aceptadas, en lo fundamental, como evidentes por sí mismas. Al partido, o al sindicato, se le 'vive', se le sigue, y se le acompaña lealmente, y, todo lo más, con un margen de reflexión crítica sobre los medios utilizados, las tácticas, y los detalles de organización. La lealtad a la organización se deriva de la confianza de los obreros en la capacidad de la organización para dotarles con un sentimiento de identidad y de coherencia en su vida cotidiana, y en las rutinas de su comunidad.

En la modalidad heterónoma-carismática los trabajadores se orientan menos por el pasado que por el futuro. Su lealtad hacia, y su identificación con la organización se derivan de su confianza en la capacidad extraordinaria de la misma para crear un mundo nuevo, o un futuro distinto, y para alcanzar un protagonismo histórico. La fe en el futuro y la fe en la organización y su liderazgo van unidas, puesto que liderazgo y organización son vistos como la clave de ese futuro distinto. Por lo demás, ninguna de las dos modalidades de identificación con la organización (tradicional o carismática), excluye críticas a los medios utilizados, cálculos de beneficio personal, familiar, o local, o propuestas de rectificación de la estrategia a la luz de las consecuencias de la acción, pero, típicamente, todas estas consideraciones racionales, instrumentales, o experimentales están amortiguadas o, son secundarias. A pesar de tales críticas, y de las frustraciones posibles en las expectativas de beneficio propio, o de éxito colectivo, el sindicato (o el partido) cuenta con un fondo abundante, y aparentemente inagotable, de reservas de identificación, lealtad y confianza por parte de los trabajadores.

Estas reservas de identificación, lealtad y confianza son cualitativamente menores, cuando las relaciones entre los trabajadores y sus organizaciones se organizan según la modalidad de 'autonomía moral'. Que los trabajadores adopten una actitud de autonomía moral, y que, por ello, mantengan un juicio independiente, significa que se proponen decidir por sí mismos, sometiendo a su propio juicio los juicios de la organización y, por tanto, manteniendo una distancia irreductible entre sus juicios y los de la organización. En este caso, no hay delegación, ni fe implícitas. En cada momento crítico cada cual tiene que tomar partido, a la luz de los valores en que cada uno cree, y del juicio que cada uno hace de la situación.

Esto supone una actitud racional, instrumental o experimental hacia los sindicatos (o los partidos), muy distinta de la actitud de la delegación implícita; y si esta actitud estuviera inmersa en alguna 'tradición', ésta sería del tipo de la tradición popperiana del racionalismo crítico (Popper 1972, 120 y ss.). El sindicato es visto, en este caso, como un artefacto, diseñado por un grupo con el objetivo de realizar unos valores, utilidades o beneficios, de modo que puede ser juzgado racional (o instrumentalmente), considerando la deseabilidad de tales objetivos (racionalidad substantiva), y considerando su capacidad para alcanzarlos (racionalidad formal, o instrumental). La relación de los trabajadores con la organización se establecería como una relación de intercambio. Se la apoya, a cambio de ciertos beneficios. No es necesario, ni muchos menos, que estos beneficios sean beneficios materiales, como la defensa del salario, y la mejora de las condiciones del trabajo, o de las prestaciones de la seguridad social. La definición de valores o utilidades puede ser muy amplia, y puede incluir tanto bienes públicos (tales como el buen funcionamiento de la economía, o, en su caso, la reforma de las instituciones socioeconómicas), como beneficios morales, intangibles, entre los que cabe contar, por ejemplo, los sentimientos de pertenencia a una comunidad, o de poder, prestigio, o influencia dentro de la misma. Lo que caracteriza esta actitud no es el carácter de los objetivos, sino el hecho de que, una vez que hay acuerdo sobre estos objetivos, la organización es juzgada según su capacidad para alcanzarlos, de modo que, aun en el caso de que los trabajadores consideraran que la solidaridad de grupo y la acción colectiva son objetivos muy valiosos por sí mismos, siempre podrían cuestionarse si las organizaciones en cuestión (los sindicatos y los partidos obreros) realizarían aquellos valores mejor que otras alternativas institucionales (como la familia, el vecindario, la comunidad étnica, o nacional, o la iglesia). De esta forma, el grado de lealtad (o crédito) concedido a las organizaciones obreras para que realicen determinados objetivos será siempre relativamente modesto, ya que los trabajadores reajustarán periódicamente su relación con estas organizaciones a la luz de los resultados reales. Y si estos resultados son decepcionantes, la relación correrá el riesgo de debilitarse, o, incluso, de desaparecer.

Pues bien, creo que en los últimos decenios ha habido una tendencia al desarrollo de la actitud autónoma, racional e instrumental, a costa de la actitud heterónoma de la delegación implícita. Ya en los años sesenta, Goldthorpe descubrió una creciente incidencia de las actitudes instrumentales (aunque no las relacionó con los componentes de la autonomía moral, racionalidad formal, y experimentalismo) entre los obreros ingleses (Goldthorpe *et al.* 1969). Hoy en día, hay numerosos indicios de que ese instrumentalismo se ha convertido en un rasgo predominante, siendo cada vez más numerosos los obreros que se mantienen al margen de los sindicatos, beneficiándose, sin embargo, de su acción (comportándose, en términos de Olson, como *free-riders*; Olson 1971). Y esto lo pueden hacer, apoyando a los sindicatos condicionalmente, sin afiliarse; afiliándose, sin militar; o afiliándose, e implicándose en la vida sindical, manteniendo, sin embargo, una mirada crítica sobre las actuaciones del sindicato, y renovando (o no) su lealtad, e implicación en ellos a la vista de esas actuaciones. Esto ha ocurrido como resultado de una serie de procesos de considerable calado.

Las transformaciones estructurales de la economía y los grandes procesos migratorios de los últimos decenios han erosionado las comunidades obreras tradicionales, reduciéndolas a zonas e industrias en declive, como vestigios de una época anterior. El crecimiento del flujo de transferencias sociales con cargo al estado, la salarización de amplios sectores de la clase media tradicional, y la mejora de las condiciones de los asalariados industriales han mitigado las diferencias de nivel de renta y de consumo entre la población. Todo ello, unido a la difusión de estilos de vida de consumo de masas, ha reducido las bases socioeconómicas y culturales de los sentimientos de autoidentificación como miembros de una clase obrera nítidamente diferenciada, uno de cuyos signos de identidad pudiera ser la lealtad incondicional a un sindicato o partido de clase. Las prácticas del sindicalismo reformista y de la socialdemocracia, basadas en un compromiso con el capitalismo, han potenciado, sin pretenderlo, una actitud experimental. De sus dos mensajes típicos, el de las declaraciones radicales y el del reformismo práctico, es este último el que ha prevalecido. Con ello, se ha acostumbrado a las gentes a centrar su atención en problemas concretos, y a juzgar a las organizaciones por los signos visibles de los resultados a corto y a largo plazo. Y esto hasta el punto de que, incluso las propuestas relativamente radicales de nacionalización de empresas (en Francia), reducciones de jornada (en Alemania), o creación de fondos salariales de inversión (en Suecia, ver Korpi 1978), aun teniendo una connotación ideológica, y evocando sentimientos de hostilidad al capitalismo y de 'solidaridad de clase', han sido presentadas haciendo hincapié en su carácter práctico y experimental, tratando sus proponentes de persuadir a la opinión pública de que sus efectos serían beneficiosos, o, al menos, no perjudiciales, para la economía, y de que tales experimentos 'funcionarían'. Esta práctica sindical y política ha tendido a inmunizar a las organizaciones y sus bases sociales contra nuevas variantes de profetismo revolucionario, aunque sin evitar con ello, el resurgimiento periódico, y la manifestación, de agravios y resentimientos alimentados por la frustraciones cotidianas de la vida industrial, ni tampoco la aparición esporádica de movimientos milenaristas de origen agrario, religioso o, en general, de naturaleza precapitalista, dentro (o fuera) de la clase obrera. Sin embargo, los nuevos actores colectivos surgidos al amparo de tales movimientos fueron, bien rutinizándose gradualmente, y enriqueciendo, entonces, el pluralismo de la representación de intereses, bien incorporándose a otras organizaciones, como tendencias críticas, ramas juveniles, o reductos inconformistas dentro de las mismas.

Pero otros factores también han potenciado el valor de la autonomía moral individual, y del racionalismo, aparte de los económicos y políticos antes mencionados, e, incluso, quizá, en una mayor medida, dado el peso creciente de tales factores en la vida cotidiana de las sociedades occidentales. Me refiero con ello a un conjunto de condiciones que incluyen: la complejidad interna, y la multiplicidad de los roles de los individuos en estas sociedades, implicando ello una reducción sustancial de la centralidad de su *rol* como trabajadores; la atenuación de las estructuras jerárquicas y autoritarias en la familia, y las asociaciones civiles; la difusión de la educación escolar, y el desarrollo de la ciencia, así como su cada vez mayor influencia en la sociedad; la evolución de las iglesias, y el cambio en el contenido de sus mensajes, enfatizando la importancia de la convicción personal y los sentimientos religiosos; la consolidación misma de la democracia liberal, y sus componentes de pluralismo político, y de libertades públicas; y el desarrollo del mercado como paradigma de coordinación social, y su penetración en los campos de actividad más diversos. Todos estos desarrollos convergen en la tendencia a presionar los individuos para que tomen sus propias decisiones, y para que desarrollen un tipo de moral de autorrealización y compromiso, donde el respeto de sí mismo y el sentimiento de la propia dignidad se vinculan con decisiones personales (en la política, en las relaciones personales, o en la vida religiosa), y no son compatibles con la delegación sistemática (implícita, o explícita) de su responsabilidad en terceros.

La ambivalencia de los trabajadores ante la empresa y la economía capitalista

Si los obreros veían el sindicato cada vez más a partir de una actitud de autonomía racional y experimental, y, por tanto, cada vez más, como un instrumento, cabe preguntar: ¿un instrumento para qué?; ¿con qué objetivos?; y, más concretamente, ¿con qué objetivos con relación a la empresa y al orden económico capitalista? Algunos de estos objetivos parecían claros. Los obreros esperaban de los sindicatos que defendieran los salarios, los puestos de trabajo, las condiciones de trabajo, y las prestaciones sociales, y que no renunciaran a entrar en conflictos con los empresarios en torno al reparto de los excedentes de producción, y los recursos de poder. Pero, más allá de estas cuestiones básicas, los trabajadores y los sindicatos podían diferir considerablemente en la evaluación de la situación y en los objetivos que se debían cumplir.

Parece que la empresa capitalista, al menos en Europa occidental, no ha sido objeto de una profunda y generalizada lealtad tradicional, por parte de la fuerza de trabajo, aunque el juego de las relaciones paternalistas y deferentes entre patronos y trabajadores haya existido en determinadas zonas, durante largos períodos de tiempo. Dadas sus características y su orientación racional, tampoco parece que la empresa capitalista haya suscitado una intensa adhesión de tipo carismático, salvo tal vez en sectores ocupados con tecnologías avanzadas, y entre segmentos profesionales muy cualificados o próximos a la dirección. En cambio, la empresa ha recibido con cierta frecuencia una modalidad de adhesión racional, que incluía un grado considerable de respeto, y aun simpatía, y una comunidad de objetivos, más allá del de obtener beneficios individuales y tangibles, pudiendo ampliarse al de la consecución de beneficios colectivos e intangibles, como los de la buena marcha de la empresa, o el sentimiento de pertenecer a alguna forma de comunidad moral.

De esta manera, podía observarse que todos los posibles entendimientos, pactos o acuerdos entre sindicatos y empresarios reposaban sobre cimientos relativamente poco sólidos, ya que, en la base de los acuerdos, y los conflictos económicos subyacentes, había un conflicto más fundamental: el centrado en asegurar su liderazgo moral sobre los trabajadores, e imponer su definición de cuál debiera ser la comunidad moral prevalente. Esto es, un conflicto sobre la jerarquía de las identidades y las lealtades de los trabajadores. El terreno donde se daba este conflicto era el sistema de actitudes morales y orientaciones cognitivas de los trabajadores.

Las actitudes, juicios y sentimientos de los obreros ante las empresas (a juzgar por la evidencia empírica de finales de los sesenta y de los setenta, recogida en varios estudios procedentes de diferentes países)[8] parecían reflejar, sin embargo, una ambivalencia básica. Era obvio que existían conflictos de interés, y que éstos podían ser intensos y frecuentes. Pero tales conflictos coexistían con actitudes positivas, que implicaban la aceptación como legítima de la autoridad del empresario. La mayoría de los trabajadores mostraba escaso deseo de recortar esa autoridad, al menos en sus rasgos fundamentales, entendiendo que la tarea del empresario era la de dirigir y ser responsable de la empresa. Sus reivindicaciones de más información, mejor trato, y más voz en las decisiones indicaban, en muchos casos, que contemplaban la empresa no como un antagonista, sino como si estuviera compuesta de dos lados diferentes, contrarios, pero complementa-

[8] Ver Dore (1973); Gallie (1978); Pérez Díaz (1979, 1980a, 1980b, y 1981); Urbani y Weber (1984); y Accornero, Carmignani y Magna (1985).

rios, que, sin embargo, formaban un todo (o, incluso un 'equipo'), y compartían objetivos comunes. Sus declaraciones llegaban hasta implicar, a veces, el reconocimiento de la empresa como una comunidad moral; una comunidad moral quizá todavía deficiente, pero susceptible de ser rectificada y perfeccionada sin necesidad de alterar radicalmente su estructura de autoridad (ver el capítulo 5).

Al mismo tiempo, estas actitudes estaban caracterizadas por una ambivalencia, que se expresaba en ciclos de estabilidad y de conflicto industrial, donde las fases de confianza parecían alternar con fases de desconfianza. Sin embargo, los signos de confianza, que iban más allá de la mera ejecución de las rutinas laborales, y la aquiescencia a las órdenes, eran continuos, y evidentes, en la vida cotidiana y habitual de la empresa. No pocos obreros establecían un intercambio de aceptación de la autoridad del empresario a cambio de salarios, condiciones de trabajo, trato y oportunidades de voz, que, en su conjunto, consideraban aceptables, tolerables, e, incluso, satisfactorias. La implicación de todo esto era que el apoyo de muchos obreros a los sindicatos, en su defensa de los intereses obreros ante la empresa, tenía el límite de un contrato social implícito de los trabajadores con la empresa, según el cual no se debía hostigar a la empresa hasta el punto de ponerla en peligro (o reducir su competitividad) en el mercado, y no se debía alterar radicalmente su estructura de autoridad. Es cierto que las condiciones económicas actuales estaban poniendo en cuestión este intercambio, al reducir la capacidad de las empresas para mejorar los salarios, mantener los puestos de trabajo, y respetar las rutinas laborales. Pero, al mismo tiempo, la propia crisis, al acentuar las diferencias entre las empresas, y crear en ellas un creciente sentimiento de vulnerabilidad ante los retos de la innovación tecnológica, la internacionalización del capital, la competencia exterior, y la experimentación con nuevas formas de organización de la producción, podía potenciar el desarrollo del componente positivo de la relación ambivalente de los obreros con la empresa, es decir, su espíritu de empresa, y favorecer acuerdos microcorporativos.

Una ambivalencia similar podía observarse en la actitud de los obreros hacia el orden capitalista en su conjunto. En la clase obrera europea existía un difuso sentimiento anticapitalista, resultado de una memoria histórica penetrada por, e imbuida de una suma de condenas morales, repetidas, durante cerca de dos siglos, por líderes culturales e intelectuales de signo muy distinto, pertenecientes a una cultura tanto de izquierdas como de derechas, seglares o religiosos. Esta tradición moral está en el origen, y la base del sindicalismo contemporáneo. Su ímpetu moral procedió de la nostalgia por una comunidad, aparentemente destruida por el comercialismo y la mecanización de la civilización capitalista. El 'comercialismo' se refería a una ruptura de las relaciones sociales de la comunidad que tiene lugar cuando los hombres intercambian bienes y servicios sin intervención de vínculos morales y afectivos; y la 'mecanización' hacía referencia a la ruptura entre las personas que participan en un proceso productivo, y, también, a la separación de los trabajadores, respecto a sus medios de trabajo, sus productos, y su medio natural. Estas rupturas y separaciones aislaban a las personas y las dejaban indefensas. El movimiento obrero, más que como un instrumento para defender determinados intereses económicos y políticos, surgió como una respuesta a esta necesidad de una comunidad moral. En último término, lo que ofreció el movimiento obrero fue una comunidad formada según el ideal de una gran familia de hermanos proletarios, aparentemente sin padres protectores, o dominantes.

En la medida en que los trabajadores se aferraran a esta visión de una sociedad armoniosa y reconciliada, era obvio que no podrían considerar el capitalismo como 'justo' (en el sentido de 'perfecto'), dado que implicaba tensiones, competición y conflicto. La situación sería diferente si sus juicios indicaran simplemente una preferencia entre varias alternativas: si sus valores en este sentido eran 'valores de preferencia' en vez de 'valores de compromiso' (Klein 1981). Además, el valor del capitalismo, su deseabilidad, podía quedar reforzado si se consideraba como un medio a través del cual cabía acceder a otros valores, como los de la libertad individual, la prosperidad material, o la protección social, y si se mostraba que era compatible con comunidades morales, como el sindicato, o la misma empresa. En tales circunstancias, cabía pensar que el capitalismo era justo, no en tanto que 'perfecto' o 'ideal,' sino en tanto que podía justificarse razonablemente. En este caso, el capitalismo, no siendo tal vez objeto de una valoración muy positiva, podría ser aceptado como moralmente tolerable, o suficientemente justo, tanto más cuanto más fuera susceptible de mejoras o reformas en la dirección del ideal. Y esta valoración positiva podría ser, bien verbalizada explícitamente, bien incorporada, implícitamente, a conductas concretas.

En general, aquellos que tuvieron más dificultades para expresar una valoración positiva del capitalismo fueron los que, dentro del movimiento obrero, habían sido socializados, con mayor intensidad, en las culturas cristiana y marxista. Estos, tratándose de aceptar el capitalismo, podían, como mucho, admitir que el capitalismo era un mal menor, o un demonio de dimensiones modestas, con el que se podría coexistir, incómodamente, a la espera de tiempos mejores. De esta forma, era posible mantener el ideal de la pureza doctrinal, y, con ello, las señas de identidad del sindicato, partido o iglesia. El ideal se convertía así en 'un sueño al que no se podía renunciar'. Pero cuando las masas de trabajadores aceptaron la idea de que el capitalismo era moralmente tolerable, y cuando las élites ideológicas desplazaron el ideal de una sociedad alternativa al ámbito de la nostalgia y de los sueños, se creó una situación en la que el capitalismo pudo adquirir plausibilidad como estructura moral, al tiempo que una 'crisis de plausibilidad' (Berger 1971) ponía en entredicho la alternativa socialista.

La crisis de plausibilidad del socialismo fue precipitada por los acontecimientos de los últimos sesenta, y se desplegó durante los años setenta y ochenta. Desde un punto de vista histórico, los acontecimientos más importantes del año 1968 no tuvieron lugar en París, sino en Praga, donde se refutó sin lugar a dudas la hipótesis de que el socialismo (real) era compatible con las libertades individuales y asociativas, y los procedimientos democráticos en la toma de decisiones públicas. A partir de entonces, la izquierda europea tuvo que reactivar las memorias del Berlín de 1953 y de la Hungría de 1956, reconsiderar qué estaba ocurriendo en Vietnam y Camboya, y reflexionar sobre los signos de disidencia en la Unión Soviética, Polonia, y Afganistán. Su 'valor de compromiso' con la alternativa al capitalismo sufrió un duro golpe. Mientras tanto, 'los valores de preferencia' de los trabajadores por el capitalismo se hicieron cada vez más intensos, de modo que también los líderes políticos y sociales y los militantes de la misma izquierda terminaron por adoptarlos. En consecuencia, el apoyo potencial de los obreros a los intentos de reforma del capitalismo protagonizados por los sindicatos y los partidos socialistas quedó limitado por su tolerancia con, y su aceptación moral del, capitalismo; una aceptación y tolerancia basadas en la ambigüedad de sus juicios de valor, pero también en las vacilaciones morales de los mismos partidos y sindicatos.

Las crisis de representatividad de los sindicatos

En estas condiciones se puede observar no *una* crisis de representatividad de los sindicatos (como sugirió Regini 1984), y de los partidos, sino la combinación de *varias* crisis de representatividad de signo distinto. Durante algún tiempo, los sindicatos experimentaron una crisis de representatividad *vis-à-vis* los militantes y afiliados relativamente radicales, con expectativas y aspiraciones altas, respecto a la transformación de la empresa y del orden económico; esto es, una crisis de representatividad 'por la izquierda'. Las batallas defensivas de los sindicatos por asegurar el funcionamiento del sistema económico, tratando de reducir tanto el ritmo de crecimiento del desempleo en el núcleo ocupado de la economía formal, como el ritmo de desaceleración del aumento de los gastos públicos sociales, produjeron sentimientos de descontento y frustración entre militantes y afiliados, quienes recordaban la fase de expansión de los ciclos de luchas de finales de los años sesenta y la década de los setenta (Pizzorno *et al.* 1978). Pero a lo largo de la segunda mitad de los setenta y de la primera mitad de los ochenta, esos signos de descontento fueron contrarrestados por los signos de *otra* crisis de representación de los sindicatos *vis-à-vis* los obreros moderados (Pérez Díaz 1980b, Urbani y Weber 1984, Accornero *et al.* 1985); es decir, una crisis de representación 'por la derecha'. En otras palabras, había una potencial crisis de representación de los sindicatos respecto a los militantes y afiliados radicales si los sindicatos no eran suficientemente combativos; pero había una crisis de representación aún más importante respecto los (más numerosos) obreros moderados, si los sindicatos trataban de vulnerar sistemáticamente las reglas de juego de las empresas y del sistema económico. La crisis de representatividad de los radicales se manifestó en signos ruidosos y visibles: en la 'voz' de los afectados. La de los moderados, en signos silenciosos y menos visibles: en su 'salida' del sindicato, su abstención y su pasividad. Sólo en contadas ocasiones los moderados recurrieron a las manifestaciones. Una de estas ocasiones tuvo lugar en Turín, en 1981, cuando los trabajadores se manifestaron en contra del llamamiento de los sindicatos a la huelga, en la factoría de la Fiat (Accornero *et al.* 1985). En general, los líderes locales y los militantes fueron conscientes de esta situación[9], y su actitud de desconcierto reflejó un conflicto agudo entre sus propias

[9] Para la actitud de los líderes sindicales locales, ver Fishman (1990).

orientaciones valorativas, y las que veían prevalecer entre sus bases sociales.

Así, el problema principal para los líderes sindicales nacionales no fue tanto el de controlar la crisis de representación respecto a los radicales, cuanto el de controlar la crisis de representación respecto a los moderados: una crisis que podía agravarse si los sindicatos no eran capaces de llevar adelante una estrategia moderada eficaz. En consecuencia, una estrategia sindical orientada a 'salvar la economía' suponía, no tanto un coste de representación (como sugiere Regini 1984), cuanto un beneficio, ya que para muchos trabajadores este objetivo era un bien público. Con relación a esta mayoría de trabajadores, los líderes sindicales no necesitaban recurrir a estrategias alternativas, con objeto de controlar una crisis de representación, ya que estos obreros aceptaban (aunque sin entusiasmo) el objetivo del saneamiento de la economía, c incluso, si era necesario, la moderación salarial. La renuncia al uso frecuente e intenso del instrumento de la huelga *no* era un grave sacrificio para los trabajadores moderados. De hecho, la mayoría de ellos consideraba que los niveles de conflictividad eran excesivos, aceptaba participar en los conflictos sólo a título defensivo, y prefería que fueran decididos por medio de votaciones secretas entre los trabajadores. De hecho, muchos trabajadores lamentaron los intentos de los militantes radicales de forzar las decisiones de huelga mediante el control del aparato sindical, o la manipulación de las asambleas (ver capítulo 5). Esta fue una de las razones por las que la huelga minera del Reino Unido, en 1985, no obtuvo el apoyo unánime de las comunidades obreras, ni el apoyo subsiguiente de otros sindicatos nacionales. En general, los radicales estaban cognitiva y valorativamente orientados hacia el conflicto con la empresa, mientras que los moderados lo estaban hacia el acuerdo. Para ellos el acuerdo era la norma, y el conflicto, la excepción.

Ahora bien, mientras que estas dos crisis de representación se basaban en una diferencia cultural dentro del colectivo obrero y sindical, había otra crisis basada en una tensión estructural de carácter socioeconómico. Ocurrió, en efecto, que, a pesar de las diferencias en sus declaraciones explícitas, tanto los radicales como los moderados aceptaron una estrategia de dualismo encubierto, que protegía prioritariamente al núcleo de los trabajadores ocupados en la economía formal, y mantenía en posiciones de inferioridad a los inmigrantes, los jóvenes, las mujeres, y los mayores. Esta estrategia era, aparentemente, compatible con declaraciones de principio de carácter universalista, e implicaba un grado de tolerancia *de facto* con la economía sumergida (al menos en su fase inicial de acumulación de capital), con la reserva, quizá, de su legalización en el futuro. En este caso, las declaraciones universalistas funcionaban como mecanismos de control de una crisis potencial de representación entre los parados y las gentes con trabajos precarios, minimizando la posibilidad de que articularan sus intereses en los términos propuestos por los partidos antisistema (fascistas, o de extrema izquierda), o, al menos, en términos contrarios a los intereses del núcleo de los trabajadores ocupados.

Los sindicatos se enfrentaron, así, con una *tercera* crisis de representación respecto a un conjunto heterogéneo de gentes excluidas, o semiexcluidas, del núcleo de los ocupados en la economía formal: los trabajadores marginados, los parados, y los empleados en la economía subterránea. Pero aunque esto podía constituir, quizá, un problema importante para los partidos, parecía ser un problema menor para los sindicatos, al menos a corto plazo. Porque, si bien el vínculo entre estos grupos y los sindicatos se estaba debilitando, los costes y los riesgos de una estrategia sindical de 'negligencia benévola' respecto a estas gentes parecían pequeños, en tanto tales colectivos fueran incapaces de crear organizaciones rivales a los sindicatos, y de articular sus intereses en oposición a los intereses de los ocupados en la economía formal.

Por estas razones, la crisis de representación de los partidos de izquierda fue probablemente más grave que la de los sindicatos. Entre obreros y sindicatos había relaciones de proximidad, familiaridad y trato frecuente, siendo los sindicatos parte de la experiencia cotidiana de los obreros. En cambio, los partidos estaban mucho más alejados de esta experiencia, y, aunque las tradiciones partidistas variaban según los países, podía apreciarse una tendencia general al debilitamiento de la conexión entre clase social y partido. Las esperanzas en un futuro distante y extraordinario, que eran uno de los impulsos fundamentales para la adhesión de minorías activistas a los partidos, se fueron amortiguando con el tiempo, y resultaron todavía más tenues en esta época de crisis. Al mismo tiempo todo parecía indicar un moderado desplazamiento de los obreros hacia el centro del espectro ideológico. Esto implicó expectativas y aspiraciones decrecientes respecto al potencial transformador de la sociedad que se imputaba a los partidos de izquierda. En consecuencia, optar por la izquierda dejó de ser la opción natural, y se convirtió en una opción revisable, a la vista del carácter y el programa de los candidatos de turno.

Aquí entró en juego, de nuevo, la distinción entre obreros radicales y moderados; y la evidencia sugirió una volatilidad creciente en el voto de los obreros moderados. La derrota de muchos de los gobernantes socialdemócratas de la Europa nórdica y central en los setenta y comienzos de los ochenta dependió, en gran medida, del cambio de orientación del voto de los segmentos moderados de los trabajadores, a favor de los conservadores (como, por ejemplo, a favor de Margaret Thatcher en el Reino Unido, y de la CDU en Alemania). Incluso las elecciones suecas de 1982 no pudieron interpretarse como un mandato de 'radicalismo' por parte de los obreros (a pesar de ciertos signos en sentido contrario), dada la pobre actuación de los gobiernos burgueses de entonces, y la posterior gestión, relativamente eficaz, de los socialdemócratas. Algo semejante se pude decir respecto al sur de Europa. El componente 'socialdemócrata' del comunismo italiano se fue acusando cada vez más, con el curso del tiempo; y, por otra parte, el carácter socialdemócrata de la política del gobierno socialista español resultó cada vez más obvio. Tampoco la victoria de Mitterrand pudo interpretarse como la puesta en práctica de un mandato radical por parte de su electorado; y la propia rectificación de su política, al cabo de poco tiempo, fue un intento de acercarse a la corriente dominante en la opinión pública.

En general, los signos de escepticismo por parte de la población trabajadora, y del electorado socialista, hacia las propuestas de tipo radical (tales como las nacionalizaciones) no hicieron sino multiplicarse en los años siguientes.

La consecuencia de todo ello fue que los partidos socialdemócratas tuvieron que reescribir sus mensajes, de acuerdo con las preferencias del electorado, y la mayoría de los obreros. Los mensajes acerca de su propia identidad habían incluido, siempre, los dos componentes contradictorios de pretender ser partidos interclasistas, nacionales, populares, y con sentido del estado, y, al mismo tiempo, partidos de clase; pero las circunstancias del momento les obligaron a enfatizar su componente interclasista. De la misma manera, el mensaje sobre la naturaleza del programa socialista había solido incluir los dos componentes contradictorios de pretender ser partidos con vocación de realizar una buena administración del sistema, introduciendo reformas modestas y viables, con objeto de que el sistema funcionara, o funcionara mejor, y, al mismo tiempo, partidos con vocación de hacer transformaciones, o cambios radicales. Y, también aquí, las circunstancias les obligaron a modular su retórica del cambio, o dejarla en mera retórica, para atender a la práctica de una buena administración, y una política de ajuste del sistema a la crisis.

Los partidos de izquierda intentaron dramatizar sus diferencias con los partidos liberales y conservadores, mediante una retórica que presentaba a éstos como los adalides de una política de exclusión del movimiento obrero, o desmantelamiento del estado del bienestar. Esta retórica resultó, sin embargo, poco, o sólo medianamente, convincente. Los partidos y gobiernos liberales y conservadores fueron, en general, suficientemente prudentes como para introducir en sus estrategias dosis importantes de compromiso, realismo y pragmatismo. Advirtieron que no podían (ni tampoco parecían estar decididos a) excluir sistemáticamente a las organizaciones obreras, o desmantelar el estado del bienestar. En realidad, el nivel de protección institucional y legal de los derechos de los trabajadores y los sindicatos en Europa era muy alto, y todo pareció indicar que, en general, lo seguiría siendo. Al mismo tiempo, mientras que el curso de acción de los gobiernos y los partidos de centro y de derecha estuvo muy lejos de abocar a una supuesta utopía neoliberal, las posturas de los gobiernos y los partidos de izquierda se movieron hacia el centro, acabando por hacer suyos, en gran medida, los objetivos de contención de salarios y gasto público, y de flexibilización del mercado de trabajo. Y así ocurrió que diversas *variantes* de un programa con tales objetivos acabaron formando parte de un repertorio común de políticas, al que recurrieron todos los gobiernos y los partidos europeos de uno y otro signo: políticas de contención de los desequilibrios exteriores, y de prudencia financiera y fiscal, de reducción modesta de la jornada de trabajo, de privatización de algunas empresas públicas, o su sujeción a las condiciones del mercado, etc.De modo que, finalmente, las expectativas y las aspiraciones de los obreros respecto a todos los segmentos de la clase política, derecha, centro, o izquierda, se acabaron prestando muy poco a una polarización intensa. Y aunque se mantuvieron inercias y tradiciones de voto obrero a favor de la izquierda, fueron cada vez mayores los segmentos de la clase obrera con voto volátil, es decir, con un voto racional e instrumental, que cambiaba de una elección a otra, a la vista de los resultados del gobierno.

En resumen, la crisis económica que comenzó a mediados de los setenta puso en cuestión los mecanismos de acumulación capitalista y el compromiso que había sido el cimiento de la fábrica social de las naciones europeas durante los últimos cuarenta años. La crisis coincidió con un momento de vulnerabilidad de las instituciones políticas, y exigió de los sindicalistas (y los líderes de los partidos) que se enfrentaran con opciones críticas, e intentaran el respaldo de los trabajadores para sus decisiones. En aquellos momentos, se demostró la relevancia del factor cultural para explicar, tanto las incertidumbres estratégicas de los sindicatos, como las actitudes y conductas de los trabajadores. No se puede decir que hubo ajustes estructurales, más o menos automáticos, entre los intereses en conflicto. Antes de que un ajuste de intereses pudiera tener lugar era preciso que los intereses fueran reconocidos como tales, y esto sólo podía ocurrir a la luz de valores y condiciones previas, y en el marco de instituciones existentes, o emergentes. Sólo así podían los sindicalistas formular intereses, definir objetivos, y movilizar los recursos emocionales precisos, haciendo uso de razonamientos prácticos, y de los mecanismos de persuasión moral.

Pero, justamente, esta tarea resultó extremadamente difícil, porque la crisis coincidió con un momento de gran incertidumbre de los sindicatos. Su perplejidad procedió de las dificultades objetivas que experimentaron a la hora de agregar los intereses de los trabajadores, pero también de la insuficiencia de sus antiguos recursos intelectuales y morales para entender y reaccionar ante la situación. Por una parte, los sindicatos tuvieron que vérselas con tres crisis diferentes de representación, con relación a tres colectivos distintos de trabajadores: la minoría de militantes y trabajadores radicales, descontentos con lo que consideraban era una política de concesiones al capitalismo; la mayoría silenciosa de trabajadores moderados, dispuestos, con, o sin, la colaboración de los sindicatos, a llegar a acuerdos con empresarios y gobiernos; y los trabajadores excluidos, o relegados a los márgenes, de la economía formal.

Por otro lado, las incertidumbres morales de los sindicatos, y también, y hasta cierto punto, de los partidos, resultaron de sus dificultades para admitir que la fuente última de sus programas alternativos de transformación de la realidad, esto es, la creencia en una alternativa socialista al orden existente, había perdido plausibilidad. Y la había perdido frente al capitalismo, tanto si el capitalismo atravesaba por un momento de crisis, como si se encontraba en un período de prosperidad. En consecuencia, sindicalistas y políticos de la izquierda se encontraron abocados a la conclusión de que sólo podían aspirar a convertirse en administradores (como partidos en el gobierno), o críticos constructivos asociados a la administración (como sindicatos implicados en acuerdos o pactos corporatistas) del orden establecido. También, es cierto, podían aspirar a incluir entre sus tareas la de advocar por un programa de reformas sociales y económicas, y añadir un discurso sobre el protagonismo histórico de la clase trabajadora, o del pueblo, o un llamamiento general a principios universalistas. Pero la mayoría de los sindicalistas y de los líderes políticos comprendieron que sus reformas (en las áreas de política salarial, política industrial y relaciones industriales), bien eran compatibles con el funcionamiento normal del capitalismo, y en este caso podían persistir; bien no lo eran, y en este caso su revisión era cuestión de pocos años, si no cuestión de meses. Asimismo, muchos de ellos dejaron de insistir en sus credenciales obreras o de obrerismo, a la vista del hecho de que los trabajadores industriales no sólo eran ya una minoría de la población ocupada, sino que, además, una buena parte de ellos iban olvidando su identidad de clase. Por todo ello, fueron haciéndose a la idea de que si llegaban efectivamente a ocupar, o compartir, el poder, su capacidad de liderazgo iba a ser sometida a una prueba durísima y crucial. Porque sabían que *no* compartirían ese poder, salvo retóricamente, con una clase obrera vagamente definida, internamente heterogénea, y sin un claro sentido de dirección. Como sabían que sus declaraciones de principio, universalistas, no serían consistentes con el imperativo de defender los intereses, a corto y medio plazo, del núcleo de la clase obrera de su país, dado que esos intereses tendían a entrar en conflicto con los intereses de otros sectores de la población (incluidos segmentos marginales de la misma clase trabajadora), y de los trabajadores de otros países.

Estos pensamientos sobrios si no sombríos, y las perplejidades consiguientes, se vieron reforzados por determinados desarrollos morales y cognitivos de los trabajadores. El hecho de que los trabajadores estuvieran cada vez más dispuestos a hacer uso de una mayor autonomía moral, y que sus actitudes fueran cada vez más racionales y experimentales, significó que los líderes sindicales se enfrentaron con bases sociales críticas, afiliados distantes y votantes volátiles. Una actitud moderada hacia el capitalismo convirtió a la mayoría de los trabajadores en una audiencia escéptica para discursos grandiosos de alternativas históricas o de rupturas radicales. Estos trabajadores centraban sus esperanzas, y sus expectativas, en la capacidad de los sindicatos, los partidos y el estado para resolver la mayoría de sus problemas más o menos dentro de los límites del marco institucional; no era fácil atraerles con programas de planificación, o promesas de control del destino. Esto vino acompañado de un amortiguamiento significativo de la polarización política, desplazándose gradualmente hacia el centro las orientaciones de unos trabajadores cada vez más atraídos por programas moderados, e incluso conservadores. Todo ello, combinado, constituyó un incentivo muy poderoso para que los partidos socialistas moderaran sus programas socioeconómicos. Partidos y sindicatos no pudieron sino seguir una estrategia de adaptación *de facto* al capitalismo. De modo que, a lo largo de todo este período, se mostraron adoptando, bien aires medianamente agresivos, cuando estaban en la oposición, bien guisa de estadistas responsables, en el gobierno; pero casi siempre cautos, pragmáticos, y dispuestos a aprender, y tantear experimentos diversos (neokeynesianismo y macrocorporatismo, o microcorporatismo, desregulación, y privatización), dentro de los límites impuestos por sus juegos políticos y sus proclividades ideológicas.

BIBLIOGRAFIA

Accornero, A., F. Carmignani, y N. Magna (1985) «I tre 'tipi' di operai della FIAT». *Studi e Ricerche, 5*. Fondazione Cespe.

Adam, G. y J. L. Reynaud (1978) *Conflits du travail et changement social.* París: Presses Universitaires de France.

Aguilar, S. y J. Roca (1989) «14-D: Economía política de una huelga». Fundació Jaume Bofill. *Butlletí Informatiu*. Febrero.

Alcaide, J. (1988) «El gasto público en la democracia española: los hechos». *Papeles de Economía Española, 37*.

Allison, G. (1971) *Essence of Decision*. Boston: Little Brown.

Alvarez Bolado, A. (1981) «Tentación nacional católica en la Iglesia de hoy». *Iglesia Hoy, 94*.

Anderson, C. (1970) *The Political Economy of Modern Spain*. Madison: University of Wisconsin Press.

Aranguren, J. L. (1958) *Etica*. Madrid: Revista de Occidente.

Arato, A. (1981) «Civil Society against the State: Poland 1980/1981». *Telos, 47*.

— (1981-1982) «Empire vs. Civil Society: Poland 1981/1982». *Telos, 50*.

Aron, R. (1960) «Classe sociale, classe politique, classe dirigeante». *Archives Européennes de Sociologie, 1*.

— (1968) *La revolution introuvable: reflexions sur la revolution de mai*. París: Fayard.

Artola, M. (1959) *Los orígenes de la España contemporánea*. Madrid: Instituto de Estudios Políticos.

Ault, J. (1984) «The Shawmut Valley Baptist Church: Restructuring a Tradi-

tional Order of Family Life in a Fundamentalist Community». en R. Samuel, ed. *Religion and society*. Londres: Routledge and Kegan Paul.
Azaña, M. (1968) *Memorias políticas y de guerra, 1931-1939*, en *Obras Completas, 4*. México: Ediciones Oasis, S.A.
Baglioni, G. y E. Santi (eds.) (1985) *I sindicati europei fra il 1983 e il 1984*. Bologna: Il Mulino.
Bailyn, B. (1967) *The Ideological Origins of the American Revolution*. Cambridge, Mass.: Harvard University Press.
Ball, T, y J. G. A. Pocock (eds.) (1988) *Conceptual Change and the Constitution*. Lawrence, Kansas: University Press of Kansas.
Banco de España (1979) *Informe anual 1978*. Madrid.
Barker, E. (1960) *Social Contract*. Londres: Oxford University Press.
Barry, B. (1982) «Is Democracy Special?» en B. Barry y R. Hardin, eds. *Rational Man and Irrational Society: An Introduction and Sourcebook*. Beverly Hills. Sage Publications.
Bel i Queralt, G. (1991) «La financiación de las comunidades autónomas». FEDEA, *Cuadernos de Economía y Finanzas, 4*.
Bell, D. (1979) *The Cultural Contradictions of Capitalism*. Oxford: Heinemann Educational Books.
— (1980) *The Winding Passage*. New York: Harper.
Bellah, R. (1970) *Beyond Belief: Essays on Religion in a Post-Traditional World*. New York: Harper and Row.
Bellah, R., R. Madsen, W. Sullivan, A. Swidler, y S. Tipton (1991) *The Good Society*. New York: Knopf.
Benton, L. (1990) *Invisible Factories*. Albany: State University of New York
Berger, P. (1971) *The Social Reality of Religion*. Harmondsworth: Penguin Books.
Berger, P. y T. Luckmann (1967) *The Social Construction of Reality: A Treatise on the Sociology of Knowledge*. New York: Anchor Books.
Berger, S. (ed.) (1981) *Organizing Interests in Western Europe*. Cambridge: Cambridge University Press.
— (1985a) «El conflicto social en la Francia socialista». *Papeles de Economía Española, 22*.
— (1985b) «Religious Transformation and the Future of Politics». *European Sociological Review, 1*.
Birch, A. (1984) «Overload, Ungovernability, and Delegitimation». *British Journal of Political Science, 14*, 2.
Bittner, E. (1963) «Radicalism and the Organization of Radical Movements». *American Sociological Review, 28*, 6.
Black, A. (1984) *Guilds and Civil Society*. Ithaca: Cornell University Press.
Bobbio, N. (1988) «Gramsci and the Concept of Civil Society», en J. Keane, ed. *Civil Society and the State: New European Perspectives*. New York: Verso.
Borcherding, T. (ed.) (1977) *Budgets and Bureaucrats: the Sources of Government Growth*. Durham: Duke University Press.

Bourdieu, P. (1971a) «Une interpretation de la théorie de la religion selon Max Weber». *Archives Européenes de Sociologie, 12.*

— (1971b) «Genèse et structure du champ religieux». *Revue Française de Sociologie, 12.*

— (1972) *Esquisse d'une theorie de la pratique.* Ginebra: Droz.

— (1981) «La representation politique». *Actes de la Recherche en Sciences Sociales, 36/37.*

Bourdieu, P. y M. Saint-Martin (1982) «La sainte familie: l'episcopat français dans le champ du pouvoir». *Actes de la Recherche en Sciences Sociales, 44/45.*

— (1984) «Espace social et genèse de classes». *Actes de la Recherche en Sciences Sociales, 52/53.*

Braunthal, G. (1983) *The West German Social Democrats, 1969-1982.* Boulder: Westview Press.

Brechon, P. y B. Denni (1983) «L'univers politique des catholiques practiquants». *Revue Française de Sociologie, 24*, 3.

Brittan, S. (1975) «The Economic Contradictions of Democracy». *British Journal of Political Science, 5*, 2.

Brown, J. A. C. (1970) *Psicología Social en la industria.* México: Fondo de Cultura Económica.

Burgos, J. de [pseud.] (1983) *España: por un Estado Federal.* Barcelona: Argos Vergara.

Cameron, D. R. (1978) «The Expansion of the Public Economy: A Comparative Analysis». *American Political Science Review, 72*, 4.

Carsten, F. L. (1954) *The Origins of Prussia.* Oxford: Clarendon Press.

Casals, M. y J. M. Vidal Villa (1985) «La industria sumergida: el caso de Sabadell». *Papeles de Economía Española, 22.*

Castillo, J. J. (1979) *La subordinación política del pequeño campesino.* Madrid: Ministerio de Agricultura.

Cazes, B (1981) «The Welfare State: A Double Bind». en OECD *The Welfare State in Crisis: An Account of the Conference on Social Policies in the 1980's.* París.

CIS (1984) «Iglesia, religión, y política». *Revista Española de Investigaciones Sociológicas, 27.*

Cornu, A. (1955) *Karl Marx et Friedich Engels: leur vie et oeuvre.* Vol. 1. París: Presses Universitaires de France.

Cox, H. (1984) *Religion in the Secular City.* New York: Simon and Schuster.

Crewe, I. (1983) «The Electorate: Partisan Dealignment Ten Years On». *West European Politics, 6*, 4.

Crouch, C. (1983) «Olson, Dahl, and Schonfield: New Thinking on Organized Pluralism». EUI Working Paper, 153. Florence: European University Institute.

Crozier, M., S. Huntington, y S. Watanuki (1975) *The Crisis of Demoncracy.* New York: New York University Press.

Dangerfield, G. (1961) *The Strange Death of Liberal England 1910-1914.* [1935]. New York: Capricorn Books.

Di Scala, S. M. (1988) *Renewing Italian Socialism*. Oxford: Clarendon Press.
Domínguez Ortiz, A. (1973) *Las clases privilegiadas en la España del antiguo Régimen*. Madrid: Istmo.
Dore, R. (1973) *British Factory - Japanese Factory*. Los Angeles: University of California Press.
— (1987) *Taking Japan Seriously*. Londres: Atlone Press.
Dostoievsky, F. M. (1964) *Los hermanos Karamazov*. En *Obras Completas, 3* [trad. Cansinos Assens]. Madrid: Aguilar.
Douglas, J. (1983) «The Conservative Party: From Pragmatism to Ideology and Back». *West European Politics, 6*, 4.
Douglas, M. (1988) «The Effects of Modernization on Religious Change». *Daedalus*, verano.
Eisenstadt, S. N., y L. Roniger (eds.) (1984) *Patrons, Clients, and Friends*. Cambridge: Cambridge University Press.
El País (1990) *Anuario El País 1990*. Madrid.
Enzensberger, H. M. (1989) *Europa, Europa*. Barcelona: Anagrama.
Epistémon (1968) *Ces idées qui ont ébranlé la France*. París: Fayard.
Esping-Andersen, G., L. Rainwater, y M. Rein (1985) *Stagnation and Renewal in Social Policy*. Armonk, N. Y.: Sharpe.
Evans, P., D. Rueschemeyer, y T. Skocpol (eds.) (1985) *Bringing the State Back In*. Cambridge: Cambridge University Press.
Feldstein, M. (1985) «The Social Security Explosion». *Public Interest, 81*.
Ferguson, A. (1980) *An Essay on the History of Civil Society*. [1767]. Ed. L. Schneider. New Brunswick, N. J.: Transaction Books.
Fernández, C. (1982) *Los militares en la transición española*. Barcelona: Argos Vergara.
Finer, S. (1975) «State- and Nation-Building in Europe: The Role of the Military», en Ch. Tilly, ed. *The Formation of National States in Western Europe*. Princeton: Princeton University Press.
Fishman, R. (1990) *Working-Class Organization and the Return to Democracy in Spain*. Ithaca. Cornell University Press.
Flora, P., y A. Heidenheimer (eds.) (1981) *The Development of Welfare States in Europe and America*. New Brunswick, N. J.: Transaction Books.
Foster, G. (1967) «Peasant Society and the Image of Limited Good». En J. Potter, M. Díaz, y G. Foster, eds. *Peasant Society*. Boston: Little Brown.
Fox, A. (1974) *Beyond Contract: Work, Power, and Trust Relations*. Londres: Faber.
Freeman, R., y J. Medoff (1984) *What Do Unions Do?* New York: Basic Books.
Freud, S. (1962) *The Future of an Illusion*. Ed. J. Strachey. Londres: Hogarth Press and The Institute of Psychoanalysis.
— (1969) *Psicología de las masas*. [Trad. L. López Ballesteros]. Madrid: Alianza Editorial.
Friedman, M., y R. Friedman (1980) *Free to Choose*. Londres: Secker and Warburg.

Fuentes Quintana, E. (1982) «Economía y política en la transición democrática española». *Pensamiento Iberoamericano, 1.*

Fundación Foessa (1981) *Informe sociológico sobre el cambio político en España, 1975-1981.* Vol. 1. Madrid: Euramérica.

Fussel, P. (1981) *The Great War and the Modern Memory.* Oxford: Oxford University Press.

Gallie, D. (1978) *In Search of the Working Class.* Cambridge: Cambridge University Press.

García de Enterría, E. (1984) «El futuro de las autonomías territoriales» En E. García de Enterría, y J. J. Linz, eds. *España: un presente para el futuro.* Vol. 2 *Las instituciones.* Madrid: Instituo de Estudios Económicos.

García Sanz, B. (1989) *Los campesinos en la sociedad rural tradicional.* Valladolid: Diputación Provincial de Valladolid.

Geertz, C. (1973) *Islam Observed.* Chicago: University of Chicago Press.

— (1980) *Negara: The Theater State in Nineteenth-Century Bali.* Princeton: Princeton University Press.

— (1983) *Local Knowledge.* New York: Basic Books.

Gellner, E. (1983) *Nations and Nationalism.* Ithaca: Cornell University Press.

Geremeck, B. (1990) «Postcommunism and Democracy in Poland». *Washington Quarterly,* verano.

Gillespie, R. (1988) *The Spanish Socialist Party: A History of Factionalism.* Oxford: Clarendon Press.

— (1990) «The Break-Up of the Socialist Family: Party- Union Relations in Spain, 1982-1989». *West European Politics, 13,* 1.

Gillespie, R., y T. Gallagher (1988) «Democracy and Authority in the Socialists Parties of Southern Europe». En T. Gallagher, y A. Williams, eds. *Southern European Socialism.* Manchester: Manchester University Press.

Glazer, N. (1981) «Roles and Responsibilities in Social Policy». en OECD *The Welfare State in Crisis: An Account of the Conference on Social Policies in the 1980's.* París.

Glock, C. (1971) «Sobre las dimensiones de la seglaridad». En J. Matthes, ed. *Introducción a la Sociología de la Religión.* Madrid: Alianza Editorial.

Goldthorpe, J. H. (1978) «The Current Inflation: Towards a Sociological Analysis». En F. Hirsch, y J. H. Goldthorpe, eds. *The Political Economy of Inflation.* Londres: Martin Robertson.

— (ed.) (1984a) *Order and Conflict in Contemporary Capitalism.* Oxford: Oxford University Press.

— (1984b) «The End of Convergence: Corporatist and Dualist Tendencies in Modern Western Societies». En J. H. Goldthorpe *Order and Conflict in Contemporary Capitalism.* Oxford: Oxford University Press.

— (1987) «Problems of Political Economy after the Postwar Period». En Ch. Maier, ed. *Changing Boundaries of the Political: Essays on the Evolving Balance between the State and Society, Public and Private in Europe.* Cambridge: Cambridge University Press.

Goldthorpe, J. H., D. Lockwood, F. Bechhofer, y J. Platt (1968a) *The Affluent Worker: Industrial Attitudes and Behaviour*. Cambridge: Cambridge University Press.

— (1968b) *The Affluent Worker: Political Attitudes and Behaviour*. Cambridge: Cambridge University Press.

— (1969) *The Affluent Worker in the Class Structure*. Cambridge: Cambridge University Press.

González de Cardedal, O. (1985) *España por pensar*. Salamanca: Ediciones Universidad Pontificia de Salamanca.

González Olivares, L. (1985) «Crisis en la mediana empresa industrial». *Papeles de Economía Española, 22*.

Gouldner, A. (1980) *The Two Marxisms*. Londres: Macmillan.

Gourevitch, P. (1980) *Paris and the Provinces*. Berkeley: University of California Press.

— (1986) *Politics in Hard Times*. Ithaca: Cornell University Press.

Gray, J. (1986) *Hayek on Liberty*. Oxford: Basil Blackwell.

Groethuysen, B. (1927) *Origins de l'éspirit bourgeois en France*. París: Gallimard.

Gunther, R. (1988) *Politics and Culture in Spain*. Ann Arbor: Center for Political Studies, Institute for Social Research, University of Michigan.

Gunther, R., y R. Blough (1981) «Religious Conflict and Consensus in Spain: A Tale of Two Constitutions». *World Affairs, 143*.

Gunther, R., y G. Shabad (1988) *Spain after Franco: The Making of a Competitive Party System*. Berkeley: University of California Press.

Habermas, J. (1962) *Strukturwandel der Öfentlichkeit*. Nerwied: Luchterhand.

— (1975) *Legitimation Crisis*. Boston: Beacon Press.

— (1992) «Further Reflections on the Public Sphere». En C. Calhoun, ed. *Habermas and the Public Sphere*. Cambridge, Mass.: The MIT Press.

Hague, R. (1983) «Confrontation, Incoporation, and Exclusion: British Trade Unions in Collectivistic and Post-Collectivistic Politics». *West European Politics, 6*, 4.

Hall, J. (ed.) (1986a) *States in History*. Oxford: Basil Blackwell.

— (1986b) «States and Economic Development». En J. Hall *States in History*.

Hall, P. (ed.) (1989) *The Political Power of economic Ideas: Keynesianism across Nations*. Princeton: Princeton University Press.

— (1990a) «Governing the Economy in Britain and France». Santander. Universidad Menéndez Pelayo.

— (1990b) «The State and the Market». Mimeo. Harvard University.

Hankiss, E. (1990) «In Search of a Paradigm», *Daedalus*, invierno.

Havel, V. (1988) «Anti-Political Politics». En J. Keane ed., *Civil Society and the State: New European Perspectives*. New York: Verso.

Hayek, F. (1960) *The Constitution of Liberty*. Chicago: University of Chicago Press.

— (1978) *New Studies in Philosophy, Politics, Economics, and the History of Ideas*. Londres: Routledge and Kegan Paul.

— (1988) *The Fatal Conceit: The Errors of Socialism*. Chicago: University of Chicago Press.

Hegel, G. W. F. (1956) *The Philosophy of History*.[Trad.J. Sibree]. New York: Dover.

— (1967) *Hegel's Philosophy of Right*. [Trad. T. M. Knox]. Londres: Oxford University Press.

Held, D. (1989) *Political Theory and the Modern State*. Stanford: Stanford University Press.

Hermet, G. (1985) *Los católicos en la España franquista*. Vol. 1. Madrid: Centro de Investigaciones Sociológicas.

Herz, J. (ed.) (1982) *From Dictatorship to Democracy*. Westport, Conn.: Greenwood Press.

Hintze, O. (1975) *The Historical Essays of Otto Hintze*. Ed. F. Guilbert. New York: Oxford University Press.

Hirschman, A. (1970) *Exit, Voice, and Loyalty*. Cambridge: Cambridge University Press.

Hobsbawm, E. (1990) *Nations and Nationalism since 1780: Programme, Myth, and Reality*. Cambridge: Cambridge University Press.

Hobsbawm, E., y T. Ranger (eds.) (1983) *The Invention of Tradition*. Cambridge: Cambridge University Press.

Hunter, J. D. (1985) «Conservative Protestantism in the American Scene». *Social Compass, 32*.

Immergut, E. (1990) «Health Care: The Politics of Collective Choice». Centro de Estudios Avanzados en Ciencias Sociales. *Estudios/Working Papers, 1990, 5*.

INE (1978) *Encuesta de población activa*. Madrid.

INSEE (1978) *Données Sociales*. París.

Jencks, Ch. *et al.* (1972) *Inequality: A Reassessment of the Effect of Family and Schooling in America*. New York: Basic Books.

Jung, C. (1967) *Symbols of Transformation*. Princeton: Princeton University Press.

Karl, T. (1990) «Dilemmas of Democratization in Latin-America». *Comparative Politics, 23*.

Katzenstein, P. (ed.) (1978) *Between Power and Plenty: Foreign Economic Policies of Advanced Industrial States*. Madison: University of Wisconsin Press.

— (1984) *Corporatism and Change. Austria, Switzerland, and the Politics of Industry*. Ithaca: Cornell University Press.

Keane, J. (ed.) (1988a) *Civil Society and the State. New European Perspectives*. New York: Verso.

— (1988b) «Despotism and Democracy». En J. Keane *Civil Society and the State. New European Perspectives*. New York: Verso.

Klein, R. (1981) «Values, Power, and Policies». En OECD *The Welfare State in Crisis: An Account of the Conference on Social Policies in the 1980's*. París.

Koenigsberger, H. G. (1955) «The Organization of Revolutionary Parties in

France and the Netherlands during the Sixteenth Century». *Journal of Modern History, 26*, 4.

Korpi, W. (1978) *The Working Class in Welfare Capitalism*. Londres: Routledge and Kegan Paul.

La Palombara, J. G. (1987) *Democracy, Italian Style*. New Haven: Yale University Press.

Laboa, J. M. (1985) *El integrismo: un talante limitado y excluyente*. Madrid: Narcea.

— (1986) «La religiosidad de los españoles». En J. M. Laboa et al. eds. *Diez años en la vida de los españoles*. Barcelona: Plaza-Janés.

Laín Entralgo, P. (1956) *España como problema*. Madrid: Aguilar.

Laitin, D. (1988) «Political Culture and Political Preferences». *American Political Science Review, 82*, 2.

Laskey, P., C. Stolp, y M. Weiner (1984) «Why Does Government Grow?» En T. Miller, ed. *The Public Sector Performance* . Baltimore: John Hopkins University Press.

Lehmbruch, G. (1979a) «Consociational Democracy, Class Conflict, and the New Corporatism». En Ph. Schmitter y G. Lembruch eds., *Trends Towards Corporatist Intermediation*. Beverly Hills: Sage Publications.

— (1979b) «Liberal Corporatism and Party Government». En Ph. Schmitter y G. Lembruch eds. *Trends Towards Corporatist Intermadiation*. Beverly Hills: Sage Publications.

— (1982) «Introduction: Neocorporatism in Comparative Perspective». En G. Lembruch y P. Schmitter eds. *Patterns of Corporatist Policy Making*. Beverly Hills: Sage Publications.

— (1991) «The Organization of Society, Administrative Strategies, and Policy Networks». En R. Czada, y A. Windhoff-Heritier, eds. *Political Choice: Institutions, Rules, and the Limits of Rationality*. Frankfurt: Campus Verlag.

Lerner, D. (1958) *The Passing of Traditional Society*. Glencoe: Free Press.

Lijphart, A.(1975) *The Politics of Accommodation: Pluralism and Democracy in the Netherlands*. Berkely: University of California Press.

— (1977) *Democracy in Plural Societies*. New Haven. Yale University Press.

Lindberg, L. N., R. Alford, C. Crouch y C. Offe (eds.) (1975) *Stress and Contradiction in Modern Capitalism: Public Policy and the Theory of the State*. Lexington, Mass.: Lexington Books.

Linz, J. (1978) *Crisis, Breakdown, and Reequilibration*. Baltimore. Johns Hopkins University Press.

— (1981) «A Century of Politics and Interests in Spain». En S. Berger, ed. *Organizing Interests in Western Europe*. Cambridge: Cambridge University Press.

— (1987) «Innovative Leadership in the Transition to Democracy and a New Democracy: The Case of Spain». Conferencia sobre «Innovative Leadership and International Politics», Leonard Davis Institute for International Relations, Hebrew University, Jerusalem. Junio.

— (1990) «Transitions to Democracy». *Washington Quaterly*, verano.

Linz, J., F. Orizo, y M. Gómez Reino (1982) *Informe sobre el cambio político en España.* Madrid: Fundación FOESSA.

Linz, J., y E. García de Enterría (eds.) (1984) *España: un presente para el futuro.* Vol 1. *La sociedad.* Madrid: Instituto de Estudios Económicos.

Lipset, S. M. (1959) «Some Social Requisites of Democracy: Economic Development and Political Legitimacy». *American Political Science Review, 53.*

Lipset, S. M., K. R. Seong, y J. C. Torres (1991) «A Comparative Analysis of the Social Requisites of Democracy». Mimeo. Hoover Institution and Stanford University.

Locke, J. (1970) *The Two Treatises of Civil Government* [1690]. Londres: Dent.

López Aranguren, E. (1983) *La conciencia nacional en el proceso autonómico español.* Madrid: Centro de Investigaciones Sociológicas.

López Pina, A., y E. López-Aranguren (1976) *La cultura política de la España de Franco.* Madrid: Taurus.

López Pintor, R. (1982) *La opinión pública española: del Franquismo a la democracia.* Madrid: Centro de Investigaciones Sociológicas.

López Pintor, R., y J. I. Wert Ortega (1982) «La otra España». *Revista Española de Investigaciones Sociológicas, 19.*

Lukacs, G. (1960) *Histoire et conscience de classe.*[Trad. K. Axelos]. París: Ed. du Minuit.

Luckmann, T. (1969) «The Decline of Church-Oriented Religion». En R. Robertson, ed. *Sociology of Religión.* Harmondsworth: Penguin Books.

Maier, Ch. (ed.) (1987) *Changing Boundaries of the Political: Essays on the Evolving Balance between the State and Society, Public and Private in Europe.* Cambridge: Cambridge University Press.

Malo de Molina, J. L. (1984) «Distorsión y ajuste del mercado de trabajo español». *Papeles de Economía Española, 21.*

Mann, M. (1986a) *The Sources of Social Power.* Vol 1. Cambridge: Cambridge University Press.

— (1986b) «The Autonomous Power of the State: Its Origins, Mechanisms, and Results». En J. Hall, ed., *States in History.* Oxford: Basil Blackwell.

Maravall, J. M., y J. Santamaría (1986) «Political Change and the Prospects for Democracy». En G. O'Donnell, P. Schmitter, y L. Whitehead, eds., *Transitions from Authoritarian Rule: Southern Europe.* Baltimore: John Hopkins University Press.

Markovits, A., y M. Silverstein (eds.) (1988) *The Politics of Scandal: Power and Process in Liberal Democracies.* New York: Holmes and Meier.

Martin A., y G. Ross (1980) «European Trade Unions and the Economic Crisis: Perceptions and Strategies». *West European Politics,* 3, 1.

Martín Patino, J. M. (1984) «La iglesia en la sociedad española». En J. Linz, E. García de Enterría *España: un presente para el futuro.* Vol 1. *La sociedad.* Madrid: Instituto de Estudios Económicos.

Martín Villa, R. (1984) *Al servicio del Estado.* Barcelona: Planeta.

Martínez, R. (1984) «Business Elites in Democratic Spain». Tesis Doctoral. Yale University.
Martínez Estévez, A. y L. García Menéndez (1985) «La economía sumergida en la Comunidad Valenciana». *Papeles de Economía Española, 22.*
Marx, K. (1967) *Introduction to the Critique of Hegel's Philosophy of Right.* En Easton-Guddat, ed. *Writings of the Young Marx on Philosophy and Society.* New York: Doubleday.
Maura, M. (1966) *Así cayó Alfonso XIII.* Barcelona: Ariel.
Mezo, J. (1990) «Organization versus Decision-Makers: The Case of the Basque Television». Centro de Estudios Avanzados en Ciencias Sociales. *Estudios/Working Papers, 1990/7.*
Michnik, A. (1990) «The Two Faces of Europe». *New York Review of Books*, 19 de Julio.
Mommsen, W. J. (1981) *The Emergence of the Welfare State in Britain and Germany, 1850-1950.* Londres: Croom Helm.
Montero, J. R. (1986) «Iglesia, secularización y comportamiento político en España». *Revista Española de Investigaciones Sociológicas, 34.*
Moore, B., Jr. (1978) *Injustice. The Social Bases of Obedience and Revolt.* Londres: Macmillan
Mosca, G. (1939) *The Ruling Class.* New York. McGraw-Hill.
Mosse, G. L. (1975) *The Nationalization of the Masses.* New York: Howard Fertig.
Navarro, M. (1990) *Política de reconversión: balance crítico.* Madrid: Eudema.
Newman, J. H. (1985) *An Essay in Aid of a Grammar of Assent.* Oxford: Clarendon Press.
Nie, N. H., S. Verba, y J. Petrocik (1979) *The Changing American Voter.* Cambridge, Mass.: Harvard University Press.
Nietzsche, F. (1974) *The Gay Science.* [Trad. W. A. Kaufmann]. New York. Vintage Books.
Niskanen, W. (1971) *Bureaucracy and Representative Government.* Chicago: Aldine, Atherton.
Oakeshott, M. (1990) *On Human Conduct.* Oxford: Clarendon Press.
O'Connor, J. (1973) *The Fiscal Crisis of the State.* New York: St. Martin's Press.
O'Donnell, G., y P. Schmitter (1986) *Transitions from Authoritarian Rule: Tentative Conclusions about Uncertain Democracies.* Baltimore: John Hopkins University Press.
OECD (1981) *The Welfare State in Crisis: An Account of the Conference on Social Policies in the 1980s.* París.
— (1992) *OECD Economic Surveys: Spain.* París.
Offe, C. (1975) «The Theory of the Capitalist State and the Problem of Policy Formation». En Lindberg, R. Alford, C. Crouch. y C. Offe, eds. *Stress and Contradiction in Modern Capitalism: Public Policy and the Theory of the State.* Lexington, Mass.: Lexington Books.
— (1984) *Contradictions of the Welfare State.* Londres: Hutchinson.

Okun, A. (1979) *Our Blend of Democracy and Capitalism: It Works But Is in Danger.* Washington, D. C.: The Brookings Institution.

Olson, M. (1971) *The Logic of Collection Action.* Cambridge, Mass.: Cambridge University Press.

— (1982) *The Rise and Decline of Nations.* New Haven: Yale University Press.

Orizo, F. A. (1983) *España entre la apatía y el cambio social.* Madrid: Mapfre.

Ortega y Gasset, J. (1959) *La España invertebrada.* Madrid: Revista de Occidente.

— (1963) *Obras Completas.* Vol, 1. Madrid: Revista de Occidente.

Panitch, L. (1980) «Recent Theorizations of Corporatism. Reflections on a Growth Industry». *British Journal of Sociology, 31*, 2.

Parkin, F. (1979) *Marxism and Class Theory. A Bourgeois Critique.* Londres: Tavistock.

Payne, S. (1967) *Politics and the Military in Modern Spain.* Stanford: Stanford University Press.

— (1984) *Spanish Catholicism: A Historical Overview.* Madison: University of Wisconsin Press.

Peacock, A. T., y J. A. Wiseman (1961) *The Growth of Public: Expenditure in the United Kingdom.* Princeton: Princeton University Press.

Pelczynski, Z. A. (1982) *Poland: The Road from Communism.* Oxford. Pembroke College.

— (ed.) (1984) *The State and Civil Society: Studies in Hegel's Political Philosophy.* Cambridge: Cambridge University Press.

— (1988) «Solidarity and 'The Rebirth' of Civil Society». En J. Keane ed., *Civil Society and the State. New European Perspectives.* New York: Verso.

Pérez Díaz, V. (1973) «Processus de changement des communautés rurales de Castille». Ecole Pratique des Hautes Etudes. *Etudes Rurales, 51.*

— (1978) *State, Bureaucracy, and Civil Society.* Londres: Macmillan.

— (1979) *Clase obrera, partidos, y sindicatos.* Madrid: Instituto Nacional de Industria.

— (1980a) *Clase obrera, orden social, y conciencia de clase.* Madrid: Instituto Nacional de Industria.

— (1980b) «Los obreros españoles ante el sindicato y la acción colectiva». *Papeles de Economía Española, 6.*

— (1981) «Los obreros españoles ante la empresa en 1980». *Papeles de Economía Española, 7.*

— (1984) «El proyecto moral de Marx cien años después». En L. A. Rojo y V. Pérez Díaz, *Marx, economía y moral.* Madrid: Alianza Editorial.

— (1987) *El retorno de la sociedad civil.* Madrid: Instituto de Estudios Económicos.

— (1992a) *Structure and Change of Castilian Peasant Communities: A Sociological Inquiry into Rural Castile 1550-1990.* New York: Garland.

— (1992b) «Real Politics and Symbolic Politics: The Political Symbolism of Liberal Democracies». Mimeo. Universidad Complutense de Madrid.

Pérez Díaz, V., y L. A. Rojo (1983) «Economic Responses to Political Transitions». Conference of Europeanists, Washington D. C.

Philp, M., y M. Pinto-Duschinsky (1989) *Political Corruption and Scandals: Case Studies from East and West.* Viena: VWGÖ Publishers.

Piore, M. y C. Sabel (1984) *The Second Industrial Divide.* New York: Basic Books.

Pizzorno, A. (1987) «Politics Unbound». En Ch. Maier, *Changing Boundaries of the Political: Essays on the Evolving Balance between the State and Society, Public and Private in Europe.* Cambridge: Cambridge University Press.

Pizzorno, A. E., M. Regini, e I. Regalia (1978) *Lotte operaie e sindicato: il ciclo 1968-1972 in Italia.* Bolonia: Il Mulino.

Poggi, G. (1978) *The Development of the Modern State: A Sociological Introduction.* Londres: Hutchinson.

Polanyi, M. (1951) *The Logic of Liberty: Reflections and Rejoinders.* Londres: Routledge and Kegan Paul.

— (1967) *The Tacit Dimension.* Londres: Routledge and Kegan Paul.

Popper, K. (1966) *The Open Society and Its Enemies.* Londres: Routledge and Kegan Paul.

— (1972) *Conjectures and Refutations.* Londres: Routledge and Kegan Paul.

Portier, P. (1986) «La philosophie politique del l'eglise catholique: changement ou permanence?» *Revue Française de Science Politique, 36*, 3.

Preston, P. (1986) *The Triumph of Democracy in Spain.* Londres: Methuen.

Putnam, R., R. Leonardi, R. Nanetti, y F. Pavoncello (1985) «Il rendimiento delle istituzione: il caso dei governi regionale italiani». En G. Pasquino, ed., *Il sistema politico italiano.* Bari: Laterza.

Quine, W. V. (1953) *From a Logical Point of View.* Cambridge, Mass.: Harvard University Press.

Ramírez, M. (1969) *Los grupos de presión en la Segunda República española.* Madrid: Tecnos.

Regini, M. (1984) «The Conditions for Political Exchange: How Concertation Emerged and Collapsed in Italy and Great Britain». En Goldthorpe *Order and Conflict in Contemporary Capitalism.* Oxford: Oxford University Press.

Ridruejo, D. (1964) *Escrito en España.* Buenos Aires: Losada.

— (1977) *Casi unas memorias.* Barcelona: Planeta.

Riedel, M. (1962) «Hegels bügerliche Gesellschaft und das Problem ihres gesichtlichen Ursprungs». *Archive für Rechts-und Sozialphilosophie, 48*, 4.

Rodríguez Buznego, O. (1986) «El grupo Tácito y la transición a la democracia en España». Tesina de licenciatura. Facultad de Ciencias Políticas y Sociología. Universidad Complutense de Madrid.

Rojo, L. A. (1978) «La economía española ante la liquidación del franquismo». *Foro Internacional, 19.*

Rona-Tás, A. (1990) «The Second Economy in Hungary». Tesis doctoral. University of Michigan.

Roof, W. C. (1984) «American Religion in Transition: A review and Interpretation of Recent Trends». *Social Compass, 31.*

Rose, R. (ed.) (1980) *Challenge to Governance. Studies in Overloaded Polities.* Beverly Hills: Sage Publication.

Rose, R., y G. Wignanek (1990) *Training without trainers?* Londres: Anglo-German Foundation for the Study of Industrial Society.

Roustang, G (1977) «Encuestas sobre satisfacción en el tabajo o análisis directo de las condiciones de trabajo». *Revista Internacional del Trabajo, 95,* 3.

Ruiz Rico, J. (1977) *El papel político de la iglesia católica en la España de Franco (1936-1971).* Madrid: Tecnos.

Rupnik, J. (1988) «Totalitarianism Revisited». En J. Keane, ed. *Civil Society and the State. New European Perspectives.* New York: Verso.

— (1990) «Central Europe or Mitteleuropa». *Daedalus,* invierno.

Rustow, D. (1970) «Transitions to Democracy: Towards a Dynamic Model». *Comparative Politics, 2,* 3.

Salvati, M. (1981) «May 1968 and the Hot Autumn of 1969: The Responses of Two Ruling Classes». En S. Berger ed., *Organizing Interests in Western Europe.* Cambridge: Cambridge University Press.

Sartori, G. (1987) *The Theory of Democracy Revisited.* 2 vols. Chatham: Chatham House Publishers.

Scharpf, F. (1984) «Economic and Institutional Constraints of Full-Employment Strategies: Sweden, Austria, and West Germany, 1973-1982». En J. H. Goldthorpe, ed. *Order and Conflict in Contemporary Capitalism.* Oxford: Oxford University Press.

— (1988) «The Joint-Decision Trap: Lessons from German Federalism and European Integration». *Public Administration, 66,* 3.

Schmidt, M. (1983) «The Welfare State and the Economy in Periods of Economic Crisis». *European Journal of Political Research, 11.*

Schmitt, C. (1985) *The Crisis of Parliamentary Democracy.* [Trad. E. Kennedy]. Cambridge, Mass.: MIT Press.

Schmitter, P. (1979) «Still the Century of Corporatism?» En P. Schmitter y G. Lembruch eds. *Trends Towards Corporatist Intermediation.* Beverly Hills: Sage Publications.

— (1981) «Interest Intermediation and Regime Governability in Contemporary Western Europe and North America». En S. Berger, ed. *Organizing Interests in Western Europe.* Cambridge: Cambridge University Press.

— (1983) «Democratic Theory and Neocorporatist Practice». *EUI Working Paper.* Florencia: European University Institute.

Schmitter, P., y G. Lembruch (eds.) (1979) *Trends Towards Corporatist Intermediation.* Beverly Hills: Sage Publications.

Schumpeter, J. (1943) *Capitalism, Socialism, and Democracy.* Londres: Allen and Unwin.

Semprún, J. (1977) *Autobiografía de Federico Sánchez.* Barcelona: Planeta.

Share, D. (1989) *Dilemmas of Social Democracy: The Spanish Socialist Workers Party in the 1980s*. Londres: Greenwood Press.
Shils, E. (1975) *Center and Periphery: Essays in Macrosociology*. Chicago: University of Chicago Press.
Skinner, Q. (1978) *The Foundations of Modern Political Thought*. 2 vols. Cambridge: Cambridge University Press.
Skocpol, T. (1979) *States and Social Revolutions*. Cambridge: Cambridge University Press.
— (1985a) «Introduction». En P. Evans, D. Rueschemeyer, y T. Skocpol, eds. *Bringing the State Back In*. Cambridge: Cambridge University Press.
— (1985b) «America's Incomplete Welfare State». En G. Esping-Andersen, L. Rainwater, y M. Rein *Stagnation and Renewal in Social Policy*. Armonk, N. Y.: Sharpe.
Smith, A. (1986) «State-Making and Nation-Building». En J. Hall, ed. *States in History*. Oxford: Basil Blackwell.
Smith, P. (1967) *Disraelian Conservatism and Social Reform*. Londres: Routledge and Kegan Paul.
Solzhenitsyn, A. (1991) *Cómo reorganizar Rusia*. Barceona: Tusquets.
Sopeña, E. (1970) *En defensa de una generación*. Madrid: Taurus.
Stark, D. (1990) *Privatization in Hungary. From Plan to Market or from Plan to Clan?* Center for International Studies. Cornell University.
Starr, P. (1987) «The Limits of Privatization». En S. Hanke ed. *Prospects for Privatization: Proceedings of the Academy of Political Science, 36*, 3.
— (1990) «The New Life of the Liberal State: Privatization and the Structuring of State-Society Relations». En E. Suleiman, y J. Waterburg, eds. *The Political Economy of Public Sector Reform and Privatization*. Boulder, Colo.: Westview Press.
Starr, S. F. (1988) «Soviet Union: A Civil Society». *Foreign Policy*, primavera.
— (1989) «A Usable Past». *New Republic*, 15 de Mayo.
— (1990) «New Communications Technologies and Civil Society». En L. Grahm ed. *Science and the Soviet Social Order*. Cambridge, Mass.: Harvard University Press.
Stoetzel, J. (1982) *¿Qué pensamos los europeos?* Madrid: Mapfre.
Streeck, W. (1984) «Neocorporatist Industrial Relations, and the Economic Crisis in West Germany». En J. H. Goldthorpe, ed., *Order and Conflict in Contemporary Capitalism*. Oxford: Oxford University Press.
— (1985) *Private Interest Government: Beyond Market and the State*. Beverly Hills: Sage Publications.
— (1986) «Management de la incertidumbre e incertidumbre del management (los empresarios, las relaciones laborales y el ajuste industrial durante la crisis)». *Papeles de Economía Española, 27*.
— (1989) «The Social Dimension of the European Economy». Encuentro de la Andrew Shonfield Association, Florencia, Septiembre.

Sully, M. (1986) «Austrian Social Democracy». En W. Paterson, y A. Thomas *The Future of Social Democracy*. Oxford: Clarendon Press.

Swidler, A. (1986) «Culture in Action: Symbols and Strategies». *American Sociological Review, 51*, 2.

Taylor, A. J. P. (1955) *Bismarck: The Man and the Stateman*. New York: Knopf.

Therborn, G. (1984) «The Prospects of Labor and the Transformation of Advanced Capitalism». *New Left Review, 145*.

Thomas, G., y J. Meyer (1984) «The Expansion of the State». *Annual Review of Sociology, 10*.

Thompson, M., R. Ellis, y A. Wildavsky (1990) *Cultural Theory*. Boulder, Colo.: Westview Press.

Thucydides (1972) *History of the Peloponnesian War*. [Trad. R. Warner]. Harmondsworth: Penguin Books.

Tillich, P. (1957) *The Protestant Era*. Chicago: University of Chicago Press.

Tilly, C. (1975) «Reflections on the History of the European State-Making». En Ch. Tilly, ed., *The Formation of National States in Western Europe*. Princeton: Princeton University Press.

Tismaneanu, V. ed. (1990) *In Search of Civil Society*. New York: Routledge.

Toharia, J. (1985) «Los jóvenes y la religión». En *Informe sobre la juventud española, 1984*. Madrid: Fundación Santa María.

— (1989) *Cambios recientes en la sociedad española*. Madrid: Instituto de Estudios Económicos.

Ullmann, J. C. (1968) *The Tragic Week: A Study of Anticlericalism in Spain, 1875-1912*. Cambridge, Mass.: Harvard University Press.

Urbani, G., y M. Weber (1984) *Cosa pensano gli operai*. Milán: Franco Angeli Editori.

Visser, J. (1984) «Dimensions of Union Growth in Postwar Western Europe». Florencia: European University Institute. *EUI Working Paper, 89*.

— (1990) «The Strength of Union Movements in Advanced Capitalist Democracies». Mimeo. Sociology of Organization Research Unit. University of Amsterdam.

Waisman, C. (1987) *Reversal of Development in Argentina*. Princeton: Princeton University Press.

Walzer, M. (1970) *The Revolution of the Saints: A Study on the Origins of Radical Politics*. New York: Atheneum.

Weber, M. (1958) *The Protestant Ethic and the Spirit of Capitalism*. [Trad. T. Parsons]. New York: Charles Scribner's Sons.

— (1978) *Economy and Society*. 2 vols. Berkeley: University of California Press.

White, M. (1978) *The Philosophy of the American Revolution*. Oxford: Oxford University Press.

— (1981) *What Is and What Ought to Be Done?* Oxford: Oxford University Press.

Wilensky, A. (1981) «Democratic Corporatism, Consensus, and Social Policy». En OECD *The Welfare State in Crisis: An Account of the Conference on Social Policies in the 1980s*. París.

Williams, P. (1983) «The Labour Party: The Rise of the Left». *West European Politics*, *6*, 4.

Z [pseud. de M. Malia] (1990) «To the Stalin Mausoleum». *Daedalus*, *1*, invierno.

INDICE ANALITICO